U0944507

中華禮藏編纂委員會

學術委員會

指導委員會

編纂委員會

中華禮藏

家禮卷
家訓之屬

居家必用事類全集

[元]佚名 撰
王雲路等 點校

浙江大學出版社
ZHEJIANG UNIVERSITY PRESS

本書受 浙江大學『中華優秀傳統文化傳承與創新專項』資助

總　序

中華民族的禮義傳統積澱了人與人、人與社會、人與自然和諧相處的經驗與秩序，從而形成了一種“標誌着中國的特殊性”（錢穆語）的生存方式。《禮記・曲禮上》對此有概括的説明：“道德仁義，非禮不成；教訓正俗，非禮不備；分争辨訟，非禮不決；君臣上下，父子兄弟，非禮不定；宦學事師，非禮不親；班朝治軍，涖官行法，非禮威嚴不行；禱祠祭祀，供給鬼神，非禮不誠不莊。”千百年來，正因爲中華民族各個階層對“禮”的認同與踐行，不僅構建了中華民族的精神家園，彰顯了民族文化的獨特面貌，也爲人類社會樹立了一個“禮義之邦”的文化典範。實際上，對“禮”的認同，體現了對文化的認同，對民族的認同，對國家的認同。

在不同文化交流日益頻繁的今天，弘揚傳統文化，提升文化實力，强化精神歸屬，增强民族自信，已是社會各界的共識，也是刻不容緩的要務。温故籍以融新知，繼傳統而闡新夢，大型專業古籍叢書的整理與編纂，分科别脈，各有專擅，蔚然已成大觀。然而對於當今社會有重要意義的禮學文獻的整理與編纂，至今仍付之闕如。即使偶有禮學文獻被整理出版，因未形成規模而不成系統，在傳統觀念的影響下往往還被視爲經學典籍，既不能反映中華禮學幾千年的總體面貌與發展軌迹，也直接影響了在弘揚優秀傳統文化的前提下重建體現民族精神的禮儀規範。酈澄莫饗，孰慰饑渴。浙江大學古籍研究所全體同仁爲順應時代要求，發揮學科特色與優勢，在學校的大力支持下，願精心整理、編纂傳統禮學文獻，謹修《中華禮藏》。

自從歷史上分科治學以來，作爲傳統體用之學之致用部分的禮學就失去了學科的獨立性。漢代獨尊儒術，視記載禮制、禮典、禮義的《周禮》、《儀禮》、《禮記》爲儒家的經學典籍。《漢書・藝文志》著録禮學文獻十三家，隸屬於六藝，與《易》、《書》、《詩》、《樂》、《春秋》、《論語》、《孝經》相提並論。迄至清修《四庫全書》，采用經、史、子、集四分法，將禮學原典及歷代研究禮學原典的文獻悉數歸於經學，設《周禮》之屬、《儀禮》之屬、《禮記》之屬、三禮總義之屬、通禮之屬、雜禮之屬六個門類著録纂輯禮學文獻，又於史部政書類下設典禮之屬著録纂輯本屬於禮學範疇的文獻，至於記載區域、家族、個人禮儀實踐的文獻則又散見於多處。自《漢書・藝文志》至於《四庫全書》，著録纂輯浩如煙海的禮學文獻，不僅使禮學失去了學科的獨立性，而且還使禮學本身變得支離破碎。因此，編纂《中華禮藏》，既以專門之學爲標幟，除了裒輯、點校等方面的艱苦工作外，還面臨着如何在現代學術語境中界定禮學文獻範圍的難題。

《説文》云："禮，履也，所以事神致福也。"事神以禮，即履行種種威儀以表達敬畏之義而得百順之福。禮本是先民用來提撕終極關懷的生存方式，由此衍生出了在政治生活和社會生活中表達尊讓、孝悌、仁慈、敬畏等禮義的行爲規範。《禮記・禮器》云："禮器，是故大備。"以禮爲器而求成人至道，與儒學亞聖孟子的"禮門義路"之論頗相一致。然而踐履之禮、大備之禮的具體結構又是怎樣的呢？《禮記・樂記》云："簠簋俎豆、制度文章，禮之器也；升降上下、周還裼襲，禮之文也。故知禮樂之情者能作，識禮樂之文者能述。作者之謂聖，述者之謂明。明聖者，述作之謂也。”根據黄侃《禮學略説》及沈文倬《略論禮典的實行和〈儀禮〉書本的撰作》的論述，所謂“禮之文”、“禮之情”又被稱爲“禮儀”和“禮意”。禮器、禮儀用以呈現和表達禮意，此即所謂“器以藏禮，禮以行義”（《左傳・成公二年》）。三者之中，禮儀和禮意的内容相對明確，而禮器的内容則比較複雜，具目則可略依《樂記》所論分爲三種：物器（簠簋俎豆之類）、名器（制度之類）和文器（文章之類）。基於這樣的理解，參考歷代分門别類著録匯輯專業文獻的經驗，可以將歷史上遺留下來的全部傳統禮學文獻析分爲如下三個部分。

第一部分是作爲源頭的禮學原典和歷代研究禮學的論著。根據文獻的性質，又可細分爲兩類。

1. 禮經類。《四庫提要》經部總序所謂“經稟聖裁，垂型萬世”，乃“天下之公理”之所，爲後世明體達用、返本開新的源頭活水。又經部禮類序云：“三《禮》並立，一從古本，無可疑也。鄭康成注，賈公彦、孔穎達疏，於名物度數特詳。宋儒攻擊，僅摭其好引讖緯一失，至其訓詁則弗能逾越。……本漢唐之注疏，而佐以宋儒之義理，亦無可疑也。”《周禮》是制度之書，《儀禮》主要記載了士大夫曾經踐行過的各種典禮儀式，《禮記》主要是七十子後學闡發禮義的匯編。雖然三《禮》被列爲儒家研習的典籍之後變成了經學，然而從禮學的角度來看，於《周禮》可考名物典章制度，於《儀禮》可見儀式典禮的主要儀節及揖讓周旋、坐興起跪的威儀，於《禮記》可知儀式典禮及日常行爲的種種威儀皆有意義可尋。若再從更加廣泛的禮學角度審視先秦兩漢的文獻，七十子後學闡釋禮義的文獻匯編還有《大戴禮記》，漢代出現的禮緯也蘊藏着不見於其他文獻記載的禮學内容。因此，禮經類除三《禮》之外還應該包括《大戴禮記》與禮緯。至於後人綜合研究禮經原典而又不便歸入任何一部經典之下的文獻，宜倣《四庫全書》設通論之屬、雜論之屬分别纂輯。

2. 禮論類。此類文獻特指歷代綜合禮學原典與其他文獻，突破以禮學原典爲經學典籍的傳統觀念，自擬論題，自定體例，結合禮儀實踐、禮學原典與禮學理念等進行研究而撰作的文獻，如朱熹的《儀禮經傳通解》、任啓運的《天子肆獻祼饋食禮纂》、秦蕙田的《五禮通考》等都宜歸入禮論類。此類文獻與禮經類中綜論性質的文獻容易混淆，最大的區别就在於禮經類中綜論性質的文獻是對禮學原典的闡釋，而禮論類文獻則是對各類文獻所記禮儀實踐與理念的綜合探索，二者研究的問題、對象，特别是研究目的皆有所不同。

第二部分是基於對禮儀結構的觀察而針對某一方面進行獨立研究而撰作的文獻。根據文獻關注的焦點，又可分爲三類。

3. 禮器類。根據前引《禮記・樂記》的説明，禮器包括物器、名器和文器。物器爲禮器之代表形態，自來皆無疑議。名器所涉及之制度、樂舞、數術，因逐漸發展而略具專業特點，有相對的獨立性，固當别爲門類。就制度、樂舞、數術本屬於禮儀實踐活動而言，可分别以禮法、禮樂、禮術概之。又文器亦皆因器而顯，故宜附於禮器類中。因此，凡專門涉及輿服、宫室、器物的禮學文獻，如聶崇義的《新定三禮圖》、張惠言的《冕弁冠服圖》和《冕弁冠服表》、程瑶田的《釋宫小記》、俞樾的《玉佩考》等都屬禮器類文獻。

4. 禮樂類。據《禮記·樂記》所言“樂統同，禮辨異，禮樂之説，管乎人情矣”，可知禮與樂本是關乎人情的兩個方面。因此，禮之所至，樂必從之。考察歷代各個階層踐行過的許多儀式典禮，若不借助於禮樂則無以行禮。《通志·樂略第一》云：“禮樂相須以爲用，禮非樂不行，樂非禮不舉。”禮與樂既相將爲用，則凡涉及禮樂的文獻，皆當歸入禮樂類。然而歷史上因囿於經學爲學科正宗、樂有雅俗之分的觀念，故有將涉及禮樂的文獻一分爲二分别纂輯的方法。《四庫提要》樂類云：“大抵樂之綱目具於《禮》，其歌詞具於《詩》，其鏗鏘鼓舞則傳在伶官。漢初制氏所記，蓋其遺譜，非别有一經爲聖人手定也。特以宣豫導和，感神人而通天地，厥用至大，厥義至精，故尊其教得配於經。而後代鐘律之書亦遂得著録於經部，不與藝術同科。顧自漢代以來，兼陳雅俗，豔歌側調，並隸《雲》、《韶》。於是諸史所登，雖細至筝琶，亦附於經末。循是以往，將小説稗官未嘗不記言記事，亦附之《書》與《春秋》乎？悖理傷教，於斯爲甚。今區别諸書，惟以辨律吕、明雅樂者仍列於經，其謳歌末技，弦管繁聲，均退列雜藝、詞曲兩類中。用以見大樂元音，道侔天地，非鄭聲所得而奸也。”此乃傳統文獻學之舊旨，今則據行禮時禮樂相將的事實，凡涉及禮樂的文獻不分雅俗兼而存之，一並歸於禮樂類。

5. 禮術類。《禮記·表記》載孔子之語云：“昔三代明王，皆事天地之神明，無非卜筮之用。”卜筮之用在於“決嫌疑，定猶與”（《禮記·曲禮上》）。歷代踐行的各種儀式典禮，正式行禮之前往往都有卜筮的儀節，用於判斷時空、賓客、牲牢等的吉凶，本是整個儀式典禮的組成部分。《儀禮》於《士冠禮》、《士喪禮》、《既夕禮》、《特牲饋食禮》、《少牢饋食禮》皆記卜筮的儀節，而於其他儀式典禮如《士婚禮》等皆略而不具。沈文倬先生已指出,《儀禮》一書,互文見義,其實每一個儀式典禮都有卜筮的儀節。因儀式典禮所用數術方法有相對的獨立性,故歷代禮書多有專論。秦蕙田《五禮通考》立"觀象授時"之目,黄以周《禮書通故》設"卜筮通故"之卷。自《漢書·藝文志》數術略分數術爲六類:天文、曆譜、五行、蓍龜、雜占、形法,又於諸子略中收有與數術相關的陰陽家及兵陰陽文獻之目,至清修《四庫全書》子部術數類分爲六目:數學(三易及擬易書)、占候、相宅相墓、占卜、命書相書、陰陽五行(栻占曆數),分類著録纂輯數術文獻,各有錯綜,亦因時爲變以求其通耳。因此,就歷代各個階層踐行的儀式典禮皆有卜筮的儀節而言,凡涉及卜筮的文獻宜收入禮術類。

第三部分是基於對歷代禮儀實踐的規模、等級、性質的考察而撰作的文獻,又可以分爲如下四類。

6. 禮制類。《左傳·桓公二年》載晉大夫師服之語云:"禮以體政,政以正民,是以政成而民聽,易則生亂。"《國語·晉語四》記寧莊子之語云:"夫禮,國之紀也,……國無紀不可以終。"凡此皆説明禮在政治生活和社會生活中有重要的主導作用,故自春秋戰國之際禮崩樂壞之後,歷代皆有制禮作樂的舉措。《隋書·經籍志》云:"儀注之興,其所由來久矣。自君臣父子,六親九族,各有上下親疏之别,養生送死、弔恤賀慶則有進止威儀之數,唐虞已上分之爲三,在周因而爲五,《周官》宗伯所掌吉、凶、賓、軍、嘉,以佐王安邦國,親萬民,而太史執書以協事之類是也。是時典章皆具,可履而行。周衰,諸侯削除其籍;至秦,又焚而去之;漢興,叔孫通定朝儀,武帝時始祀汾陰后土,成帝時初定南北之郊,節文漸具;後漢又使曹褒定漢儀,是後相承,世有制作。"歷代踐行的禮，不僅僅是進止威儀之數，而是對文明制度的實踐。因此，歷代官方頒行的儀注典禮皆可稱爲禮制，是朝野實現認同的文化紐帶，涉及禮制的文獻世有撰作。漢代以後，此類文獻也往往被稱爲儀注，傳統目録學多歸入史部。今則正本清源，一並歸入禮制類。

7. 禮俗類。從人類學的角度來看，禮俗的産生先於禮制並成爲歷代制禮作樂的基礎。所謂"禮失而求諸野"，正説了俗先於禮、禮本於俗。實際上，歷代踐行的禮制，根基都在於風俗，長期流行於民間的風俗若得到官方認可並制度化就是禮制。因此，禮俗者，禮儀之於風俗也，特指在民間習慣上形成而具備禮儀特點的習俗，其特點是以民間生活爲基礎、以禮儀制度爲主導，在一定程度上兼具形式的自發性和内容的複雜性。早在先秦時代，荀子就曾説："儒者在本朝則美政，在下位則美俗。"又説："遇君則修臣下之義，遇鄉則修長幼之義，遇長則修子弟之義，遇友則修禮節辭讓之義，遇賤而少者則修告導寬容之義。無不愛也，無不敬也，無與人争也，恢然如天地之苞萬物。如是則賢者貴之，不肖者親之。"因此，自漢代應劭《風俗通義》以來，歷代有識之士往往述其所聞、條其所遇之禮俗，或筆記偶及，或著述專論，數量之多，可汗馬牛，以爲美俗、修義之資糧，故立禮俗類以集其精華，以見禮儀風俗具有强大的生命力且早已滲透到民族精神之中。此類文獻在傳統的文獻學中分佈較廣，史部的方志、譜牒，子部的儒家、農家、雜家乃至小説家，集部中的部分著作，皆有涉及禮俗的篇章，固當集腋成裘，匯編爲册，歸於禮俗類中。

8. 家禮類。《左傳·隱公十一年》云："禮，經國家、定社稷、序民人、利後嗣者也。”禮之於國，則爲國家禮制；禮之於家，則爲家禮。家禮一詞，最早見於先秦禮書。《周禮・春官》云：“家宗人掌家祭祀之禮，凡祭祀致福。國有大故，則令禱祠，反命，祭亦如之。掌家禮，與其衣服、宫室、車旗之禁令。”自古以來，家禮就是卿大夫以下至於庶人修身、齊家的要器，上至孝悌謹信等倫理觀念，下至婚喪嫁娶之居家禮儀，無不涵蓋於其中。家禮包括家庭内部的禮儀規範和倫理觀念：禮儀規範主要涉及冠婚喪祭等吉凶禮儀以及居家雜儀；倫理觀念則包括父慈子孝、兄友弟恭、夫義婦順等綱常。涉及家禮的文獻源於《周禮》，經《孔子家語》、《顔氏家訓》的發展，定型於司馬光的《書儀》、《家範》和朱熹的《朱子家禮》，其中《朱子家禮》成了宋代以來傳統家禮的範本。因國家禮制的“宏闊”和民間禮俗的“偏狹”，故素負修身、齊家、治國、平天下之理想的有識之士，往往博稽文獻、出入民俗而備陳家禮儀節之曲目與要義，以爲齊家之據、易俗之本。家禮類文獻中以此種撰作爲代表形態，延伸則至於鄉約、學規之類的文獻。

9．方外類。中華民族是一個多種文化相互融合的共同體，整理、編纂《中華禮藏》不能不涉及佛、道兩家有關儀軌的文獻。佛教儀軌是規範僧尼、居士日常生活與行爲之戒律清規以及用於各種節日與法事活動之科儀，雖然源於印度，與中華本土文化長期互動交融，固已成爲中華禮樂文明不可分割的一部分。佛教儀軌與儒家禮儀相互影響，在一定程度上改變、重塑了中華傳統的禮樂文明。道教是中國的本土宗教，深深根植於中國的現實社會，具有鮮明的中國特色與社會調節功能。魯迅曾指出：“中國根柢全在道教。”道教儀軌有其特定的從教規範，體現了道教的思想信仰,規範着教徒的生活方式,體現了儀式典禮的特點。另外,佛教儀軌和道教儀軌保存相對完整,也是重建中華禮樂文明制度的重要參考。因此,凡涉及佛教儀軌和道教儀軌的文獻分别歸入方外佛教類和方外道教類。

綜上所述,《中華禮藏》的編纂是因類設卷,卷内酌分子目,子目内的文獻依時代順序分册纂輯(其中同書異注者則以類相從),目的是爲了充分展示中華禮儀實踐和禮學研究的全貌以及發展變化的軌迹。

編纂《中華禮藏》不僅僅是爲了完成一項學術事業,更重要的現實意義是爲了通過整理、編纂傳統禮學文獻,從中提煉出滲透了民族精神的價值觀和價值體系,爲民族國家認同提供思想資源,爲制度文明建設提供借鑒,爲構建和諧社會提供禮儀典範。

《中華禮藏》編委會

二〇一六年

總　論

我國素享“禮義之邦”的美稱。禮文化作爲中國傳統文化的重要組成部分和中華文明的源頭，它孕育出中華民族高尚的道德準則、完整的禮儀規範和優秀的傳統美德。

何謂“禮”？《左傳》云：“禮，經國家、定社稷、序民人、利後嗣者也。”孔子以爲：“不學禮，無以立。”晏子則曰：“人之所以貴於禽獸者，以有禮也。嬰聞之，人君無禮，無以臨其邦；大夫無禮，官吏不恭；父子無禮，其家必凶；兄弟無禮，不能久同。”由此可見，“禮”即上下有別、尊卑有序之秩序。傳統文化中“禮”的内涵極爲廣泛，既是道德參照、是非準則、教化手段，又關乎政治和人倫。“禮”貫穿中華民族的歷史，體現了中國傳統文化的核心價值。

於是我們有了進一步的問題：何謂“家禮”？何謂“家訓”？“家禮”和“家訓”之間有何關係？家訓是怎樣發展起來的？

“家禮”指家庭内部的禮儀規範與倫理觀念。其中禮儀規範主要包括冠、婚、喪、祭等吉凶禮儀，以及其他居家雜儀；倫理觀念則包括父慈子孝、兄友弟恭、夫義婦順等倫理：

> 父父、子子、兄兄、弟弟、夫夫、婦婦，而家道正。①

“家禮”一詞，初見於《周禮・春官》“家宗人”職：

---

① 出《易・家人卦》彖辭。

> 家宗人掌家祭祀之禮。……掌家禮與其衣服、宫室、車旗之禁令。

此處"家禮"中的"家",特指卿大夫之"家"。周代的社會組織形式是宗法封建制度,血緣關係和政治關係高度同一,大宗以子(嫡長子)繼父(也是祖父的嫡長子),繼承本家族的爵位、采地;以兄(大宗)統弟(小宗),大宗負有領導和組織本族的重任,小宗則分封别居,開枝散葉;從而尊祖敬宗,本支百世,以守宗祊。既然卿大夫之家實際上是重要的政治統治單位,大宗宗子同時也是封地的統治者,那麼他對自己的繼承者有所告誡,也是題中之義。例如周公誡伯禽、周公誡成王、周公誡康叔、范武子誡范文子,都是現任家長對本家族大宗繼承人在立身行政方面的告誡。在性質上,可以算家訓的萌芽,特點是:緣事而發,内容簡短,政治教導的色彩比親情勸誡更爲濃厚,並無成系統的思想理論體系;多爲語録體,處於口語向文章的過渡形態。

宗周封建貴族制度在戰國時代已經瓦解,秦漢後逐漸消亡,中央政府致力於打散舊式貴族之家,建立以編户齊民小家庭爲基本單位的帝國。但是從西漢末年開始,到魏晉南北朝,又逐漸凝聚産生了世代傳經而又世代公卿的家族。這些家族的特點是憑藉傳承經學起家,逐漸進入樞府,取代漢初以來占據中央政府高層地位的軍功集團。加上東漢以來,政府規定,察舉孝廉須兼通經術,經明行修才能入仕做官:

> 初令郡國舉孝廉。……諸生通章句,文吏能箋奏,乃得應選。[①]

① 《後漢書·順帝紀》。

于是，這類經學家族的成員出仕更加容易，幾代家庭成員都有任二千石以上的高級官員，最典型的例子就是韋賢韋玄成父子、弘農楊氏。魏晉南北朝繼承這一趨勢，提倡數代同居不異財的大家族，家族成員内部和有聯姻關係的家族之間互相汲引，逐步壟斷了政治，形成了門閥士族制度。士族除了在政治、軍事和經濟上的壟斷地位之外，還"以家學及禮法等標異於其他諸姓"[①]。魏晉南北朝的士族對待門第中人，"一則希望其有孝友的内行，一則希望其有經籍文史之學業。前者表現爲家風，後者表現爲家學"[②]。前述"孝友的内行"需要靠家長對子弟的教誡來培養，也就是"家訓"：

> 髫亂夙孤，不盡家訓。[③]
>
> 吴時將相名賢之胄，有能纂修家訓……不聞于時者，州郡中正亟以名聞，勿有所遺。[④]

又稱"隆家之訓"，説明當時人深刻認識到家族勢力聲望要維持不墜，端賴父兄悉心指導：

> 經國之略既遠，隆家之訓亦弘。[⑤]

還稱"家門禮訓"，揭示了家禮與家訓的深刻内在聯繫：

> （王儉）年始志學，家門禮訓皆折衷於公（按，指王儉叔

① 陳寅恪：《政治革命及黨派分野》，《唐代政治史述論稿》，上海：上海古籍出版社，1997 年，第 67 頁。

② 錢穆：《略論魏晉南北朝學術文化與當時門第之關係》，香港《新亞學報》1963 年第 5 卷第 2 期。

③ 《後漢書・文苑傳・邊讓傳》。

④ 《晉書・明帝紀》太寧三年詔。

⑤ 《文選・陸機〈弔魏武帝文〉》。

父王僧虔)。[①]

而“經籍文史之學業”則依憑宗族内部對儒家經典的傳習、説解和實踐,以南朝最繁盛的禮學爲例:

> 五服之本或差,哀敬之制舛雜,國典未一於四海,家法參駁於縉紳。誠宜考詳遠慮,以定皇代之盛禮也。[②]

可見,在魏晉南北朝時期,“家訓”和“家禮”皆用於描述士族之家的家長對子弟的教導和家族内部的行爲規範,而且二者之間密切關聯,門閥士族更企圖將家族的學術影響擴大到國家層面。查考《隋書・經籍志》和新舊《唐書・藝文志》中著録的這一時期的經學著作,讀者將會發現這一時期禮學和禮學中關於喪服制度的著作數量極多,而且著名禮家,也往往出身士族。儒家經典中的禮儀規範和倫理觀念,依靠士族的傳習和實踐,進一步固定和明確下來。因此這一時代家訓類文獻大量涌現,名稱繁雜多樣,西漢大多稱“誡子書”,仍不脱因事而發的舊套,主要要求子孫謹慎處世:

> 漢高祖之敕太子,東方朔之戒子,亦顧命之作也。及馬援以下,各貽家戒。[③]

魏晉則名爲“家誡”,主要談論士人之間的交際之道這種更加具體細緻的内容。南北朝時名目尤滋,除舊有的“家誡”外,尚有“起居誡”、“昆弟誥”、“誡家文”、“庭誥”、“家令”、“教誡”、“家

① 《文選・任昉〈王文憲集序〉》。

② 《宋書・傅隆傳》。

③ 《文心雕龍・詔策》。

誨”、“門律”、“幼訓”、“家訓”等，特點是：主題上不僅限於倫理道德勸誡，從個人到家庭、社會問題皆予網羅，以儒家經典爲價值判斷準則，注重培養整體的家族道德和家風，坦然地討論區處家庭財産，個別家訓還論及宗教信仰問題，旨在建立理想的個人和家庭行爲模式。告誡對象也不限於個别子弟，而泛化爲家庭成員整體和未出世的後代子孫。也不再如兩漢誡子書一樣具體批評子弟之疏失（當然這一内容在南北朝家訓文獻中並未完全消失），議論範圍擴大到古今人物甚至文辭技藝。兩漢魏晋大多是單篇文章，南朝絶大多數也沿襲了這一形式①。顔延之《庭誥》②則是《顔氏家訓》問世以前，現存最長的單篇家訓，内容和《顔氏家訓》多有對應，但不像《家訓》一樣是多篇合集的形式。北朝則除單篇之外，出現多篇叢集，如刁雍《教誡》二十篇、甄琛《家誨》二十篇，形式上更接近於子部文獻。至顔之推《顔氏家訓》二十篇，則體裁大備，體系成熟，陳振孫稱“古今家訓，以此爲祖”，洵爲的論。後代家訓，基本不出顔書藩籬，甚至有人以顔書爲藍本而續作，直名《續家訓》。

魏晋時期的門閥士族入唐以後，雖然仍稱興盛，五姓之家地望清華，但唐中葉以後，逐漸衰敗。新興的庶族地主階層通過科舉制度，慢慢占據了政治舞臺的中心。和漢代相比，唐代數世同居的大家族也不再是士族的專利，社會中下層也往往見之。“家禮”之“家”，從士族家庭擴大到更廣泛的庶民家庭，成爲家庭禮

① 按，蕭繹《金樓子・戒子》輯録多篇往代家訓，似乎形式不同；但它只是輯録前人之文，蕭繹本人原創極少，所以性質上和下文提到的北朝的多篇叢集家訓有别，不當合論。

② 按，顔延之《庭誥》全貌今不存，散見《宋書・顔延之傳》、《太平御覽》卷四二六、卷五八六、卷六〇八、卷六〇九、《弘明集》卷十三、《北堂書鈔》卷一〇九。

儀規範的通稱。這種規範性文本，被收在兩《唐書·藝文志》的史部儀注類，沿襲南北朝時的命名習慣，稱"書儀"而不叫"家禮"[①]，"儀"指家庭冠昏喪祭等大事要遵循的儀軌，"書"指這類事務的往來文書須遵用的範本，有固定的格式和用語：

> （盧）弘宣患士庶人家祭無定儀，乃合十二家法，損益其當，次以爲書。[②]

書儀是家禮的衍生物，是士庶之家日常禮儀和人情往來的指導性規範；後代有些名爲"書儀"的文獻，性質産生了變化，儀軌部分變少而書式部分增多，敦煌文書中比較常見[③]。而《顔氏家訓》這類文獻，《隋書·經籍志》未見，《舊唐書·經籍志》和《新唐書·藝文志》皆收在子部儒家類。

唐末五代，士族門閥蕩然掃地，宋代士大夫借鑒周代宗法制度和從《儀禮》中總結出來的四禮體系（冠婚喪祭）來重新組織家族，名稱相同而實質相異。司馬光的《書儀》、《家範》就是這種努力的産物。司馬光在《書儀》中主張儒家文化本位，批評了當時佛教和道教文化對家庭禮儀規範的影響。司馬氏本人學問淵深，《書儀》基於《儀禮》等先秦禮典的内容而成，對士大夫之外的

① 按，《隋書·經籍志》和《新唐書·藝文志》，雖然有題爲"家禮"的文獻，但此處之"家"實指東宫，"家禮"指東宫之禮。如徐爰《家儀》、楊炯《家禮》，在當時公家書目中，都和宫中、朝廷之禮排在一起。宋以後目録中，"家禮"才用於泛指家庭禮儀。

② 出《新唐書·盧弘宣傳》。

③ 如署名鄭餘慶的《大唐新定吉凶書儀》、杜友晉《吉凶書儀》、《書儀鏡》。按，本次整理的《居家必用事類全集》中就收録了一套典型的明人常用成熟書儀。

庶民家庭而言實施難度過高[①]。朱熹《朱子家禮》在温公《書儀》基礎上進一步改造，儀節樸實，簡明可行，其適用對象越出了士人階層的藩籬，庶民百姓亦包含在内，承古開新，影響深遠，可謂宋以來傳統家禮的巔峰之作。從元至清，朱子《家禮》衍生出大量注釋、改編之作，由附庸儼然蔚爲大國。甚至明代禮學研究的主要致力方向就是家禮類文獻，以至於將考證作爲學術評判標準的清代學者直以爲"明人無禮學"。考察宋以後到清代的公私書目，家禮從史部儀注類逐步提到經部類雜禮類，家訓則分散在子部儒家、雜家、小説三個小類。

由上述發展歷程可見，家禮、家訓類文獻和家族的發展彼此糾纏，共同演進。第一，周代宗法貴族湮没于秦漢，兩漢又形成新的經學世家，發展到魏晉，成爲門閥士族，門閥最後的光芒在唐末消散後，宋代又産生了新興士大夫階層組織的、模仿先秦宗法制的近代宗族。第二，傳統的儒家經典文化傳遞到更普遍的社會階層，儒家倫理下滲而成爲士族之禮儀名教，儒家禮典下滲而成爲士族之家族規範。這個過程中産生了家禮、家法、家訓類文獻，後兩者雖然是家禮文獻的衍生物，但隨着適用範圍的增加和作者思考實踐的深入，産生了獨立性，也開始體系化。不同於家禮這樣依托四禮體系的成體系的規範，家訓更傾向於一種人倫日用的個人化闡釋，但又有和家禮大致趨同的價值取向，因此内容複雜多樣。此類文獻發展到極致，就呈現出《居家必用事類

① 《朱子語類》卷第八十四《論考禮綱領》："叔器問四先生禮。曰：'二程與横渠，多是古禮。温公則大抵本《儀禮》而參以今之可行者。要之温公較穩，其中與古禮不甚遠，是七八分好。若伊川禮，則祭祀可用。婚禮惟温公者好。大抵古禮不可全用，如古服古器，今皆難用。'"

全集》這樣的包羅萬象的形態,與《顏氏家訓》形似而神離。目録學家根據自己對文獻内容的理解和認識,歸入儒家、雜家、小説家三個類目中都有可能,明代《千頃堂書目》甚至将部分家訓放到了子部類書類,而《四庫全書總目》又拉回了子部雜家類。這一往一返之間,可見近古以來家訓文獻的複雜面貌,以及學者對它們的不同認識之間的張力。至此,我們可以大體瞭解家禮、家訓文獻的概念變遷、淵源所自,以及它們與當時家庭制度的互動。

我們選取《顏氏家訓》、《帝範》、《柳氏序訓》、《家範》、《袁氏世範》、《陸氏家制》、《續家訓》、《石林家訓》、《家訓筆録》、《經鉏堂雜誌》、《放翁家訓》、《鄭氏規範》、《居家必用事類全集》這一批北齊到明朝的十三種有代表性的家訓類文獻進行校點,向讀者揭示中國近古社會的家禮及家訓文獻的前身和成熟面貌。讀者可以藉此觀察到中國近古社會的家庭和宗族如何組織,如何運作,有哪些日常生活的細節,提倡和遵循什麼樣的倫理道德,受到什麼樣的社會新動向的挑戰,家族的領導者如何應對。古人在修身和齊家這一層面的困惑和思考,對今人也不無助益。

凡　例

一、整理工作包括題解、録文和校勘等項。

二、題解除揭示書名、卷數、内容及著者生平事蹟、版本流變等情況外，亦須交代已有的重要校勘研究成果，其具有創見性的校勘意見則别於校記中加以采納。

三、底本原文中明確的錯誤（譌奪衍乙）一般皆直接改正，並用校記加以説明。其不影響文意表達的兩可之異文，則酌情忽略不校。至於文意不通或懷疑有誤之處，則適當以校記形式提出疑問或給出可能的詮釋理路。

四、録文一依底本，個别生僻的異體字、俗體字等改作通行字，然不甚生僻而爲古籍通用者，保留底本文字原樣。鑒於俗寫“扌”旁與“木”旁，“巾”旁與“忄”旁，“衤”旁與“礻”旁以及“己”與“已”、“巳”，“瓜”與“爪”，“曰”與“日”之類相混無别，一般皆徑據文意録定，影響文意的則别爲出校説明。

五、避諱字一律改爲通行繁體字，但須在題解或首見條下説明。

六、底本所用省代符等一律改爲相應的本字。

七、底本缺字用“□”號表示，缺幾字用幾個“□”號，不能確定者用長條形符號（長度爲三個漢字，其中原文一行的上部或前部殘缺用“▭”，中部殘缺用“▭”，下部或後部殘缺用

“□”)表示。模糊不清無法録出者用“▨”號表示,有幾個字不清楚就用幾個“▨”號。

八、文本的段落格式一依今日之文意理解重行設計,不必盡依原書之舊貌。

九、底本圖片如果可以重繪者,則自行改繪,以便觀覽。

题　解

《居家必用事类全集》[1]是一套元代不知名編者編纂的，收録了治學觀、書儀、家禮、風水、飲食、文玩、仕宦常識、藥方、養生術等多個主題的叢書。全書分集用十天干命名，自甲至癸，共分十集。每集内收録若干種專書，而這些專書，有若干種内部又各自按照特定專題收集條目，實爲類書。《全集》實際上是合刊了一系列類書和專書摘録的叢書，性質非常複雜。

是書編纂者未詳，刊刻者身份亦有争議。今傳明隆慶二年(1568)刻本中飛來山人叙，已稱“莫知作者之名”，只能推論輯録者爲元人。明黄虞稷《千頃堂書目》謂爲熊宗立編，錢大昕《補元史藝文志》亦沿用此説。四庫館臣據書中辛集大德五年吴郡徐元瑞《吏學指南序》中“聖朝”字俱跳行，且《永樂大典》屢引用之，並飛來山人序得出相近結論，謂撰者乃元人。王重民《中國善本書提要》中提出“宗立或曾刊是書”，熊宗立是刊刻者之一。按，熊宗立(1409—1482)字道宗，號勿聽子，建陽人，實際生活年代在明永樂初年到成化時期[2]，隆慶二年刻本問世時間顯然晚於熊氏卒年，因此黄虞稷説不可從，隆慶二年刻本作序的飛來山人與熊宗立爲同一人的證據不足。因此只能認爲，《全集》編纂者不

---

① 參顧歆藝:《〈居家必用事類全集〉及相關問題研究》,《北京大學中國古典文獻研究中心集刊(第五輯)》,北京:北京大學出版社,2005 年,第 176—196 頁。

② 方彦壽:《明代刻書家熊宗立述考》,《文獻》,1987 年第 1 期,第 228—243 頁。

晚於元代，刊刻者包括杭州洪氏[①]、杭州飛來山人。建陽熊宗立種德堂雖爲明代著名書坊，但曾否刊行《全集》，仍須存疑。

《全集》收録諸書的選題非常豐富。甲集摘録了朱熹《童蒙須知》、《訓子帖》、《顔氏家訓》、真德秀《教子齋規》、王日休（字虚中）《訓蒙法》、朱熹《白鹿洞書院教條》、程董二先生學則、程端禮《讀書分年日程法》、諸名人讀書作文法、《神人永字八法》、姜夔《書譜》、董内直《書訣》、《切韻》[②]。本集中《饋送請召式》、《家書通式》屬於書儀性質資料合集。乙集摘録了司馬光《居家雜儀》、袁采《袁氏世範》、朱熹《家禮》、南宋孫偉《薦饗儀範》、宋趙炳[③]《族葬圖》。丙集的仕宦專題，除摘録《文公小學書嘉言篇》、《四事箴》、《十害箴》之外，尚有南宋趙師俠《拜命曆》、《選日時捷法》、《許真君傳龍神行度風暴訣》、《周公出行吉日》等日書，亦有《李僕射透天關擇時并方位法》這樣的雜術書，還有《百怪斷經》、《占燈花經》、《夢寐因想》這樣的雜占書。最後一類實際上與仕宦無關，僅僅是迎合了當時人在宦海浮沉中的占卜需求。丁集前半部分是講家宅風水的《周書秘奥營造宅經》和擇日的《興工造作日》、《入宅移居》，後半部分《牧養良法》則是關於獸醫的知識。戊集收集了《農桑本務》（記録種植、蠶桑等操作細節）、唐王旻《山居録》（記叙各種糧食、蔬菜，以及果樹花草之類經濟作物的種植法），《文房適用》、《刻漏捷法》、不知撰人《寶貨辨疑》。己集收録蔡襄《茶録》，以及關於各種茶、湯、渴水（即糖漿）、熟水、

① 參本書附録中飛來山人《居家必用事類叙》："往年梓於吾杭洪氏，今則廢置矣。予深惜之，於是捐貲收集，重加校正，補刻遺闕，使永其傳，以公于同志云。"

② 按，《居家必用事類全集》所收録《切韻》之文爲時俗音書，非陸法言《切韻》。

③ 按，據元謝應芳《跋〈族葬圖〉》考得作者姓名。

漿水、蜜餞、酒、醋、醬、豉、各種醃製食品製法。庚集收録了食譜、洗衣法、香譜、閨閣事宜。辛集則收録了元不知撰人《吏學指南》的一部分和元趙素《爲政九要》，前者屬於專題類書，而後者類語録。壬集收録北宋陳直《養老奉親書》[①]、《治諸病驗方》和一些外科雜方，嚴格説都不算類書。癸集收録了元李鵬飛《三元延壽參贊書》、《修養秘論》、舊題秦氏《勸善録》[②]等，情況和壬集差不多。

總而言之，《居家必用事類全集》並没有一個有内在體系的類目框架，更像是將日用生活相關主題箭垛式地編排在一起。同時，所摘録的一部分書本身又確實是類書，這些書又與單條資料合編在一起。這種層層套疊式的結構，毋寧説是介於叢書和類書之間，而更具類書色彩。《文淵閣書目》歸之爲類書，《四庫全書總目》歸入子部雜家類，王毓瑚《中國農學書目》稱之爲“日用百科性質的通書”，王重民《中國善本書提要》歸入集部雜家類雜品，不免僅得一偏，未能全面反映其複雜面貌。

值得注意的是，《居家必用事類全集》摘録的一些古籍，亦可作輯佚之用，如唐王旻《山居録》[③]、宋趙師俠《拜命曆》[④]、宋孫偉

① 創作時間不晚於南宋紹興十六年(1146)，現存最早單行本爲明萬曆三十一年(1603)虎林胡文焕文會堂刻本，但只保留了《食治老人方》部分。參劉金鵬《陳直〈養老奉親書〉研究》，浙江大學 2016 年碩士論文。

② 參羅寧、王德娟《舊題秦氏或秦觀〈勸善録〉考論》，《西南交通大學學報(社會科學版)》，2011 年第 6 期，第 31—33 頁。實出南宋陳録《善誘文》和李昌齡《樂善録》，屬于勸善小説類。

③ 參李輝《〈山居録〉研究》(吉林大學 2011 年碩士論文)，是書成書於唐天寶後期(748—755)，《居家必用事類全集》所收録者是從宋代《山居要録》本發展而來，單行本清中期後失傳。

④ 丙集録有南宋紹熙四年(1193)自序。

《薦饗儀範》、宋趙炳《族葬圖》、元代不知撰人《吏學指南》[①]、不知撰人《寶貨辨疑》等。

《全集》傳世版本情況如下：①元刻本[②]。至元五年（1339）友于堂刻本[③]，但存世諸本無全帙者。國家圖書館藏本存甲、乙集[④]，安徽博物院所藏《新增居家必用事类全集》存甲、己、庚三集[⑤]，臺北故宫博物院[⑥]及日本寶素堂藏本皆存壬、癸二集[⑦]。存世有元刻本之説，來自於森立之《經籍訪古志》，國家圖書館所謂元刻本未見著録，安徽博物院所謂元刻本著録行款幾乎全同《經籍訪古志》，臺北故宫博物院藏本僅稱"黑口本"。存世之友于堂本，行款與《經籍訪古志》之"半頁十三行，行二十二字"相同，但三家所著録者是否皆爲元刻本，仍須存疑。

②明刻本。十卷本系統：包括明嘉靖三十九年（1560）杭州洪方泉校田汝成序本，十集二十卷，行款詳情未知；明隆庆二年（1568）杭州飛來山人據洪校本重刻本，四周單邊，半頁九行，行

① 辛集録有元大德五年（1301）自序。元刻單行本現藏國家圖書館。

② 以下全據顧歆藝《〈居家必用事類全集〉及相關問題研究》著録，存以備考。

③ 按，元代麻沙吴氏友于堂本存世者有《新編事文類聚翰墨全書》，半頁十三行，行二十二字。

④ 按，國家圖書館館藏目録僅著録明司禮監刻本，未言有元刻本。

⑤ 據安徽博物院内部文件著录，其行款爲"半版十三行，行二十一字，標目並二行大書"。館藏著録所謂元本之行款，與森立之《經籍訪古志》内容高度重合，未可遽定爲元刻本。

⑥ 按，《臺灣地區善本古籍聯合目録》有此條目，曰爲黑口本，然行款詳情及書影皆未公布。國家圖書館藏本亦爲黑口，臺北故宫博物院藏本是否誤判年代，有待詳考。

⑦ 參澀江全善、森立之等撰，杜澤遜、班龍門點校，《經籍訪古志》："《居家必用事類全集》零本二卷。元槧本，實素堂藏。現存壬、癸二集二卷。每集首有目録。每半版十三行，行二十二字，界長五寸二分，幅三寸九分。卷中標目併二行大書。"上海：上海古籍出版社，2014 年，第 158 頁。

十六字[①];明嘉靖時期司禮監刻本[②],十卷,四周雙邊,雙黑魚尾,黑口,半頁九行,行十六字[③]。八卷本系統:這一系統刊本改名爲《重刊校正居家必用事類》,有萬曆七年(1579)黄希賢序刊本。十卷本系統又衍生出和刻本一種,即日本寛文十三年(1673)京都林氏松栢堂林前和泉掾據梅墅石渠閣本重刊本,二十卷,四周單邊,單魚尾,白口,半頁九行,行十五字。

③清刻本。清乾隆三年(1738)德星堂翻刻嘉靖三十九年田汝成序本,二十卷,四周單邊,白口,白黑相間單魚尾,半頁九行,行十六字[④]。前述所臚列明本至清本,皆爲存世可考脈絡清晰的刻本。

此次校點,我們選取國家圖書館館藏明司禮監刻本爲底本,以飛來山人刻本(簡稱"飛本")爲對校本。明司禮監刻本四周雙邊,雙黑魚尾,白口,書口有"《必用》某集"和相應專題字樣,每半頁九行,行十六字。明飛來山人刻本左右雙邊,單黑魚尾,白口,每半頁九行,行十六字,版面漫漶過甚,雖然年代較早,仍以作對校本爲宜。同時參校以前述引用古籍,因爲《全集》本身俗書性

① 南京圖書館藏本,影印本見《續修四庫全書・子部》第1184册、《明代通俗日用類書集刊》第四册。

② 王重民:《中國善本書提要》:"考劉若愚《内板經書紀略》,有《居家必用》十本,八百八十頁。"上海:上海古籍出版社,1983年,第347頁。

③ 國家圖書館、美國國會圖書館均有藏本,影印本見《北京圖書館古籍珍本叢刊》第061册。

④ 美國國會圖書館藏本。書名頁正中題"居家必用",右上題"田汝成撰",左下題"德星堂梓行",匡上眉題"乾隆三年重鐫"。正文卷端題"居家必用事類全集甲集卷之一",下無署名。正文前有明嘉靖三十九年田汝成"居家必用事類叙"、目録。田序云:"居家必用事類凡十集,以甲乙丙丁等爲序第。不著纂輯者姓名,疑元時人爲之,以其所引占書宅經多宋元人事,是以知之耳"。

質所限,很難適用經史文獻的嚴格校勘要求,僅作參考。書末附《四庫總目提要》、《善本藏書室藏書志》丁丙跋文、飛來山人序,以供參考。

目　録

居家必用事類全集甲集目録[①]

① 按此目録爲底本所附目録，有個别之處與正文不合，但均無礙閲讀，姑保持底本原貌，下文同此。

活套

居家必用事類全集甲集

爲學

朱文公童蒙須知

夫童蒙之學，始於衣服冠履，次及語言步趨，次及灑掃涓潔，次及讀書寫文字，及有雜細事宜，皆所當知。今逐目條列，名曰《童蒙須知》。若其修身治心、事親接物與夫窮理盡性之要，自有聖賢典訓，昭然可考，當次第曉達，兹不復詳著云。

衣服冠履第一

大抵爲人，先要身體端整。自冠巾衣服鞋襪，皆須收拾愛護，常令潔浄整齊。我先人常訓子弟云：男子有三緊，謂頭緊、腰緊、脚緊。頭，謂頭巾，未冠者總髻；腰，謂以絛或帶束腰；脚，謂鞋襪。此三者要緊束，不可寬慢。寬慢，則身體放肆不端嚴，爲人所輕賤矣。

凡着衣服，必先提整衿領，結兩衽紐帶，不可令有闕落。飲食照管，勿令污壞；行路看顧，勿令泥漬。

凡脱衣服，必齊整摺疊箱篋中，勿散亂頓放，則不爲塵埃雜穢所污，仍易於尋取，不致散失。着衣既久，則不免垢膩，須要勤勤洗澣。破綻則補綴之，儘補綴無害，只用完潔。

凡盥面，必以巾帨遮護衣領，捲束兩袖，勿令有所濕。

凡就勞役，必去上籠衣服，只着短便愛護，勿使損污。

凡日中所著衣服，夜卧必更，則不藏蚤蝨，不即敝壞。苟能如此，則不但威儀可法，又可不費衣服。晏子一狐裘三十年，雖意在以儉化俗，亦其愛惜有道也。此最飭身之要，毋忽。

語言步趨第二

凡爲人子弟，須要常低聲下氣，語言詳緩，不可高言喧閧，浮言戲笑。父兄長上有所教督，但當低首聽受，不可妄自議論。長上檢責，或有過誤，不可便自分解，姑且隱嘿，久却徐徐細意條陳，云此事恐是如此，向者當是偶爾遺忘，或曰當是偶爾思省未至。若爾，則無傷忤，事理自明。至於朋友分上亦當如此。

凡聞人所爲不善，下至婢僕違過，宜且包藏，不應便爾聲言，當相告語，使其知改。

凡行步趨蹌，須是端正，不可疾走跳躑。若父母長上有所唤召，却當疾走而前，不可舒緩。

灑掃涓潔第三

凡爲人子弟，當灑掃居處之地，拂拭几[①]案，常令潔净。文字筆硯，凡百器用，皆當嚴肅整齊，頓放有常處。取用既畢，復置元所。父兄長上坐起處，文字紙劄之屬，或有散亂，當加意整齊，不可輒自取用。凡借人文字，皆置簿抄録諸名，及時取還。窗壁几案文字間，不可書字。前輩云："壞筆污墨，瘝子弟職。書几書

① “几”，底本作“凡”，形訛，兹據飛本校改。

硯[1]，自黥其面。"此爲最不雅潔，切宜深戒。

讀書寫文字第四

凡讀書，須整頓几案，令潔浄端正。將書册整齊頓放，正身體，對書册詳緩看字，子細分明讀之，須要讀得字字響亮，不可誤一字，不可少一字，不可多一字，不可倒一字，不可牽强暗記。只是要多誦遍數，自然上口久遠不忘。古人云："讀書千遍，其義自見。"謂讀得熟，則不待解説，自曉其義也。余嘗謂讀書有三到，謂心到、眼到、口到。心不在此，則眼不看子細。心眼既不專一，却只漫浪誦讀，決不能記，記不能久也。三到之中，心到最急，心既到矣，眼口豈不到乎？

凡書册須要愛護，不可損污縐摺。濟陽江禄書讀未竟，雖有急速，必待掩束整齊，然後起。此最爲可法。

凡寫文字，須高執墨錠，端正研磨，勿使墨汁污手。高執筆雙鈎，端楷書字，不得令手揩着毫。

凡寫字，未問寫得工拙如何，且要一筆一畫，嚴正分明，不可老草。

凡寫文字，須要子細看本，不可差誤。

雜細事宜第五

凡子弟，須要早起晏眠。凡喧閧鬥争之處不可近，無益之事不可爲。謂如賭博、籠養、打毬、踢毬、放風禽等事。凡飲食，有則食之，無則不可思索，但粥飯充飢不可闕。凡向火勿迫近火傍，不惟舉止

① "硯"，底本作"研"，飛本同，不合文意，兹據宋朱熹《童蒙須知》校改。

不佳，且防焚爇衣服。凡相揖必折腰。凡對父母長上朋友必稱名。凡稱呼長上，不可以字，必云“某丈”，如弟行者，則云“某姓某丈”。凡出外及歸，必於長上前作揖，雖暫出亦然。凡飲食於長上之前，必輕嚼緩咽，不可聞飲食之聲。凡飲食之物，勿争較多少美惡。凡侍長者之側，必正言拱手。有所問，則必誠實對，言不可妄。凡開門揭簾，須[①]徐徐輕手，不可令震驚響。凡衆坐，必歛身，勿廣占坐席。凡侍長上出行，必居路之右，住必居左。凡飲酒不可令至醉。凡如廁，必去上衣，下必浣手。凡夜行，必以燈燭，無燭則止。凡待婢僕必端嚴，勿得與之嬉笑。執器皿必端嚴，惟恐有失。凡危險不可近。凡道路遇長者，必正立拱手，疾趨而揖。凡夜卧必用枕，勿以寢衣覆首。凡飲食，舉匙必置箸，舉箸必置匙。食已，則置匙箸於案。

雜細事宜，品目甚多，姑舉其略，然大概具矣。凡此五篇，若能遵守不違，自不失爲謹愿之士。必又能讀聖賢之書，恢大此心，進德修業，入於大賢君子之域，無不可者。汝曹宜勉之。

訓子帖

塗中事

離家後，凡事不得縱恣，如在父母之側。逐日食後，或晚間，三兩次出則徐行。共約十餘里，以寬僕夫之力。登高歷險，皆須出轎，以防不測。遇過津渡，切勿争先。舟人已多，寧少須後。戒戢僕從，勿與人争。尋店不可大迫巖險，及侵水際。晚間少食，夜間早睡。留親僕在房内，以防寇盜。

---

① “須”，底本作“雖”，飛本同，不合文意，兹據宋朱熹《童蒙須知》校改。

過州縣市井，擇曠僻清浄店舍安泊。閉門静坐，不可出入離店，勿妄與人接。尋常到店肆，自有一種閑人，來相問勞，但正色待之，勿與親接可也。若與之飲食，或同行出入，未有不爲所誤者，可戒之。酒食之肆，博戲之場，皆不可輒往。推此類，則其餘可知。不得妄費錢物，買飲食雜物。

到婺州

事師如事父，凡事咨而後行。聽受其言，切須下氣怡聲，不得輒有争辯。朋友年長以倍，丈人行也，十年以長兄事之。年少於己，而事業賢於己者，厚而敬之。

初到便稟先生，合做甚功夫。自寫一節目，逐日早起夜眠，遵依儹趁。日間勿接閑人，説閑話。雖同學，亦只可説義理、論文字而已。專意辦自己功，則自然習熟進益矣。課册隨衆趕了，不得拖延怠慢。早晚授業、請益，隨衆例，不得怠慢。日間思索有疑，用册子隨手劄記，俟見質問，不得放過。所聞誨語，歸安下處思省。要切之言，逐日劄記，歸日要看。見好文字，亦録取歸來。

不得自擅出入，與人往還。初到問先生有合見者，見之；不令見，則不必往。人來相見，亦咨稟然後往報之。此外不得出入一步。

居處須是恭敬，不得倨肆惰慢；言語須要諦當，不得戲笑喧譁。

凡事謙恭，不得尚氣淩人，自取耻辱。不得飲酒，荒思廢業，亦恐言動差錯，失己忤人，尤當深戒。不可言人過惡，及説人家長短是非，有來告者，亦勿酬答。於先生之前，尤不可説同學之短。交遊之間，尤當審擇。雖是同學，亦不可無親疏之辨。此皆當請於先生，聽其所教。大凡篤厚忠信，能攻吾過，益友也；其諂諛輕薄，傲慢褻狎，導人爲惡者，損友也。推此求之，亦自合見得五七分，更問以審之，宜無所失矣。但恐志趣卑凡，不能克己從善，則益者不期疏而日遠，損者不期近而日親。此須痛加檢點，而矯革之，不可荏苒漸習，自趣小人之域。如此，則雖有賢師長，亦無救拔自家處矣。

見人嘉言善行，則敬慕而記録之。見人好文字勝己者，則借來熟看，或傳録而咨問之，思與之齊然後已。不拘長少，惟善是取。

以上數條，切宜謹守。其所未及，亦可據此推廣。大抵只是“勤謹”二字。循之而上，有無限好事。吾雖不欲言，而未免爲汝憂之也。蓋汝若好學，在家足可讀書、作文字、講明義理，不待遠離膝下，千里從師。汝既不能如此，即是不好學已，無可望之理。然今遣汝者，恐汝在家迫於俗務，不得專意。又父子之間，不欲晝夜督責，及無朋友聞見，故令汝一行。汝若到彼，能奮然勇爲力改故習，一味勤謹，則吾猶有望。不然，則徒爾勞費，只與在家一般。他日歸來，又只是舊時伎倆人物，不知汝將何面目歸見父母、親戚、鄉黨、故舊耶？念之念之！夙興夜寐，毋[①]忝爾所生。在此一行，千萬努力。

浦城路雖差徑，然過太湖，不可不見余姨夫、黄二十八丈。過臨江，不可不見諸徐丈、陳姨夫，及百五叔兄弟。若但一見而行，亦不當留滯半日。況不止此，則何時可到？又轎夫亦不能候。不若只從崇安去，只道中見劉知府、王大姑，前路並無人可見。直到衢州，依舊只從陸路去，不必登舟也。

過鉛山，遣人投范宰書。書并深衣一角，不必相見。

---

① “毋”，底本作“母”，形訛，兹據飛本改。

過衢州見汪尚書。

到婺州光詞店，權歇泊定，即盥櫛具刺，去見吕正字。初見便禀："某以大人之命遠來，親依先生講席下，禮合展拜。倘蒙收留，伏乞端受。"便拜。如未受，即再致懇云："未蒙納拜，不勝皇恐，更望先生尊慈，特賜容納。況某於門下，自先祖以來，事契深厚。切望垂允。"又再拜。起問寒暄畢，又進言："某晚學小生，久聞先生德義道學之盛。今日幸得瞻拜，不勝慰幸。"坐定茶畢，再起叙："晚學無知，大人遣來，從學之意。竊聞先生至誠樂育，願賜開允，使某早晚親炙，不勝幸甚！"又云："來時大人拜意，有書投納。"即出書投之，又進説："大人再令拜禀，恨以地遠，不得瞻拜郎中公几筵。今有香一炷，令某拜獻，令參拜之。初未敢遽請，容來日再詣門下。令弟宣教大人，亦有書，并俟來日請見面納。"揖退，略就坐，又揖而起。如問他事，即隨事應答。如問將來宿食去處，即云："大人書中已具禀，更聽尊者。"次日將香再去，乃具刺謁其弟。問看同居有幾子弟，皆見之。只問門下人可知也。見其兄弟皆拜。茶罷便起禀："某昨日禀知，乞詣靈瞻拜，更俟尊命。"如引入，即詣靈筵前再拜，焚香。又再拜訖，拜其兄弟兩拜，進説大人致問："昨聞郎中丈人，奄棄明時，恨以地遠，不獲奔慰，不勝慘愴之私，令某拜禀，切望以時節哀，爲道自愛。"又再拜趨出。如問就學宿食去處，即説："昨蒙喻潘丈教授借安泊，大人之意，不敢以某久累其家，恐兩不穩便。已自有書與之，只欲就其家，借一空閑房舍，或近宅屋宇安下，不知尊意如何？"看説如何，如令去相見，即借人引去，并問其兄弟幾人，并見之。如不問，即目出，俟午間再去見，問以此事。見潘丈亦如此説。大抵禮數，務要恭謹詳緩，不要張皇顛錯。婺州有邵臺簿，是吾同年，恐知汝來，試問先生見之否。如見，亦當叙年家之契，請其納拜。

吕家諸位如舍人位子弟，不知同居否。如異居，少定，亦往見之。

何丈託問：婺州寄居前輩有姜子方者，是李中書之甥，在婺州五通廟前住，建炎間曾從馬殿院伸，辟爲撫喻司馬屬官，今其家有何子弟？

間見先生説："吾同宗留守家子弟間多有在婺州者，其家記録留守公事頗詳，不知可託借傳一本否？"墓誌似是曾侍郎，吕家必自有本也。

所將去銀五兩八錢，可納先生處，乞令人買置金穀支用。先問看如何，或只令人來取去買，不必送去也。茶一角三十斤，俟潘家借屋有定説，即自作來送去。

過崇安見潘尉，問宋家黄通託問陸宰取《通鑑》。

到信州將林擇之書，去見上饒縣王丞。問他有回信，即付范富歸，或令范富回日取歸。更問他新知高州翁判院，在此有事，今其家在甚處。其侄監丞自江西罷官赴召來此，今在甚處。如監丞尚在信州，即往見之。如只在高州家，即買紙贈去上紙。狀上稱："表甥孫狀，献知府判院翁公。"汝見監丞及高州之子、縣丞，皆拜，唤他作表舅，説吾不知他尚在信州，不曾得寫慰書，并説嫣致意，監丞昨承頒惠衣物，久不得拜問之意。注尚書：書可只留在家中，不用將去。如須要去見時，他是尊官，不可叙事契。納拜，只便叙寒暄畢，又叙："晚進小生，服膺甚久。今日遂獲瞻望道德之光，豈勝榮幸！"就坐喫茶了，便起再叙："某山野小生，無所知識，徒以大人幸得出入門下，遂獲竊聞德業之隆，不勝景仰。今者大人遣詣吕正字先生席下，經由此拜，本不敢僭越。參候敬慕之深，輒干典謁，特蒙與進，下情不勝慰感之至！急於就學，即今遂行,無由再詣台墀,伏乞台察。”揖就坐。少頃再起揖。須有此揖,方索湯矣。不起揖,坐無了時。湯畢便起,更不揖。今見達官多如此。降階兩三步回揖。主人回,及出。若欲見時須如此。

右晦庵先生送其子游東萊先生門於其行訓云。

顔氏家訓

教婦初來,教子嬰孩。故於其始有知,不可不使之知尊卑長幼之禮。若侮詈父母,毆及兄姊,父母不加詞[①]禁,反笑而獎之,彼既未辨好惡,謂禮當然。及其既長,習已性成,乃怒而禁之,不可復制。於是父疾其子,子怨其父,殘忍悖逆,無所不至。蓋父母無深識遠慮,不能防微杜漸,溺於小慈,養以其惡故也。

西山真先生教子齋規

一曰學禮,凡爲人要識道理、識禮數。在家庭事父母,入書院事先生,並要恭敬順從,遵依教誨。與之言則應,教之事則行,毋得怠慢,自行己意。二曰學坐,定身端坐,齊脚斂手,毋得伏盤靠背,偃仰傾側。三曰學行,籠袖徐行,毋得掉臂跳足。四曰學立,拱手正身,毋得跛倚欹斜。五曰學言,樸實語事,毋得妄誕。低細出聲,毋得叫唤。六曰學揖,低頭屈腰,出聲收手,毋得輕率慢易。七曰學誦,看字斷句慢讀,須要字字分明,毋得目視東西,手弄他物。八曰學書。臻至把筆,字要齊整圓浄[②],毋得輕易糊塗。

① “詞”,疑誤,據《家訓》,宜作“訶”。

② “浄”,飛本作“潔”。

王虛中訓蒙法

叉手

小兒六歲入學，先教叉手。以左手緊把右手，其左手小指則向右手腕，右手皆直，其四指以左手大指向上，如以右手掩其胸，不得着胸，須令稍離方寸，爲叉手法也。

着衣

衣袖不得揎出手腕以上，則爲傲過；手腕以外，則爲慢；正當腕中謂之禮。又外衣袖不許露出内衣袖，若衫袖不得露出上蓋袖，上蓋袖不得露出汗衫袖也。

衹揖

凡揖人時，則稍闊其足，其立則穩。揖時須是曲其身，以眼看自己鞋頭，威儀方美。觀揖時亦須直其膝，不得曲了。當低其頭，使手至膝畔，又不入膝内，則手隨時起，而叉於胸前。揖時須全出手，不得只出一指，謂之鮮禮。揖尊位則手過膝下，亦以手隨身起，叉手於胸前也。

入學

六歲且令早晨上學，食後不上學，勿困其精神。讀書須是且從《開宗明義章第一》起，不可便讀《蒙求》、《孝經序》，爲字太難。且令每日見《小字經》三兩次，每日常見，則識得牢固，不可貪多，且讀三兩句。半歲之後，食後亦上學。

小兒讀書

若初授四句，不必多教遍數，且以教識字爲上。既識字，則可令其自讀。若未能盡讀，且讀兩句。其兩句識得字，又讀得稍熟，則令識後兩句字。讀後兩句，又稍熟，然後令通讀四句。既讀得四句盡熟，則放歸。似此數日，則可又添一兩句。須是熟，即便放歸。小兒貪其歸，則用心讀而漸可添也。若其後授得字多，其初則分爲三兩授讀，俟其口熟則通讀。若其中有甚難讀者，則特讀數十遍。如甚易者，則分讀時不須讀，直待通一授讀，然後讀其易者。此亦讀書省力省功之良法也。

温書

若讀書當時雖極熟，久而不讀亦必忘。予嘗誦一真言，二十萬遍，久而不誦皆忘之。故讀過書，不可不温。其温書之法，且若初讀過書一卷，則一日温此一卷，其後讀過二卷，則二日温一遍，三卷則三日温一遍，二百卷則二百日能温一遍，亦永不忘。如長成者，讀過《語》、《孟》、六經，一放下之後，則周年未必能温，此所以不能記也。此乃楊子、吴祕之家傳。温書之法如此，則初讀時不須四授，以一日之工温之，亦不須一卷了，又分爲兩授温之。既省工，又永永不忘之妙法也。

記訓釋字

可令日記所讀書上訓釋字三兩個，如“不亦説乎”，“説”，喜也。“不亦樂乎”，“樂”，甚喜也。若不能曉得“甚喜”，則以方言教之，如云“大故歡喜”。“人不知而不愠”，“愠”，怒也。若不能曉得“怒”字，則以方言教之，云“怒”是“惡發”也。如此記時，則讀過《論語》，記得《論語》上訓釋了，七歲便可説書。

寫字

寫字不得惜紙，須令大寫，長後寫得大字。若寫小字，則拘定手腕，長後稍大字則寫不得，予親有此病也。寫字時，先寫“上”、“大”二三日，不得過兩字。兩字端正，方可换字。若貪字多，必筆畫老草，寫得不好。寫得好時，便放歸。午後亦可上學。

説書

小兒止可説句語義理，又須分明直説，不可言語多。如説“仲尼居”，則言“仲尼”者孔子字也，字是表德也；“居”，坐也。“曾子侍”者，“曾子”，乃孔子弟子也；“侍”，謂侍奉也，叉手立於其側也。“子曰”者，“子”謂孔子，乃弟子稱師曰“子”也；“曰”，説也。此言孔子坐，曾子侍奉，而孔子説也。如此則分明而稚子易曉也。又須説易者，其難者且未可説，故先説《孟子》爲上。《孟子》中若有難説者，亦且放過，直待曉得易者都了，然後與説難者。如此，則其進有漸，而亦不苦其難也。

改文字

若改小兒文字，縱做得未是，亦須留少許，不得盡改。若盡改，則沮挫其才思，不敢道也。直待做得十分是了，方可盡改。作十分若只隨他立意而改，亦是一法。

作詩

小兒填詩時，便教他做工夫。如杜工部、韓昌黎之詩，選長篇一韻，讀一篇上下平聲，止有三十韻，是三十長篇足矣。若舉此韻，則此一韻中諸韻皆可以記矣。非惟作省題詩，止於六韻而易成。是雖長篇，亦何難哉！又其次，如前以三十板，匡紙標三十韻頭，不問是何省題詩，皆編韻於其中，每一板編一韻，若作詩時，用此一韻，則揭開策子，一觀則皆可見矣，作詩甚易、甚簡之大法者也。

文公白鹿洞書院教條

父子有親，君臣有義，夫婦有別，長幼有序，朋友有信。

右五教之目。

博學之，審問之，慎思之，明辨之，篤行之。

右爲學之序。

言忠信，行篤敬。懲忿窒欲，遷善改過。

右修身之要。

正其誼，不謀其利；明其道，不計其功。

右處事之要。

己所不欲，勿施於人；行有不得，反求諸己。

右接物之要。

程董二先生學則

凡學於此者，必嚴朔望之儀，其日昧爽，直日一人主擊板。始擊，咸起盥漱，總櫛，衣冠。再擊，皆着深衣，或涼衫，升堂。師長帥弟子，詣先聖像前，再拜焚香訖，又再拜退。師長西南向立，諸生之長者，率以次東北嚮再拜，師長立而扶之。長者一人，前致辭訖，又再拜。師長入於堂，諸生以次環立再拜退，各就安。謹晨昏之令。常日擊板如前，再擊，諸生升堂序立，俟師長出户立定，皆揖，次分兩序相揖而退。至夜將寢，擊板，會揖如朝，會講、會食、會茶，亦擊板如前。朝揖、會講以深衣或涼衫，餘以道服褙子。居處必恭，居有常處，序坐以齒。凡坐，必直身正體，毋箕踞傾倚，交脛摇足。寢必後長者，隔寢勿言，當晝勿寢。步立必正，行必徐，立必拱，必後長者，毋背所尊，毋踐閾，毋跛倚。視聽必端，毋淫視，毋傾聽。言語必謹，致詳審，重然諾，肅聲氣，毋徑毋誕，毋戲謔諠譁，毋及鄉里人物長短，及市井鄙俚無益之談。容貌必莊，必端嚴凝重，勿輕易放肆，勿粗豪狠傲，勿輕有喜怒。衣冠必整，勿爲詭異華靡，毋致垢弊簡率。雖燕處，不得披袒露頂。雖盛暑，不得撤去鞋襪。飲食必節，毋求飽，毋貪味。食必以時，毋耽惡食。非節假及尊命不得飲，飲不過三爵，勿至醉。出入必省，非尊長呼唤，師長使令，及己有急幹，不得輒出學門。出必告，反必面，出不易方，歸不逾期。讀書必專一，必正心肅容。計遍數已足而未成誦，必須成誦。遍數未足，雖已成誦，必滿遍數。一書已熟，方讀一書，毋務泛觀，毋務强記。非聖賢之書勿讀，無益之文勿觀。寫字必楷敬，勿草，勿欹傾。几案必整齊，位置有倫，簡帙不亂。書笥衣篋，必謹扃鑰。堂室必潔浄，逐日直日再擊板如前，以水灑堂上良久，以箒掃去塵埃，以巾拭拭几案，其餘悉令齋僕掃拭之。别有穢污，悉令掃除，不拘早晚。相呼必以齒，年長倍者以父，十年長者以兄，年相若者以字，勿以爾汝，書簡稱謂亦如之。接見必有定。凡客請見。師坐定，直日擊板，諸生始具服升堂，序揖立侍。師長命之退，則退。若客於諸生中有自欲相見者，則見師長畢，就其位見之。非其類者，勿與親狎。修業有餘功，遊藝有適性。彈琴、習射、投壺，各有儀矩。非時勿弄博奕，鄙其不宜親學。使人莊以恕，而必專所聽。擇謹願勤力者，莊以臨之，恕以待之，有小過者訶之，甚則白於師長懲之，不俟衆稟師長遣之，不許直行己意。苟日從事於斯而不敢忽，則入德以方，庶乎其近矣。

程端禮讀書分年日程法

八歲未入學之前，讀《性理字訓》。程逢原增廣者，讀此代世俗《蒙求》。

自八歲入學之後，讀小學書正文，次讀《大學》經傳正文，次讀《論語》正文，次讀《孟子》正文，次讀《中庸》正文，次讀《孝經刊誤》，次讀《易》正文，次讀《書》正文，次讀《詩》正文，次讀《儀禮》并《禮記》正文，次讀《周禮》正文，次讀《春秋》經并"三傳"正文。自八歲約用六七年之功，則十五歲前，小學書、"四書"諸經正文，可以盡畢。

自十五志學之年，即當向志。爲學以道爲志，爲人以聖爲志。讀《大學章句或問》畢，次讀《論語集註》，次讀《孟子集註》，次讀《中庸章句或問》，次鈔讀《論語或問》之合於《集註》者，次鈔讀《孟子或問》之合於《集註》者，次讀本經《易》、《書》、《詩》、《禮記》、《春秋》。

"四書"本經既明之後，自此日看史，仍温前書。次看《通鑑》，及參《綱目》，次讀韓文，次讀《楚辭》。

《通鑑》、韓文、《楚辭》既讀之後，約才二十歲，或二十一二歲。學作文、經問、經義、古賦、古體、制詔、章表、四六章表。

讀書

朱子讀書法

居敬持志，循序漸進。熟讀精思，虚心涵泳。切己體察，着緊用力。

又曰：斂身正坐，緩視微吟。虚心涵泳，切己體察。研精覃思，以究其所難知；平心易氣，以聽其所自得。

又曰：寬着期限，緊記課程。

又曰：讀書不精深，只是不專一。

又曰：讀書須一件一件讀，理會了一件，方可换一件。若不與逐件理會,雖讀到老,依舊生。

又曰:須是精專窮研,使一書通透爛熟,都無記不得處,方别换一書,乃爲有益。若輪流通念,而覈之不精,則亦未免再費工夫也。須是通透後,又却如此温習,乃爲佳耳。

又曰:一百遍時,自是勝五十遍時;五十遍時,自是勝二百遍時。

又曰:大抵讀書,須是虚心静慮,依傍文義,根尋句脈,看定此句指意,是説何事略。如今人言語,襯貼替换一兩字,説得古人意思出來。先教自已心裹分明歷落,如與古人對面説話,彼此對答,無一字一言不相肯可,此外都無閑雜説話,方是得個入處。怕見如此,棄却本文,肆爲浮説,説得即當,都忘了從初因甚話頭説得到此。此最學者大病也。

程正思論讀書

讀書必正心肅容,計遍數熟讀。遍數已足,而未成誦,必欲成誦。遍數未足,雖已成誦,必滿遍數。一書已熟,方讀一書,毋務泛觀,毋務强記。非聖之言勿讀,無益之文勿觀。

歐陽文忠公讀書法

立身以力學爲先,學以讀書爲本。今取《孝經》、《論》、《孟》、“六經”,以字計之,《孝經》一千九百三字,《論語》萬有一千七百五字,《孟子》三萬四千六百八十五字,《周易》二萬四千一百七字,《尚書》二萬五千七百字,《詩》三萬九千二百三十四字,《禮記》九萬九千一十字,《周禮》四萬五千八百六字,《春秋左傳》一十九萬六千八百四十五字。止以中才爲準,若日誦三百字,不過四年半可畢。或稍鈍，減中人之半，亦九年可畢。其餘觸類而長之，雖縷秩浩繁，第能加日積之功，何所不至？諺曰："積絲成縷，積寸成尺，寸尺不已，遂成丈匹。"此言雖小，可以喻大。爾輩勉之。

作文

朱子論作文

人要會作文，讀取一部西漢文、歐陽文、南豐文、韓文。

又曰：古賦須熟，看屈、宋、韓、柳所作，乃有進步處。

東坡論作文法

凡學爲文，不可不熟讀《檀弓》。山谷謹守其言，傳之後世。《檀弓》誠文章之模範，凡爲文記事，常患意晦而辭不達，語雖蔓衍而終不能發明。惟《檀弓》或數句書一事，至有兩字而書一事，語極簡而味長，事不相涉而意脈貫穿，經緯錯綜，成自然之文。此所爲可法也。

東坡在儋耳，葛迎之從東坡遊甚熟切，嘗教之作文字，云：譬如市上店肆諸物，無種不有，却有一物可以攝得，曰錢而已。莫易得者是物，莫難得者是錢。今文字詞藻是實，乃市肆諸物也。意者，錢也。爲文若立意得中理，則古今所有翕然並起，皆赴吾用。汝能曉得此，便會做文字也。

又云：作文之法，意盡而言止者，天下之至言也。然而言止而意不盡，尤爲極至。如《禮記》、《左氏》可見。

又云：吾文如萬斛泉源，不擇地可。出在平地，滔滔汩汩，雖一日千里無難。及其與山谷曲折,隨物賦形,而不可知也,所可知者,當行於所當行,當止於不可止,如是而已矣。其他,雖吾亦不能知也矣。

凡人作文字,須是筆頭上挽得數萬斤起。可以言文字也,興來筆力千鈞重也。

又云:凡文字,須令氣象峥嶸,采色絢爛,漸老漸熟,乃造平淡。

山谷論作文法

文章最忌隨人後。

文章必謹布置,如官甲第、廳堂、房室,不可亂也。

沈隱侯論文法

文章當從三易:易見事,一也;易識字,二也;易誦讀,三也。

吕居仁論文法

作文[①]必要悟入處,悟入必自工夫中來,非僥倖可得也。如老蘇之於文,魯直之於詩,蓋盡此理。

學者須做有用文字,不可盡立虚言。有用文字,議論文字是也。議論文字,須以董仲舒、劉向爲主。《周禮》、《新序》、《説苑》之類,皆當貫穿熟考,則做一日,便有一日工夫。

文章之妙,在叙事狀物。《左氏》記列國戰伐次第,叙事之妙也。韓昌黎、柳子厚諸序記,可見狀物之妙。至於《禮記·曲禮》

① “作文”,底本作“入”,飛本同,不辭,兹據宋吕本中《吕氏蒙訓》改。

委曲教人等事,《論語・鄉黨》記聖人言動,可謂至深。學者學文,若不本於此,未見其能遠過人也。

寫字

神人永字八法

側勢第一

李陽冰筆訣曰:側者,側下其筆,使墨精暗墜,徐乃反揭,則稜利矣。乃永字頭一點是也。

口訣曰:先左揭其腕,次輕蹲其鋒,取勢緊,則乘機傾剉,借勢出之,疾則失中,過又成俗。

勒勢第二

筆訣曰:即是永字第二筆,横畫之法。築鋒而策,仰筆而後收。準此,用筆之形勢自彰矣。

努勢第三

筆訣曰:努者,即是永字第三筆。爲努筆之法,竪筆而徐行,近左引勢。一本無"近左引勢"四字。勢不欲直,直則無力矣。

口訣曰:凡傍卷微曲,蹙筆累走而進之。直則衆勢失力,滯則神氣怯散。夫勢須側鋒,顧右潛趯,輕挫其揭。

趯勢第四

筆訣曰:即是努筆下,殺筆趯起是也。法須挫衄,一云:其法早回轉,筆出鋒竚思消息之,則神一作,先蹤不墜矣。

口訣曰：傍鋒輕揭，借勢之不勁。筆不剉，剉則意不深，趯與挑一也。鋒貴於澀出，適期於倒取，所謂欲挑而還置也。

策勢第五

筆訣曰：策者，即永字第五筆。其法始築筆而仰策，徐轉筆而成形。依形以獲妙，則迥爾而超群也。

口訣曰：仰筆潛鋒，以鱗勒之法。揭腕趯，一作趯勢，欲右潛鋒之要。在盡勢暗捷歸於右也。夫策筆仰鋒，竪趯微勁，借勢峻傾於掠也。

掠勢第六

筆訣曰：掠者，即永字第六筆法。從策筆下左出，而鋒利下不墜，則自然佳。

口訣曰：撇過謂之掠，借於策勢，以輕駐鋒，右揭其腕，加以迅出。勢旋於左，法在澀而勁，意欲暢而腕遲，留則傷於緩滯。“庶”、“疾”之旁，“永”、“木”左皆是也。夫側鋒左出，謂之掠。

啄勢第七

筆訣曰：即永字第七筆也。其法則側筆而速進，勁硬若鐵石而不墜，於斯爲妙矣。

口訣曰：左向之勢須盡爲啄，接筆蹲鋒，潛蹙於右，借勢收鋒，迅直旋合，須精嶮岰出，去其緩滯。“白”、“鳥”字頭斜，皆是也。夫筆鋒及紙爲啄，在潛動而啄之。

磔勢第八

筆訣曰：即是永字第八筆。其法始入筆緊築而仰，便下徐行，勢足以磔開其筆，或藏鋒出鋒由重鋒，緩則其質肥，宜以嶮澀而遒勁，徐行勢而後磔，藏鋒出鋒，豈必固也。

口訣曰：右逸之波皆名磔。右揭其腕，逐勢緊趯，傍筆迅磔，盡勢輕揭。潛以暗收，在勁迅得之。夫磔法筆鋒須趯，勢欲嶮而澀，得勢而輕揭，暗收存勢，候其勢盡磔之。

姜白石書譜

真、行、草書之法，其源出於蟲篆、八分、飛白、章草等。員勁古淡，則出於蟲篆；點畫波發，則出於八分；轉换向背，則出於飛白；簡便痛快，則出於章草。然而真草與行，各有體製。歐陽率更、顔平原輩以真爲草，李邕、李西臺以行爲草，亦以古人有專工正書者，有專工行書者，信乎其不能兼美也。或云：草書千字，不抵行書十字；行書十字，不抵真書一字。意以爲草至易而真至難，豈真知書哉！大抵下筆之際，盡倣古人，則少神氣；專務遒勁，則俗病不除。所貴熟習兼通，心手相應，斯爲妙矣。白雲先生、率更《書訣》，亦能言其梗概。孫過庭論之甚詳，恐可參稽。

真書以平正爲善，此世俗之論，唐人之失也。古今真書之妙，無出於鍾元常，其次則王逸少。今觀二家之書，皆瀟灑縱横，何拘平正？良由唐人以書判取士，而士大夫字畫，類有科舉習氣，顔魯公作《干禄字書》是也。矧歐、虞、顔、柳前後相望，故唐人下筆應矩入規，無復晉魏飄逸之氣。且字之長短小大、斜正疏密，天然不齊，孰能一之？謂如“東”字之長，“西”字之短，“口”字之小，“體”字之大，“朋”字之斜，“黨”字之正，“千”字之疏，“萬”字之密，畫多者宜疏，畫少者宜肥。魏晉書法之高，良由各盡字之真態，而以私意參之耳。或者專喜方正，極意歐、顔；或者唯務匀員，專師虞、永；或謂體須少匾，則自然平正，此又徐會稽之病；或云欲其蕭散，則自不塵俗，此又有王子敬之風。豈足以盡書法之美哉！吾嘗採古人之字，列之爲圖，今略言其指。點者，字之眉目，全藉顧盼精神，有背有向，隨字形勢横直。畫者，字之體骨，欲其堅正匀精，有起有止，所貴長短合宜，結束堅實。丿乀者，字之手足，伸縮異度，變化多端，要如魚翼鳥翅，有翩翩自得之狀。挑剔者，字之步履，欲其沉實。晉人挑剔，或帶斜拂，或横引而外至。顔、柳始正鋒爲之，正鋒則無飄逸之氣。轉摺者，方員之法。真多用摺，草多用轉。摺無少駐，駐則有力。轉不欲滯，滯則不遒。然而真以轉而後遒，草以摺而後勁，不可不知也。懸針者，筆欲極正，自上而下，端若引繩。若垂而復縮，謂之垂露。故翟伯壽問於米老曰：“書法當何如？”曰：“無垂而不縮，無往而不收。”此必至精至熟然後能之。古人遣[①]墨，得其一點一畫，皆昭然絶異者，以其用筆精妙故也。大令以來，用筆多失。一字之間，長短相補，斜正相柱，肥瘦相混，求妍媚於成體之後，於今世尤甚。

用筆不欲太肥，太肥則形濁。又不欲太瘦，太瘦則形枯。多露鋒芒，則意不持重。深藏圭角，則體不精神。不欲上小下大，不欲左低右高，不欲前多後少。歐陽率更結體雖太拘，而用筆特備衆美，雖小楷而翰墨灑落，追蹤鍾、王，來者不能及矣。顔、柳

① “遣”，姜夔《續書譜》原書作“遺”。下同。

結體既異古人，用筆復溺一偏。余評二家爲書法之一變，數百年人争效之。字畫剛勁高明，固不爲無助，而晉魏風軌掃地矣。柳氏大字偏傍清勁可喜，更爲奇妙。近世有效之者，則俗濁不足觀。故知與其太肥，不若瘦硬也。草書之體，如人坐卧行立，揖遜忿争，乘舟躍馬，歌舞擗踊，一切應變，非苟然者。又一字之體，率有多變，有起有應，如此起者，當如此應，各有義理。右軍書"羲之"字、"當"字、"得"字、"深"字、"慰"字最多，多至數十字，無有同者，而未嘗不同也，可謂所欲不逾矩矣。夫凡學書草，先當取法張芝、皇象、索靖等。章草則結體平正，下筆有源，然後倣王右軍，申之以變化，鼓之以奇崛。若泛學法家，則有工拙，筆多失悟①，當連者反斷，當斷者反續，不識向背，不知起止，不悮②轉换，隨意用筆，任筆賦形，失誤顛錯，反爲新奇。自大令以來，已如此矣，況今世哉！然而襟韻不高，記憶雖多，莫湔塵俗。若使風神蕭散，下筆便當過人。自唐以前，多是獨草，不過兩字連屬，累數十字不斷，號曰"連綿"、"遊絲"，雖出於古人，不足爲奇，更成大病。古人作草，如今人之作真，何嘗苟且。其相連處，特是引帶。其筆皆輕，雖變化多端，而未嘗亂其法度。張顛、懷素最號野逸，而不失此法。近代山谷老人自謂得長沙三昧，草書之法，至是又一變。流至於今，不可復觀。唐太宗云："行行若縈春蚓，字字若綰秋蛇。"惡無骨也。大概用筆有緩有急，有鋒有無鋒，有承接上文，有牽引下字，乍徐還疾，或往復收，緩以倣古，急以出奇，有鋒則以耀其精神，無鋒則以含其氣味。横斜曲直，鉤

① "悟"，姜夔《續書譜》作"誤"。

② "悮"，姜夔《續書譜》作"悟"。

環盤紆,皆以勢爲主。然不欲相帶,相帶則近於俗。横畫不欲太長,太長則轉换遲。直書不欲太多,太多則神癡。以捺代乀,以發代辵,亦以捺代之,唯乀則間用之。意盡則用懸針,意①盡則再生筆意,不若用垂露耳。

用筆如折釵股,如屋漏痕,如錐畫沙,如壁折,此皆後人之論。折釵股,欲其屈折員而有力。屋漏痕,欲其無起止之跡。皆不必若是。筆正則藏鋒,筆偃則鋒出。一起一倒,一晦一明,而神奇出焉。常欲筆鋒在畫中,則左右皆無病矣。故一點一畫,皆有三轉,一波一拂,皆有三折,一丿又有數様。一點欲與畫相應;兩點欲自相應;三②點者,必一點起,一點帶,一點應;四點者,一起、兩帶、一應。《筆陳圖》云:"若平直相似,狀如算子,便不是書。"又如"口",當泯其稜角,以寬閑圓美爲佳。"心正筆能正","意在筆前,字居心後",皆名言也。故不得中行,與其工也寧拙,與其弱也寧勁,與其鈍也寧速。然極須陶寧俗姿,則妙處自見矣。大要執之欲緊,運之欲活,不可以指運筆,當以腕運筆。執之在手,手不主運;運之在腕,腕不知執。又作字者,亦須略考篆文,須知點畫來歷先後。如"左"、"右"之不同,"剌"、"刻"之相異,"王"之與"玉","示"之與"衣",以至"秦"、"奉"、"泰"、"春",形同體異理殊,源本既同,斯不浮矣。孫過庭有"執"、"使"、"轉"、"用"之法,"執"謂淺深長短,"使"謂縱横牽掣,"轉"謂鈎環盤紆,"用"謂點畫向背,豈偶然哉!

用筆作楷欲乾,然不可大燥。行草則燥潤相雜,潤以取妍,

① "意"後,姜夔《續書譜》有"未"字。

② "三",底本作"二",飛本同,不合文意。從姜夔《續書譜》改。

燥以求險。墨濃則筆滯,燥則筆枯,亦不可不知也。筆欲鋒長勁而圓,長則含墨可以運動,勁則有力,圓則妍美。余嘗評三物,用不同而理相似。良弓引之則來,舍之急往,世俗謂之揭箭。好刀按之則屈,舍之則勁直如初,俗謂之回性。筆鋒亦欲如此,若一引之後,已曲而不復挺,又安如人意耶！故長而無勁,不如勿長;勁而不圓,不如勿勁。蓋紙墨皆書法之助也。

董内直書訣

分間布白,遠近宜均。謂一字之内,下筆點畫須令均平,勿令留白處。闊狹相去不等,又不要如隸書之排。無垂不縮,用垂下一筆,既下履上,至中間,則垂頭圓,又謂之垂露,如露水之垂也。無往不收。謂波陂處,既往當復回,不要一拔使去。如懸針,直下筆正鋒而下,末處如針頭之懸。如折釵股,圓健而不偏斜。如壁拆,用筆端正,寫字,有絲牽處,斷頭起筆,其絲正中,如新泥壁折縫尖處,鋒在中間。如屋漏雨,有兩説:一説寫字之點,如空屋漏孔中水滴一點,圓正不見起止之跡;一説草字一畫直下,如漏壁中水痕流而向下,自然而然,初無做作,末處住頭亦圓。如印印泥,如錐畫沙。自然而然,不見起止之跡。每作一波,常三過折筆;三折筆不恃波也,波與繞之,及平畫皆然。張長史論書云:"爲一平畫,亦須縱横有象,不可一直去。"每作一點,當隱鋒而爲之。即前畫屋漏雨法也。左邊短少,必與上齊;"味"字之類。右邊畫少,必與下齊。"知"字之類。左欲去吻,左邊起筆,不要有觜。右欲去肩。右邊轉角,不要露肩,古人謂之暗過。快意剉鋒,使不怯滯,横畫起筆處須剉令筆鋒平,雖筆尖做令平以刀截相似,顔如隸書,謂之蚕領也。側鋒取妍。晉人不傳之妙,此用無之筆也,晉人皆用之,入墨時須轉側在硯上,入墨須取筆頭圓正,乃可以書,即名棗心筆,又名散卓。若二毫有羊毫雜,軟而無力,不堪寫字。多力多筋者勝,無力無筋者病;多力多筋者是書,無力無筋者謂之墨豬。形莫近似,骨氣不足。又肉大多,如有肉之猪耳。以腕運筆，不以掌運筆。古人懸聦能盡一身之力也，大字高懸手，小字則以左手枕右手書。指欲實，掌欲虚。指實則有力，掌虚則運轉。書不入木，不如不學。下筆重也。綿裹鐵法，力藏在點畫之内，外不露圭角也。沉着痛快。不要忙而疾，不要緩而癡。

切韻

總論①

凡《篇韻》諸書切字之法，必先正五音以類其字。各歸其母，然後調聲切之。五音者，“宫”、舌居中。“商”、口開張。“角”、舌縮脚。“徵”、舌柱齒。“羽”，口撮聚。唇音舌音、各八音。牙音喉音、各四音。齒音、有十音。半徵半商音，有二音。字母三十六，分之爲五音，凡字之聲，總於是矣。

每音有四等，全清、次清、全濁、不清不濁，如顛天田年是也。

字有平、上、去、入四聲，如幫榜謗博是也。

字有四等輕重，如高交驕驍是也。

字字有此理，皆得之自然，人可爲也。熟讀誦後一十句直切字母法，更熟讀記三十六字母切韻法。清濁非一母，皆髣髴相同耳。其有疑似在毫釐之間，加以熟讀誦，自然通悟，如磁石引針，母唤其子。蓋音和既以通曉，見難字易切，字體易曉，無有不識字者，必無差訛矣。

切韻捷法詩

切韻先須辨四聲，五音六律次兼行。

---

① “總論”二字底本無，飛本同，兹據底本目録及文意補。

難呼語句皆爲濁，易紐言辭盡屬清。

脣上必班賓報博，舌頭當的蒂都丁。

拍脣坡頗潘鋪拍，齊齒知時始實誠。

正齒止征真正折，舌根機結計堅輕。

撮脣呼虎烏塢污，開口何峩我可更。

張牙加賈芽雅訝，捲舌咿優壹謁嬰。

合口含甘鹹坎淡，密牙乍窄澀争笙。

引喉勾口謳嘔候，逆鼻蒿毫好黑亨。

字母貫通三十六，要分清濁重和輕。

會得這些玄妙法，世間無字不知音。

三十六字母五音清濁旁通圖

三十六字母五音清濁旁通圖

全清	次清	全濁	不清不濁	全濁
見	溪	群	疑	
端	透	定	泥	
知	徹	澄	孃	
幫	滂	並	明	
非	敷	奉	微	
精	清	從	心	邪
照	穿	床	審	禪
影	曉	匣	喻	

牙音、舌頭音、舌上音、脣音重、脣音輕、齒頭音、正齒音、喉音、半舌半齒

角木 徵火 羽水 商金 宮土 半徵半火 半商半金

切三十六字母總括

見經電經堅，溪牽奚輕牽。群衢云勤虔，疑魚其銀言。

端多官丁顛，透他候汀天。定徒徑庭田，泥年題寧年。

知珍離珍邅，徹杓列辰延。澄持陵陳廛，孃女良紉嬭。

幫博旁賓邊，滂普郎繽偏。並部迥頻蠙，明眉兵民綿。

非匪微分番，敷芳蕪芬蕃。奉父勇墳煩，微無非文樠。

精子盈津煎，清七情清千。從墻容秦錢，心思尋新仙。

邪徐嵯餳涎，照之笑真饘。穿昌緣嗔昌，床仕莊榛潺。

審式荏身羶，禪時連辰常。影於境殷焉，曉馨鳥馨祆。

匣轄甲礥賢，喻俞戍匀緣。來郎才隣連，日入質仁然。

一十句字母直切法

一因煙　二人然　三新鮮　四餳涎

五盈延　六零連　七清千　八賓邊

九經堅　十神禪

切類之法，先類其字，各歸其母，唇音、舌音各八，牙音、喉舌各四，齒音有十，半齒音、半舌音有二，凡三十六，分爲五音。

書簡

小簡往式

一具禮　二稱呼　三座前　四間闊

五瞻戀　六即日　七時令　八伏惟

九起居　十祐助　十一尊候　十二入事

十三不縷述　十四伏冀　十五託庇　十六知感

十七記録　十八謹奉　十九未由　二十祝頌

二十一不宣

某端肅奉書某人學士座右，連日紛紛，不果請益。即日孟夏漸熱，伏惟　起居燕閒之餘，神人嘉輔。文候動止多福，入事云。不敢縷縷，伏冀　原察。某曲荷　雲庇，豈不知感？毋勞齒録，草此以聞，未由雅集。善保珍重自愛不宣。

小簡復式

一具禮　二　三　四

五　六　七　八

九　十　十一　十二

十三　十四　十五　十六

十七

某端肅奉復。某人提領几右，連日不拜尊誨，仰德之私，以日爲歲。即日首夏清和，伏惟起居燕閒之餘，密有神休，體履佳勝，遽承教墨，佩服。故人厚意，入事云。未由款奉，勤此奉復。順理時令不宣。

具禮

平交　悚息上覆　端肅奉書　悚息上啟

稍降　上啟　信上　或信至　上覆

尊長　悚息拜覆　再拜上覆　端肅奉書　再拜上覆

父母　百拜上覆

僧家　和南啟上　和南訊上　和南作禮企覆

道士　稽首上啟　惶恐稽首作禮上覆　稽首作禮上覆

居喪　扣首拜覆三年内用　泣血上覆百日内用

凡答人書，改“覆”字爲“復”字。

稱呼

士人	學士	提學	府教		
僧家	長老	禪師	上人	講主	大德
醫人	太醫	大丞	提領		
道士	真人	提舉	提點	知觀	知宫
親戚	尊親	親友	賢親		
朋友	尊契	契愛	友益	賢契	
同姓	宗丈	宗兄	宗友		
同庚	庚兄	庚契	齊年兄	齊年友	
恩家	恩府	恩使			
同鄉	鄉丈	鄉兄	鄉契		

凡上官員書，於所授職位上加一二級稱之，不可稱之太過。

凡上尊長書，於所稱之名上加“尊”字，如“尊伯”、“尊叔”、“尊兄”之類是也。

座前

官員	鈞座	台座	閣下	
尊長	尊前	尊右	侍下	
先生	師席	文席		
平交	座前	侍右	執事	几右
僧家	法席	法座	禪次	

父母	膝下		
孝服	服前	苫次	成服
道人	單次	侍巾	座前
婦人	妝次	妝前	奩前

間闊近别

平交　不奉霏談，轉眄旬朔。　不拜儀矩，倏爾許時。越宿不拜尊誨。

尊長　拜違顔範，蓂莢兩新。　拜違尊誨，倏忽旬餘。不獲侍教，復覺彌旬。

官員　拜違台誨，又復累日。　拜違台光，又復彌旬。睽間台表，蓂莢兩新。　睽違朝範，昕夕屢移。伏自拜違瑩座，轉眄已更蓂莢。

僧人　違去法席，倏爾經旬。　不聽法論，已有日矣。浹日不聽禪談。

道士　不聽玄論，忽復二日。　拜違仙範，倏爾經旬。日羈塵勞，久疏道論。

間闊遠别

尊長　拜違誨席，倏已半期。　不侍尊誨，幾换伏臘。奉違侍右，轉眄累歲。

官員　拜違台光，屈指半載。　拜違台誨，倏易歲華。拜逖鈞顔，爲日之久。

平交　間闊霏談，復見歲終。　不瞻丰度，倏更歲月。一别清誨數歲矣。

僧人　別去禪談，已逾歲矣。　不聽妙論，俯仰歲月。

道士　不謁丹房，薦更歲月。　違去清談，倏已半載。
久疏物外之談。

瞻戀

官員　引領台光，何啻飢渴。　景慕旌麾，何日不勤。
拜仰台表，未易縷述。

尊長　仰德之劇，與日俱深。　尊仰之懷，無日少置。
懷仰道德，往來於懷。

平交　仰德之私，以日爲歲。　思渴之懷，言不能喻。
渴德之深，朝夕拳拳。

僧道　企仰慈風，惟日拳拳。　瞻戀慈旨，悽結於懷。
思仰清談，朝夕以之，無任瞻仰之深。
仰慕道德之誠，未嘗斯須去於心也。

即日

通用	即日	即辰	即日	即刻
	在辰	越夕	晚刻	早刻
	亭午	即茲	淩晨	日來

往復皆可用。

時令

正月	孟春謹時或云猶寒	律應太簇
	三陽鼎始	春寒或云初春
二月	仲春謹時或云漸暄	律應夾鍾

	春氣冲融	春和或云春半
三月	季春謹時或云極暄	律中姑洗
	殘紅餞春	春暮或云晚春
四月	孟夏謹時或云漸熱	中吕應律
	首夏清和	麥秋或云初夏
五月	仲夏謹時或云酷熱	蕤賓應律
	夏月仲瑄	溽暑或云仲夏
六月	季夏謹時或云極熱	林鍾應律
	大暑流金	成暑或云煩暑
七月	孟秋謹時或云謹月	律應夷則
	節届中元	初秋或云新涼
八月	仲秋謹時或云漸涼	律應南吕
	秋用仲瑄	素秋或云秋半①
九月	季秋謹時或云涼極	律應無射
	授衣及候	秋暮或云秋杪
十月	孟冬謹時或云漸寒	月謹應鍾
	梅菊交承	小春或云陽月
十一月	仲冬謹時或云嚴寒	律中黄鍾
	朔風嚴苛	隆冬或云新陽
十二月	季冬謹時或云極寒	律應大吕
	臘盡春回	歲暮或云殘腊
閏月	斗指兩辰 附餘之月	
霖雨	雨意不已 久雨霖霪	

① “秋半”,飛本作“半秋”。

甘雨應期

旱　雲霓渴望　商羊未舞

雪　彤雲密布　萬頃瓊瑶

初晴　積雨新霽　晴色可人

伏惟

官員　伏惟　恭惟　欽惟上尊長皆可用

平交　想惟　諒惟　緬惟　遡惟

官員　恭審　敬審　共審書復可用

平交　伏審　欣審　從審　就審

起居

官員　公庭清逸　奉公餘暇公吏亦可用

士人　進修多暇　味道之餘

師儒　傳道之餘　融帳餘閑　下帷講貫

醫人　診視之餘　砭劑之餘

僧人　禪定之餘　焚修之暇　雲居高勝

術藝　游藝多暇

平交　盛德在躬　燕暇之餘　燕處超然

遠歸　解鞍休暇

父母　温清之餘　定省之餘　綵侍欣慶

父在　過庭餘暇　詩禮餘暇

老人　德齒俱邵　老成耆德　彌高彌邵

母在　萱堂慶侍　諼堂崇侍

商賈　經營之餘　鞭算之暇

旅中　旅中優游　旅況閑適
道士　冲練之餘　章籙餘暇　游心物外
婦人　雍容閫則　内助豐餘
賀喜　門闌多喜　喜慶之餘　瑞慶大來
喪服　追慕哀苦

祐助

平交　神人嘉輔　密有神休
有神來相士庶通用　幽明協贊
神示左右
僧道　龍天交衛　百職走相　天人交護

尊候多福

平交　體履多佳　體候康勝
起居勝常　體用清佳
體履佳勝
官員　台候多福　鈞候興居多福
鈞候納福無量
士人　文候介福　文候動止多福
文候起居擁福平交通用
尊長　尊候多福　尊候動止多福
尊候起居萬福
居喪　孝履支福　孝履支和上尊長用
孝履支休與卑下　孝履支勝
孝履支豫上平交

入事云云

更不縷述

通用　　會見有期，兹得以略。　胥晤非遥，兹不敢瀆。
嗤嗤縷陳，不惟不暇亦不敢。　兹不敢繁。
諸餘在去人口述，兹不復陳。　更不刀刀。

伏冀恕察

通用　　仰賴寬洪，必賜情貸。　尚賴寬洪，有以焕亮。
仰冀深仁，俯垂省察，惟高明有以亮之。
伏乞台炤　伏乞照亮　伏丐情察
伏冀照察　乞乎炤　乞情恕

託庇

官員　　仰依大廈帡幪之庇　遠藉萬間之覆
遠竊鈞庇　政賴台庇
尊長　　沠霑河海之潤　實息嘉禾之陰
遠托雲庇　仰藉雲庇
平交　　曲荷雲庇　仰承光庇
仰藉法廕僧　密承道廕道

知感

平交　　豈不知感　寧不銘感
寧不知歸　知感而已
知感知幸

不煩記録

平交　　毋勞念及　　毋勞齒録
　　　　毋煩流念　　無足言者
　　　　託庇粗遣　　不勞齒記
　　　　碌碌如昨，不足爲親舊言也。

謹奉啓

通用　　奉此以聞，敢仗裁恕。　伏惟昭鑒，謹此愚誠。
　　　　勤此以序區區。　　　　草此不專，伏希情察。
　　　　草此以聞。　　謹啓上聞。

未由瞻近

官員　　尚稽瞻拜鈞庭　　未由參拜鈞墀
　　　　未繇晉拜台光　　未龜瞻望門墻
　　　　未緣晉拜台廡　　未由躬拜廡下
尊長　　未期瞻拜門墻　　未由參侍光儀
　　　　尚遲進拜宇下
平交　　未卜瞻近譚集　　未期雅集瞻際
　　　　尚遲請見或云請誨　　未即稱賀
未相識　未遂識韓之願　　未緣披覿僧道
　　　　未造仙隱或云瞻禮

祝頌

通用　　道德在躬，福祥自至，蓋不待詞而祝也。

茂迎景福，善保珍重。

僧人　對時常樂，爲宗教珍攝，以慰衆望也。

勉修精業，以度含生。

道士　爲衆珍調，以隆道論。保嗇粹和，爲道法自重。

妙嗇鼎饔，以隆道樞。

不宣

尊長　不備　通用　不宣　不具或云不一

卑下　不悉

孝服　不次

活套

稟事

通用　輒有少懇　輒有白事

少事塵聽　少瀆清聽

少意冒浼　輒有誠切之懇

官員　少事上稟　仰瀆崇德

少意奉瀆　少事干溷

勒此以叙區區

承下諭

通用　伏承委喻，謹依來命。　伏承誨諭，敬聞命矣。

伏承下喻謹悉　伏承寵諭

伏承嚴戒

官員　伏承台諭　伏領台旨
　　　備悉台意　謹依台命
尊長　伏辱嚴命　蒙諭敬遵嚴戒

奉復

通用　人還謹此奉報　姑此以復將命
　　　介旋謹此奉謝　謹此奉復

面罄士庶皆可用

通用　敬容面白　餘容面賦
　　　伺容面罄　餘俟面陳
　　　餘伺面款

奉啓申稟

官員　謹晉不腆之記,上承興止。
　　　謹具柔削,晉塵隸人之聽。
平交　謹勤手啟,上干典記。　謹具啟,仰承動静。
　　　謹具手訥拜稟。
僧道　未即問訊,勤此以聞。
　　　某以阻遠,詣賀莫前,勤柔訥,布露此情也。
在途　謹遣一介,候詣境上。　謹此奉狀迎謁。

答申稟

通用　匆匆裁答崖略,姑塞來辱。　謹此以謝先施。
　　　敬勤柔削,以復將命。　謹此奉復。

官員　　謹拜手敬具柔訥，仰酬來貺之辱。

謹藉楮墨，冒承鼎裀，庸效匪報。

僧道　　姑此以復先施。　介旋勤此奉謝。

叙未相識

官員　仰服圭璋之譽，爲日滋久，未遑一拜履舄，惟是區區願見之心，無日不在左右也。

仰服台望，積有年矣，平時無由瞻拜，徒懷企仰。

稔服德望，固非朝夕，未由一拜履絢，居懷慊悒。

欽服台光，自幼景仰，每愧疏賤，莫獲瞻拜，徒懷企慕。

通用　欽慕重望，不啻仰斗，雖相去不遠，而無階侍誨，懷仰有年，聞風久矣，未酬識荆之懷。

欽服令譽之久，曾未披覿。士庶皆可用。

欽慕大名之久，竟爲疏賤，無緣瞻晤，乃所自恨。

僧人　欽服法譽久矣，無由瞻拜，企仰尤深。

欽仰慈仁之譽，日久於兹，無由參[①]禮爲恨。

道士　綽聞道德之譽，積有日矣，塵凡疏遠，無由一拜妙論。中心抱慊，亡以自慰。

切仰仙望之久，未遂一見，徒懷拳拳。

幸拜識

通用　昨歲瞻望輝表，深愜慕仰之私。

① “參”，飛本作“瞻”。

一奉粹表，大快識韓之願。

瞻望英采，償其區區景慕之私。

一覩規範，深慰景仰之私。

猥承特達，傾蓋握手如平生故舊，感著何可弭忘。

昨幸獲瞻覿，大慰疇昔慕藺之私。或用慕仰之歎。

不及詣見

尊長　自惟卑孱，莫克掃門。

久欲親炙，日以因循事奪，莫克造宇下，不敢盡犯麾塵。

官員　某渴心生塵，幾欲一瞻台表，有足若縶，心往形留，引領墻仞，莫克瞻拜。

平交　倥偬無少，不獲晤對。

念欲造請，竟無少間。

日塵請益之念，事奪莫遂。

久欲面致，俗務日縻，竟爾不果所願也。

僧道　欲造禪榻，冗縶未果。

塵勞擾擾，不獲聽清論。

久欲聽物外之談，擾擾無從。

拜見承出

官員　比嘗奔趨治下，擬遂瞻拜之願，不意車騎按臨他郡，不遇而退，豈見王公大人自有定分也。

昨詣台廡，意謂可以一見，適值車從他出。

士庶　比者經從君子之里，謂得瞻際。既扣閽人，聞命騎從他出,悒悒而退。比嘗求見,不遇而退,慊慊及今。

昨造謁,騎從他之,不獲瞻晤爲歉。

僧人　比嘗詣名藍,欲少款法誨,承杖錫他之爲恨。

昨叩蘭若,意謂償一見之願,復爾不值,惆悵逮今。

道士　昨者晉扣丹房,乃承他出,但留數字而退也。

昨詣見不獲,瞻望而退,爲之悵然。

拜見承延接

尊長　昨侍丈席,特辱眷予之厚款,賜誨藥一洗蒙陋,慰感良多。

比造屏罳,延接謙抑,感佩盛德,如何可言。

數侍杖屨,款聽誨益,榮幸何多。

官員　近獲瞻拜,重蒙寵遇,禮意豐腆,感愧之心,逮今不能自已。

拜瞻台表,償其拳拳尊慕之私,猥承台造,曲賜延顧,榮幸何可言也。

比者道出人府,過蒙寵遇,感戴無窮。

平交　比奉揮麈之談,盡掃蒙塞,欣浣未易云喻。

比獲款奉談論,一洗塵勞,慰浣可量也。

外日造請,特承延接,愧慰交懷。

前日造謁,款奉名理,開釋良多。

比獲款奉名理,開釋良多。

比獲款奉談笑,終日爽心。

僧道　比過賢隱,獲奉清談,塵勞頓空。

昨扣雲關,重承降接,頓釋鄙吝之心。

拜見辱枉顧

官員　昨承台旆榮歸，敬當展慶。降遇殊勤，逮今感激。

適進拜台光，深慰積年慕用之懷。

繼承朝旆臨顧，仰認謙德，感戴何忘。

通用　早作詣賀，猥塵降重，繼辱臨顧，感戢良多。

早作趨賀，繼辱寵臨，以感以愧。

兹承遠歸，喜遂請見，慰豫良多。

承見訪

官員　比承台旆經從，猥辱左顧，感慰之深。

昨承駟騎而至，冰舍生輝。

向勤高蓋臨顧，自惟卑賤何以及此。

比承高軒見過，蓬蓽生輝，欣慰何量。

通用　屏跡田野，猥蒙一顧之重，冰舍生春，不勝感幸。

比辱肯顧，款奉名理之論，欣慰何極。

昨承臨訪，良認眷愛，感幸之深。

伏承謙抑，特垂寵顧，款聽妙論，欣慰何量。

昨承榮訪，款奉玉屑之談，慰浣良多。

僧人　昨勤飛錫下顧，少聽物外之談，鄙吝頓釋。

昨聞談空，釋然塵世之想。

道士　比辱垂訪，少聆玄論，頓釋塵想。

昨蒙垂顧，稔聽道德之論，塵心索然。

承訪不及迎肅

官員　比承旌旆入郡，偶爾他出，遂失聽教之便。

近承旌旆遠臨，值以偶出，不克迎肅，至今愧悚。

適承枉顧，自恨有失拜迎爲愧。

通用　昨承寵臨蓬陋，屬以俗絆他往，有睽晤對是恨。

昨蒙車從迂臨，不克伺候，有稽迎肅，乞情恕。

比承枉顧，適以拙恙，有稽祇肅，是罪是罪。

僧人　昨承杖錫肯臨，偶出有失祇迓，惶恐惶恐。

道士　比枉鸞驂，偶出失於延迓，負愧何言。

承訪不及款

通用　比承臨顧，冰室凄然，不能少延僕御，愧恨多矣。

比承迂屈，雖慰傾凝之私，而騎氣匆匆，不容少款，欝悒及今。

昨承寵顧，無以少延車從，愧怍居多。

承訪未即謝

通用　昨辱文旆臨顧，未及拜謝，愧悚益深。

昨承下訪，有稽拜謝爲慊。

比承枉顧，適以拙恙，有稽謁謝，下情恐悚。

謝延款

通用　適蒙延待，爲具豐腆，加以諄誨，感愧不能言也。

伏承燕待，甚有叨聒，惶愧奚言。

過辱寵待，仰認勤厚，逮今感蒙。

昨侍綺席，醉酒飽德，感刻殊深。

昨承燕犒之勤，度越常禮。

造謝承迎接

通用　適辱榮顧，特趨賓廡敬謝，重沐温顔問勞，方此悚感。

適承寵顧，旋造謝，厚辱延降，政爾愧感。

未即造謁，先辱寵降，比詣謝，又承延款。

不及拜書

尊長　阻遠久曠音問，而仰德之心未嘗少置。或云少忘。

以瀆尊顔是懼，不敢特奉記事之問，經時奉字，不登記室，乃自愧悚。

官員　無欲貢問典籤，瀆尊是懼，輒復中輟。無謂寒暄，不敢上瀆台聽。

僧人　多故少便，久不奉記雲房，諒不爲罪。

道士　久不通俗懷於仙府，懈怠無以自文。

曾拜書

尊長　昨具記室之問，瀆尊是懼，旦旦凛然。

昨起敬尺牘，仰塵侍書之側，計徹省覽。

昨奉尺素，少叙思仰之懷，計已塵徹。

平交　比奉片楮修敬，計已登徹。

比修記室之問，知徹清聽。

比奉短記，計已塵瀆。

曾答書

通用　向承貶翰，來价行遽，治報不謹，必蒙照亮。

昨承教墨，即裁手訥，以復執事，計已陳徹。

昨辱教昵，匆匆裁答，計達几格。

奉書未蒙答

通用　瑣瑣申懇，曾具柔削，干冒聽司，未辱報賜。

比具柔削，有少溷瀆，而伺音缺然，計水陸阻修，不無浮沉故也。

比奉柔訥致懇，未蒙賜報。

常貢尺牘，干冒台嚴，知已塵徹否。

奉書蒙謝回答

官員　譴責不謂謙仁，貶賜答教，佩服厚意，退揆缺然，未知所以處也。

通用　中嘗一拜箋記，方懼瀆尊聽，尋辱損報翰墨，款曲之間，仰認德意，銘感何窮。

比晉柔訥之記，華翰損答，三復以還，愧浮於感。

比貢不切之問，豈意來誨諄誠，啓誦感悚。

昨奉記申慶，方懼瀆獲譴，豈意容德，曲賜誨緘撝謙。

腆縟祇讀，感篆非晝所能記也。

僧道　比奉記史之間，方懼疏簡之誚。豈意慈仁，猥動法誨，詞旨增重，披讀感歎。

興起詞勤慈仁，貶賜誨答，三復竦然，感歎不已。

謝得書

官員　方仰棨坐，遽承使至，授所貺翰，足仞眷意之重，不減疇昔，感愧可量。

方仰台儀間，過蒙教墨，三復凜然，誨翰諄復，竦戢特深。

尊長　特勤藻翰之賜，祗佩四益，感愧感愧。

豈意謙光墜貺，文意璀璨，圭誦豈勝慚慄。

平交　遽承教墨，佩服故人厚意。

來書誨諭勤渠，非愛我之厚，疇克爾耶。

得書未答

官員　自承遷秩，嘗辱惠書，近以多故，有稽占謝，諒不爲訝。

向辱賜書，仰仞謙眷，俗塵澒汩，未及申致謝幅。

通用　昨承教墨，塵事掣肘，不及報答，益重其過。

昨承教字，以人事倥偬，不獲拜答，必蒙孚亮。

僧家　數承法誨，既冗懶且無便，不以裁答，因循至今。計仁心慈量，不深譴罪，而自訟亦已久矣。

道士　別去冲範，數辱示誨，拘冗不時爲答。視其外豈非疏慢，不免負罪，乞情恕。

得書奉答草率

通用　比承藻翰，誨諭諄復，使人鶴俟，治報膚略，惶懼逮今。

昨承貺翰，來价行速，作報不謹，逮今慊然。

昨承教墨,來价行速,作報不謹,逮今慊然。

得書兼承惠

通用　乃蒙書誨,且以某物爲貺,佩服故人厚意,何可勝言。

翰墨寵貽,副以嘉貺,仰認眷愛,慚感以之。

翰墨墜貺,文詞焕燦,且有某物之賜,不勝感佩。

幸乞示書

通用　便風有可示誨者,幸爾一二。

便郵[1]毋吝示字。　有便勿吝示誨。

尺紙之賜,冀故人不我吝也。

饋送請召式

饋送

尊長　不避僭瀆,輒有某物,專人捧獻。倘蒙尊慈,特與斥留,幸甚過望。

輒有某物,專人奉獻,少見區區。倘蒙寬洪,不賜揮斥,幸甚幸甚。

某物效誠,微尠是懼。拱聽旨留,乃欣乃幸。

平交　某物恃愛塵獻,勿誚輕舉也。

某物輕薄,以見區區,笑留乃幸。

某物少見千里毫毛之意,旨留乃賀,環顧無以將意。

---

① "郵",飛本作"繇",非。今按,"便郵"指順便傳遞郵件,亦指順便代人傳遞書信的人,與前文"便風"同義。

某物馳獻,諒友愛不以輕瀆見拒。

某物敢以爲獻,幸賜旨收。

承見惠

尊長　某物厚禮,特承寵貺,祗領感戢尤深。

伏蒙眷愛,特有寵貺,拜賜厚矣,第劇銘感。

猥蒙眷愛,特有某物頒貺,下拜愧感愧感。

平交　某物特承頒貺,物意兩重,祗領感篆。

適需某物,忽辱見遺,祗領欣賀。

某物之貺,良戢厚意,別容面謝。

以物回答

通用　某物聊奉回誠,輕微愧甚,伏丐檢收爲幸。

某物敬以回獻,切幸目至。

承惠不敢受

通用　特承寵貺,禮屬倒置,不敢拜命,伏惟焕察。

某物之貺,自合祗拜,但受之無名,姑用歸納。惟是感悰千萬,浮於已拜賜矣。

重承佳惠,數煩下執,使人愧赧,兹不敢拜,伏幸裁察。

請召

尊長　某擬明日晚膳攀屈,伏冀尊慈,特賜垂訪。

明早具常膳祗肅,萬望尊悉,不賜嚴拒,

顒望軒車/跂望車塵/萬望迂臨。

平交　晚刻屈從人過陋舍少款，幸不我拒，引領移趾，顒俟惠然。

久不清集，午刻欲挽車從過此瀹茗，顒俟惠肯，鶴引以俟。

即刻欲邀從人臨賁果酌，萬望肯顧，拱聽足音。

承見召

尊長　伏承寵召，敬聞命矣。

蒙寵唤，敢不敬遵嚴命。

平交　敬蒙寵召，敢不聞命。

特蒙寵召，良認友愛之隆。

承召不赴

通用　伏承見召，良荷記憶，適爲拙恙所苦，莫克拜命。

伏承寵招，良認隆意，合侍座隅，忽爾感冒，晉拜不前，希乎炤，它日面謝。

送物式

通用　某不敢以菲薄廢禮，輒有某物效區區於庖吏，倘蒙台慈，無官云尊慈。不以浼瀆見棄，某下情不勝銘感。

答受

通用　某仰和契厚，寵賜珍翰，以某物爲貺，禮意勤腆，下拜愧感之深，謹此叙謝，伏惟炳察。

答不受

通用　某伏辱教墨，寵賜某物，感戢尤深。某顧惟何者重擾執事，輒敢控告也。辭，尚冀高明，洞照此情也，餘遲面謝，希乎炤。

再送物式

通用　某適不揆以微物瀆尊，仰恃鴻度隆私，故敢冒進，重蒙譴拒，恐悚之深，尚冀尊慈，察野人獻芹之意，不賜峻外，特與恕留，謹再浼獻。伏乞照亮，某再拜。

送物換易式

賀遠歸	少充犒僕之費	賀補屋	少伸犒匠之儀
賀生日	聊充壽觴之獻	親戚	聊充芹獻之儀
立春	聊充春盤之末	重午	聊助蒲飲之末
七夕	少薦綺延之末	重九	聊助登高之費
冬至	聊奉履長慶儀	歲節	聊充分歲之儀
除日	聊備椒盤之需	通用	以待不時之需
賀病安	少伸慶問之儀	賀禮席	聊充賓延之末
賀移居	聊表遷喬之賀		

請筵會大狀式

具位姓某：右某擬若干日就弊舍，聊備蔬筵祇迎，伏望尊慈特賜寵訪，謹狀。年月日具位姓某狀。

答赴狀式

具位姓某：右某伏蒙尊慈特有寵召，至日謹當趨赴，下情感懼之至，謹奉狀申謝。謹狀。年月日具位姓某狀。

答不赴狀式

具位姓某：右某伏蒙尊慈特有寵召，適以拙疾，拜會不及，下情悚懼之至，謹具狀陳謝，伏惟照察。謹狀。年月日具位姓某狀。

請可漏：狀申某官稱呼具位姓某謹封。

答可漏：狀申謝某官稱呼具位姓某謹封。

家書通式

父母與子書祖父母、外祖與孫同

書示某，子孫名，或呼某行第。夏熱想汝安健，吾此與骨肉如常，述事云云。不具某示，父云"父示"，翁云"翁示"。月日發。

上祖父母父母書

某百拜上覆，即日孟春謹時，伏惟父親膝下，或云祖父、祖母、母親、外祖。尊候起居多福，伏自拜違尊嚴，不勝瞻仰之極。某在某處循常，如在家則云"某在此侍奉某親循常"。乞不賜尊念，述事云云。未由省侍，伏乞倍加調護，以介壽慶。下情虔祝之至，謹具不備。

某年月日某百拜上覆某親尊前。

家書外封須要"平安"字，使尊長家人輩見則喜。凡修尊長書，須要好紙真楷寫，叙時令直言孟仲季，不可言新春首夏等語，皆爲不謹。外封上直書某州某縣，不得使異名之類，不得用圖書，若用名印無害。

伯叔祖伯叔與侄孫子侄輩書

書奉某人：夏熱想汝清佳，此與骨肉偕安，述事云云。不具。某人書奉某人。月日某人書。

姑舅妻父母與外甥女婿書

某啓：秋涼想與尊幼如宜，妻之父母子婿則云：幾祖及外孫如宜。述事云云。不悉。某啓甥某人。婿云某姓幾哥。

上伯叔父母書伯叔祖父母、姑舅妗妻父母同

某百拜上覆，孟春謹時，伏惟某親尊候動止多福。自違侍右，無任瞻仰之至。某在此以下俱各如常，勿勞遠念，述事云云。未由參省，伏乞倍加保重，下誠虔祝之至，謹具不備。

侄孫某百拜上覆某親：月日謹具。上叔伯書，則云侄；姑及姑夫，亦云侄；上姨及姨夫、舅并舅妻，則云尊舅尊妗，云甥；上妻父母則云婿，皆不稱姓。或寄遠，外封用名及姓則可也。

與弟妹書

兄某啟第幾哥，妹則云幾娘。冬寒體宜兄嫂粗常。述事云，不具。兄某啟。某人月日。

上兄姊表兄姊及姊夫書

某頓首再拜上覆，孟春謹月，伏惟某親尊候多福。某自違左右，不勝依仰之至。某在此若常，幸不念及，述事云云。伏乞倍加保重，卑情虔祝之至，謹具不宣。

按劉《儀》，舅之子稱内弟，不書姓。姑之子稱外弟，書姓。司馬《儀》以兄姊書，皆可云“座前”。至劉《儀》以爲宜稱“左右”别於尊屬也。不備、不具、不宣、不悉，司馬《儀》以爲其處一也，今從俗用。

夫與妻書

某咨：春寒動履清勝，長幼皆安樂。某此粗遣，不煩掛念，述事云云。不悉。某書達幾姐。或云幾娘。年月日發。

司馬《儀》以爲宜從弟妹法，作“不悉”。又按劉《儀》稱字，無字稱幾姐、幾娘。

女人問候女人書

某啟：久不奉婉淑，第切眷思。即辰春寒共惟淑候，動止蔓福。入事云云。未由款對，惟祈順時，倍育慈愛不宣，某啟。上某位某人妝次。

答式

某啟：奉違淑德許久，深積柔思。錦字寵貺，衹讀慰浣，入事云云。未由奉面，惟祈善愛，式幅悃誠。奉復不宣，某啟。覆某位某人妝次。[①]

劉《儀》:婦人致書於親姻,不得用"座前"、"左右"之字。上姑舅尊長,雖有封號,不得稱之,亦不言"拜稱",有名亦不用。大抵文墨非婦人事,而不作爲佳也。

① "上兄姊表兄姊及姊夫書"條"於尊"至"答式"條"妝次",底本錯簡在"上伯叔父母書"條"某在"後,今乙正。

居家必用事類全集乙集目録

居家必用事類全集乙集

家法

司馬温公居家雜儀

凡爲家長,必謹守禮法以御群子弟。及家衆,分之以職,授之以事,而責其成功。制財用之節,量入以爲出,稱家之有無,以給上下之衣食,及吉凶之費,皆有品節,而莫不均一。裁省冗費,禁止奢華。常須稍存贏餘,以備不虞。

凡諸卑幼,事無大小,毋得專行,必咨禀於家長。

凡爲子爲婦者,毋得蓄私財。俸禄及田宅所入盡歸之父母舅姑。當用則請而用之,不敢私假,不敢私與。

凡子事父母,婦事舅姑,天欲明,咸起,盥漱,櫛總,具冠帶。昧爽,適父母舅姑之所,省問父母舅姑起,子供藥物,婦具晨羞。供具畢,始退,各從其事。將食,婦請所欲於家長,退具而供之。尊長舉箸,子婦乃各退就食。丈夫、婦人各設食於他所,依長幼而坐,其飲食必均一。幼子又食於他所,亦依長幼席地而坐,男坐於左,女坐於右。及夕食亦如之。既夜,父母舅姑將寢,則安置而退。居閒無事,則侍於父母舅姑之所,容貌必恭,執事必謹,言語應對必下氣怡聲,出入起居必謹扶衛之,不敢涕唾喧呼於父母舅姑之側。父母舅姑不命之坐,不敢坐;不命之退,不敢退。

凡子受父母之命,必籍記而佩之,時省而速行之,事畢則返命焉。或所命有不可行者,則和色柔聲,具是非利害而白之。待父母之許，然後改之。若不許，苟於事無大害者，必當曲從。若以父母之命爲非，而直行已志，雖所執皆是，猶爲不順之子，況未必是乎。

凡父母有過，下氣怡色，柔聲以諫。諫若不入，起敬起孝。悦則復諫，不悦，與其得罪於鄉黨州閭，寧熟諫。父母怒不悦而撻之流血，不敢疾怨，起敬起孝。

凡爲人子弟者，不敢以富貴加於父兄宗族。

凡爲人子者，出必告，反必面。有賓客不敢坐於正廳，升降不敢由東階，上下馬不敢當廳，凡事不敢自擬於其父。

凡父母舅姑有疾，子婦無故不離側，親調嘗藥餌而供之。父母有疾，子色不滿容、不戲笑、不宴遊，舍置餘事，專以迎醫檢方合藥爲務，疾已復初。

凡子事父母，父母所愛亦當愛之，所敬亦當敬之。至於犬馬盡然，而況於人乎？

凡子事父母，樂其心，不違其志，樂其耳目，安其寢處，以其飲食忠養之。幼事長、賤事貴，皆倣此。

凡子婦未敬未孝，不可遽有憎疾，姑教之。若不可教，然後怒之。若不可怒，然後笞之。屢笞而終不改，子放婦出，然亦不明言其犯禮也。子甚宜其妻，父母不悦，出。子不宜其妻，父母曰："是善事我。"子行夫婦之禮焉，終身不衰。

凡爲宫室，必辨内外。深宫固門，内外不共井、不共浴堂、不共廁。男治外事，女治内事。男子晝無故不處私室，婦人無故不窺中門。男子夜行以燭，婦人有故身出，必擁蔽其面。男僕非有繕修及有大故，不入中門。入中門，婦人必避之；不可避，亦必以袖遮其面。女僕無故不出中門，有故出中門，亦必擁蔽其面。鈐下蒼頭,但主通内外之物,毋得輒升堂室、入庖廚。

凡卑幼於尊長,晨亦省問,夜亦安置。坐而尊長過之則起,出遇尊長於途則下馬。不見尊長經再宿以上則再拜,五宿以上則四拜。賀冬至正旦六拜,朔望四拜。凡拜數,或尊長臨時減而止之,則從尊長之命。吾家同居宗族衆多,冬至、朔望聚於堂上。丈夫處左西上,婦人處右東上,皆北向共爲一列,各以長幼爲序。共拜家長畢,長兄立於門之左,長姊立於門之右,皆南向。諸弟妹以次拜訖,各就列。丈夫西上,婦人東上,共受卑幼拜。受拜訖,先退。後輩立受拜於門東西,如前輩之儀。若卑幼自遠方至,見尊長,遇尊長三人以上同處者,先共再拜,叙寒暄、問起居訖。又曰再拜而止。

凡受女婿及外甥拜,立而扶之,外孫則立而受之可也。

凡節序及非時家宴,上壽於家長,卑幼盛服序立,如朔望之儀。先再拜,子弟之最長者一人,進立於家長之前;幼者一人,搢笏執酒盞立於其左;一人搢笏執酒注於其右。長者搢笏,跪,斟酒,祝曰:"伏願某官備膺五福,保族宜家。"尊長飲畢,授幼者盞注,反其故處。長者出笏,俛伏,興,退,與卑幼皆再拜。家長命諸卑幼坐,皆再拜而坐。家長命侍者遍酢諸卑幼,諸卑幼皆起序立如前,俱再拜就坐。飲訖,家長命易服,皆退。易便服,還復就坐。

凡子始生,若爲之求乳母,必擇良惠婦人稍温謹者。子能食,飼之教以右手。子能言,教之自名,及唱諾、萬福、安置。稍有知,則教之以恭敬尊長。有不識尊卑長幼者,則嚴訶禁之。六歲教之數與方名。男子始習書字,女子始習女工之小者。七歲男女不同席,不共食。始誦《孝經》、《論語》,雖女子亦宜誦之。

自七歲以下謂之孺子，早寢晏起，食無時。八歲出入門户及即席飲食必後長者，始教之以謙讓。男子誦《尚書》，女子不出中門。九歲男子誦《春秋》及諸史，始爲之講解，使曉義理。女子亦爲之講解《論語》、《孝經》及《列女傳》、《女戒》之類，略曉大意。十歲男子出就外傅，居宿於外。讀《詩》、《禮》、《傳》，爲之講解，使知仁義禮智信。自是以往，可以讀《孟》、《荀》、《楊子》，博觀群書。凡所讀書，必擇其精要者而讀之。其異端、非聖賢之書傳，宜禁之，勿使妄觀以惑亂其志。觀書皆通，始可學文辭。女子則教以婉娩聽從及女工之大者。未冠笄者，質明而起，總角頮面以見尊長，爲供養祭祀，則左執酒食。若既冠笄，則皆責以成人之禮，不得復言童幼矣。

凡内外僕妾，鷄初鳴，咸起，櫛總，盥漱，衣服。男僕洒掃廳事及庭，鈴下蒼頭洒掃中庭，女僕洒掃堂室。設椅卓，陳盥漱櫛頮之具。主父、主母既起，則拂床、襞衾，侍立左右，以備使令。退而具飲食，得閒則浣濯、紐縫，先公後私。及夜，則復拂床、展衾。當晝，内外僕妾惟主人之命，各從其事，以供百役。

凡女僕同輩謂長者爲姊，後輩謂前輩爲姨，務相雍睦。其有鬥争者，主父主母聞之，即訶禁之。不止，即杖之，理曲者杖多。一止一不止，獨杖不止者。

凡男僕有忠信可任者，重其禄。能幹家事次之。其專務欺詐，背公徇私，屢爲盜竊、弄權犯上者，逐之。

凡女僕年滿不願留者，縱之。勤舊少過者，資而嫁之。其兩面二舌、飾虛造讒、離間骨肉者，逐之。屢爲盜竊者，逐之。放蕩不謹者，逐之。有離叛之志者，逐之。

袁氏世範

思所以爲善，又思所以使人爲善者，君子之用心也。三衢袁公君載，德足而行成，學博而文富。以論思獻納之資，屈試一邑，學道愛人之政，武城絃歌不是過矣。一日出所爲書示鎮曰："是可以厚人倫而美習俗，吾將版行於兹邑，子其爲我是正而爲之序!"鎮熟讀詳味者數月，其言則精確而詳盡，其意則敦厚而委曲，習而行之，誠可以爲孝悌、爲忠恕、爲善良，而有士君子之行矣。然是書也，豈惟可以施之樂清，達諸四海可也；豈惟可以行之一時，垂諸後世可也。噫！公爲一邑而切切焉欲以爲己者。爲人如此，則他日致君澤民，其思所以兼善天下之心，蓋可知矣。鎮於公爲太學同舍生，今又蒙賴於桑梓，荷意不鄙，乃敢冠以骫骳之文，而欲目是書曰《世範》可乎？君載諱采。淳熙癸卯長至日，承議郎前權通判隆興軍府事劉鎮序。

睦親

兄弟子侄同居，長者或恃長凌轢卑幼，專用其財，自取温飽，因而成私，簿書出入，不令幼者預知，幼者至於饑寒，必啟争端。或長者處事至公，幼者不能承順，盗財以爲不肖之資，尤不能和。若長者總持大綱，幼者分幹細務，長必幼謀，幼必長聽，各盡公心，自然無争。

朝廷立法，於分析一事非不委曲，然有竊衆營私，却於典買契中，稱"係妻財置到"，或詭名置産，官中不能盡究。又有起於貧寒，不因父祖資産，自能奮立，營置財業，或雖有祖衆財産，别自殖立私財，其同宗之人必求分析，至於經州縣所在官府，累年争訟，各至破蕩而後已。若富者反思，果是因衆成私，不分與貧者，於心豈無慊。果是自置財産，分與貧者，明則爲高義，幽則爲陰德，又豈不勝連年争訟，妨廢家務，及資備裹糧、囑託胥吏、賄賂官員[①]之費耶！貧者亦宜自思，彼實竊衆，亦由辛苦營運以至增置，豈可悉分之。況彼之私財，吾受之寧不有愧。苟能知此，必不至争訟也。

人之有子，須使有業。貧賤有業，不至於饑寒；富貴有業，不至於非爲。凡富貴之子弟，耽酒色，好博奕，異衣服，飭輿馬，群小爲伍，以至破家者，非其本心之不肖，由無業以度日，遂起爲非之心。小人贊其爲非，則有哺啜錢財之利，常乘間而贊成之，子弟早宜省悟。

應親戚故舊有所假貸，不若隨力給與之。言借則我望其還，不免有所索。索之既頻，而負償者反曰："我欲償之，以其頻索，則姑已之。"方其不索，則又曰："彼不下氣問我，我何爲强還之？"故索亦不償，不索亦不償，終於結怨而後已。蓋貧人之假貸，初無欲償之意。縱其欲償，則將何償？或假貸作經營，又多以命窮計拙而折閲。方其始借之時，禮恭言遜，其感恩之心指天誓日可表。及至責償之日，恨不以兵刃相加，所謂"因財成怨"矣。俗謂："不孝怨父母，欠債怨財主。"不若念其貧，隨吾力之厚薄以與之，則我無責償之念，彼亦無怨於我。

子孫有過，父祖多不自知，貴官尤甚。蓋子孫有過，多掩蔽父祖之耳目。外人知之，竊笑而已。至於鄉曲貴官，人之進見有時，稱道盛德之不暇，豈敢言其子孫之非！況又自以子孫爲賢，

① "員"，飛本作"吏"。

而以人言爲誣，故子孫有彌天之過而父祖不知也。間有家訓稍嚴，而母氏猶有庇其子之惡，不使其父知之。富家之子孫不肖，不過耽酒、近賭博、破家之事而已。貴官之子孫不止於此，强索人之錢財，强貸人之錢財，强借人之物而不還，强買人之物而不償；親近群小，則假勢以淩人；侵害善良，則飭辭而妄訟；鄉人有曲理犯法事，認爲己事，名曰“擔當”；鄉人有争訟，則僞作父祖之簡，干懇州縣，以曲爲直；差夫借船，放税免罪，以所得爲酒色之娱，殆非一端。其隨侍也，私令吏人買物，私托塲務買物，皆不償其直；吏人補名，吏人免罪，吏人有優潤，必責其報；典買婢妾，限以低價，而使他人填陪；或同院子遊狎，或干塲務放税，其他妄有求覓，亦非一端，不恤誤其父祖陷於刑憲也。凡爲人父祖者知此事，常關防，更宜詢訪，或庶幾焉。同姓之子，昭穆不順，亦不可以爲後。鴻雁雖微，猶不亂行，人乃不然。至於叔拜侄，於理安乎？設不得已養弟養孫以奉祭祀，當撫之如子，與之財産，受所養者奉之如父。如古人爲嫂制服、今世爲祖承重之意，而昭穆不亂。

古人謂周人惡媒，以其言語反覆，紿女家則曰“男富”，紿男家則曰“女美”，近世尤甚。若輕信其言而成婚，則夫妻反目，至於仳離者有之。大抵嫁娶固不可無媒，而媒者之言不可盡信。如此，宜謹察於始。

人之姑姨姊妹及親戚婦人年老，而子孫不肖，不能供養者，不可不收養。然又須關防，恐其身故之後，其不肖子孫妄經官司，稱其人因饑寒而死，或稱其有遺下囊篋之物。官中受詞，必爲追證所擾。須於生前，白之於衆，質之於官，稱身外無餘物。凡要爲高義之事者，必當預防之。

父祖高年怠於管幹，多將財産均給子孫。若父祖出於公心，初無偏曲，子孫各能戮力，不事遊蕩，必至興隆。若父祖緣有過房之子，有前母後母之子，有子亡而不愛其孫，又有雖是一等子孫，自有憎愛，凡衣食財物，亦有厚薄，致令子孫力求均給，其父祖於其中又有輕重，安得不起他日争端。若父祖緣子孫内有不肖者，慮其侵害，不得已而均給者，止可逐時均給財穀，未可均給田産。若均給田産，彼以爲己分所有，必邀求尊長立契典賣。典賣既盡，窺覷他房，從而婪取，必至興訟，使賢子賢孫被其擾害，同於破蕩，不可不思。大抵人之子孫，或十數人皆賢，其中有一不肖，則十數均受其害，至於破家者有之。國家法令百端，終不能禁；父祖智謀日出，終不能防。欲保延家祚者，覽他家之已往，思我家之未來，可不修德熟慮，以爲長久之計耶！

遺囑之文，皆賢明之人爲身後之慮。然亦須公平，乃可以保家。如劫於悍妻黠妾，因後妻愛子，中有厚薄偏曲，或妄立嗣，或妄逐子，不近人情之事，不可勝數，皆興訟破家之端也。

處己

世事多更變，乃天理如此。今世人往往見目前稍稍榮盛，以爲此生無足慮，不旋踵而破壞者多矣。大抵天序十年一换甲，則世事一變。今不須廣論久遠，只以鄉曲十年前、二十年前比論目前，其成敗興衰，何嘗有定勢！世人無遠識，凡見他人興進，及有如意事，則懷妒；見他人衰退，及有不如意事，則譏笑。同居及同鄉人，最多此患。若知天下事無定勢，則自慮之不暇，何暇妒他人？

應年高饗富貴之人，必須少壯之時，嘗盡艱難，受盡辛苦。

不曾有自少壯饗富貴安逸至老者。早年登科，及早年受奏補之人，必於中年齟齬不如意，却於暮年方得榮達。或仕宦無齟齬，必其生事窘薄，憂饑寒，慮婚嫁。若早年宦達，不歷艱難辛苦，及承父祖生事之厚，更無不如意，多不獲高壽。造物乘除之理，類多如此。其間亦有始終饗富貴者，乃是有大福之人，亦千萬人中間有之。今人往往機心巧謀，皆欲不受辛苦，至終身享富貴，及其子孫，終於人力不能勝天。

人生世間，自有知識以來，即有憂患不如意事。小兒叫號，皆其意有不平。自幼至少、至壯、至老，如意之事常少，不如意之事常多。雖大富貴之人，天下之所仰羡以爲神仙，而其不如意處各自有之，與貧賤人無異，特所憂慮之事異爾。故謂之缺陷世界，以人生世間無足心滿意者。能達此理而順受之，則可少安。

凡人謀事，雖日用至微者，亦須齟齬而難成。或已成而敗，既而復成，然後其成也，永久平寧，無復後患。若偶然易成，後必有不如意者。造物微機，不可測度如此！静思之，則見此理，可以寬懷。

人之性行，雖有所短，必有所長。與人交游，若常見其短而不見其長，則時日不可同處；若常念其長而不顧其短，雖終身與之交游可也。

凡人行己公平正直，可用此以事神，不可恃此以慢神；可用此以事人，不可恃此以傲人。雖孔子亦以敬鬼神、事大夫、畏大人爲言，況下此者哉？彼有行己不當理者，中有所慊，動輒知畏，猶能避遠災禍，以保其身。至於君子而偶罹於災禍者，多由自負以召致之耳。

人有詈人而人不答者，必有所容也，不可以爲人畏我，而更求以辱之。人或起而我應，恐口噤而不能出言矣。人有訟人而人不校者，必有所處也，不可以爲人畏我而更求以攻之。爲之不已，人或出而我辨，恐理虧不能逃罪矣。

同居之人或往來，須揚聲曳履，使人知之，不可默造。慮其適議我，彼此慚愧。况其間有不曉事之人，好伏於幽暗處以伺人之言，此生事興争之端也。凡人居僻静不可輒譏人，必慮有聞之者，俗謂“墻壁有耳”是也。

人家不和，多因婦女以言激怒其夫及同輩。蓋婦女所見不廣遠，不公平。所謂舅姑、伯叔、妯娌皆假合强爲稱呼，非爲天屬。故輕於割恩，易於修怨。非丈夫有遠識，則爲其役而不自覺，一家之中乖變生矣。於是兄弟子侄隔屋連墻，至死不往來者。有無子而不肯以猶子爲後；有多子而不與兄弟者；有不恤兄弟之貧，養親必欲如一，寧棄親而不顧者；葬親亦欲均費，寧留喪而不葬者。其事多端，不可概述。亦有遠識之人，知婦女之不可諫誨，而外與兄弟相愛，私救其所急，私賙其所乏，不使婦女知之。彼兄弟之貧者，雖怨其婦女，而愛其兄弟，至於分析，不敢以貧而貪愛兄弟之財産者。蓋由不聽婦女之言，而先施之厚，因以得兄弟之心也。

婦女易生言語者，多出於婢妾。婢妾愚賤，尤無見識，以他人之短言於主母。若婦女有見識，能一切勿聽，則虚佞之言不復敢進。若聽信之，從而愛之，則必再言之，又言之，使主母與人遂成深讎，而婢妾方且得志。奴隸亦多如此，若主翁聽信，則房族親故皆大失歡，而善良之僕佃皆黐致誅責矣。

士大夫之子弟，苟無世禄可守，無常産可依，而欲爲仰事俯育之計，莫若爲儒。其能習儒業者，命運亨通，可以取科第置富貴，次可以訓導，受束修之俸。否則事筆扎代箋簡之役，次可以習點讀，爲童蒙之訓。如不能爲儒，則巫醫僧道農商伎藝可以養生，不至於辱先，皆可爲也。子弟之流蕩至於爲乞丐竊盜，此最辱先之甚，世人有爲之而不自愧者，何哉？

凡人生而無業，及有業，而喜於安逸者，家富則習爲下流，家貧則必爲乞丐。凡人生飲酒無度，食物無算，好淫濫，習博奕者，家富而致於破蕩，家貧而必爲竊盜。

治家

夜間覺有盜，便須直言“有盜”，徐起逐之，盜必且竄。不可乘暗擊之，恐盜之急以刀傷我，及誤擊自家之人。若持燭見盜擊之猶庶幾。若獲盜已受拘執，自當準法，勿毆傷。

劫盜雖小人之雄，亦自有識見。如富家平時不刻剥，又能樂施，又能種種方便，當兵火擾撓之際，猶得保全，至不忍焚毀其屋。凡盜所決意焚掠者，皆積惡之人，宜自省也。

茅屋須常防火，大風須常防火，積油物、積石灰須常防火。此類甚多，切宜仔細。

富人有愛其小兒者，以金銀珠寶之屬飭其身。小人有貪者，於僻静處壞其性命而取其物。雖聞於官置於法，何益？小兒非有壯夫携抱，不可令遊行街巷，恐有誘略之人。

清晨早起，昏晚早睡，可防婢僕奸盜。婢妾若與主翁親近，多挾此私通僕輩，有子則以主翁藉口。畜愚賤之裔至破家者多矣。凡有婢妾，不可不謹其始，而防其終。

人有婢妾，不禁出入，至與外人私通有姙，不正其罪，而不遽逐去者，往往有於主翁身故之後，言是主翁遺腹子，而求歸宗，旋致興訟。世俗所宜謹此，免累後人。

婦女多妒，有正室者少蓄婢妾，蓄婢妾者多無正室。夫蓄婢妾者，内有子弟，外有僕隸，皆當關防。制以主母猶有他事，況無所統轄。以一人之耳目臨之，豈難欺蔽哉！暮年尤非所宜，使有意外之事，當如之何？

夫置婢妾，教歌舞，使侑①樽以爲賓客之歡，切勿蓄姿貌過人者，慮有惡客起覬覦之心，必欲得之。逐獸則不見泰山，苟勢可以陵我，則無所不至。緑珠之事在古可鑒，近世亦有之，不欲指其名耳。

婢僕有頑狠全不中使令者，宜善遣之不可留，留則生事。主或過於歐傷，此輩或挾怨爲惡，有不容言者。婢僕有奸盜及逃亡者，宜送之於官，依法治之，不可私自鞭撻，亦恐有意外之事。或逃亡非其本情，或所竊止於微物，宜念其平日有勞，只略懲之，仍前留備使令可也。

婢僕有小過，不可親自鞭打。蓋一時怒氣所激，鞭打之數必不記，徒且費力，婢僕未必知畏。惟徐徐責問，令他人執而打之，視其過之輕重而定其數。雖不過怒，自然有威，婢妾亦自畏憚矣。壽昌胡倅彦特之家，子弟不得自打僕隸，婦女不得自打婢妾，有過則告之家長，爲之行遣，婦女擅打婢妾則撻子弟。此賢者之家法也。

婢僕有過，既已鞭撻，而使令辭色如常，則無他事。蓋小人受杖方懷怨，而主人怒不釋，恐有輕生而自殘者。

---

① “侑”，飛本作“有”，非。今按“侑樽”，亦作“侑尊”，意爲助飲興、勸酒。宋方勺《泊宅編》卷一：“因閲阮田曹所製《黄鶴引》，愛其詞調清高，寄爲一闋，命稚子歌之，以侑尊焉。”

婢僕有無故而自縊者，若其身温可救，不可解其縛。須急抱其身令稍高，則所縊處必稍寬。仍更令一人以指於其縊處漸漸寬之，覺其氣漸往來，乃可解下。仍急令人吸其鼻中使氣相接，乃可以蘇。或不曉此理，而先解其縊處，其身力重，其縊處愈緊，只一嘘氣便不可救。此不可不預知也。如身已冷不可救，或救而不蘇，當留本處，不可移動。叫集隣保以事聞官。仍令得力之人日夜同與守視，恐有犬鼠之屬殘其屍也。自刃不死，宜以物掩其傷處。或氣絶，亦當如前説。人家有井，於甃處宜爲缺級，令可以上下。或有墜井投井者，可令人救應。或不及，亦當如前説。溺水投井，而水深不可援者，宜以竹篙及木板能浮之物投與之。溺者有所執，則身浮可以救應。或不及，亦當如前説。夜睡魘死及卒死者，亦不可移動。

婢僕宿卧去處，當爲點檢。冬無風寒，夏無蚊蚋。以至牛馬六畜，遇冬寒，各爲區處牢圈棲息之處。此其仁人之用心，物我爲一理也。

蓄奴婢惟本土人最善。或病患，則有親屬爲之扶持。或非理自殘，有親以明其事。或婢妾無夫子兄弟可依，僕隸無家可歸，念其有勞不可不養，當預經官自陳，則無患。

雇婢僕須要牙保分明。牙保又不可令我家人爲之。

買婢妾不可不細詢其所自來。恐有良人子女爲人所誘。若果然則告之於官，不可還與引來之人，恐自殘。

佃僕婦女，有等於人家婦女小兒誘謔，莫令家長知而欲重息以生借錢穀，及借資物以濟急者，皆有心於脱漏，必無還意。而婦女小兒不令家長知，則不敢取索，終爲所負。爲家長者宜常以此言喻之。

尼姑、道婆、媒婆、牙婆及婦人以賣買、針灸爲名，皆不可令入人家。凡脱漏及引誘爲不美之事，皆此曹也。

人户交易，先憑牙人指出丘段，參合契書文字，就問有無界至交争，重疊典賣；次問有無瞞昧尊卑，未曾分析；寡婦幼子執憑交易，有無諸般違礙，方可成契。必親見其押字書契，交錢必有知證。已成契後，宜即投印，管業割税。若因循不割税入户，而爲人告論，以致拘没官府。條令昭然，惟交易一事最爲詳明，蓋欲以杜争端也。而人户不悉，乃至違法交易，不印契、不離業、不割税，以致重疊交易，詞訟連年不決，豈非自取其辜哉！

凡鄰近利害之産，欲得之，宜增其價，不可恃勢執其親隣，及從典至賣，及無人敢買，而欲低折其價。萬一他人買之，則悔且無及，亦争訟之由也。

凡交易必須項項合條，即無後患。不可以人情契密不爲之防，或失歡則成争端。如交易取錢未盡，及贖産不曾取契之類，宜即理會去着，或即聞官，以絶將來詞訟。切戒切戒！

貧富無定勢，田産無定主，有錢則買，無錢則賣。買産之家當知此理，不可苦抑賣産之人。蓋人之賣産，或缺食，或負債，或疾病，或死亡，或婚嫁争訟，欲百千之用，則鬻百千之産。若買産之家，即還其直，雖轉手無存，且了其欲用。而爲富家不仁之人，知其欲用之急，則陽距陰鈎之，以重扼其價。既成契，則姑還其直之半，則延引數日辭以未辦。或以些少，或以米穀他物高價補償。而出産之家，必是窘乏，所得零微，隨即耗散，向之準擬以辦此事，今不復辦矣。而又往來取討，跋涉之費出乎其中。彼富家方自喜以爲善謀。不知天道好還，有及其身而獲報者，縱不及其身，而及其子孫。富家多不之悟，豈不迷哉！

貪并之家,恃其豪强,見有產之家子弟昏愚不肖,及有緩急,多是將錢强以借與。或始借之時,設酒食以媚悦其意;或既借之後,歷數年而不索。待其息多,又設酒食以誘,使之轉息併爲本錢,而又生息,又誘勒其將田產折還。於條雖幸免,天網不漏。諺云:"富兒更替做。"迭相報也。

有輕於舉債者,不可借,必是無藉之人,已懷負賴之意。凡借人錢穀,少則易償,多則易負。故借多者雖力可還,亦不肯還。寧以所還之資爲争訟之費者多矣。

凡人之敢於舉債者,必謂他日之寬餘可以償也。不知今日之無,他日何爲而有?譬如百里之路,分爲兩日行,則兩日可辦。若以今日之路使明日併行,雖勞亦不可至。無遠識之人,求目前寬餘而那積在後者,無不破家也。

凡有產必有税賦,須是先留輸納之費,却將餘剩分給日用。所入或薄,只得省用,不可侵支。臨時官中追索,未免舉償充息,以致耗家。大抵曰貧曰儉,自是賢德,切不可以此爲愧。若能知此,則無破家之患矣。

納税雖有省限,須早納爲安。如納苗米,若不趁晴早納,或值雨連日,將如之何?然州縣多有不體量民力,如納米,初時又要乾白加量,後且濕惡減量,又折爲低價;如納税絹物帛,初時必欲重厚實者,後來見納數少,則放行折納。人户攬子較量前後輕重,不肯攙先送納,致被縣道追擾。惟鄉曲賢者自求省事,不以毫末之較,遂愆期也。

人有糾率錢物造橋、修路及造渡船,宜隨力助之,不可謂捨財不見獲福而不爲。且如道路既成,吾之晨出暮入,過橋乘渡,並無疏虞,皆所獲福也。

人之經營財利，偶獲厚息以致富厚者，必其命運亨通，造物者陰隲致此。其間有見他人獲息之多、致富之速，則欲以人事强奪天理，如販米則加之以水，賣鹽則夾以灰，賣漆則和以油，賣藥則雜以他物，如此等類不勝其多。目下得其嬴餘，其心欣然，不知造物者隨即以他事取去，終於貧乏，所謂人力不能勝天。大抵轉販經營，先存心地，凡物貨必真，又須敬惜。不貪厚利，任天理如何，雖目下所得之薄，必無後患矣。

起造屋宇，最人家至難之事。年齒高大，世事諳曉，於起造一事，猶多不悉，況未更事，其不因此破家者幾希。蓋造屋之時，必先與匠者謀，匠者惟恐主人憚費而不爲，則必小其規模，節其費用。主人以爲力可辦，鋭意爲之。匠者則漸增廣其規模，至數倍其費，而屋猶未及半。主人勢不可中輟，則揭債售産。匠者方喜興作之未艾，工鏹益增。余常勸人起屋宇，須十數年經營，以漸爲之，則屋成而家富自若。蓋先定基址，或平高就下，或增卑爲高，或築牆穿池，逐年漸爲之，期以十餘年而後成。次議規模之大小，材木之若干，必籍其數，逐旋收買備足，期以十餘年而畢備。次議瓦石之多少，皆預以漸而儲之。雖工雇之費，亦不取辦於倉卒，故屋成而家富自若也。

家禮

冠禮略

男子年十五至二十，皆可冠。

温公曰："古者二十而冠，所以責成人之禮。蓋將責爲人子、爲人弟、爲人臣、爲人少者之行於其人，故其禮不可以不重也。

近世以來,人情輕薄,過十歲而總角者少矣。彼責以四者之行,豈知之哉?往往自幼至長,愚騃若一,由不知成人之道故也。今雖未能遽革,且十五以上,俟其能通《孝經》、《論語》,粗知禮義[①],然後冠之,其亦可也。"

必父母無期以上喪,始可行之。

文公曰:"大功未葬者,亦不可行。"

笄,女子許嫁。笄,母爲主。

文公曰:"年十五,雖未許,亦笄。"

婚禮略

男子年十六至三十,女子年十四至二十。

温公曰:"古者,男三十而娶,女二十而嫁。今令文,男年十五、女年十三以上,並聽婚嫁。今爲此説,所以參古今之道,酌禮令之中,順天地之理,合人情之宜也。"

身及主婚者無期以上喪,乃可成婚。

文公曰:"大功未葬,亦未可主婚。凡主婚,則以族人之長爲主。"

必先使媒氏往來通言,女氏許之,然後納采。

温公曰:"凡議婚姻,必先察其父母[②]與婦之性行,及家法何如,勿苟慕其富貴。婿苟賢矣,今雖貧賤,安知異時不富貴乎?苟爲不肖,今雖富貴,安知異日不貧賤乎?婦者,家之所由盛衰也,苟慕一時之富貴而娶之,彼挾其富貴,鮮有不輕其夫而傲其

① "禮義",飛本作"義理",非。今按司馬光《書儀》:"俟其子年十五已上,能通《孝經》、《論語》,粗知禮義之方,然後冠之,斯舉美矣。"

② "父母",按文意,當從朱熹《家禮》作"婿"。

舅姑，養成驕妒之性，異日爲患，庸有極乎？借使因婦財以致富，依婦勢以取貴，苟有丈夫之志氣者，能無愧乎？又世俗好於襁褓童幼之時，輕許爲婚，亦有指腹爲婚者，及其既長，或不肖無賴，或身惡疾，或家貧凍餒，或喪服相仍，或從官遠方，遂至棄信負約、速獄致訟者多矣。是以先祖太尉嘗曰：‘吾家男女，必俟既長，然後議婚。既通書不數月必成婚。’故終身無此悔，乃子孫所當法也。”

又曰：“文中子曰：‘婚娶而論財，夷虜之道也。’夫婚姻者，所以合二姓之好，上以事宗廟，下以繼後世也。今世俗之貪鄙者將娶婦，先問資裝之厚薄；將嫁女，先問聘財之多少。至於立契約云某物若干、某物若干，以求售其女者，亦有既嫁而復欺紿負約者，乃駔儈賣婢鬻奴之法，豈得謂之士大夫婚姻哉！其舅姑既被欺紿，則殘虐其婦以攄其忿。由是愛女者務厚其資裝以悦其舅姑，殊不知彼貪鄙之人不可盈厭。資裝既竭，則安用汝女哉！於是質其女以責貨於女氏，而貨有盡，而責無窮。故婚姻之家，往往終爲仇讎矣。是以世俗生男則喜，生女則戚，至有不舉其女者，用此故也。然則議婚姻有及於財者，皆勿與爲婚姻，可也。”

納采納其采擇之禮，即今所謂定也。

主人具書，夙興奉以告於祠堂，乃使子弟爲使者如女氏。女氏主人出見使者，遂奉書以告祠堂。出以復書授使者，遂禮之。使復命婿氏，主人復以告于祠堂。

納幣幣用色絹，貧富隨宜，今人更用釵釧羊酒。

具書遣使如女氏，女氏受書、復書，同納采之儀。

親迎

前期一日，女氏使人張陳其婿之室。厥明，婿家設位於室中，女家設次於外。

初婚，婿盛服，主人告於祠堂，遂醮其子而命之迎。婿出乘馬至女家，俟於次。女家主人告祠堂，遂醮其女而命之。主人出迎，婿入奠雁。姆奉女出登車。婿乘馬先婦車，至其家導婦以入。婿婦交拜就坐飲食畢，婿出，復入脱服，燭出，主人禮賓。

婦見舅姑

明日夙興，婦見於舅姑，舅姑禮之。婦見於諸尊長。若冢婦則饋於舅姑，舅姑饗之。

廟見

三日，主人以婦見于祠堂。

婿見婦之父母

明日，婿見婦之父母，次見婦黨諸親，婦女[①]禮婿如常儀。

喪禮略

治棺

温公曰："棺欲厚，然太厚則重而難以致遠。不必高大原[②]

---

① "女"，朱熹《家禮》作"婿"，義勝。

② "原"，朱熹《家禮》作"占"，義勝。

地，使壙中寬，易致摧毁，宜深加[①]之。槨雖聖人所制，自古用之，然板木歲久終歸腐爛，徒使壙中寬大，不能牢固，不若不用之爲愈也。孔子葬鯉有棺而無槨。又許貧者還葬而無槨。今不欲用，非爲貧也，乃欲保安亡者耳。"

程子曰："雜書有'松脂入地，千年化爲茯苓，萬年化爲琥珀'之説。蓋物莫久於此，故以塗棺，古人已有用之者。"

置靈座設魂帛

温公曰："古者鑿木爲重以主其神。今令式亦有之，然士民之家未嘗識也。故用束帛依神，謂之魂帛，亦古禮之遺意也。"

世俗皆畫影，置於魂帛之後。男子生時有畫像，用之猶無所謂。至於婦人，生時深居閨門，出則乘輜軿，擁蔽其面；既死豈可使畫工直入深室，揭面之帛，執筆訾相，畫其容貌？此殊爲非禮。又世俗或用冠帽衣履裝飾如人狀，此尤鄙俚，不可從也。

高氏曰："古人遺衣裳必置於靈座，既而藏於廟中。恐當從此説，以遺衣裳置於靈座，而加魂帛於其上可也。"文公曰："《三禮圖》有畫像可考。然且如温公之説，亦自合時之宜，不必過泥於古也。"

立銘旌

以絳帛爲銘旌，廣絳幅，三品以上九尺，五品以下八尺，六品以下七尺。書曰"某官某公之柩"，無官即隨其生時所稱。以竹爲杠，如其長，倚於靈座之右。

---

① "加"，宋本作"戒"，義勝。

喪杖[1]

父喪杖用竹，母喪杖用木。

按《五禮新儀》曰："父杖竹。"長與孝子心齊，助孝子之衰朽無力。竹有節，孝子有節哀之文。《禮》云：父喪杖竹，用自死竹爲之，謂竹性不可改爲，竹斬斷而不能接續。蓋母有接人之體，其杖用木，能接續之意也。《白虎通》云：母喪用桐爲之，謂無根能生，又桐子生而不離枝葉。《禮》云：桐，同也。取其同而有别，痛有致切也。敬親之道，故聖人以竹木别之。梧桐之子，隨枝葉而生，取其母子無絶道也。

成服

一曰斬衰三年。

斬，不緝也。衣裳皆用極粗生布，旁及下際皆不緝，正服則子爲父也。

加服則嫡孫父卒爲祖，若曾高祖承重者也。父爲嫡子當爲後者也。

義服則婦爲舅也，夫承重則從服也。爲人後者爲所後父也，爲所後祖承重也。夫爲人後，則妻從服也。妻爲夫。妾爲君也。

二曰齊衰三年。

齊，緝也。其衣裳制並如斬衰，但用次等生粗布，緝其旁及下際。

正服則子爲母也。士庶之子爲其母同，而爲父後則降也。

① "喪杖"底本無，飛本同，兹據目録及文例補。

加服則嫡孫父卒，爲祖母若曾高祖母承重者也。母爲嫡子當爲後者也。義服，則婦爲姑也，夫承重則從服也，爲繼母也。爲慈母，謂庶子無母而父命他妾之無子者慈己也，繼母爲長子也，妾爲君之長子也。

杖期

服制同上，但又用次等生布。

正服則嫡孫父卒祖在，爲祖母也。降服則爲父卒繼母嫁，則己從之也。夫爲妻也。子爲父後，則爲出母、繼母無服，繼母出，則無服也。

不杖期

服制同上，但不杖，又用次等生布。

正服則爲祖父母，女雖適人不降也。庶子之子爲父之母，而爲祖後則不服也，爲伯叔父也，爲兄弟也，爲衆子也，爲男女也，爲兄弟之子也，爲姑姊妹女在室及適人而無夫與子者也。婦人無夫與子者，爲其兄弟姊妹及兄弟之子也。妾爲其子也。加服則爲嫡孫，若曾元孫當爲後者也。女適人者爲兄弟之爲父後者也。

降服則嫁母出母爲其子，子雖爲父後猶服也，妾爲其父母也。

義服則繼母嫁母爲前夫之子從己者也。爲伯叔母也，爲夫兄弟之子也。繼父同居父子皆無大功之親者也。妾爲君之衆子也。舅姑爲嫡婦也。

五月，正服則爲曾祖父母，女適人者不降也。

三月，正服則爲高祖父母，女適人者不降也。

義服則繼父不同居者，謂先同今異或雖同居而繼父有子，己有大功以上親者也，其元不同居者則無服。

三曰大功九月。

服制同上，但用粗熟布，無負版。

正服則爲從父兄弟姊妹，謂伯叔之子也。爲衆孫男女也。

義服則爲衆子婦也，爲兄弟子之婦也。爲夫之祖父母伯叔，父母兄弟之子婦也。夫爲人後者，其妻爲本生姑舅也。

四曰小功五月。

服制同上，但用稍細熟布。

正服則爲從祖祖父、從祖祖姑，謂祖之兄弟姊妹也。爲兄弟之孫，爲從祖父、從祖姑，謂從祖祖父之子、父之從父兄弟姊妹也。爲從祖父兄弟之子也，爲從祖兄弟姊妹，謂從祖父之子，所謂再從兄弟姊妹者也。爲外祖父母，謂母之父母也。爲舅，謂母之兄弟也。爲甥，謂姊妹之子。爲從祖①母，謂母之姊妹也。爲同母異父之兄弟姊妹也。

義服爲從祖祖母也，爲夫兄弟之孫也。爲從祖母也，爲夫從兄弟之子也。爲夫之姑姊妹適人者不降也。女爲兄弟侄之妻，已適人亦不降也。爲娣姒婦，謂兄弟之妻相名，長婦謂次婦曰娣，姒②婦謂長婦曰姒婦也。庶子爲嫡母之父母兄弟姊妹，嫡母死則不服也，母出則爲繼母之父母兄弟姊妹也。爲庶母慈己者，謂庶母之乳養己者。爲嫡孫若曾玄孫之當爲後者之婦，其姑在

① “祖”，疑衍。據朱熹《家禮》，當删。

② “姒”，不合文意，當從朱熹《家禮》作“娣”。

則否也。爲兄弟之妻也，爲夫之兄弟也。

五曰緦麻三月。

服制同上，但用極細熟布。

正服則爲族曾祖姑，謂曾祖之兄弟姊妹也。爲兄弟之曾孫也。爲族祖父族祖姑，謂族曾祖父之子也。爲從父兄弟之孫也。爲族父族姑，謂族祖父之子也。爲從祖兄弟之子也，爲族兄弟姊妹，謂族父子之[①]，所謂三從兄弟姊妹也。爲曾孫玄孫也。爲外孫也。爲從母兄弟姊妹，謂從母之子也。爲外兄弟，謂姑之子也。爲内兄弟，謂舅之子也。

降服則庶子爲父後者，謂[②]其母，而爲其母之父母兄弟姊妹則無服也。

義服則爲族曾祖母也。爲夫兄弟之曾孫也。爲族祖母也。爲夫從兄弟之孫也。爲族母也。爲夫從祖兄弟之子也。爲庶孫之婦也。士爲庶母，謂父妾之有子者也。爲乳母也。爲婿也。爲妻之父母，妻亡而别娶亦同，即妻之親母，雖嫁出猶服也。爲夫之曾祖高祖也。爲夫之從祖祖父母也。爲兄弟孫之婦也。爲夫兄弟孫之婦也。爲夫從祖父母也。爲從父兄弟子之婦也。爲夫從兄弟之妻也。爲夫從父姊妹適人者不降也。爲夫之外祖父母也。爲夫之從母及舅也。爲外孫婦也。女爲姊妹之子婦也。爲甥婦也。

① “父子之”，不辭，當從朱熹《家禮》乙正爲“父之子”。

② “謂”，疑誤，據前文例及朱熹《家禮》，當作“爲”。

殤[①]服

凡爲殤服以次降一等。凡年十九至十六爲長殤，十五至十二爲中殤，十一至八歲爲下殤。應服期者，長殤降服大功九月，中殤七月，下殤小功五月。應服大功以下，以次降等。不滿八歲爲無服之殤，哭之以日易月，生未三月則不哭也。男子已娶，女子許嫁，皆不爲殤也。

凡男爲人後，女適人者，爲其私親皆降一等，私親之爲之也亦然。女適人者降服未滿被出，則服[②]其本服；已除，則不復服也。

作神主式

伊川程先生作神主式云：作主用栗，取法於時月日辰。趺方四寸，象歲之四時。高尺有二寸，象十二月。身博三十分，象月之日。厚十二分，象日之辰。身趺皆厚一寸二分。剡上五分爲圓首，寸之下勒前爲額而判之，一居前，二居後。前四分，後八分。陷中以書爵姓名行，曰某故，某官，某公，諱某字某第幾神主。陷中長六寸，圓一寸。合之植於趺，身出趺上一尺八分，并趺高一尺二寸。竅其旁以通中，如身厚三之一，謂圓徑四分。居二分之上，謂在七寸二分之上。粉塗其前。以書屬稱，屬謂高曾祖考，稱謂官或號行如處士、秀才、幾郎、幾公。旁稱主祭之名，曰孝子某奉祀。加贈易世則筆滌而更之，水以洗改之。外改中不改。

---

① “殤”前，底本、飛本衍“一”，據底本目録及文例删。

② “服”，諸本無，不辭，據朱熹《家禮》補。

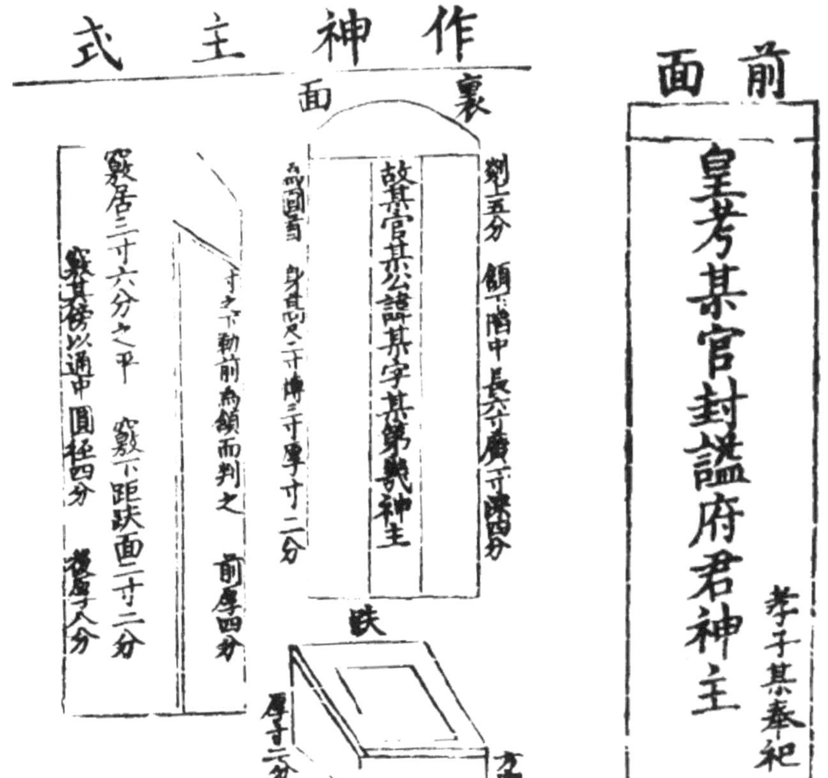
作神主式
裏面
前面
皇考某官封謚府君神主
孝子某奉祀
故某官某公諱某字某第幾神主
趺
前厚四分

喪服圖式

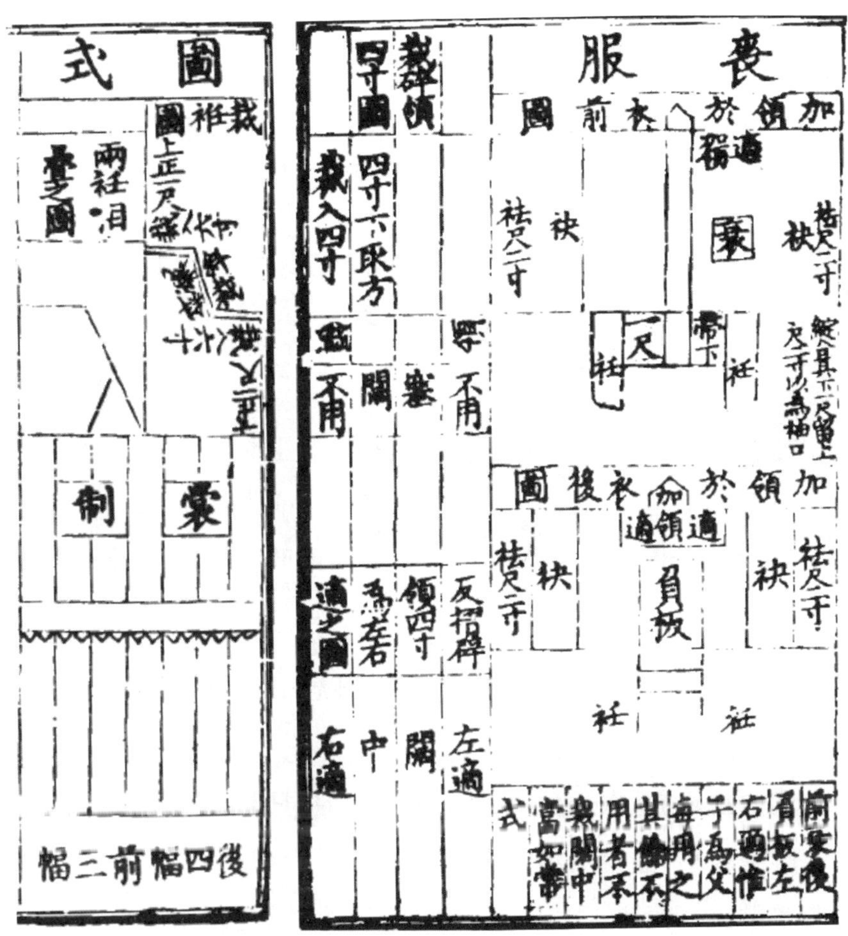

冠絰絞帶圖式

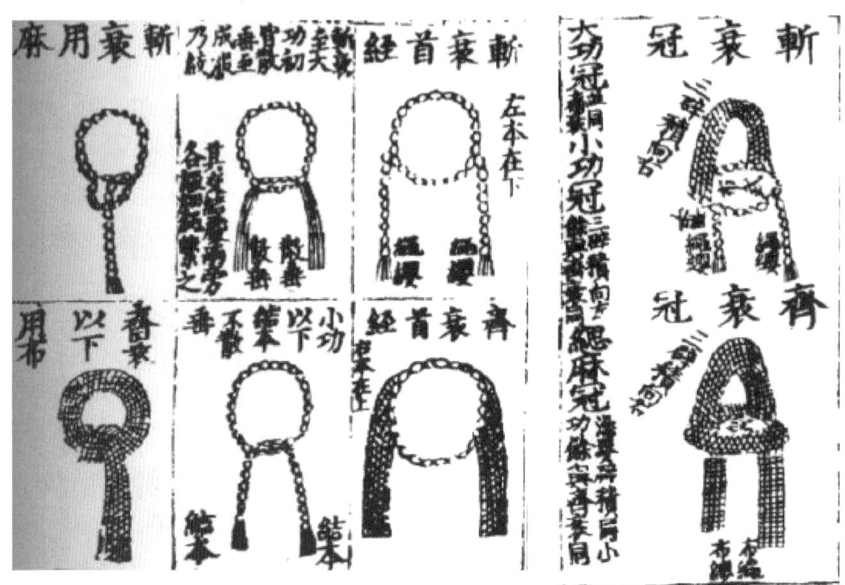

《士喪禮疏》曰:“麻在首、在要皆曰絰。分而言之,首曰絰,腰曰帶。”

問絰腰之制,朱先生曰:“首絰大一搤,只是拇指與第二指一圍。腰絰較小,絞帶又小於腰絰。腰絰象大帶,兩頭長垂下。絞帶象革帶。一頭①有彄子,以一頭串於中而束之。”朱先生曰:“首絰右本在上者,齊衰絰之制。以麻根處着頭右邊,而從額前向左,圍向頭後,却就右邊元麻根處相接,以麻尾藏在麻根之下,麻根搭在麻尾之上。有纓者以其加於冠外,須着纓,方不脱落也。”

① “一頭”,底本、飛本作“頭一”,不辭。兹據《朱子語類》乙正。

四父八母服圖

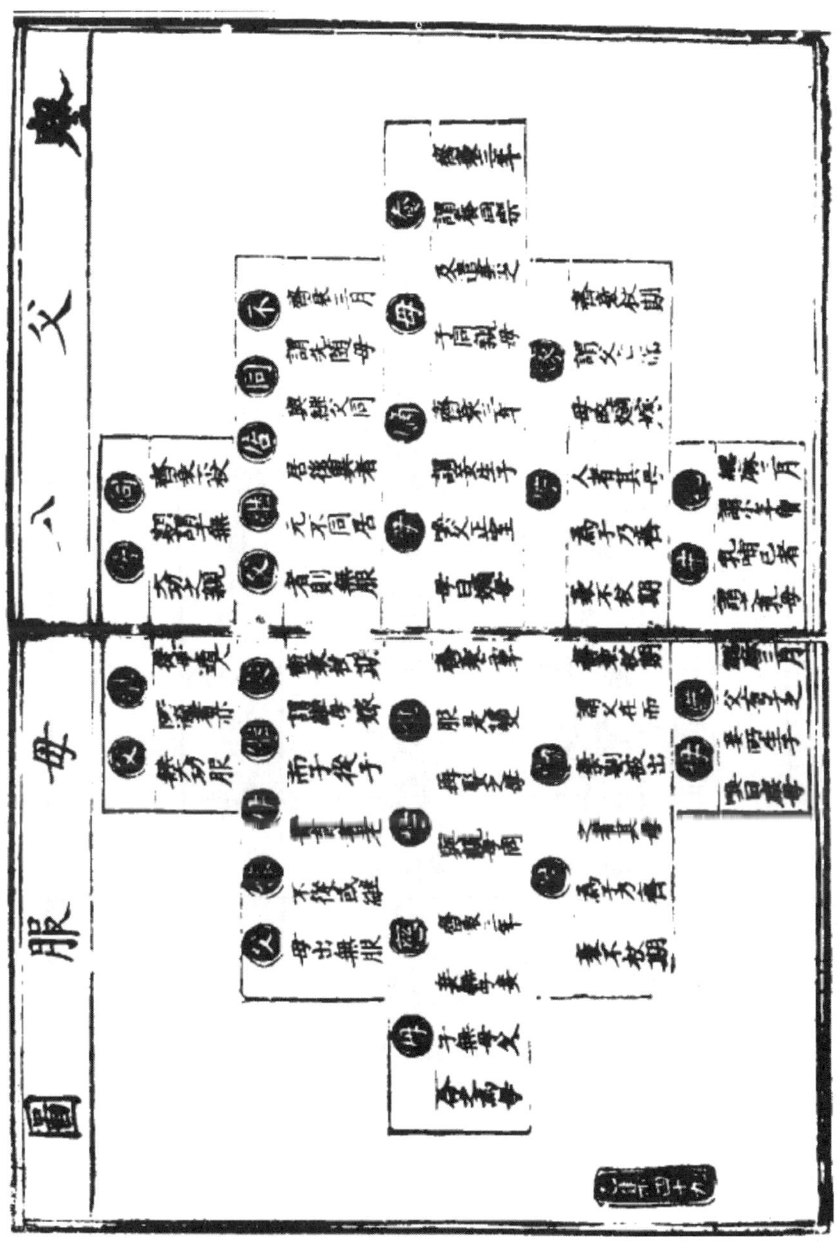

外族服圖

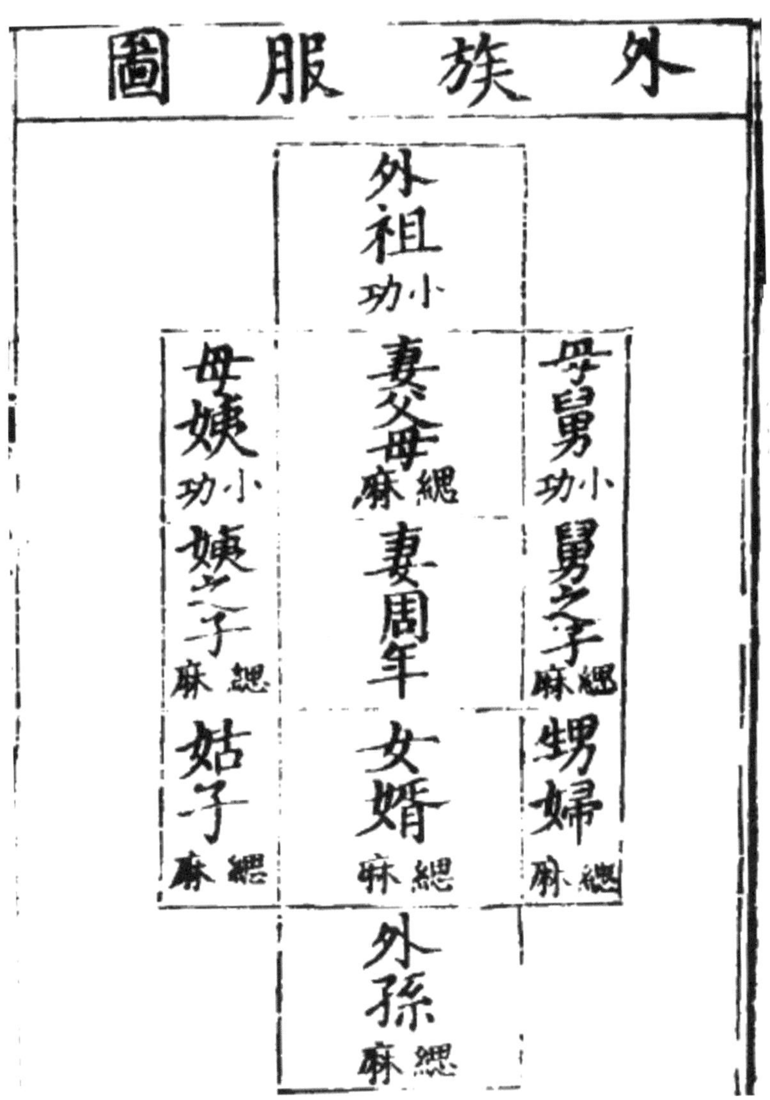

外族服圖
外祖 小功
母舅 小功
妻父母 緦麻
母姨 小功
舅之子 緦麻
妻 周年
姨之子 緦麻
甥婦 緦麻
女婿 緦麻
姑子 緦麻
外孫 緦麻

夫族服圖

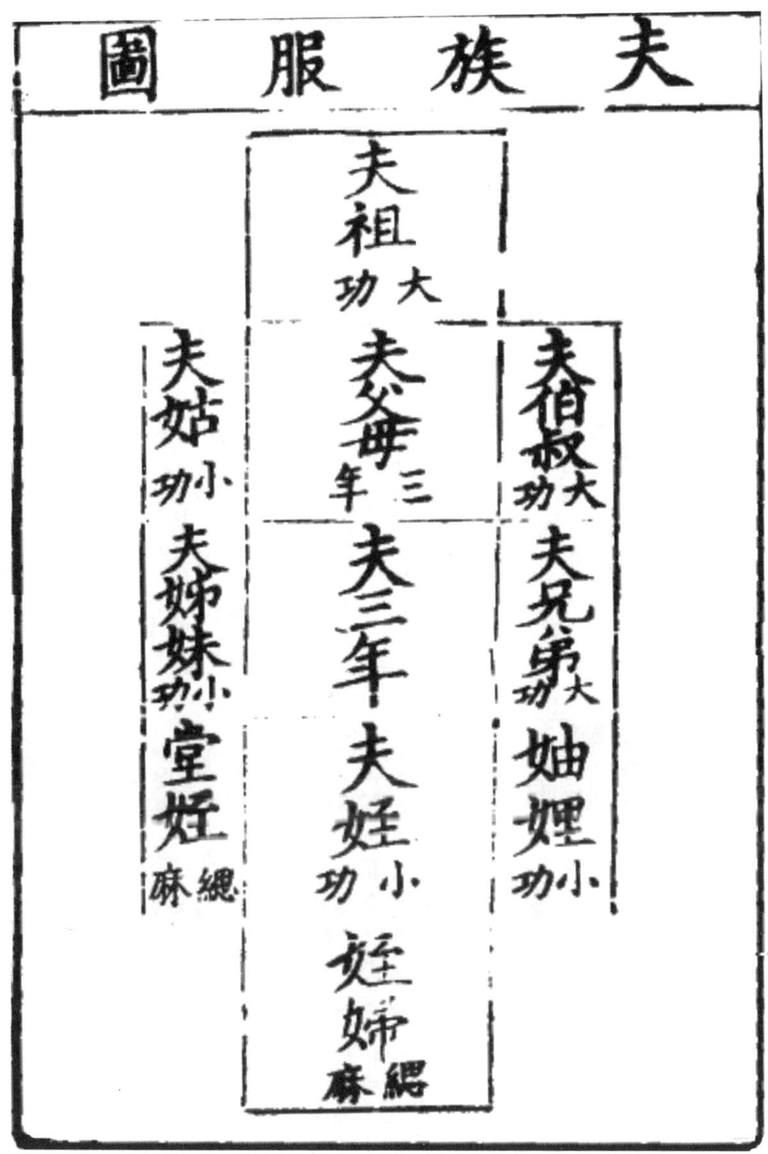

夫族服圖
夫祖 大功
夫父母 三年
夫三年
夫姪 小功
姪婦 緦麻
夫伯叔 大功
夫兄弟 大功
妯娌 小功
夫姑 小功
夫姊妹 小功
堂姪 緦麻

五服之圖

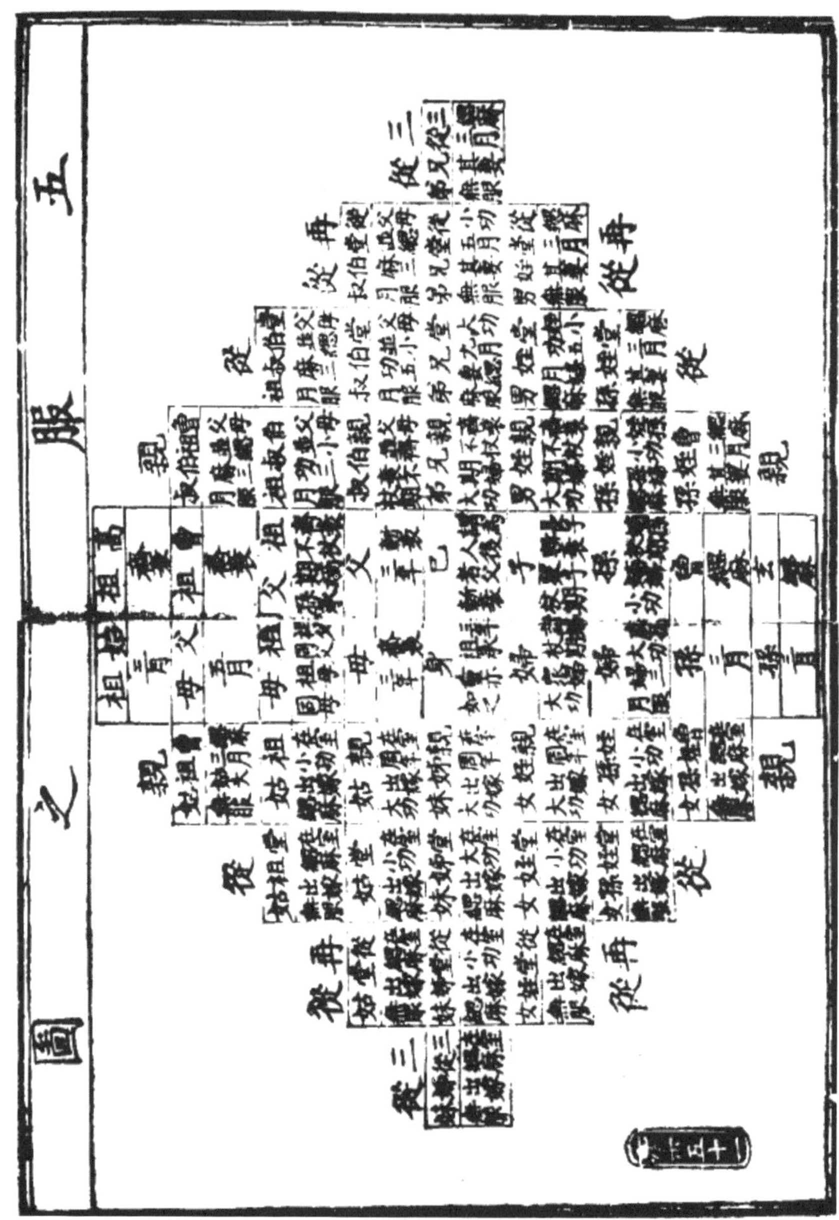

治葬

三月而葬，前期擇地之可葬者。

温公曰："古者天子七月，諸侯五月，大夫三月，士逾月而葬。今《五服年月敕》：'王公以下皆三月而葬。'然世俗信葬師之説，既擇年月日時，又擇山水形勢，以爲子孫貧富、貴賤、愚賢、壽夭盡系於此。而其爲術又多不同，争競紛紜，無時可決，至有終身不葬，或累世不葬，或子孫衰替，妄失處所，遂棄捐不葬者，正使殯葬實能致人禍福。爲子孫者，亦豈忍使其親臭腐暴露而自求利耶？悖禮傷義無過於此。然孝子之心慮患深遠，恐淺則爲人所挨[①]，深則濕潤速朽，必求土厚水深之地而葬之，所以不可不擇也。"或曰："家貧鄉遠不能歸葬，則如之何？"公曰："子游問喪具。夫子曰：'稱家之有無。'子游曰：'有無惡乎齊？'夫子曰：'有毋過禮。苟無矣，歛手足形還葬，懸棺而窆，人豈有非之者哉？'昔廉范千里負喪，郭平自賣營墓，豈待豐富然後葬其親？或在禮未葬，不變服，食粥，居廬，寢苫枕塊，蓋憫親之未有歸，故寢食不安。柰何舍之出遊，食稻衣錦，不知其何以爲心哉？世人又有游宦没於遠方，子孫火焚其柩收燼歸葬者，夫孝子愛親之肌體，故歛而藏之。殘毁他人之屍，在律猶嚴，況子孫乃悖謬如此！其始蓋出於羌胡之俗，浸染中華，行之既久，習以爲常。見者恬然曾莫之怪，豈不哀哉！延陵季子子死，葬於嬴博之間，孔子以爲合禮。必也不能歸葬，葬於其地可也。豈不猶愈於焚燬乎？"又曰："昔者吾諸祖之葬也，家甚貧不能具棺槨，自太尉公而下始有棺

① "挨"，朱熹《家禮》作"扣"，義勝。

槨。然金銀珠玉之物，未嘗以錙銖入於壙中。將葬太尉公，族人皆曰：'葬者，家之大事，柰何不詢陰陽，此必不可。'吾兄伯康無如之何，乃曰：'詢於陰陽則可矣，安得良葬師而詢之？'族人曰：'近村有張生者，良師也，數縣皆用之。'兄乃召張生，許以錢二萬。張生野夫也，世爲葬師，爲野人葬，所得不過千錢，聞知大喜。兄曰：'汝能用吾言，吾畀爾葬。不用吾言，將求他師。'張曰：'惟命是聽。'於是兄自以己意，處歲月日時，及壙之淺深廣狹，道路所從出，皆取便於事者，使張生以葬書緣飾之，曰：'大吉。'以示族人。族人皆悦，無違異者。今吾兄年七十九，以列卿致仕。吾年六十六，忝備侍從。宗族之從仕者二十有三人，視他人之謹用葬書，未必勝吾家也。前年吾妻死，棺成而歛，裝辦而行，壙成而葬，未嘗以一言詢陰陽家，迄今亦無他故。吾嘗疾陰陽家立邪説以惑衆，爲世患，於喪家尤甚。頃爲諫官，嘗奏乞禁天下葬書。當時執政莫以爲意，今著兹論，庶俾後之子孫葬必以時。欲知葬具之不必厚，視吾祖；欲知葬書之不足信，視吾家。"

程子曰："卜其宅兆，卜其地之美惡也，非陰陽所謂禍福者。地之美者，則其神靈安，其子孫盛。若培擁其根而枝葉茂，理固然也。地之惡者，則反是。然則曷謂地之美者？土色之光潤，草木之茂盛，乃其驗也。父祖子孫同氣，彼安則此安，彼危則此危，亦其理也。而拘忌者惑以擇地之方位，決日之吉凶，不亦泥乎？甚者不以奉先爲計，而專以利後爲慮，尤非孝子安厝之用心也。惟五患者不得不謹，須使他日不爲道路，不爲城郭，不爲溝池，不爲貴勢所奪，不爲耕犂所及也。"一本云：所謂五患者，溝、渠、道路、避村落、遠井窑。按，古者葬地葬日皆決於卜筮，今人不曉占法，且從俗擇之可也。

穿壙

温公曰："今人葬有二法：有穿地直下爲壙而懸棺以窆者，有鑿隧道傍穿土室而攛柩於其中者。按古唯天子得爲隧道，其他皆直下爲壙而懸棺以窆。今當以此爲法，其穿地宜狹而深，狹則不崩損，深則盗難近也。"

刻誌石

用石二片，其一爲蓋，刻云"某人之墓"。其一爲底，刻云"某人諱某字某，某州某縣人，父某母某，某年月日生，某年月日終，某年月日葬某地"。以二石字面相向，而以鐵束束之，埋之壙前近地面三四尺間，慮異時陵谷變遷，或誤爲人所動，而此石先見，則人有知其姓名者庶能爲掩之也。

墳高四尺，立小石碑於其前，亦高四尺，趺高尺許。

温公曰："按令式，墳碑石獸大[①]多寡雖各有品數，然葬者當爲無窮之規。後世見此等物，安知其中不多藏金玉耶？是皆無益於亡者，而反有害。故令式又有貴得同賤、賤不得同貴之文。然則不若不用之爲令矣。"文公曰：今按孔子防墓之封，其崇四尺，故取以爲法。用司馬公説，别立小碑，但石須闊尺以上，其厚居二之一，圭首而刻其面如誌之蓋，乃略述其世系、名字、行實而刻於其左，轉及後右而周焉。婦人則俟夫葬乃立，面如夫亡[②]誌蓋之刻云。

---

① "大"後，朱熹《家禮》有"小"，義勝。

② "亡"，不辭，當從朱熹《家禮》作"之"。

三虞祭。葬之日，日中而虞。或墓遠，則但不出是日可也。若去家經宿以下，則初虞於所館行之。鄭氏曰："骨肉歸於土，魂氣則無所不之。孝子其彷徨三祭以安之。"葬時奠而不祭，但酌酒陳饌再拜而已。虞始用祭禮，卒哭則又謂之吉祭。

遇柔日再虞。乙丁己辛癸爲柔日，其禮如初虞；若墓遠，途中遇柔日，則亦於所館行之。

遇剛日三虞。

甲丙戊庚壬爲剛日，其禮如再虞；若墓遠，亦途中遇剛日且闕之，須至家乃可行此祭。

卒哭

《檀弓》曰："卒哭曰成事。是日也，以吉祭易喪祭。"故此祭漸用吉禮。三虞後剛日卒哭。

祔祭

《檀弓》曰："殷既練而祔，周卒哭而祔。"《家禮》用"卒哭明日而祔"。

小祥

期而小祥。

自喪至此不計閏凡十三月。古者卜日而祭，今止用初忌以從簡易。鄭氏曰："祥，吉也。"大祥放此。

大祥

再期而大祥。

自喪至此，不計閏凡二十五月，亦止用第二忌日祭。

禫

大祥之後，中月而禫。

自喪至此，不計閏月，二十七月。文公曰：“間一月也。”鄭氏曰：“澹澹然平安之意。”

温公曰：“士虞禮，中月而禫。”鄭註曰：“中，猶間也。禫，祭名也。自喪至此，凡二十七月。所謂中月而禫者，蓋禫祭在祥月之中也。”歷代多從鄭説，今律勅三年之喪，皆二十七月而除，不可違也。文公曰：“二十月祥後便禫。”看來當如王肅之説，於是月禫徙月樂之説爲順，今從鄭説，雖是禮宜從厚，終未爲當。

祭禮略

時祭用仲月

孟春下旬之首，擇仲月三旬各一日，或丁或亥。

温公曰：“《王制》：‘大夫士，有田則祭，無田則薦。’註：‘祭以首時，薦以仲月。’今國家惟享太廟用孟春，自周六廟濮王廟皆用仲月，以此私家不敢用孟春。”

高氏曰：“何休曰：‘有牲曰祭，無牲曰薦。大夫牲用羔，士牲用豚，庶人無常牲。春薦韭，夏薦麥，秋薦黍，冬薦稻。韭以卵，麥以魚，黍以豚，稻以雁，取甚新物相宜。凡庶饈不逾牲，若祭以羊，則不以牛爲饈也。’今人鮮用牲，唯設庶饈而已。”

文公曰：“凡祭主於盡敬愛之道，誠而已。貧則稱家之有無，疾則量筋力而行之。財力可及者，自當如儀。”

冬至祭始祖

程子曰:“此厥初生民之祖也。冬至一陽之始,故象其類而祭之。”

立春祭先祖

程子曰:“初祖以下、高祖以上之祖也。立春生物之始,故象其類而祭之。”

季秋祭禰

程子曰:“季秋成物之始,亦象其類而祭之。”繼禰之宗以上皆得祭,惟支子不祭。”

文公曰:“某家舊時時祭外,有冬至、立春、季秋三祭,後以冬至立春二祭。始祖之祭似禘,先祖之祭似祫,於理似僭,覺得不安,遂已之,至於季秋依舊祭禰。”

忌日祭

文公母夫人忌日着黔墨布衫,其巾亦然,問今日服色何謂,曰:“豈不聞君子有終身之喪?”

墓祭

三月上旬,擇日而祭之。

文公曰:“古人無墓祭。唐人亦不見有墓祭,但是拜掃而已。”或問:“墓祭祭后土否?”曰:“就墓外設位而祭。冠婚喪祭,四禮之廢已久,是可哀已。”按《季氏居家必用》初卷略載文公《家禮》,其意甚善。又按秦氏本不載,別載《孫氏薦饗儀範》。今觀文公《家禮》，非可妄損益。近世士大夫家能行之者，詳見本書全帙。於祭禮一條，《孫氏家儀》亦可參擇用之，故并存於后。

孫氏薦饗儀範

《序略》曰：先王之制祭禮也。不欲數，數則煩。不欲疏，疏則怠。君子濡春露，履秋霜，必有悽愴怵惕之心，是故春禘秋嘗，夏商相襲。周公以禘爲王者之祭，易名曰祠。而魯人始殺而嘗，閉蟄而烝。至於春以韭卵，夏以魚麥，秋以豚黍，冬以稻雁，雖庶人不得廢時薦也。經曰："祭從生者。"蓋視子孫之爲大夫爲士爲庶人也。傳曰："祭從先祖。"又重於子孫改作也。禮固不敢輕議，酌古參今，唯其宜，唯其稱，或庶幾焉。故取上士祭饗之時，傅古士庶人之禮，著《孫氏薦饗儀範》，實取"有田則祭，無田則薦"之義，雖貧窶衣食不充，亦可求仁者之粟力行之。所以標顯孫氏者，猶唐范傳正《時饗儀》行之於家，使子孫奉以周旋云爾。紹興三年孫偉叙。

時月第一

正月朔旦，三陽交泰，萬物發生，乃人道報本反始之時，爲一歲初祭。

春薦，以清明節日。

夏薦，以五月五日。

秋薦，以九月九日。

冬薦，以冬至日并歲旦。一歲共五祭。

世俗以冬至後一百五炊熟不火食，以待清明改火，謂之寒食。蓋晉風因介子推逃文公之禄，文公焚山，久而成俗。今河東士民以棗麵爲炊餅，貫柳枝於户上，號曰子推，遂變爲寒食節，天下往往不以爲非。漢并州剌史周舉嘗作文辨之，久而難變也。俚儒又緣開元拜掃之儀，於是日野祭，尤違典訓，亦數百年矣。今之清明日爲春薦，四時薦饗並寢，若子孫得路歸守丘墓，則在家薦饗畢，詣神道洒掃展省。城外望拜，掃除墓左右蕪穢。外望再拜而退，不携酒饌行。

自漢至唐，臣庶饗祭，皆避孟月。或以二分，或以二至，或以社，或以蜡日，社與蜡唐人固嘗論其失矣。但上世以來，多用歲旦冬至爲合祭，八節爲薦新，疏數不常，亦有故輒廢，率不合禮。今於四時折中，以傳禴祠烝嘗之義云。

版位第二

唐諸家祭儀，皆用《開元禮》。文武官六品以下，達於庶人，祭於正寢，國朝士族相因。凡登朝籍，皆得祭三世，偉家祭三世，亦數十年。古之朝天子者，謂之大夫，蓋今之朝臣也，固當尊祖矣。

古者士大夫皆有家廟，既虞則作主，刻官封名氏。今以祭寢之禮參酌，以栗木作牌子，高一尺三寸半，曾祖曰“曾大考官封”，妣曰“夫人某郡某氏”，祖曰“大考官封”，妣曰“某郡某氏”，父曰“顯考官封”，妣曰“某郡某氏”，匣而藏之，遇薦饗則俟排辦訖，祭主捧而置於几，祭畢復藏之其匣，於正寢側室奉香火，旦朝之。謂晨興盥櫛罷，冠帶入室，上香肅拜而退。

眉山劉氏曰：“虞者，既葬返哭而祭也。蓋未葬則柩猶在殯，既葬則返而亡焉。則虞度其神氣之返，於是而祭以安之，且爲木主而托之，以憑依焉，故謂之虞主。嘗求之傳註，謂天子九虞，以九日爲節；諸侯七虞，以七日爲節；大夫五，士三。由是言之，既葬而虞，虞而卒哭，降殺有等。自春秋末世，大夫僭用諸侯七虞之禮矣，後代循習莫究其義，而世俗遂以親亡以後，每七日必供佛飯僧，以爲是日當於地府見某王者。”吁！古人七虞之説，乃如是哉！故世之治喪者，未葬則當朝夕奠，朔望殷奠，既葬則作主虞祭，不必惑於浮屠齋七之説，庶乎可謂祭之以禮矣。

四時薦享，肆筵設几，謂如南向之寢，則曾祖坐在其中，以東爲上；祖座在東，考座在西，皆以北爲上。東向、西北向之寢放此，廟祭則東向位爲尊。今薦儀也，所以不同。

忌日質明，設几筵於正寢，捧位版置几上，祭畢伏歲，皆如上儀。

薦饌第三

春薦韭卵。以韭爲俎，以卵饈饌。

夏薦麥魚。以新麵爲炊餅，以鯽鯉魚饈饌。

秋薦豚黍。以新黍粟米炊餅，侑蒸豚。

冬薦稻雁。以新粳米炊飯，侑蒸雁，無雁則以雞鵝鴨代之。

四時薦新外，兼以雞、羊、鹿、豕共造熟食五品，時果五品，無果實處，煎粉餌以爲之。菜五品。菘、芥、蘆菔、蕪菁、荀、蕨，隨土地所有。

薦新之日，或有珍饌異果，謂《本草》或《食經》中所載者。並聽兼列。《禮》曰：“庶人無故不食珍，必先祭饗也。”

祭饌皆女婦主之，或有故，謂疾病。即用庖人，子孫躬親廚爨監視。

薦饗之味貴於新潔，稱家有無。太豐則近乎僭侈，太儉則近乎迫隘，皆君子所不取，唯豐潔所中可以常守。禮雖王公大饗，不用褻味，不貴多品。今寢薦廟祭不同，廟祭乃有養牲外首之儀，今時饗止用[①]熟食五品，參酌折中，不可增減。有力則豕一羊

① “用”，飛本作“以”。

一，前祭一日宰之。無力則度斯儀宜用物，市肆售之。

忌日以雞、魚、羊、豕，隨屠肆所有之味，造熟食五品。

每月朔旦於藏版匣之室中，設時果五品，盤醆三副，以清酌獻。

祝辭第四隨時於官封某公下改用

元旦云：維某年歲次某甲子，某月某甲子朔旦，他節即云：某甲子朔某日甲子。嗣曾孫具官某，無官即稱名一。敢昭告於曾大考官封某公，伏以禴祠烝嘗，四時之薦祭義，蓋秉周禮人道之遺夏正，永推報本之誠。莫大致嚴之重，謹於疏怠，不敢越逾。酒醴清甘，牢饌馨潔，祗率惟恪，仰冀鑒歆，尚饗。

清明云：伏以惟春之和，萬物秀茁，獻韭以卵，厥有故常。謹以清明，祗率祠事，致嚴斯恪，仰冀降歆，尚饗。

端午云：伏以仲夏嘗麥，侑以鮮鱗，厥有故常，不敢不謹。謹以端午，祗率禴事，致嚴斯恪，仰冀鑒歆，尚饗。

重九云：伏以農夫之慶，百穀用成，黍稷馨香，適當時薦。謹以重九，祗率嘗事，致嚴斯恪，仰冀鑒歆，尚饗。

冬至云：伏以閉蟄而烝，蓋有古制歲之義，實見於經，維日至之迎長，廼周家之正月。謹以冬至，祗率烝事，薦稻之恪，仰冀鑒歆，尚饗。

忌日云：維某年歲次某甲子，某月甲子朔，某日甲子，嗣曾孫具官某，敢昭告於曾大考官封某公。伏以四時改易，忌日在辰，恭設几筵，仰思教誨，終身之慕，言不勝情，尚饗。偉逮事曾門而繼家嫡，故其忌日之辭如此，不逮事大考以上，則改用下辭：恭設几筵，謹陳薄禮，庶或來格，克鑒微誠，尚饗。

眉山劉氏曰："或問伊川先生曰：'忌日祀兩位否？'先生曰：

‘只一位。愚謂家庭之祭，與國家祀典不同。家庭晨夕旦望於父母之敬，未嘗舉一而廢一也。’魯人之祔也合之，孔子以爲善。忌祭何得不然？故忌祭仍當兼説考妣，若祖考忌日，則祝辭末句增曰‘謹奉妣某氏夫人配’；妣忌日，則曰‘謹奉以配考某公’。後之君子，更宜審擇。夫祭者，孝子所以饗親，義所以致嚴也。自漢魏以來，諸家祭法，有迎神送神之儀，乃在廟中。禮雖樂以迎來，哀以送往，亦廟祭屍出入之事。今時薦，但以祝文致誠而已。”

器服第五

祭器尚質素，貴純潔。古之廟制，鼎俎籩豆奇耦有差，生時饗用之物，事死如事生，故以生時用器奉之。近世用盤盞碗碟亦斯義也。今每位用盞子十，或圓徑六寸，素木加漆，或丹或黑，鉛錫銅廂之，庶可耐久；不及漆，素木亦可。貧不能具，即五事，十則六薦，熟食果蔬各爲二事，五則半比。盤盞一，或銅，或錫，或用陶器。碗二。制度如盞子而深，一以飯，一以羹。

祭服。有官者服其賜服，無官者服深衣。依《禮記》制度布爲之。

行事第六

祭前二日，修具排辦濯器皿。

前一日致齋。爲不飲酒食肉，弔喪問疾。若官守，則託疾在假一日。

祭之日，雞初鳴，興盥櫛，服其服，入祭室，具燈燭，陳酒樽，列祭饌訖，雞二鳴，行事。

祭之日，雞三鳴，初獻，詣藏匣前焚香，捧位版置於所設之座，躬親酌酒於盞，三上香，跪奠酒於几上，以洗承之。俛伏興再拜，跪讀祝文，又俛伏興再拜，復位。亞獻，躬親酌酒於盞跪奠，俛伏興再拜。終獻,如亞獻之儀。若一人兼行三獻,每奠皆如上儀,仍依昭穆次序,三代各設一座。先曾祖,次祖,次考,皆畢,即於燈燭上焚祝文,再拜,捧位版藏之訖,退。

遇忌辰設几筵一所,質明陳酒樽祭饌畢,祭主詣藏匣捧位版置几上再拜,三上香,酌酒於盞跪奠,俛伏興再拜,跪讀祝文,俛伏興再拜。少頃,如人行一里久。再奠,俛伏興再拜,焚祝文,捧位版藏之訖,退。

每月朔旦初酌酒,三上香,跪奠,俛伏興,鞠躬,禱曰:"某月朔旦,嗣曾孫某,謹以清酌,獻曾大考顯考,各舉官稱。伏乞歆格。"再酌再奠,三酌三奠畢,凡在位子孫作一列再拜訖,退。

夫祭儀以致誠爲本,中禮爲文,所爲洞洞屬屬然,在其孝欽爾。有子弟即分三獻,祭日前期相與講習,闕則祭主獨爲之。行事時無太亟急,無太舒緩,急則紛紜舛錯,緩則跛倚,不能卒事矣。凡薦饗以雞二鳴行事,有官守,冬至正旦以雞初鳴、半夜盥櫛。月朔以雞三鳴行事,忌日祖考去給假曾在疾在假一日。近世焚楮泉及下里僞物,唐以前無之,蓋出於王璵輩牽合寓焉之義,數百年間俚俗相師,習以爲常。至於祀上帝亦有用之者,皆浮圖老子之徒,欺惑愚衆,天固不可欺,乃自欺爾。士大夫從而欺其先,是以祖考爲無知也,顔魯[1]公嘗不用矣。惜乎不以文字導愚民焉。偉今一切斥去之,有違此訓,非孫氏子孫也。

季明趙氏族葬圖

凡爲葬九世之塋,當以祖墓分心,南北空四十五步,使可容

① "魯",底本作"曾",形訛。按,"顔魯公"即顔真卿。又此字元孔齊《静齋至正直記》卷二"楮帛僞物"條正作"魯"。

昭穆之位。分心空五十四步，可容男女之殤位。東西不必預分，臨時量所葬人數裁酌。

趙氏族葬之圖

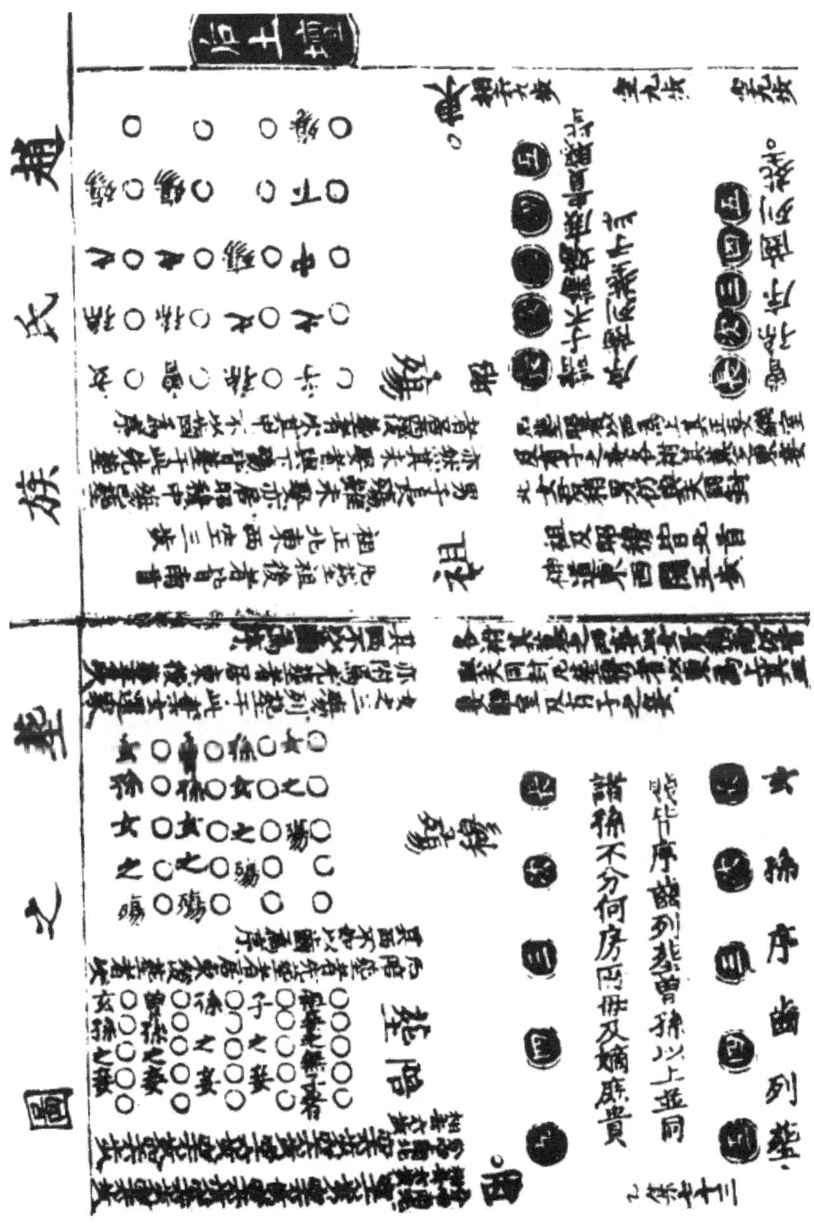

族葬圖説

宗法之壞久矣。人之族屬，散無統紀，雖奉先之祀，僅伸於四親，而袒免以還，不復相録，能知同享其所自出者寡矣。幸而《周禮》不泯，族葬之類，猶有一二存者，如祖塋拜掃，疏遠咸集。餕福祚，相勞苦，序間闊，尚可見同宗之意也。但葬者惑於流俗，困於拘忌，冢墓叢雜，昭穆淆亂，使不可辨識。又或子孫豐顯，耻葬下列，别建兆域，以遠其祖，是皆可恨也已。今取《墓大夫》、《冢人》之義，參酌時宜，爲之圖説，藏於祠堂，以遺宗人。俾凡有喪，按圖下葬，無事紛紛之説焉。蓋家之祭，止於高曾祖考，親親也。按朱文公《家禮・祠堂章》當爲四龕，以奉先世高祖考妣。居從西第一龕，曾祖考妣次之，祖考妣又次之，考妣居東龕，嗣子易世則遞近祧毁焉，其親盡者埋神主於墓所，或祠堂兩階之間。墓之葬，則以造塋者爲始祖，謂從他國遷於此地，没則子孫始造塋而葬者也。墓居塋之中央北首，妻没則祔其右；有繼室，則妻居左而繼室居右；二人以上，則左右以次祔焉。其有子之妾又居繼室之次，亦皆與夫同封。按禮雖以地道尊右，而葬法《周禮》昭穆之制，昭穆尚左，故不得不遵用焉。子不别嫡庶，不分孰爲妻及繼室所出，孰爲側室所出。孫不敢即其父，不分兄或弟所生，及嫡庶貴賤也。皆以齒列昭穆，諸子，尊祖之東南昭位，北首並列，以西爲上。其正妻繼室，有子之妾，各祔其夫之東，仍皆與夫同封。諸孫葬祖之西南穆位，北首並列，以東爲上。妻繼室，有子之妾，各祔其夫之西，餘與昭同。凡昭穆之墓，每一列，自墓分心，南北相去各九步，法陽數也。每列東西則不可預分，蓋其所葬人數多寡，難於前定也。若夫貴之與賤，碑表存焉，爲人子弟者，不可以此而不序天倫哉。尊尊也。知有其祖，而不敢私祔其父也。曾玄而下，左右祔，諸曾孫不分何房所出，皆序齒列葬子之南。玄孫序齒列葬孫之南。以其班也，左皆曰昭，右皆曰穆。昭與昭併，穆與穆併。兄弟同列，祖孫同班，在昭位則用昭制，在穆位則用穆制也。百姓可行也。六世孫在曾孫之南，七世孫在玄孫之南。八世孫在六世之南，九世孫在七世之南。雖至百世，亦皆可祔焉。昭尚左，穆尚右，貴近尊也。以近祖墓爲上。北首，詣幽冥也，妻、繼室無所出，合祔其夫，崇正體也。妾從祔，妻曰合，妾曰從。母以子貴也。有子則然。降女君，明貴賤也。按韓魏公葬所生母胡氏，其柩退適夫人之地尺許，故今謂凡妾之柩，當比正妻繼室稍南。與夫同封，示繫一人也。其黜與嫁，雖宗子之母不合葬，義絶也。男子長殤，居成人之位。十有六，爲父之道也。中下之殤處祖後，示未成人也。十六至十九爲長殤，十二至十五爲中殤，八歲至十一爲下殤。凡爲婚娶，即爲成人。按《周禮》，周人以殷之棺槨葬長殤，以夏后氏之堅①周葬中殤、下殤，又曰"下殤葬於園，輿機而往"，不棺斂於宫中。自周公時已不輿機，即葬於墓，然尚有以見古人視長殤與中下之殤禮亦異矣。故今以長殤居成人之位，中殤已娶亦然。其未娶者，與下殤葬祖之北稍東，殤女葬祖之北稍西。祖墓正北不可下穴，其地東西空三步，象三才也。凡殤是祖之子與女，其墓去祖北六步，若孫則在祖之北，孫女在女之北，曾玄而下皆重行南首，每一列自墓分心，南北亦相去六步，法陰數也。蓋昭穆前引用陽數，殤後引用陰數。凡葬此者，男子先没則居西，後没者次其東；女子先没則居東，後没者次其西。皆不以齒爲序。按《周禮》，先王之塋，子孫從葬，而諸侯之祔者則前引，大夫士之祔者則後引，蓋前貴後賤，一以爵爲尊卑，同朝廷之禮也。若後世長庶之家其制不應乃爾，祖當以齒之序而令成人前引，殤後引，亦不失禮意矣。

序不以齒，不期夭也。如弟先葬而留兄之穴，則是預期其兄夭殤也。男女異位，法陰陽也。男居祖北之東，女居祖北之西。而昭穆必以班，不可亂也。男女雖異位，而二位東西相照，必使每行共爲一列。祖北不墓，避其正也。嫌其當祖之首。葬後者，皆南首，惡其趾之向尊也。嫁女還家，以殤處之，如在室也。按程子曰："棄女還家，以殤穴葬之。"故今啟穴在殤女位。妾無子猶陪葬，以思終也。始祖之妾無子者，亦陪葬子之西稍北南首。子之妾與諸女相直而在祖妾之北，孫之妾與孫女相直在子妾之北，曾玄以下每列盡然，而皆南首。先葬者居東，後葬者次其西，不以娣姒年齒爲序。按《禮》，古之公卿大夫爲貴

① "堅"，形訛，當從《禮記·曲禮下》作"塈"。按，"塈周"指燒土爲磚繞於棺材四周。

妾服緦，士妾有子亦服之，則公卿貴妾無子猶服也。今之妾，其無所出者，生享諸母之尊，没與路人不異。據經揆義，竊所未安，故列諸塋内，以廣愛親之意焉。族葬者，所以尊遠祖，辨昭穆，親逖屬，宗法之遺意也。爲子孫而葬其親，苟非貧乏塗遠，不祔於祖，與祔而不以其倫，則視死者爲不物矣。其如焚屍沉骨，委之烏鳶，孰不可忍也，尚何望其能事祖與宗人哉！嗚呼！去順效逆，葬不以禮，繩以《春秋》誅心之法，其亦難乎免矣。

居家必用事類全集丙集目録

仕宦

文公小學書嘉言篇

四事箴

律己以廉　　撫民以仁

存心以公　　莅事以勤

十害箴

斷獄不公　　聽訟不審

淹禁囚繫　　慘酷用刑

泛濫追呼　　招引告訐

賦役不均　　重疊催科

吏輩下鄉　　低價買物

趙氏拜命曆

總説　　釋例

辨姓　　擇月

擇旬　　旬忌對金門

四季休旺日辰　　黄黑道日辰

兀法解疑定式　　六輪經兀法

本命兀法　　速用縱横法

猖鬼敗壞日　　九土鬼日

十惡大敗日　　五不祥日

夢文武器械軍兵

夢殺害鬥打傷損

夢田宅耕種五穀

夢污圂沐浴

夢牛馬六畜

厭百怪符

夢佛道師巫鬼神

夢捕禁刑獄栲罰

夢水火盜賊

夢龍蛇魚鱉

厭夢符篆

居家必用事類全集丙集

仕宦

文公小學書嘉言篇

吕氏《童蒙訓》曰："事君如事親，事官長如事兄，與同僚如家人，待群吏如奴僕，愛百姓如妻子，處官事如家事，然後能盡吾之心。如有毫末不至，皆吾心有所未盡也。"

或問："簿，佐令者也。簿所欲爲，令或不從，奈何？"伊川先生曰："當以誠意動之。今令與簿不和，只是争私意。令是邑之長，若能以事父兄之道事之，過則歸己，善則惟恐不歸於令，積此誠意，豈有不動得人。"

明道先生曰："一命之士，苟存心於愛物，於人必有所濟。"

劉安禮問臨民，明道先生曰："使民各得輸其情。"問御吏，曰："正己以格物。"

伊川先生曰："居是邦，不非其大夫，此理最好。"

《童蒙訓》曰："當官之法唯有三事：曰清、曰慎、曰勤。知此三者，則知所以持身矣。"

當官者，凡異色人，皆不宜與之相接，巫祝尼媪之類尤宜疏絶，要以清心省事爲本。

後生少年乍到官守，多爲猾吏所餌，不自省察，所得毫末。而一任之間，不復敢舉動。大抵作官嗜利，所得甚少，而吏人所盜不貲矣。以此被重譴，良可惜也。

當官者，必以暴怒爲戒。事有不可，當詳處之，必無不中。

若先暴怒，只能自害，豈能害人？

當官處事，但務着實。如塗擦文字，追改日月，重易押字，萬一敗露，得罪反重，亦非所以養心格君，不欺之道也。

四事箴

律己以廉

西山真公云：名德秀，字景先，建寧人也。

萬分廉潔，止是小善；一點貪污，便爲大惡。不廉之吏，如蒙不潔，雖有他美，莫能自贖。故以此爲四事之首。

臞軒王公云：名邁，字君實，興化人也。

惟士之廉，猶女之潔，苟一毫之點污，爲終身之玷缺。毋謂暗室，昭昭四知。汝不自愛，心之神明其可欺？黄金五六駝，胡椒八百斛，生不足以爲榮，千載之後有餘戮。彼美君子，一鶴一琴。望之凛然，清風古今。

中丞劉公云：名宣，字伯宣，大原人也。

條畫："官吏犯贓罪者，斷罪除名，永不叙用。"讀至於此，寧不寒心？不惟自身污辱，日後累及子孫，人目曰：贓吏某之后，可以深戒。

撫民以仁

西山云："爲政者，當體天地生萬物之心，與父母保赤子之心，有一毫之慘刻，非仁也；有一毫之忿疾，亦非仁也。"

臞軒云："古者於民饑溺，猶己饑溺。心誠求之，若保赤子。於戲！入室笑語，飲醲嚙肥。出則敲扑，曾痛痒之不知。人心不仁，一至於斯。淑問之澤，百世猶祀。酷吏之後，今其餘幾。惟甘小人，而不爲君子。”

中丞云：“國家設官，本以撫字庶民。既居民上，則民仰之如父兄，官之視民，亦當愛之如子弟。苟此心不存，而又因緣蠹害，明不畏公法，幽不念神明，必遭横逆，雖悔何追。”

存心以公

西山云：“傳曰：‘公生明。’私意一萌，則是非易位，欲事之當理，不可得也。”

臞軒云：“厚姻婭，近小民，尹氏所以不平於秉鈞；開誠心，布公道，武侯所以獨優於王佐。故曰：本心日月，利欲蝕之；大道康莊，偏見窒之。聽信偏，則枉直而惠奸；喜怒偏，則賞僭而刑濫。惟公生明，偏則生闇。”

中丞云：“公者，天理也；私者，人欲也。當官處事，常思天理。一以至公處之，上下無不悦服。若畏懼權豪，徇情親舊，私意纏繞，以曲作直，將是爲非，有罪得免，無辜受殃，自欺己心，難掩人口，以致採訪，寧不招愆。”

莅事以勤

西山云：“當官者一日不勤，下必有受其弊者。古之聖賢，猶且日昃不食，坐以待旦，況其餘乎？今之世，有勤於吏事者，反以鄙俗目之；而詩酒遊宴，則謂之風流閑雅。此政之所以疵，民之所以受害也。”

臞軒箴：“爾服之華，爾饌之豐，凡縷絲與顆粟，皆民力乎爾供。居焉而曠厥官，食焉而怠其事。稍有人心，胡不自愧？昔者君子，靡素其餐。炎汗浹背，日不辭難。警枕計功，夜不遑安。誰爲我師？一范一韓。”

中丞云：“大舜謂克勤爲賢，夫子以無倦爲政，況食禄於官？州縣事重，日加勤勉，尚有獄訟淹延，案牘堆積。爲民上者，賦役浩繁，民之利病，靡不關心。倘或從事，宴遊圍獵，博奕雙陸，誤事傷農，費財害己。郡縣之事，付之吏曹，安得公當？可不深戒！”

十害箴

斷獄不公

西山云：“獄者，民之大命，豈可小有私曲？”

中丞云：“刑獄之事，曖昧未明，情態千變，苟不以至公無私之心，詳察其間，差之毫釐，人命死生繫焉。公心議獄，尚有不周，如或畏權勢而變亂是非，徇親故而交通賄賂，好惡喜怒，私意一萌，斷無平允。明有官刑，陰遭譴責，可不慎歟！”

聽訟不審

西山云：“訟有實有虚，聽之不審，則實者反虚，虚者反實矣。”

中丞云：“孔子曰：‘聽訟，吾猶人也。必也使無訟乎！’江南珥筆之俗，最爲不法。有一等豪猾税户、罷吏、鄉老，把柄官府，鄉曲少有忤己者，使人飾詞陳訴及兩訟在庭，辯口利舌，其被誣者往往愚懦，訥不能言。或引人强證，是非顛倒，不可不詳，切須受狀之時，再三引審，先責誣告反坐之狀，然後施行。其間或有懦善之民，含冤赴訴，畏怕官司，不能盡情者，宜温言詢問，庶得真情。若事不干己而訴者，屏絶不受，如此自然訟簡。”

淹禁囚繫

西山云：“一夫在囚，舉室廢業。囹圄之苦，度日如歲，可久淹乎？”

中丞云：“諺云：‘畫地爲牢，誓不可入。’獄中苦楚，與死爲隣。且囚初到官，晝時公廳研問所犯大情，驗輕重收繫。干照無事者，責保隨衙，供定招款，引審無差。輕者量情處斷，重者結案待報，無得專委吏曹推鞫，變亂是非，蔓引平民，爲巧取之地。又囚人在禁，寒暑切身，飲食不時，人氣充牣，多生疾疫。醫藥飯食，常加省視。死於非命，咎將誰歸？公吏承人不稟官長，擅監繫者，尤當禁絶，仍加懲戒。”

慘酷用刑

西山云：“刑者不獲已而用。人之體膚，即己之體膚也，何忍以慘酷加之乎？今爲吏者，好以喜怒用刑，甚者或以關節用刑，殊不思刑者，國之典，所以代天糾罪，豈官吏逞忿行私者乎？”

中丞云：“書曰：‘欽哉！欽哉！惟刑之恤哉！’蓋刑者，國之典憲。安容自己酷虐，殘人肢體，損人肌膚，以爲能吏。近日王侍郎，繩索膝跪，跨騎棘刺，灰汁穢水，灌人口鼻，悉皆禁絶，以見朝省二政寬恤，可不體乎？若縱吏推勘，法外綳弔，大棒拷訊，如此違犯，明有常刑。”

泛濫追呼

西山云:"一夫被追,舉家遑擾。有持引之需,有出官之費,貧者不免舉債,甚者至於破家,其可濫乎?"

中丞云:"訟者,元競本一二人,初又詞,類攀競人兄弟父子親隣,動輒數十,甚至與夫相毆而攀其妻,與婦相争而引其女,意在牽聯,淩辱婦女。若官不詳究,點緊關人三二名而追問,一付吏手,視爲奇貨,必據狀悉追,無一人得免。走卒之執判在手,引帶惡少,嚇取無已。未至官府,其家已破。故必量事之緩急,如殺人劫盜,必須差人掩捕;餘如婚、田、鬥毆、錢穀、交關之訟,止令告人自齎。判狀信牌,責付鄉都保正勾解,庶免民害。"

招引告訐

西山云:"告訐乃敗俗亂化之源,一有所犯,自當痛懲,何可勾引?今官司有受人實封狀,與出榜召人告首陰私罪犯,皆係非法。"

中丞云:"珥筆健訟之徒,官司當取具籍姓名,如遇訴訟到官,少有無理,比之常人,痛加懲治。若有卑幼訴尊長,奴婢告主人,自非謀反大逆之事,不得受理,宜加懲戒,此厚風俗之一端也。"

賦役不均

西山云:"科罰取財,今無此事,代以賦役不均。"

中丞云:"甚哉!賦役不均之弊。深爲害民之事,切謂租税科斂。奸狡税家,將已產税苗,折作詭名,挾户豈止十百。如遇科役，倒在小户，潛匿苟免。又豪户買田，不行過割，只令業主代輸苗税；交結縣道，知而不問，靠損淳良，役謂差設、鄉都、保正役等，縣道多憑猾吏鄉司，接受貨賄，放富差貧，定一賣百，弊倖無窮。充役者，以被縣吏生事追呼。愚善之人，畏避不敢出官，陰納貨財，百色追求，數月破産。爲人上者，奈何不矜？其有編排義役，已定去處，不許無故紊亂成規。”

重疊催科

西山云：“税出於田，一歲一收，可使一歲至再税乎？有税而不輸，民户之罪也。輸已而復責以輸，是誰之罪乎？今之州縣，蓋有已納而鈔不給，或鈔雖給而籍不銷，再追至官，呈鈔乃免，不勝其擾矣。甚至有鈔不理，重納而後已。破家蕩産，鬻妻賣子，往往由之，切宜深戒。”

中丞云：“吕舍人云：‘當官處事，常思有以及人。如科率之際，既不能免，便就其間，求所以便民省力，不使重爲民害。’真格言也。合將本縣税户等第，置簿開寫某鄉都保花名、租税數目，於縣廳置匱收藏。另置各鄉都銷簿，將納户官鈔，每日硃銷，縣官點檢。不銷簿書，不給户鈔，重併追催者懲戒吏人，坐廳追問。欠多頑户，對衆科決，餘户自畏，依限可辦。何必官吏引帶人衆下鄉，恣其需索，比之官租費用數倍。此今日之通病，一犯到官，決無輕恕。”

吏輩下鄉

西山云：“鄉村小民，畏吏如虎。縱吏下鄉，猶縱虎出柙也。弓手土軍，尤當禁戢。”

中丞云:"今之爲民害者,莫甚於遣人下鄉。比來官員多帶人從過呼總領、提控、令史、奏差首領之類,既無本業,又無請給,縱令於案分根趁催科,勾攝文帖。路家者,下縣追鎖吏人、鄉都執事。縣家者,下鄉追擾税户。引帖到手,重若天符。南方本土吏人,兇險尤甚,多引承人、弓手、寨兵、惡少之徒,勢如狼虎,所過雞犬一空,酒食無算,動輒鎖索,打逼錢物,乞取不滿,枝蔓鄉隣,往往破産。犯者痛治,奈何不悛。府縣官僚,苟有愛民革弊之人,用心究治,庶得肅清。"

低價買物

西山云:"物同則價同,豈有公私之異?今州縣,凡官司敷買,視市直,每減十之二三,或不即還,甚至白着,民户何以堪此。"

中丞云:"上司行移,收買軍需諸物,須要照依時直,無致損民。今府州司縣官吏,不體所行,不問有無,一概科買。甚者減損價直,又不晝時給價,動輒經年,及入主典之手,恣意破除,虚作領狀,雖爲和買,過於白奪。敗獲者,豈勝追斷。又有官吏,差人於鄉都,收買布匹、木綿、苧麻之類,妄作威福,損價害民,及傳言於大家税户,收糴米穀,名爲給價,實作餽送。取之奸巧,民畏氣勢,不敢告言。此等之事,速宜改革,一朝敗露,何異受贓?"

趙[①]氏拜命曆

余家舊藏此書,信而有驗,略爲增益,悉有據依。凡彈冠願

① 底本"趙"上衍"仕宦"二字,不合文例,兹據飛本删。

仕，皆所欲知，因版行以廣其傳。若選日時捷法，尤便於剋擇，併附於後。紹熙癸丑元夕，相庵趙師俠書。

總説第一

陰陽家流，使人拘而多忌，或曰驗否相半，豈不知軒帛大聖人也？授式玄女，藏之金匱。但後人罕得其旨，所用既差，驗焉得中？今之所集，皆前賢纂集，行之必驗者，即録於此。古人有言："善年不如善月，善月不如善日，善日不如善時。"時善天輪地盤相加，吉將福神。直年歲日辰，及見卦也。此説雖不出於《壇經》，大抵陰陽用即殊塗，終歸一揆。此書不曰《壇經》者，蓋有鑑前賢稱經之咎，故曰《拜命曆》，亦取黄帝七十二占中之名也。

釋例第二

凡稱年者，男從一歲，起丙寅也。稱歲者，太歲是也。稱月者，月建是也。稱日者，今日之干是也。稱辰者，今日之支是也。稱將者，貴人以下是也。稱神者，功曹以下是也。自朔而數之，亦謂之日。

辨姓第三

今人忌本音墓絶，白虎在月日并時上。古之人，未立姓氏，後代沿革或因國、因家、因官爵、因事，則五姓之設，非源陰陽而出，且破用五姓，吕才論之詳矣，焉可執而用之？今莫若擇日時，則乘王相而避囚死，不必固執此説。

擇月第四

今人不用正五九月，訪彼名流，稽諸故實，皆無所據。愚嘗論之，正五九月，斗建寅、午、戌，屬火。臣爲商，商爲金，火能制金，是以忌之。《壇經》云："正月上旬與九月下旬吉。"往賢本指，以正月上旬火力猶微，九月下旬火力已減，故不曰凶。或得吉日時辰，此不足執，惟金曹避之尤緊。

擇旬第五

正月上旬遷，一云半凶。中旬公事，一云荒廢。下旬凶，一云有利。

二月上旬重遷吉。中旬詔命。下旬凶害。

三月上旬遷吉。中旬半凶。下旬失位。一云有賜。

四月上旬凶。中旬方伯。下旬再遷。

五月上中下旬三年並凶。一云上旬大凶，中下旬死。

六月上旬三年遷，一云再遷。中下旬位至三公，一云中旬三遷。

七月上旬失，一云不久。中旬獄，一云失職。下旬再失，一云吉。

八月上中下旬並遷吉。一云中旬平平，下旬不利。

九月上旬連禍。中旬凶。下旬三年遷。

十月上下旬並三遷。中旬口舌，一云荒廢。

十一月上旬凶。中旬方伯。下旬失火。

十二月上旬遷吉，一云厚賞。中旬失火。下旬方伯，一云半凶。

右依《壇經》録於此，但總聖與此小差者，即稱云：或得吉日時，勿固執也。

旬忌對金門第六右依《壇經》拜官、賀面之凶。

甲子旬，忌面午。庚午。甲戌旬，忌面辰。庚辰。甲申旬，忌面寅。庚寅。甲午旬，忌面子。庚子。甲辰旬，忌面戌。庚戌。甲寅旬，忌面申。庚申。

四季休旺日辰第七

	旺吉	相吉	死凶	囚凶	休凶
春	甲乙寅卯	丙丁巳午	戊己辰戌、丑未	庚辛申酉	壬癸亥子
夏	丙丁巳午	庚辛申酉	甲乙寅卯	戊己辰戌、丑未	壬癸亥子
秋	庚辛申酉	壬癸亥子	丙丁巳午	甲乙寅卯	戊己辰戌、丑未
冬	壬癸亥子	甲乙寅卯	庚辛申酉	戊己辰戌、丑未	丙丁巳午

黄黑道日辰第八

	正七	二八	三九	四十	五十一	六丨二
青龍黄道小凶	子	寅	辰	午	申	戌
明堂黄道吉貴人	丑	卯	巳	未	酉	亥
天刑黑道凶	寅	辰	午	申	戌	子
朱雀黑道凶	卯	巳	未	酉	亥	丑
金匱黄道吉	辰	午	申	戌	子	寅
天德黄道吉上官	巳	未	酉	亥	丑	卯
白虎黑道凶	午	申	戌	子	寅	辰

玉堂黄道吉	未	酉	亥	丑	卯	巳
天牢黑道凶	申	戌	子	寅	辰	午
玄武黑道凶	酉	亥	丑	卯	巳	未
司命黄道吉大官	戌	子	寅	辰	午	申
勾陳黑道凶	亥	丑	卯	巳	未	酉

兀法解疑定式第九

諸兀説:遍攷古曆,無兀日法,豈至本朝始有耶? 經云:上兀猶自可,下兀急如火。犯上兀災,在百八十日内;犯下兀災,不出九十内。蓋兀者,鯢卼不安之義,應上官、臨政、出行、嫁娶,百事大忌。其法有六輪兀、本命兀、九宫兀、川兀、京兀、傳神兀、寅午戌兀、十二宫兀、坎離兀、九元兀、順逆兀、秘要兀、五位兀、大小月兀,何啻二十餘家! 多是穿鑿不經。其間惟六輪一兀,乃沈存中作内翰時修元豐曆,閣下尋出用之,最驗,今臺舘中率用此法。又有本命兀者,乃川本,各隨人本命,布六位以求吉凶,亦非泛然用兀之比。今只存此二訣待用,餘如陰年逆行,或從節氣起初一,并百忌彈冠所述年月時兀、大小上下兀,皆非,不敢贅具。

六輪經兀法第十

六輪經中有兀星,陽乾、陰巽,順行輪。乾號:六白爲印綬。坎宫:一白天禄星。艮宫:八白爲左輔、九紫。离宫:右弼星。巽宫:四碧爲上兀。坤宫:一黑下兀星。震三,兑七,不輪轉。萬事逢兀必有迍,年上起月,月起日,此法用之通神明。

子寅爲陽年乾上,丑卯爲陰年巽上,並起正月順行。

坤下兀　　乾印綬星，六白　　离右弼星，九紫①

坎天禄星，一白　　巽上兀　　艮左輔星，八白

本命兀法第十一川本

陽男起乾順行，陰男起巽逆行，一歲一位，至本歲所臨之位，起正月，陽年順數，陰年逆數，一月一位，至本月所臨之位，起初一，月大順數，月小逆數，一日一位，至本日所臨之位，遇坤巽爲兀，餘皆吉。如甲子生人，用己卯年，三月初九日上官甲子，爲陽男，合起乾順行。十六歲，己卯年，到巽，己卯，爲陰年正月，合起巽逆數。三月，到坎，其月大盡，初一起坎，順數初九日到巽，爲上兀，凶。若陰男，用陽年小盡月，其逆順反此。

坤下兀　　乾吉　　离平

坎吉　　巽上兀　　艮吉

速用縱横法第十二

事急不暇選日，當作縱横法。亦法所向念七遍，畫地畢，以土塊壓之，便行，勿返顧。

門

正立門内，叩齒三十六通，以右手大姆指，先畫四縱，後爲五横訖，即咒曰："四縱五横，吾今出行。禹王衛道，蚩尤避兵。盜賊不起，虎狼不行。還歸故鄉，當吾者死，背吾者亡。急急太上老君律令。"咒畢便行，慎勿返顧。

① "右弼星九紫"，飛本作"九紫星"。

猖鬼敗壞日例第十三

欲知此個時并日，六戊更兼丁卯一，庚壬申戌一同輪，己辛丑亥皆爲失。

戊子、戊寅、戊辰、戊午、戊申、戊戌、丁卯、己丑、己亥、辛丑、辛亥、庚申、庚戌、壬申、壬戌。

右一十五日不可拜命禮上，犯之不出百日内禍至。唐李林甫用事，每欲陰謀出大臣，多以此日、此時除拜，即見禍敗。後人用此日上任，多驗，不可不忌之。

九土鬼日第十四

己酉壬寅并乙酉，癸巳辛巳及辛丑。甲午戊午庚戌辰，萬般逢着皆殃咎。

右九日愚嘗累驗之，凡事主有始無終，不可不避。若吉日、吉辰相扶，則免禍而已。如凶神相會，其禍尤速。

十惡大敗日第十五

甲辰乙巳與壬申，丙申丁亥及庚辰。戊戌癸亥加辛巳，己丑都來十座神，國家用兵須大忌，龍蛇出穴不能伸。世人忽若遭逢此，倉庫金銀化作塵。

右一十日謂十干無禄之辰，禄入空亡無氣應，出行上官百事不利，宜避之。

五不祥日第十六

初四、初七、十六、十九、二十八。

右五不祥日，大忌禮上，其日雖不犯兀，縱得吉星，多亦不宜用，内初四日尤有驗。歐陽参政《記事》云："犯之多不終任，應上官嫁娶，後多参差，宜避之。"

暗金伏斷凶神日第十七

子虚丑斗寅嫌室，婚姻起造皆凶極。卯女辰箕巳怕房，出行埋葬定遭殃。午角未張申怕鬼，上官拜職無終始。酉觜戌胃壁猪傷，入宅移居見死亡。時神避得此神煞，凡所施爲永吉昌。

子日虚宿	丑日斗宿	寅日室宿
卯日女宿	辰日箕宿	巳日房宿
午日角宿	未日張宿	申日鬼宿
酉日觜宿	戌日胃宿	亥日壁宿

右推定七元甲子伏斷日，如箕日屬金，即名暗金殺，大忌上官、出行、起造、入宅、嫁娶、安葬，並凶。但將官曆日檢，即見伏斷也。

九醜日第十八

戊子、戊午、壬子、壬午、辛卯、辛酉、乙卯、乙酉、己卯、己酉。

以上十日，名曰九醜，不利上官拜命，宜避之，吉。

正四廢日第十九

春庚申、辛酉、庚戌	夏壬子、癸丑、癸亥
秋甲寅、乙卯、甲辰	冬丙午、丁巳、丁未

右四廢凶日，《集正》引《蓬瀛書》云：此五行無氣之日，福德不遊之辰，切忌求謀名位，文書印信，應上官，百事並凶。

節氣朔望弦晦滅没等日第二十

月節日	中氣日	朔日	上弦
望日	下弦	晦日	滅日
没日	二社日	三伏日	臘日

右《集正》云:"此皆陰陽交會之辰,不可用之。若日月宿對衝,皆是陰精、陽精虧缺閏餘之分,非陰陽正氣,不可興動,百事皆凶。"

天乙絶氣日第二十一

正月初六	二月初七	三月初八
四月初九	五月初十	六月十一
七月十二	八月十三	九月十四
十月十五	十一月十六	十二月十七

右天乙絶氣日,諸曆並云:上官、出行、經求,百事吉。

往亡凶日第二十二得節後數之

立春後七日	驚蟄後十四日
清明後二十一日	立夏後八日
芒種後十六日	小暑後二十四日
立秋後九日	白露後十八日
寒露後二十七日	立冬後十日
大雪後二十日	小寒後三十日

右往亡日,不可拜官上任、遠行還家、嫁娶、出入,並凶。

上朔凶日第二十三

甲年癸亥日　乙年己巳日　丙年乙亥日
丁年辛巳日　戊年丁亥日　己年癸巳日
庚年己亥日　辛年乙巳日　壬年辛亥日
癸年丁巳日

右上朔日，忌上官、出行、嫁娶、會客，大凶。雖與吉神相併，亦不可用。

陰錯陽錯陰陽俱錯凶日第二十四

正月甲寅、庚戌　二月乙卯、辛酉　三月甲辰、庚申
四月丁巳、丁未　五月丙午　六月丁未、丁巳
七月庚申、甲辰　八月辛酉、乙卯　九月庚戌、甲寅
十月癸亥、癸丑　十一月壬子　十二月癸丑、癸亥

右陰陽錯日，雖遇天德、月德、玉堂、生氣、黄道、吉星、直日，亦不可用。《集正》云：此陰陽不足之辰。切忌上官、出行、移居，百事大凶，宜避之。

推上官受職吉日第二十五

天官日即司命黄道日。　天德日即天德黄道日。　貴人日即明堂黄道日。
懷安日春卯、夏午、秋酉、冬子，即榮官日。
福厚日春寅、夏巳、秋申、冬亥，即豐旺日。
恩勝日春巳、夏申、秋亥、冬寅，即相日也。
成勳日春午、夏酉、秋子、冬卯，即民日也。
寡怨日春酉、夏子、秋卯、冬午，即守成日。

天良日春甲寅、夏丙寅、秋庚寅、冬壬寅。

七曜直日吉春太陰、太陽、木星、水星,夏太陽、木星、火星,秋太陰、金星、水星,冬太陰、木星、水星。

推上官受職凶日第二十六

虎穴凶日春辰、夏未、秋戌、冬丑,即牢日也。

容奸凶日春子、夏卯、秋午、冬酉,即不舉日也。

獲罪凶日春申、夏亥、秋寅、冬巳,即徒隸日也。

分骸凶日春未、夏戌、秋丑、冬辰,即試日也。

抱刑凶日春戌、夏丑、秋辰、冬未,死别日也。

非殃凶日春丑、夏辰、秋未、冬戌,刑獄日也。

伏罪凶日春亥、夏寅、秋巳、冬申。

七曜直日凶春金星、火星、土星,夏金星、水星、土星,秋火星、木星,冬太陽、火星、土星、直日並凶。

逐月立成上官拜命吉日第二十七

正月上吉日丙子、丙午、丙辰、甲子、丁丑、丁未,次吉日庚午、壬辰、癸丑、辛未、丁酉、癸卯、癸未。

二月上吉日甲申、己未、丁未、甲戌、己巳,次吉日甲寅、丙寅、丙辰、丙戌、乙未、乙亥、癸未、癸丑。

三月上吉日庚子、丁酉,次吉日甲子、甲寅、癸酉、癸卯、丙子、乙亥、丙寅、丙午。

四月上吉日庚子、庚午、辛未、癸未、乙丑,次吉日丁酉、丁丑、甲戌、甲子、丙戌、丙辰、丙子。

五月上吉日丙寅、丙辰、丙戌、辛未,次吉日甲寅、甲申、甲戌、庚寅、乙亥、己未、癸丑。

六月上吉日甲申、甲子、甲寅、庚寅、己巳、癸卯、癸酉,次吉日丙子、庚子、庚午、丁酉、己亥。

七月上吉日壬辰、庚子、庚午、丁未、丁酉、丁丑，次吉日丙子、丙午、丙辰、丙戌、癸未、癸酉、癸卯。

八月上吉日甲申、甲寅、庚寅、乙亥、丙戌、壬辰、丁巳、乙卯，次吉日癸丑、癸未、丁未、丁丑、丙寅、己巳、丙辰。

九月上吉日丙寅、丙子、丙午、庚子，次吉日庚午、甲子、甲申、癸卯、癸酉、己巳、乙亥。

十月上吉日甲子、乙未、癸未、癸丑、癸卯、甲戌、丁未，次吉日庚子、丙戌、丙子、丙午、丙辰、丁酉。

十一月上吉日壬申、甲寅、甲申、甲戌、己巳，次吉日庚寅、乙亥、乙丑、癸丑、丁丑。

十二月上吉日庚午、庚子、庚寅、乙亥，次吉日甲子、甲寅、甲申、癸卯、癸酉、丙寅。

右十二月下上吉次吉之日，係將六十甲子日内，猖鬼敗壞，九土鬼、九醜、十惡、大敗諸凶殺日，並已删去外，止有二十六日全吉，不犯凶忌，可以互换擇用大利，出入、上官、拜命、臨政、視事，但只避逐月、建破、魁罡、暗金、伏斷、大小諸兀、四廢等日，不可用爾。

纂出六甲内二十六日全吉第二十八

甲子、乙丑、丙寅、己巳、庚午、辛未、癸酉、甲戌、乙亥、丙子、丁丑、癸未、甲申、丙戌、庚寅、壬辰、乙未、丁酉、庚子、癸卯、丙午、丁未、癸丑、甲寅、丙辰、己未。

右二十六日不犯凶忌，宜出行、上官、拜命，百事用吉。

推本命行年正衝及相剋第二十九

本命者，即上官者，所生甲子也。行年者，即小運，男一歲，起丙寅，順行者也。假如甲子生，行年在甲寅，即不可用。庚申、庚午日，上官、臨政乃本命與行年同旬，正衝之日也。其餘甲申、丙申、壬申、壬午、丙午、戊午，名曰單支，不能爲咎，蓋非同旬正衝之日也。若用本命，與行年納音所屬剋其日辰尤佳，勿令日辰返剋本命、行年。如甲子金命生人，不用戊午火日，乃火剋金。仍不用甲午，蓋甲子、甲午乃天干同衝也。行年在甲寅水，不用戊申土日，乃土剋水，俱傷己也。餘倣此。

擇時門。

損明凶時第三十謂時干剋日干，甲日見庚午、辛未，癸日見戊午、己未也。

甲癸日午未時　乙丙日辰巳時　丁戊日寅卯時

己庚日子丑戌亥時　辛壬日申酉時

天綱凶時第三十一謂時支神剋日下也

謂時剋其日，用必主喪事。假令甲乙日，申酉時。丙丁日，亥子時。以月將加時用，又剋日是也。

天獄凶時第三十二

用神囚死斗繫日本，必主刑獄之事，斗即天罡是也。日，本日之生處是也。以月將加時，天罡加日之長生，月神囚死是也。假令正月丙子日，卯時是也。

亂首凶時第三十三

日往加辰，辰剋其日，有卑賤相淩之事。辰往加日，日剋其辰，必有尊貴相辱之事。假令正月丙子日午時、甲辰日酉時之類是也。

魄化凶時第三十四

白虎，乘死神而臨日辰，必有死喪之事。死神正月在巳，順行十二辰，假令二月甲戌寅時是也。

天煩凶時第三十五

太陽，臨四仲爲天煩；太陰，臨四仲爲地煩。必主刑戮之事。天煩但四仲時是也，地煩尋月宿所在，求之即得。

九醜凶時第三十六

乙戊己辛壬之日干，子午卯酉之辰時，更四仲大吉臨日辰，主有不測之禍。假令正月戊午日卯時，二月壬子日酉時之類是也。

天禍凶時第三十七

四立之日，以月將加時前一日上見太陽，必有大凶。假令甲日立春、立夏、立秋、立冬，但月將加癸是也。

天寇凶時第三十八

分至之後，以月將加時前一日之辰，上見太陰，必被寇盜。假令寅日、春分、秋分、夏至、冬至，但月宿臨日是也。

太乙大敗神凶時第三十九

甲己日己午時　乙庚日寅卯時　丙辛日子丑時
丁壬日戌亥時　戊癸日申酉時

太乙喜神吉時第四十

甲己日寅卯時　乙庚日戌亥時　丙辛日申酉時
丁壬日午未時　戊癸日辰巳時

六壬法推上官日時并方第四十一

《龍首經》云:所拜官忌傷行年上神。假令正月乙丑日寅時,入官上拜,其人行年若在巳,則功曹木加之,如所拜官是金曹,即爲官剋年上神也,其他倣此。又云:以年上神論其禍福,以四時氣爲剋會。假令木神臨行年而授金官,至秋禍乃作也。天將值朱雀,主有言訟。

臨官視事時第四十二

勿令年上神剋授官日。假令行年在丑,以甲乙日授官至視事,傳送從魁加丑爲年上金神,剋授官木日凶。視事日辰,及行年雖有旺氣,不救其災。

入金門即死第四十三

傳送從魁爲金門,假令八月辛酉日未時,傳送從魁在亥子上,若從巳午向亥子方上,官即是入金門凶。他倣此。

年上陰神所直之神第四十四

爲所憂日月之期,假令行年在丑,從魁加之。其陰在酉,而值太乙則憂,在四月壬癸日也。他倣此。

凡文武官視事第四十五

文官欲令日辰之陽,用傳中有青龍。武官欲令日辰之陰,用傳中有太常。又各無騰蛇白虎相剋者無咎,如有蛇虎相剋,主有厄。又欲令青龍太常與今日相生神將,不内戰。上下不相剋者,加官高遷,都無災横盜賊,君臣和同,子孫蒙福。若上剋下,必得免咎。下剋上,不居此官,及多病。

所入門上神剋年上神第四十六

主死此官,假令行年在亥,而向午方上官,其日時中小吉,土在亥,功曹木加午是也。他倣此。

年上神剋所入門上神第四十七

主數徭役不安,假令行年在亥,於午方上官,其日時中太衝,木加亥河魁土加午是也。他倣此。

文武官第四十八

文官欲日辰生青龍,武官欲日辰生太常。主有美功。如不相生,勿令相剋,亦可。

推遷官之期第四十九

以上官日、日干，去青龍太常遠近爲遷歲期，以日支，去青龍太常遠近爲遷月期，以青龍太常所生爲日期，所剋爲時期。假令三月甲戌日未時，文官視事，以從魁加未。青龍乘勝先火加辰與甲日相生，吉慶延及宗族。甲去青龍隔三位，則三歲爲遷期。又從戌上順數至青龍，得七辰七月爲遷期。又此日青龍乘勝光火，火生土，以戊巳日爲期。又青龍加辰爲食時，則知第三年七月戊巳日食時當遷官。他倣此。

遷官内外第五十

凡日干，生青龍太常者，遷在外。青龍太常生日干，則遷官在内。又青龍太常所畏者爲凶期，以四時之氣休囚死絶，推所憂輕重。

起程赴任時避凶神第五十一

勿出金門釋曰：門方也。金門者，傳送從魁是也。假令干地守官起程時，以月將加時，傳送從魁臨午，即必有死喪之事，切須避之。

初到任日雜忌第五十二

初入廨宇内三日，勿念惡事，勿喧閧，勿窺井廁，勿登高，勿苦役人，勿縱歌樂，勿飲酒過度，宜於堂房廚廁明燭三日，大吉。

選日時捷法

一行禪師剋應法

選日捷法

	正	二	三	四	五	六	七	八	九	十	十一	十二
殺星	午	亥	申	丑	戌	卯	子	巳	寅	未	辰	酉
禍星	未	子	酉	寅	亥	辰	丑	午	卯	申	巳	戌
嘉星	申	丑	戌	卯	子	巳	寅	未	辰	酉	午	亥
吉星	酉	寅	亥	辰	丑	午	卯	申	巳	戌	未	子
凶星	戌	卯	子	巳	寅	未	辰	酉	午	亥	申	丑
幽微	亥	辰	丑	午	卯	申	巳	戌	未	子	酉	寅
死氣	子	巳	寅	未	辰	酉	午	亥	申	丑	戌	卯
天劫	丑	午	卯	申	巳	戌	未	子	酉	寅	亥	辰
滿星	寅	未	辰	酉	午	亥	申	丑	戌	卯	子	巳
神后	卯	申	巳	戌	未	子	酉	寅	亥	辰	丑	午
口舌	辰	酉	午	亥	申	丑	戌	卯	子	巳	寅	未
活曜	巳	戌	未	子	酉	寅	亥	辰	丑	午	卯	申

受死別丙壬辛丁戊丙癸乙甲戊辛辛，輪戌辰亥巳子午丑未寅申卯酉。

四星吉慶六神藏，百禍能消耀晃光。君子参官相見吉，小人營運甚相當。遷移修造田蠶旺，婚嫁埋藏男女昌。六畜資財主萬倍，更宜獻策上君王。

亥加死氣殺星凶，凡事施爲不可逢。囚禁遭刑難得免，遷移起造亦無終。上官求職難遷改，舡車水陸並沉蹤。人見生離財帛散，立交災横入門中。

凡擇日，不問年月三殺，太歲長短星，空亡十惡大敗，九空四廢諸煞，只不用受死，餘萬事大吉。如遇吉日，不拘五音造作，婚嫁遞送、開門放水、建造埋葬、上官入宅、出兵交戰、開肆入學，但取吉慶、幽微、滿德、活曜四星，大吉。餘八星凶。上應亢金龍武曲禄存，又應生氣旺星，百日内見吉祥。

歌訣曰：

月内何日吉，陽順陰月逆。至五俱順行，四六九十二。

吉神立成

天恩甲子、乙丑、丙寅、丁卯、戊辰、己卯、庚辰、辛巳、壬午、癸未、己酉、庚戌、辛亥、壬子、癸丑。

天瑞戊寅、己卯、辛巳、庚寅、壬子。

天福厚辛巳、庚寅、辛卯、壬辰、癸巳、己亥、庚子、辛丑、乙巳、丁巳、庚申。

天赦春戊寅、夏甲午、秋戊申、冬甲子。

印綬良日丁未、戊申、辛亥、甲寅、戊午、庚申。

凶神立成

上朔：

六甲年癸亥　　六乙年己巳　　六丙年乙亥

六丁年辛巳　　六戊年丁亥　　六己年癸巳

六庚年己亥　　六辛年乙巳　　六壬年辛亥

六癸年丁巳

總聖上官吉日

天官日吉即司命黄道日，正七月起戌，順行六陽位。

天德日吉即天德黄道日，正七月起己，順行六陰位。

貴人日吉即明堂黄道日，正七月起丑，順行六陰位。

湖南海印大師選時圖

若知此時辰吉凶，出軍、遠行、商賈、發船、嫁娶、起造、移徙、進口、安墳，所作諸事，但值吉神，不避太歲將軍一百二十位神煞，并惡。年月日五星五行，和與不和，利與不利，或葬犯天吞諸凶殺，出行犯太白空亡等並不忌。故曰：行年利不如月利，月利不如日利，日利不如時利。每以天貴加所臨時，即見已下吉凶。假如寅申日，起子時，順行到巳時，即是天德，餘者皆依此。每日加上起天貴順行，遇本時吉凶。

寅申日加子，卯酉日加寅。

辰戌日加辰，己亥日加午。

子午日加申，丑未日加戌。

天貴星，貴人一切事大吉，常人平平，出行逢貴，求官必得。

明輔星，所作大吉，宜見大人，謀事即成，喜慶吉利扶合。

天刑星，不利出行，路逢惡人，大忌詞訟，多招刑患。

天訟星，公人兵旅用事，吉；詞訟、起造大忌，凶。

月仙星，逢僧道陰人，吉。忌發船，大凶。宜爲行嫁之事。

天德星，所作一切事，大吉。求望有成，喜慶吉利。

天煞星，只宜出兵、行法、屠殺。祀神、遊獵，餘事所作不利。

天開星，百事大吉，求望有成，出行得横財，忌安墳、泥竈。

鎖神星，用事大凶，出行大忌，只宜安墳、下穴。

天獄星，君子合天道，吉；小人非理，凶。忌詞訟、鬥争、博戲。

日仙星，此日從寅至申，用一切事，吉，從陰用事不和。

地獄星，作事有始無終，先喜後悲，不宜出行、起造、安墳。

吉日旁通圖

	正	二	三	四	五	六	七	八	九	十	十一	十二
天德	丁	坤	壬	辛	乾	甲	癸	艮	丙	乙	巽	庚
月德	丙	申	壬	庚	丙	甲	壬	寅	丙	申	壬	庚
天德合	壬	巽	丁	丙	艮	己	戊	乾	辛	庚	坤	乙
月德合	辛	己	丁	乙	辛	己	丁	乙	辛	己	丁	乙
月建	寅	卯	辰	已	午	未	申	酉	戌	亥	子	丑
月恩	丙	丁	庚	己	戊	辛	壬	癸	庚	乙	甲	辛
天馬	午	申	戌	子	寅	辰	午	申	戌	子	寅	辰
驛馬	申	巳	寅	亥	申	巳	寅	亥	申	巳	寅	亥
吉期	卯	辰	巳	午	未	申	酉	戌	亥	子	丑	寅
陰德	酉	未	巳	卯	丑	亥	酉	未	巳	卯	丑	亥
陽德	戌	子	寅	辰	午	申	戌	子	寅	辰	午	申
六儀	辰	卯	寅	丑	子	亥	戌	酉	申	未	午	巳

	春	夏	秋	冬
四時天德	午	辰	子	寅
天喜	戌	丑	辰	未
旺日福厚	寅	巳	申	亥
相日恩勝	巳	申	亥	寅
官日懷安	卯	午	酉	子

民日成勳	午	酉	子	卯
守日寡怨	酉	子	卯	午
四相	丙丁	戊巳	壬癸	甲乙
天良	甲寅	丙寅	庚寅	壬寅

七曜吉日春太陽、太陰、木星、水星，夏太陽、木星、火星，秋太陰、金星、水星，冬太陽、木星、水星。

凶日旁通圖

	正	二	三	四	五	六	七	八	九	十	十一	十二
天吏	酉	午	卯	子	酉	午	卯	子	酉	午	卯	子
天剛	巳	子	未	寅	酉	辰	亥	午	丑	申	卯	戌
天魁	亥	午	丑	申	卯	戌	巳	子	未	寅	酉	辰
月建	寅	卯	辰	巳	午	未	申	酉	戌	亥	子	丑
月破	申	酉	戌	亥	子	丑	寅	卯	辰	巳	午	未
臨日	午	亥	申	丑	戌	卯	子	巳	寅	未	辰	酉
官符	午	未	申	酉	戌	亥	子	丑	寅	卯	辰	巳
雷公黑星	子	寅	辰	午	甲	戌	子	寅	辰	午	申	戌
蚩尤黑星	寅	辰	午	申	戌	子	寅	辰	午	申	戌	子
天棒黑星	午	申	戌	子	寅	辰	午	申	戌	子	寅	辰
飛流黑星	卯	巳	未	酉	亥	丑	卯	巳	未	酉	亥	丑
陰私黑星	酉	亥	丑	卯	巳	未	酉	亥	丑	卯	巳	未
上勃黑星	亥	丑	卯	巳	未	酉	亥	丑	卯	巳	未	酉

	春	夏	秋	冬

徒隸獲罪	申	亥	寅	巳
伏罪	亥	寅	巳	申
罪刑非殃	丑	辰	未	戌
死刑抱刑	戌	丑	辰	未
不舉容奸	子	卯	午	酉
牢日虎穴	辰	未	戌	丑
獄日分骸	未	戌	丑	辰
四廢	庚申、辛酉	壬子、癸丑	甲寅、乙卯	丙午、丁未
七曜凶日	金火土	金水土	火水太陽、火上	
五墓	春乙未	夏丙戌	秋辛丑	冬壬辰
	季月戊辰			

嫁娶吉日

壬子、丙子、乙丑、癸丑、丁卯、丁丑、辛卯、癸卯、乙卯、乙巳。

逐年歲德位

六甲年甲位東北　六乙年庚位西南　六丙年丙位東南

六丁年壬位西北　六戊年戊位東南　六己年甲位東北

六庚年庚位西南　六辛年丙位東南　六壬年壬位西北

六癸年戊位東南

每月天道方

正月正南　二月西南　三月正北　四月正西

五月西北　六月正東　七月正北　八月東北

九月正南　十月正東　十一月東南　十二月正西

以上歲德天道方位，如遇初到任所，未入公庭，先宜安泊其方，然後款俟，吉日入宅。

嫁娶十全吉日

壬子、丙子、乙丑、丁丑、癸丑、丁卯、癸卯、己卯、乙卯、乙巳。

十干吉日凶時

貴人時，百事吉。大敗時，百事凶。截路空亡時，百事凶。

甲日	丑未	日中	申酉
乙日	子申	日中	午未
丙日	亥酉	晡時	辰巳
丁日	亥酉	晡時	寅卯
戊日	丑未	黄昏	子丑
己日	子申	黄昏	申酉
庚日	丑未	平旦	午未
辛日	午寅	平旦	辰巳
壬日	巳卯	禺中	寅卯
癸日	巳卯	禺中	子丑

十二支日吉凶時

	日建時凶	日破時凶	河魁大禍時凶	天罡門時凶	滅寡宿時凶	孤辰時凶
子日	子	午	酉	卯	辰	戌

丑日	丑	未	辰	戌	巳	亥
寅日	寅	申	亥	巳	午	子
卯日	卯	酉	午	子	未	戌
辰日	辰	戌	丑	未	申	寅
巳日	巳	亥	申	寅	酉	卯
午日	午	子	卯	酉	戌	辰
未日	未	丑	戌	辰	亥	巳
申日	申	寅	巳	亥	子	午
酉日	申	寅	巳	亥	子	午
戌日	戌	辰	未	丑	寅	申
亥日	亥	巳	寅	申	卯	酉

六十日吉凶時圖

	子	丑	寅	卯	辰	巳	午	未	申	酉	戌	亥
甲子	罡	墓	吉	滅	敗	吉	破	墓	吉	禍	孤	凶
乙丑	吉	罡	凶	吉	禍	敗	吉	破	凶	吉	滅	空
丙寅	孤	吉	罡	凶	凶	滅	敗	吉	破	凶	空	禍
丁卯	滅	孤	凶	罡	凶	吉	禍	敗	凶	破	空	亡
戊辰	凶	禍	孤	吉	罡	凶	凶	滅	敗	吉	破	亡
己巳	吉	吉	禍	孤	吉	罡	吉	凶	滅	敗	空	破
庚午	破	吉	吉	禍	孤	吉	罡	吉	凶	滅	空	亡
辛未	吉	破	吉	吉	滅	孤	吉	罡	吉	吉	禍	亡
壬申	敗	墓	破	凶	吉	禍	孤	墓	罡	凶	空	滅

癸酉	禍	墓	吉	破	吉	吉	滅	孤	吉	罡	空	亡
甲戌	凶	滅	敗	凶	破	吉	凶	禍	孤	空	罡	吉
乙亥	吉	凶	禍	敗	墓	破	吉	凶	滅	孤	墓	罡
丙子	罡	吉	凶	滅	敗	凶	破	吉	空	禍	孤	凶
丁丑	凶	罡	吉	凶	禍	敗	凶	破	空	亡	滅	孤
戊寅	孤	凶	罡	吉	凶	滅	敗	凶	破	亡	凶	禍
己卯	滅	孤	吉	罡	吉	凶	禍	敗	空	破	凶	凶
庚辰	吉	禍	孤	凶	罡	凶	吉	滅	敗	亡	破	凶
辛巳	凶	墓	滅	孤	吉	罡	凶	凶	禍	敗	急	破
壬午	破	凶	吉	禍	孤	凶	罡	凶	空	滅	敗	凶
癸未	吉	破	凶	凶	滅	孤	吉	罡	空	亡	禍	敗
甲申	敗	吉	破	吉	吉	禍	孤	空	罡	凶	吉	滅
乙酉	禍	敗	吉	破	凶	吉	滅	孤	吉	罡	凶	吉
丙戌	吉	滅	敗	吉	破	吉	空	禍	孤	吉	罡	吉
丁亥	凶	吉	禍	敗	吉	破	空	亡	滅	孤	吉	罡
戊子	罡	凶	吉	滅	敗	吉	破	亡	吉	滅	孤	吉
己丑	吉	罡	吉	凶	禍	敗	空	破	亡	凶	滅	孤
庚寅	孤	凶	罡	吉	凶	滅	敗	亡	破	吉	凶	滅
辛卯	滅	孤	災	罡	吉	凶	禍	敗	害	破	吉	凶
壬辰	凶	禍	孤	災	罡	吉	空	滅	敗	害	破	吉
癸巳	吉	凶	滅	孤	殃	罡	空	亡	禍	敗	害	破
甲午	破	吉	吉	禍	孤	亡	罡	吉	吉	滅	敗	吉
乙未	吉	破	凶	吉	滅	孤	吉	罡	凶	吉	禍	敗

丙申	敗	吉	破	凶	空	禍	孤	吉	罡	凶	凶	滅
丁酉	禍	敗	殃	破	空	亡	滅	孤	災	罡	凶	吉
戊戌	凶	滅	敗	吉	破	亡	凶	禍	孤	吉	罡	凶
己亥	吉	凶	禍	敗	空	破	吉	凶	滅	孤	吉	罡
庚子	罡	吉	吉	滅	敗	亡	破	吉	吉	禍	孤	吉
辛丑	吉	罡	吉	吉	禍	敗	吉	破	吉	吉	滅	孤
壬寅	孤	凶	罡	凶	空	滅	敗	吉	破	凶	吉	禍
癸卯	滅	孤	吉	罡	空	亡	禍	敗	吉	破	吉	吉
甲辰	凶	禍	孤	亡	罡	吉	凶	滅	敗	凶	破	吉
乙巳	吉	害	滅	孤	凶	罡	吉	害	禍	敗	凶	殃
丙午	破	吉	空	禍	孤	凶	罡	吉	凶	滅	敗	凶
丁未	殃	破	空	亡	滅	孤	害	罡	吉	凶	禍	敗
戊申	敗	凶	破	亡	墓	禍	孤	凶	罡	吉	墓	滅
己酉	禍	敗	凶	破	墓	凶	滅	孤	吉	罡	凶	凶
庚戌	吉	滅	敗	亡	破	凶	吉	禍	孤	凶	罡	凶
辛亥	害	墓	禍	敗	吉	破	凶	墓	滅	孤	吉	罡
壬子	罡	墓	空	滅	敗	凶	破	墓	吉	禍	孤	凶
癸丑	吉	罡	空	亡	禍	敗	吉	破	害	凶	滅	孤
甲寅	孤	凶	罡	吉	凶	滅	敗	吉	破	吉	凶	禍
乙卯	滅	孤	吉	罡	凶	吉	禍	敗	吉	破	凶	吉
丙辰	空	禍	孤	吉	罡	吉	吉	滅	敗	吉	破	吉
丁巳	空	亡	滅	孤	吉	罡	害	吉	禍	敗	吉	破
戊午	破	亡	吉	禍	孤	吉	罡	吉	吉	滅	敗	吉

己未	空	亡	吉	凶	滅	孤	吉	罡	吉	凶	禍	敗
庚申	敗	亡	破	吉	凶	禍	孤	凶	罡	吉	凶	滅
辛酉	禍	敗	凶	破	吉	凶	滅	孤	害	罡	吉	凶
壬戌	空	滅	敗	凶	破	吉	凶	禍	孤	凶	罡	吉
癸亥	空	亡	禍	敗	喪	破	吉	凶	滅	孤	墓	罡

以上六十日内，凡遇日辰爲罡衝，爲破陽。日前三辰爲滅衝，爲禍陰。日前一辰爲禍衝，爲滅。日辰後二辰爲孤衝，爲敗。及六甲旬中空亡時，皆不可用。其餘有凶、有吉，不可不審也。

李僕射透天關擇時并方位法

都天大六壬五符吉將，乃八門天德、月德。審定每日，立定三方爲吉。凡出入、遠行、上官、視印，看謁貴人，求財用事，商賈嫁娶，出此三方，用此三時更不避，一百二十位諸惡，神殺，百事大利。如建造立木用此時，先翌此方。博奕坐此方，大吉。每以五符，加所臨時，即見以下吉凶。

歌訣

甲寅乙卯丙歸蛇　　丁午戊辰己戌家

庚申辛酉壬居亥　　癸日還來子上加

六甲日寅　　六乙日卯

六丙日巳　　六丁日午

六戊日辰　　六己日戌

六庚日申　　六辛日酉

六壬日亥　　六癸日子

五符星此方出入有喜位，萬事吉慶。天曹星此方宜獻公事，餘不利。

地符星此方出入主虛驚，宜防謹。風伯方此方出入不利，先動者敗。

雨師方此方不宜出入，宜謹守持重。雷公方此方不宜出入，先喜後憂，大凶。

風雲方此方出入不利，先動者凶，有失脱。唐符星此方出入招慶賀，萬事吉。

國印方此方天乙貴人加喜，萬事吉。天關星此方出入凶，宜堅守。

地鑰星此方所爲不利，萬事凶。天賊星此方不宜出入，大凶。

尋喜神方

甲己寅卯喜，乙庚辰戌强，丙辛申酉上，戊癸巳亥良，丁壬午未好，此是喜神方。

凡遇出入、發兵、用將、遠行、見貴、求財、上官，萬事所爲並宜，出五符、唐符、國印、三方，及用此時，大吉。仍與本日喜神位相合，兼忌太歲，永無凶咎。

行舡避忌安濟法

	正	二	三	四	五	六	七	八	九	十	十一	十二
四激日	戌	戌	戌	丑	丑	丑	辰	辰	辰	未	未	未
咸池日	卯	子	酉	午	卯	子	酉	午	卯	子	酉	午
招摇日	辰	卯	寅	丑	子	亥	戌	酉	申	未	午	巳
天地殃日	卯	寅	丑	子	亥	子	丑	寅	卯	辰	巳	辰
蛟龍日	未	申	戌	申	戌	丑	辰	未	辰	申	子	巳
龍會日	未	戌	亥	亥	丑	戌	丑	卯	丑	未	戌	卯
六龍忌日	戌	戌	戌	戌	午	午	午	午	戌	辰	辰	辰

八風日　春丁丑、己酉　夏甲辰、甲申　秋辛未、丁未　冬甲寅、甲戌

水痕日　大月初一、初七、十一、十七、二十三、三十

小月初三、初七、十二、二十六

又一本小月初一、初二、初七、十二、十六　俗忌日危日、執日、巳日

忌發舡庚申　江河離日壬申、癸酉

張宿日丙子、癸未、癸丑、戊戌、乙卯　觸水龍日丙子、癸未、癸丑

風波日太歲　白浪日月建

覆舟日日建　大惡日時建

河伯死日庚辰　子胥死日壬辰

河伯日太歲後一辰，主物貨損濕。

許真君傳龍神行度風暴訣

正三日、八日、十一、二十五、晦日，龍會日。

二三日、九日、十二、晦日，龍神朝上帝。

三三日、七日、二十七，龍神朝星辰。

四八日、十二、十七、十九，龍會太白。

五五日、十二、十九，天帝朝玉帝。

六九日、二十七，地神龍王朝玉皇。

七七日、九日、十五、二十七日，神殺交會。

八三日、八日、十五、十七，龍神大會。

九十一、十五、十九，龍神朝玉皇。

十八日、十五、二十二，東府君朝玉皇。

十一

十二

看風色圖

正初十、晦巳、大將軍下界,逢大殺星,午後三刻惡風,無即雨。

二初九、十二、十四、十七,酉後三刻惡風,無即雨。

三三日、十七、二十七,諸靈祇朝上界,逢星,午後大風,無大雨。

四初八、十九、二十三,諸神會逢太白,辰時三刻惡風,無即雨。

五初五、十一、十九,天帝釋朝玉皇,逢九曜,申酉時惡風。

六十六、十九、二十七,是地合日,卯辰時二刻有惡風。

七初七、初九、十五、二十七,西海龍王,下魚鬼登天新事,午後惡風,無即雨。

八初二、初八、十七、二十七,中秋月會萬神具起,午後有惡風,無即雨。

九十一、十五、十七、十九、二十、歲星、惡星、月建、交會,有惡風雨延。

十十五、十八、十九、二十七,太山府君上界,卯後惡風,無即雨。

十一初一、初三、十九、二十三、二十八,六合日,有惡風,無即雨。

十二初三、初五、初六、初八、二十、二十六,晦日,天地神王上界,辰時惡風。

周公出行吉日

天門初一、初九、十七、二十五　天財初三、十一、十九、二十七

天陽初四、十二、二十、二十八　天倉初五、十三、二十二、二十九

天富初七、十五、二十三　並宜求財。

四順

建宜行,成宜離,寅宜往,卯宜歸。

百怪斷經

吉凶先見

《西京雜記》樊將軍問陸賈曰："自古人君，皆云受命上天，必有瑞應。其有是乎？"賈曰："有之。夫目瞤得酒食，燈花得錢財，鵲噪而行人至，蜘蛛集而百事喜，小既有徵，大亦宜然。故目瞤則祝之，燈花則拜之，鵲噪則餧之，蜘蛛集則護之，況天下大寶人君重位，非天命何以得之。"

占噴嚏

子日有酒食，丑日主憂疑。寅日有外事，卯日主大吉。
辰日婚會吉，巳日主口舌。午日有喜事，未日主尋常。
申日只平平，酉日有客至。戌日女思念，亥日有人思。

占眼瞤

子日左酒食，右女思。　丑日左悲思，右人思。　寅日左出行，右凶事。
卯日左人至，右人思。　辰日左喜事，右大吉。　巳日左人至，右凶事。
午日左人思，右吉事。　未日左酒食，右吉事。　申日左人思，右吉事。
酉日左走失，右大吉。　戌日左酒食，右人至。　亥日左吉事，右凶事。

占鴉鳴東方朔云

聖賢明著占鴉經，認取東方細聽聲。
次看時辰知禍福，百步之外不須聽。

聽鴉鳴禳厭法

飛鳴設若有憂聲，默念乾元亨利貞。

叩齒三通存七遍，變凶爲吉免災迍。

鴉經之圖

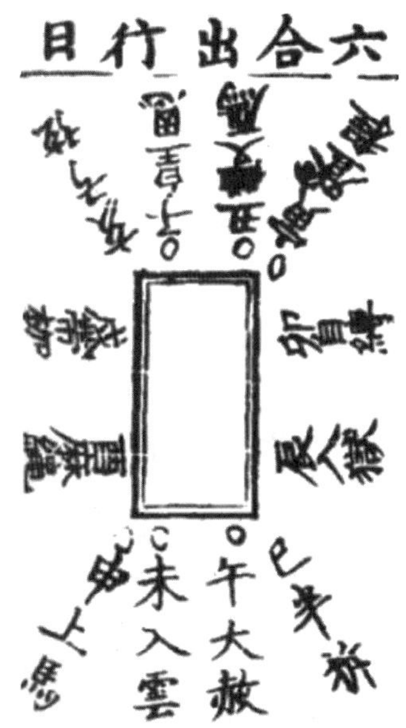

起例凡從月建上起，

初一順行一日一位。

遇吉則吉，萬無一失。

詩曰：

子午皇恩并大赦，

丑未排來雁入雲。

寅申登程扶上馬，

卯酉麻繩自縛身。

辰戌帶枷將入獄，

巳亥弓弦半損身。

占燈花經

燈乃一家照鑒之主，開花結蘂，吐焰噴光，可知人事之吉凶，可占天時之晴雨，仔細觀翫，皆有驗事。凡燈有花，任其自然開謝，不可剪棄吹滅，如此，則反能爲災。燈三吹不滅，更不可再吹，切宜戒之。

燈有花，至一更不滅，來日主有喜慶；至天明不滅、不落，喜事五日不絶。

燈開花，向卯上，必於大人處得書，若七夜如此，君子則加官進禄，常人商賈則倍有利宜。

燈三吹不滅，却便結花，主來日有喜事，但存之，即獲大吉。

燈焰忽分作兩炬，主有天恩印綬遷官吉慶，富人即有大官委令及貴人引援。

燈花生珠下垂者，主有遠行。

燈於中心結花如菉豆，四面無花，主有酒食，孕則生貴子。

燈花向上圓大者,主明日有客至。

燈無故自滅,主有喪服。

纔點燈,燈内連連爆出火星不止者,主有口舌。

燈焰短而昏昏無光彩,主有憂煩。

若旱多時,忽燈焰紅花短小而頻頻點滴者,則三日内有雨。

若天陰日久,忽燈結紅花光彩明瑩者,來日晴。

燈若黑烟上起,紅焰下垂昏者,主來日雨。

燈若無烟,但紅焰左右擺拽不定,主來日有大風。

燈焰向東指,來日有東風。

燈西指有西風,南指有南風,北指有北風。

燈紅焰短昏,頻垂點不止,主來日有雨。若夜夜如此,必見連陰。

燈若見紅焰光而長明,不動摇者,則必晴明。

燈若有黑烟微動,光色不摇者,則天晴有風。

夢寐因想

周禮春官宗伯

占夢掌其歲時,觀天地之會,陰陽之氣,以日月星辰,占六夢之吉凶焉。一曰正夢,二曰噩夢,三曰思夢,四曰寤夢,五曰喜夢,六曰懼夢。《漢藝文志》云:衆占非一言,而夢爲大。故周有其官,而《詩》載熊羆、虺蛇、衆魚、旐旟之夢。著明大人之占,以考吉凶焉。

陰陽感夢

《黄帝内經》云:陰盛則夢涉大水恐懼,陽盛則夢大火燔灼,陰陽俱盛夢相殺毀傷。上盛則夢飛,下盛則夢墮。節則夢與,飢則夢取。肝氣盛夢怒,肺氣盛則夢哭。

虛實成夢

東萊《類説》云:形接而爲事,神遇而爲夢。浮虛則夢揚,沉實則夢溺。寢耤則夢蛇,寢帶則夢鳥。御髮則夢飛,將陰則夢水,將晴則夢火,將病則夢食,將憂則夢歌舞。

魄静生夢

孫真人《調神論》云:凡夢皆緣魂魄役物,其神室於軀體不能流通。夜則魂魄虛静,神將告以方來吉凶,而夢生焉。夜半前夢其事,應在遠;夜半後夢其事,應在近。

魂安無夢

孫真人《西山記》云:欲無惡夢者,勿食本命所肖及魚鱉牛犬之肉,勿思邪淫怪僞悖逆之事,勿視大刑,勿殺六畜。睡必首枕東南生氣,側卧面外,則魂安無夢矣。

修德禳夢

釋典云:四法判夢,一曰無明熏習,二曰舊識巡遊,三曰四大偏增,四曰善惡先兆。《斷序》云:諸侯夢惡則修德,大夫夢惡則修上官,士夢惡則修身。如是,則禍不至矣。

噀水解夢

《茅亭客話》云:人藏陰多則夢數,陽壯則夢稀有,亦不記。

瞽者無夢,愚者少夢。《養性論》云:有夢不須説,旦以净水,東噀咒之曰:"惡夢着草木,好夢成珠玉。"即無咎矣。

夢天文星曜等物

夢登天入月,大貴。
夢天光照身,病除。
夢飛上天,主貴位。
夢天紅,吉;天黑,凶。
夢日月落,父母亡。
夢日月缺,主争鬥。
夢天晴,愁散憂解。
夢天開,主得官位。
夢天崩,主父母憂。
夢天曉,益壽命,吉。
夢吞日月,生貴子。

夢雷雨風電等物

夢被雷打,大貴,吉。
夢雲四起,交易吉。
夢雷電,主官位至。
夢行逢雨,有酒食。
夢大風雨,主人亡。
夢五色雲,主大吉。
夢風吹衣,疾病至。
夢雪下,主憂散,吉。
夢虹出,主兵戈起。
夢霜落降,事不成。
夢黑雲至地,主瘟。

夢山川土石等物

夢地裂,有諸侯位。
夢掘地土,主口舌。
夢移石入宅,大吉。
夢身入土,百事吉。
夢山崩大水,大凶。
夢地動,主遷官位。
夢大石,主進財寶。
夢登巖上石,大吉。
夢開溝,百事大吉。
夢手拍山,生貴子。

夢在山林土穴，吉。

夢竹木花果等物

夢種樹木，主大吉。

夢木生堂上，大凶。

夢擔大木，有大財。

夢門中生果木，吉。

夢食木瓜，主得財。

夢桑椹，主兒女亡。

夢食梨子，主離別。

夢食柿子，疾病，凶。

夢食禾穀，主大吉。

夢茱萸生，有名譽。

夢薤生，主有大病。

夢古今聖賢人物

夢天子，主大貴，吉。

夢太子，主王侯，吉。

夢古人言，主聰明。

夢謁長史對坐，吉。

夢玉女，主大吉利。

夢官員求謁，大吉。

夢親近大官，大吉。

夢神人相遇，大吉。

夢古人相打，病至。

夢稱我是官人，吉。

夢使君入門，大吉。

夢拜大官貴，吉利。

夢仙聖到家，大吉。

夢宣赦文，萬事吉。

夢身體頭面髭髮

夢梳頭，萬事大吉。

夢自身白，爲人謀。

夢頭痛，主加官，吉。

夢頭斷，主大吉利。

夢頭白，長命，大吉。

夢割頭髮，主衰厄。

夢頭骨起，加官至。

夢面生瘡，昌盛吉。

夢頭髮黑，主長命。

夢髮落，主子孫凶。

夢身上汗出,大凶。

夢身上光滑,大吉。

夢沐髮,遷官病除。

夢齒落,主有喪服。

夢冠帶印綬鞋履

夢衣冠,主禄位至。

夢人與公服,加官。

夢人與冠帽,大吉。

夢着新衣,大吉,昌。

夢女人着衣,大吉。

夢洗衣服,主酒食。

夢麻鞋,百事和合。

夢失巾幞頭,退官。

夢印綬,主遷官位。

夢洗笏,大吉,得財。

夢用印,名聲出,吉。

夢披簑衣,大恩至。

夢失履,主奴婢走。

夢刀劍儀仗皷角

夢刀落水,主妻亡。

夢披刀,主出行,吉。

夢失刀,主失財,凶。

夢刀劍在床,大吉。

夢見旌節,主大吉。

夢持旌節,有恩賞。

夢鎗槊,主官位,吉。

夢女人帶刀,吉利。

夢與人刀,主大凶。

夢旗旛迎,大富貴。

夢磨利刀,大吉利。

夢得斧鉞,官位至。

夢皷角鳴,兵戈起。

夢宫室城樓屋舍

夢高樓上坐,大吉。

夢屋宅更新,大吉。

夢添城上土,大吉。

夢登宫内,主大吉。

夢坐官府中,大吉。

夢風吹屋動,主病。

夢屋棟拆，主家破。

夢門户池井等物

夢入新宅，主遠行。

夢新門户，大富貴。

夢門户開，女外情。

夢門扇拆，奴婢走。

夢井沸溢，主有財。

夢淘井造井，大貴。

夢取池井中水，吉。

夢墜井坐井，大凶。

夢窺井見水，大吉。

夢珍寶米穀貨帛

夢金盞，主生貴子。

夢金銀，富主寶貴。

夢得米穀，大吉利。

夢寶積如山，大凶。

夢得玉碗，大吉利。

夢吐金寶，所思至。

夢紡績事，主長命。

夢鏡環釵釧等物

夢鏡明，吉；鏡暗，凶。

夢鏡破，主夫妻別。

夢照鏡破，妻外情。

夢得鏡，主生貴子。

夢鏡自照，遠信至。

夢耳環，主遠行至。

夢金釵，主生貴子。

夢床帳氊席等物

夢洗床帳，主大貴。

夢釧鈿，主失財，凶。

夢床帳，主富貴。

夢血在床，妻有奸。

夢床上有蟻，大凶。

夢换席，吉；將出，凶。

夢屏幃，得人力。
夢氈褥，主大吉利。
夢開帳幔，主酒食。

夢舡車遊行等物

夢乘舡入日月，吉。
夢舡渡，主大富貴。
夢舡中有水，大凶。
夢病人在舡，主死。
夢舡帆高舉，大吉。
夢白車白馬，大吉。
夢乘車轎，禄位，吉。

夢道路橋梁市井

夢大道路，主大吉。
夢四道通，主名遂。
夢市中行，主酒食。
夢修橋梁，凶事過。
夢渡橋，主災厄散。
夢橋上坐，主位至。
夢橋柱拆，主妻亡。
夢携手上橋，有孕。

夢夫妻産孕交合

夢夫妻争釵，主別。
夢與妻會合，主別。
夢與女交，主邪祟。
夢妻有孕，主外私。
夢與女同行，失財。
夢小兒死，口舌散。
夢妻出嫁，主妻亡。

夢飲食瓜果蔬菜

夢與人設會，大吉。
夢與貴人同坐，吉。
夢飲乳，主大吉利。
夢死人食，主病患。
夢食蜜餳，主大凶。
夢與人飲酒，口舌。

夢食一切果,並凶。

夢哀樂病死歌唱

夢着孝衣,官位至。

夢哭泣,有大喜事。

夢病人裝束,必死。

夢飲酒醉,病患。

夢唱歌,主凶亡事。

夢琵琶,主得人力。

夢吹笙,主有改移。

夢塚墓棺槨等物

夢新塚棺,主除擢。

夢塚上有雲氣,吉。

夢塚墓明,吉;暗,凶。

夢塚空穴,官事凶。

夢墓中棺,出事發。

夢棺槨入宅,主財。

夢塚門開,百事吉。

夢文武器械軍兵

夢封書信,遠行至。

夢見讀書,主聰明。

夢教人書,主大貴。

夢弩弦斷,兄弟分。

夢持弓矢,主大吉。

夢兵入城,衣禄至。

夢在軍中,主大吉。

夢佛道師巫鬼神

夢畫神佛,得人欽。

夢佛共言,福禄至。

夢堂上佛神,大吉。

夢仙女交,大吉利。

夢法師登座,有疾。

夢與道士言,大吉。

夢佛言,妻有孕,吉。

夢殺害鬥打傷損

夢被人殺，主有財。

夢殺牛鹿，主大貴。

夢殺人血污衣，吉。

夢看見殺人，主吉。

夢與人鬥争，主吉。

夢被人打罵，皆吉。

夢交胸見血，大吉。

夢罵人打人，皆凶。

夢被鬼打罵，大凶。

夢捕禁刑獄栲罰

夢入牢獄，主大貴。

夢枷鎖入宅，大凶。

夢罪人走，官事散。

夢獄中死，官事散。

夢被人決罰，位至。

夢栲訊行杖，大貴。

夢羅網，主官事至。

夢田宅耕種五穀

夢買田宅，官位至。

夢種田寬廣，有禄位。

夢種菜，主長命，吉。

夢種五穀，得財食。

夢身卧米中，大貴。

夢五穀茂盛，大吉。

夢屋上有禾，位至。

夢粟米，必有貴位。

夢水火盜賊等事

夢在水上行，大吉。

夢賊入宅，主破財。

夢水上立者，有凶事。

夢水不休，得大財。

夢流水繞身，有獄訟。

夢把水行路，大通達。

夢水流洋洋，有新婚。

夢大水清澄，大吉利。

夢見落水中，大凶。
夢見江湖海水，大吉。
夢身在水中，貴人扶。
夢火焰炎炎，見大財。
夢火燒山野，大顯赫。
夢衆人圍爐，和合吉。
夢見燃火，大吉利。
夢火燒日月，小人貴。
夢執火乘舡，貴位。
夢見賊，所求皆得。
夢作賊被人覺，吉。
夢見逐賊人[①]，大吉。
夢被賊趕，大凶。

夢污圂沐浴等事

夢小便污身，得財。
夢大便滿地，得財。
夢糞堆者，錢財聚。
夢糞在竈下，口舌。
夢上廁屎污衣，得財。
夢失大小便，失財。
夢泥塗衫衣，主身辱。
夢在尿屎中，吉。
夢沐浴，病除，百事吉。
夢沐浴在床，主死。
夢沐髮，遷官病除。
夢沐浴上床，大凶。

夢龍蛇魚鱉等物

夢見龍入市，有貴位。
夢見乾魚，天下旱。
夢見井中有大魚，得財。
夢蛇入懷中，生貴子。
夢見射龍，大吉。
夢魚飛，百事散解。
夢見鯉魚，妻有孕。
夢梟在人宅，有凶禍。
夢駕鶴者，主有禄位。
夢燕子至，有遠客來。
夢鵶鵲噪亂，酒肉至。
夢鴛鴦散去，主妻亡。

① “人”，底本作“行”，不辭，兹據飛本校改。

夢鵝鴨同遊，添好妾。
夢獐鹿在家，益官職。
夢虎入宅中，官勢至。
夢龜蛇相向，主財至。
夢人惠魚，百事亨通。
夢張網捕魚，大吉利。
夢水中釣魚，大吉利。
夢蜂螫人脚，有財喜。
夢蛛網着人，疾病作。
夢蜈蚣咬人，長壽，吉。
夢蚯蚓者，田宅大吉。
夢螺者，主離外事，凶。

夢熊羆，主有貴子。
夢豺狼惡狗，有暴賊。
夢雞在樹上，得財，吉。
夢龜入井宅，富貴，吉[1]。
夢蝦變魚，失財物，凶。
夢猫捕鼠者，主得財。
夢螻蟈，有不明事。
夢群魚遊水，主有財。
夢蜓集者，官事散，吉。
夢蠅污人衣，必有讒。
夢蝙蝠群飛，陰事良。

夢牛馬六畜等物

夢水牛，主先祖索食。
夢解牛索，家人求飯。
夢殺牛食肉，得大財。
夢群羊來牧，百事散。
夢乘駿馬吉，鈍者凶。
夢馬舞於庭，凶禍至。
夢猪豚變人，官事至。
夢殺猪豚者，大吉利。
夢豕死泥中，大吉利。

夢大牛來家，富貴，吉。
夢牛出門，好事立至。
夢牛生犢，所求皆得。
夢牽牛羊來，主笑樂。
夢騎物爲馬，天官至。
夢騎驢騾，主得財。
夢驛馬馳至，有慶賀。
夢群馬奔逸，百凶解。
夢犬吠接主，失財，凶。

① “吉”，飛本作“至”。

夢呵犬者，飲食大吉。

夢犬相搏者，主病，凶。

夢犬咬人，鬼來求食。

夢猿猴，主得官位。

夢六畜與人語，大凶。

夢子母羊，益命，大吉。

夢騎羊上樹，得財，吉。

夢赤馬來往，文書至。

夢走馬於道，大喜至。

《管輅夢書》云：昔黄帝畫十二符，以厭惡夢。清晨隨日至誠，書篆以水面東噀之，執符而咒曰：赫赫陽陽，日出東方。斷絶惡夢，辟除不祥，急急如律令。一氣七遍。

厭夢符篆

子日夢惡，書帖門，吉。

丑日夢惡，朱書佩，吉。

寅日夢惡，黑書佩，吉。

卯日夢惡，黑書佩，吉。

辰日夢惡，書敗門，吉。

巳日夢惡，書房壁，吉。

午日夢惡，書南壁，吉。

未日夢惡，書房門，吉。

申日夢惡，朱書壁，吉。

酉日夢惡，黑書壁，吉。

戌日夢惡，書中壁，吉。

亥日夢惡，絹書貼床。

厭百怪符

應一切不測之怪，書中所不載者，並以朱書此符，厭怪處，及男左女右佩帶，其怪自滅。

居家必用事類全集丁集目録

宅舍

五穀入倉吉日
塞鼠穴吉日
穿井開池吉日
穿井忌年月
穿井吉凶日
穿井吉方
修井忌月
修井吉日
修井吉神
開井年月日時方位
開池井吉凶神
開池忌方
作陂塘吉凶日
作陂塘凶神
修陂堰吉凶日
開溝吉日
開溝忌月日
注河吉凶日
決水吉凶日
決水吉凶神
塞水凶月日
穿井開池吉節
築牆忌月
築牆逐月吉凶日
築牆吉凶神
修路忌年月
修水路忌年月
塞路吉日
砌階忌月
水廨忌月日
安碓吉方
安碓吉日
修碓忌月
安磨忌月

入宅移居

入宅儀式
入宅移居吉節
入宅移居逐月吉日
五運入宅吉日
六甲圖入宅移居吉日
六龍曆入宅吉日
白虎曆移居吉日
醮宅謝宅吉日
入宅移居吉凶神
六甲圖入宅移居凶日
開庫店逐月吉日
開庫吉凶神
開店肆吉凶神
開倉吉日

居家必用事類全集丁集

宅　舍

周書秘奧營造宅經

屋舍①

屋宅舍,欲左有流水,謂之青龍;右有長道,謂之白虎;前有汙池,謂之朱雀;後有丘陵,謂之玄武。爲最貴地。若無此相,凶。不然,種樹。東種桃柳,南種梅棗,西梔榆,北柰杏。

宅東有杏,凶。宅北有李,宅西有桃,皆爲淫邪。宅西有柳,爲被刑戮。宅東種柳益馬,宅西種棗益牛。中門有槐,富貴三世。宅後有榆,百鬼不敢近。

凡宅,東下西高,富貴雄豪;前高後下,絶無門户;後高前下,多足牛馬。

凡宅,地欲平坦,名曰梁土,後高前下,名曰晉土,居之並吉;西高東下,名曰魯土,居之富貴,當出賢人;前高後下,名曰楚土,居之凶;四面高中央下,名曰衛土,居之先富後貧。

凡宅,不居當衝口處,不居古寺廟及祠社鑪冶處,不居草木不生處,不居故軍營戰地,不居正當水流處,不居山脊衝處,不居大城門口處,不居對獄門處,不居百川口處②。

---

① "屋舍",底本無,飛本同,兹據目録及文例補。

② "處"後,底本原衍"不居"二字,飛本同,删。

凡宅,東有流水達江海,吉;東有大路,貧;北有大路,凶;南有大路,富貴。

凡樹木皆欲向宅,吉;背宅,凶。凡宅地形,卯酉不足,居之自如;子午不足,居之大凶;子丑不足,居之口舌。南北長,東西狹,吉;東西長,南北狹,初凶後吉。

凡人居,洪潤光澤陽氣者,吉;乾燥無潤澤者,凶。

凡宅,前低後高,世出英豪;前高後低,長幼昏迷;左下右昂,男子榮昌;陽宅則吉,陰宅不强;右下左高,陰宅豐豪;陽宅非吉,主必奔逃;兩新夾故,死須不住;兩故夾新,光顯宗親;新故俱半,陳粟朽貫;實東空西,家無老妻;有西無東,家無老翁;壞宅留屋,終不斷哭;宅材鼎新,人望千春;薦屋半柱,人散無主;間架成隻,潛費衣食;接棟造屋,三年一哭。

凡住祖父之宅,而欲修造,即依祖上作陽宅陰宅,運用方隅。如是,則累代富貴,子孫隆盛。如居處不利,即宜轉陽作陰,或移陰爲陽,吉。

凡人居止之室,必須周密,勿令有細隙,致有風氣得入。小覺有風,勿强忍之,久坐必須急急避之。

居處不得綺靡華麗,令人貪婪無厭,乃患害之源,但令雅素浄潔。

蓋屋布椽,不得當柱頭梁上著,須是兩邊騎梁著,云不得以小壓大也。

凡造屋,切忌先築墻圍并外門,必難成。

凡起新屋,防木匠放木筆於屋柱下,令人家不吉。更防有倒木作柱,令人不吉。

起宅畢,其門刷以醇酒及散香末,蓋禮神之至也。

人家不可多種芭蕉，久而招祟。又云：人家房户前不宜多種芭蕉，俗云引鬼，又云婦人得血疾。

住宅四畔竹木青翠，進財。

屋架與間不欲雙，須隻爲大吉。水簷頭相射，主殺傷。内射外，外人死；外射内，内人當。凡屋外簷，廣闊爲上，不得逼促。斜雨潑壁，家多痢疾。風吹不著，不用服藥。廨屋漏漿，新婦無良。梁楝偏欹，家多是非。屋勢傾斜，賭博貪花。瓦移楝摧，子孫貧羸。

凡柱尾爲斗，枋尾爲升。升在斗下爲不順，主有不孝子弟。斗在升下，大吉。

凡桁梁以木頭朝柱，主人大吉，水匠有成。

宅四面交衝，使子孫怯弱。

古路靈壇，神前佛後，水田爨竈之所，其地並不堪居。

宅若前高後下，法主孤兒寡婦，令男子懶惰，使女子淫奔。

宅中聚水汪汪，養蚕桑之難得。

屋頭有廈，衰病莫不由斯。

桑樹不宜作屋木，死樹不宜作楝梁。

何謂安處？曰：非華堂邃宇、重裀廣榻之謂也。在乎南向而坐，東首而寢，陰陽適中，明暗相半。屋無高，高則陽盛而明多；屋無卑，卑則陰盛而暗多。故明多則傷魄，暗多則傷魂。人之魂陽而魄陰，苟傷明暗則疾病生焉。此所謂居處之高，尚使之然。況天地之氣，有亢陽之攻肌，淫陰之侵體，豈不防慎哉！修養之漸，倘不法此，非安處之道。術曰：吾所居室，四邊皆窗户，遇風即闔，風息即開。吾所居座，前簾後屏，太明則下簾，以和其内映，太暗則捲簾，以通其外曜。内以安心，外以安目，心目皆安，則身安矣。明暗尚然,況太多事慮,太多情欲,豈能安其内外哉?故學道之士,必以安處爲次也。

樓

居宅造樓,莫近街頭。低吉高凶,能招五通。

門樓重高須榮貴。

廳堂

居宅廳後,不宜作龜頭。

畫堂應干,須用偶數,則主家和睦。

私居廳不必廣大,亦要數隻。廳上單棟,恐招内政預事。

私居堂要十分華飾,則夫婦偕老,子孫昌盛。

有廳無堂,孤寡難當。

堂前有榴樹,吉。

南廳連於西屋,令歲月之憂煎。

拆裏爲廳終不利,折廳爲裏則無妨。

庭軒

大樹近軒,疾病連綿。

人家種植中庭,一月散財千萬。

中庭種樹主分張。

門庭雙棗喜嘉祥。

庭心樹木名閑困,長植庭心主禍殃。

房室

人卧室宇當令潔盛,盛則受靈氣,不盛則受故氣。故氣之亂人室宇者,所爲不成,所作不立。一身亦爾,當數洗沐澡潔,不爾無異。

人卧床當令高,高則地氣不及,鬼吹不干,鬼氣不侵,人常依地而逆上耳。高,謂三尺以上也。昔有人病在地卧,於病中,乃見鬼於壁穿下,以手爲管吹之,此即是鬼吹之事也。

房屋當頭莫安櫃,房屋兩壁莫開窗。

房門不得正對天井,主此房人口頻災。

竈房門亦不可對其屋門,主口舌病患。

掛帳不用閉日,犯者蚊蠅扇不可盡,須用水閉日爲佳。若用土閉日泥飾屋宇,蚊不入,累效。

門户

凡門以栗木爲關者,夜可以遠盜。

凡門面兩畔壁須大小一般,左大换妻,右大孤寡。

門面上枋空蛀窟痕,主動瘟瘡痍之疾。門棟柱不着地,無家長;棟柱空蛀,家長聾盲;門塞棟柱,家憂懼、退財、破田、血畜耗。如大門十柱,小門六柱,皆着地,吉。門高於壁,法多哭泣。門裝虚坐,頻招瘟火。糞屋對門,癰癤常存。倉口向門,家退動瘟。搗石門居,屋出離書。門前直屋,家無餘穀。門口水坑,家破伶仃。大樹當門,羅皷天瘟。墻頭衝門,常被人論。交路夾門,人口不存。衆[①]路直衝，家無老翁。門被水射，家散人啞。神社對門，常病時瘟。門中水出，財散冤屈。門著井水，家招神鬼。正門前不宜種柳。

所居向巽方開門及隙穴開窗之類，立有災害無免者。又日夜忽於官舍正廳、私家正堂南向坐，多招怪異事。當門勿安卧榻，不利。

庚寅日不可作門，門大夫死日。人家門左右不可安神堂，主三年一次哭。掃糞草置門下，令人患白虎病，東人呼爲歷骨風白虎鬼，如猫在糞堆中，亦云糞神。療法：以雞子揩病人痛，咒願，送著糞堆頭，勿反顧。

凡宅門下水出，財物不聚。

東北開門，多怪異之重重。

宅户三門莫相對。

門前青草多愁怨，門外垂楊非吉祥。

水路衝門，悖逆子孫。

井竈

勿跂井，今古大忌。

見露井莫窺，損壽。

俗以清明日淘井爲新。

以鉛十餘斤，置之井中，水清而甘。

凡開井近江、近海處，須擇江風順日開，則吹江水入泉，必脈

① “衆”，飛本作“正”，非。今按，清周南《安居金鏡》：“三路齊衝，家無老翁。”“衆路相衝，家無老翁。”

甘。若海風順日，則吹海水入泉，脈必鹹。謂如江在井之西南方，是日有西南風，則鑿之。

禳井沸，取東向三百六十步内覓一青石，以酒煮，放井中立止。

卯不穿井，甘泉不香。

勿塞故井，令人耳聾目盲。

凡堂前不可穿井。男子越井，婦人上竈，皆招口舌意外之禍。

勿越井、越竈。

井於竈邊，虚耗年年。

井竈相看，法主男女之内亂。

井竈不可令相見，女子祭竈事不祥。

井北竈南家五逆，井畔栽桃物業荒。

廳内房前難鑿井，主人堂後莫開泉。

刀釜不宜安竈上。

簸箕放竈前，令人家不安。

凡於廳屋安竈，兩火煌煌，主有災殃。

踐壞竈土，令人患瘡。

竈堂無禮家必破，竈前歌笑要驚惶。

糞土無令壅竈前。

竈中午夜絶燒烟。午夜乃是后帝竈君交會之夜，宜避之，即安。

婦人勿跂竈坐，大忌。

向竈罵詈，不祥。

不可對竈吟詠及哭。

不可竈火燒香。

作竈法,長七尺九寸,上象北斗,下應九州。廣四尺,象四時。高三尺,象三才。口闊一尺二寸,象十二時。安兩釜,象日月。突大八寸,象八風。須備新磚浄洗,以浄土和合,香水合泥,不可用壁泥相雜,大忌之。以豬肝和泥,令婦人孝順。

凡作竈泥,先除地面土五寸,即取下面浄土,以井花水并香合泥,大吉。

凡竈面向西向南,吉;向東向北,凶。

竈神晦日歸天白人罪。

竈主食,夢者得食。

子孫滿堂,竈在明堂。徵音,明堂在午;宫音,明堂在子;羽音,明堂在戌;商角音,明堂在申地。

丙丁作竈,引火光。

凡遇釜甑鳴,鬼名婆女,但呼其名字,亦不爲災,却招吉利。

釜鳴不得驚呼,須一男子作婦人拜即止,或婦人作男子拜亦止。

釜鳴甑虚,氣充則鳴,非怪,但揭去蓋則已。

凡人家廚下頭鍋,過夜須刷洗浄,滿注水,不可令乾。如空,則使主人心焦。又云:鍋釜夜深莫停水。

天井

凡四向堂屋前,著過道中亭,有二天井,象日月,爲屋有眼目,主大發少災。若只作一天井亦發,只是多出患眼及損少丁、少婦。

天井著花欄,主淫泆。又云:天井置欄,主病心痛障眼;著花欄,小口患。

凡人家天井方爲上,不可直長,主喪禍。

廳前天井停水不出，主病患，父子相拗，有下濕腸風之疾，及漏肚傷孕之厄。

天井栽木，大凶。

天井内不可種花，招婦人淫亂。

窗

門壁有窗，招横事。

天窗宜就左邊開，乃青龍開眼，吉。

溝瀆

溝渠通浚，屋宇潔浄，無穢氣，不生瘟疫病。

水路充門，悖逆兒孫。水寄宅過，東流無禍。

水若倒流宅，主女爲家長。

水從門出，主耗散之貧窮。

勿塞溝瀆，令人目盲。

廁

凡人上廁之時，先離廁前三五步，咳嗽兩三聲，其神在廁中即[①]自然回避。

上廁不可唾於廁中，並唾於四面及唾於壁上廁神，免得生瘡痍，其神凡事護佑，不敬不信，即恐災損其身。

凡有三二歲已下男女，抛糞於廁中，多有觸犯，緣有嬭腥氣并外來屎糞惡氣，充其廁神并受糞夫人，立有災咎。

① “即”，飛本無。

凡男子上廁，不得科頭跣足。若有此犯，公私之人遭牢獄之厄。

凡置得新廁，即便除却舊廁。其舊廁之內，糞亦盡除，恐遭殃禍。當除之時，以水安廁中令滿，莫言除廁，只言除水。

凡人家，不得以灰棄廁中及將蓋不浄，令人家貧，有大凶。

廁神姓郭名登，是遊天飛騎大殺將軍，不可觸犯，能賜災福。凡祭祀不可應呼神名，避之吉。

每逢六夜莫登廁。

竈灰撒廁招官事。

廁中生蛆，以蕁菜一把投於廁缸中，即無。

宅舍二

興工造作日

大凡起造，先以作主本命納音與起造年太歲納音對勘，相生相旺，命剋歲，吉。相衝相刑，歲剋命，凶。不犯三災、五殺、三坼、五墓、空亡、太歲入宅、命破宅，命身黃、身黑諸凶。恰逢例四通之年，即將運身九星推究得作主行年，值三白，大吉；九紫，小吉。又將運宅、身宅、禄宅推究，自生至旺爲有氣年月，吉；自衰至養爲無氣年月，凶。又將六壬、大小二運推究，見行年得無姓墓，不逢三殺宅神宅命，四吉臨之，方爲大利。但破壇造作，莫重於山頭，莫切於坐向，莫難於作方，須以四大利道通天竅昇玄庫樓，毛頭紫白山運禄馬諸書參攷。若山頭坐向，方所通利，尤須擇吉日良時湊之。夫人宅墓之有日有時，如人身命之生日生時也，此尤不可不謹也。

基土闢地吉節

小寒、立春、穀雨、小滿、小暑、立秋、霜降、小雪以上爲地元。凡土功之事，宜於地元内擇日用之。

動土起土基地逐月吉日

築墻開池井通用。正月丁卯、己未、丁未，二月丙寅、戊寅、甲戌、庚戌，三月壬申、戊寅、壬寅、乙巳、丁巳，四月甲子、丁卯、癸卯，五月戊寅、壬寅、甲申、丙申，六月甲申、丙申、乙巳、己巳、乙亥，七月壬子、辛未，八月丙寅、庚戌、甲戌、壬辰，九月甲申、壬申、甲午、癸卯，十月丙子、乙酉、辛酉，十一月丙寅、壬寅、甲寅，雖犯土温，丙值月空，壬有月德，可用。十二月甲寅、壬寅、乙亥、丁亥、辛亥。已上不犯地囊、土忌、土孛、土符、土公等，吉。

動土起土吉日

甲子、癸酉、戊寅、己卯、庚辰、辛巳、甲申、丙戌、甲午、丙申、己亥、庚子、戊戌、甲辰、癸丑、戊午，又癸酉。土公生。甲子、庚午、辛未、庚子、丙午、丁未、丙辰、丁巳、辛酉。土公敗。庚日、甲日、乙日、戊日、己日。土公赦動土，不避伏龍。開日、滿日、定日、收日、平日。上吉，併可用。魁罡，併大凶。

動土起土凶日

乙未、土公死。癸未、土公葬。戊午。黄帝死。大月初三、初五、二十八，小月初一、初十、二十八。土公忌。大月初二、初三、初五、十五、十八，小月初一、初六、二十二、二十六。土痕。正月壬，二月癸，三月甲，四月乙，五月丁，六月己，七月丙，八月丁，九月戊，十月己，十一庚，十二月辛。動土，忌。建日、危日、執日、殺宅長。除日、害人。破日、凶。閉日。貧。

動土起土凶時

正月巳時，二月辰，三月卯，四月寅，五月丑，六月子，七月亥，八月戌，九月酉，十月申，十一月未，十二月午。臺土時又名六害。

動土起土凶方

春東方及竈，夏南方及門，秋西方及井，冬北方及庭。土公所在。

作土凶日

初七、十七、二十八。

取土吉日

開日、滿日、定日、成日、收日、除日、平日。上吉，併可用。魁罡，併大凶。

取土吉神

月空。

取土凶日

建日、危日、執日、破日、閉日。

取土吉方 旁通

	正	二	三	四	五	六	七	八	九	十	十一	十二
生土基屋:	庚	午	申	戌	午	未	酉	午	申	戌	子	巳

死土殺人,基屋不宜取。

	正	二	三	四	五	六	七	八	九	十	十一	十二
死土作塚:	戌	子	寅	辰	子	丑	卯	子	寅	辰	午	亥

生土作塚不宜取。

	正	二	三	四	五	六	七	八	九	十	十一	十二
生炁:	子	丑	寅	卯	辰	己	午	未	申	酉	戌	亥

生土殺人。此寶費解

	正	二	三	四	五	六	七	八	九	十	十一	十二
地倉:	午	申	亥	辰	丑	寅	己	辰	午	酉	己	辰

	正	二	三	四	五	六	七	八	九	十	十一	十二
月德:	丙	甲	壬	庚	丙	甲	壬	庚	丙	甲	壬	庚

	正	二	三	四	五	六	七	八	九	十	十一	十二
月合:	辛	巳	丁	乙	辛	巳	丁	乙	辛	巳	丁	乙

	正	二	三	四	五	六	七	八	九	十	十一	十二
月空:	壬	庚	丙	甲	壬	庚	丙	甲	壬	庚	丙	甲

以上宜取土、動土,吉。

取土凶方

正	二	三	四	五	六	七	八	九	十	十一	十二
子	巳	酉	寅	午	戌	卯	未	亥	辰	申	丑

又基屋取死土,殺人;作塚取生土,殺人。

基地吉日

甲子、乙丑、庚辰、辛巳、丁卯、辛未、甲申、乙未、丁酉、甲辰、丙午、丁未、壬子、癸丑、甲寅、乙卯、庚申、辛酉。

基地忌日

癸酉、壬午、己丑、庚戌、辛亥、壬戌。

基地吉神

土公生、土公敗、土公赦。

起工匠木凶日

斧頭殺：春丑日　夏未日　秋午日　冬子日

木馬殺：孟月平日　仲月定日　季月執日

木呼：	正	二	三	四	五	六
	壬申	庚子	戊申作辰	庚戌作辰	丁亥	己未作未
	七	八	九	十	十一	十二
	乙未	辛酉	壬戌	丁巳	癸未	乙丑

木隨：辰申、寅子、申戌、申未、午酉、辛辰、酉巳、丑酉、寅亥、卯亥、午酉、未辰。

堆垛木石凶方

子年、丑年、寅年、卯年、辰年、巳年、午年、未年、申年、酉年、戌年、亥年。

堆垛殺方：寅卯、辰巳、午未、申酉、戌亥、子丑。

堆黄殺方：子丑、寅卯、辰巳、午未、申酉、戌亥。又忌作主、本命、太歲、官符、三殺、流財方。

起造吉節

大寒、雨水、春分、芒種、夏至、白露、寒露、立冬，以上爲人元。凡起造，係人事，宜人元内擇日用之。

起造吉日

《曆纂》云：只有己巳、辛未、甲戌、乙亥、乙酉、己酉、壬子、乙卯、己未、庚申十日大吉。

《六甲圖》又有戊子、乙未、己亥三日，通前共十三日大吉。

《大全》亦以此十三日，爲合黄道，大利。

《集正》用前十三日，又加己卯、甲申、戊申。

《撮要》用前十三日，外有己卯、甲申、己丑、庚寅、癸卯、戊申、壬戌七日。云半吉半凶。謹按：《具注曆》起造之日，以合黄道爲順，黑道爲逆。若此七日遇黄道及天、月二德，亦可用。如值黑道，雖有吉神，亦不可用。今聚星例圖於后，並係專主起造，覽者詳之。

起造宅舍立木上梁逐月吉日寺觀、庫店通用

正月戊辰，大吉利。舊有辛未、己未犯火星、火交，不用。二月辛未、己未，不犯黑道、魁罡、天刑、雷火，吉。三月己巳，不犯諸殺，雖值火交，吉星多，可用。四月辛未，吉。一云忌起造，用者審之。五月庚申，不犯破敗、狼籍、天火、雷火，吉。外有甲申，並無凶神，亦可用。六月己巳、庚申乃十全大吉。七月壬子、辛

未，諸曆並通，外有乙未，但可修换。八月舊有辛未、乙未、己未係受死，並不用。九月甲申、庚申，大吉。舊有己巳係空宅，乙亥係火交，不用。十月辛未不犯魁罡、滅門、雷火、大禍，吉。十一月庚申、己巳、甲戌，雖有吉神，不合黄道，只宜修蓋，不利建造。十二月乙亥、乙卯、己卯，大吉。舊有己亥係火星，又與辛亥並犯空宅，不用。

架屋逐月吉日

正月無，二月甲申、己亥、乙未、己未，三月壬子，四月辛未，五月甲申、庚寅、戊申，六月己巳、甲申、庚申，七月辛未、壬子，八月乙亥、庚寅，九月甲申、庚申，十月辛未、乙未，十一月甲申、戊申，十二月乙亥、甲申、庚申。

右吉日不犯朱雀、黑道、建破、魁罡、天窮、地瘟、十惡、受死、轉殺、土鬼、冰消、瓦陷、天火、獨火，次地火、火星、正四廢、陰陽錯日。

定磉扇架吉日

甲子、乙丑、丙寅、戊辰、己巳、庚午、辛未、甲戌、乙亥、戊寅、己卯、辛巳、壬午、癸未、甲申、丁亥、戊子、己丑、庚寅、癸巳、乙未、丁酉、戊戌、己亥、庚子、壬寅、癸卯、丙午、戊申、己酉、壬子、癸丑、甲寅、乙卯、丙辰、丁巳、己未、庚申、辛酉，宜天、月德，黄道值日，可用。正四廢、天賊、建破日，不可用。

白虎曆起造吉日

初二、初三、初十、十一、十八、十九、二十六、二十七。係虎頭、虎脇，吉。餘日並凶。

火星起造凶日修造蓋屋、起蓋門通忌

孟月乙丑、甲戌、癸未、壬辰、辛丑、庚戌、己未。仲月甲子、癸酉、壬午、辛卯、庚子、己酉、戊午。季月壬申、辛巳、庚寅、己亥、戊申、丁巳。

六甲圖起屋吉日

己巳、辛未、甲戌、乙亥、春凶。己卯、一云妨長。甲申、一云失火。乙酉、春忌。戊子、己丑、一云損人。庚寅、一云三年滅門。乙未、春四月，凶。己亥、庚子、出顛人，後富貴。辛丑、先吉，後凶。癸卯、云生刀兵。戊申、一云凶。己酉。

六甲圖起屋凶日

甲子、乙丑、丙寅、丁卯、戊辰、庚午、壬申、癸酉、丙子、丁丑、戊寅、庚辰、辛巳、壬午、癸未、丙戌、丁亥、辛卯、壬辰、癸巳、甲午、丙申、丁酉、戊戌、壬寅、甲辰、乙巳、丙午、丁未、庚戌、辛亥、癸丑、甲寅、丙辰、丁巳、戊午、辛酉、癸亥。春忌甲乙，夏忌丙丁，秋忌戊己，冬忌壬癸。

起屋立柱凶神

地柱、妨宅長。天火，次地火、危日。

架屋逐月吉凶日

正月丁卯、己未、乙卯吉。二月甲戌、辛未、己未、己亥吉。

三月甲子、乙巳、丙寅、丁酉、癸巳吉。四月乙丑、辛卯吉。五月庚辰、辛巳、己未吉。六月丙寅、癸酉、丁酉、戊申、丁巳吉。七月乙丑、戊戌、丁未、庚戌、己未吉。一本有戊申。八月乙丑、壬辰、癸巳、己亥吉。九月甲子、癸酉、辛巳、庚申大吉。十月乙丑、辛酉、癸酉、壬辰、辛未吉。十一月甲戌、辛未、己丑、戊戌、甲寅吉。十二月甲寅、丁亥、戊寅、戊申吉。

架屋吉日

甲子、乙丑、己巳、壬申一云凶、癸酉、乙亥、辛巳、戊子、庚寅、乙未、丁酉、庚子、壬寅、癸卯、甲辰、乙巳、壬子、癸丑、乙卯、庚申。

《曆纂》有丁丑、己卯、甲申、乙酉、丙戌、己丑、辛卯、癸巳、戊戌、辛丑、丁未、戊申、己酉、庚戌、辛亥、丁巳、己未、辛酉、壬戌、癸亥。

架屋忌日

辛未、辛卯、壬辰、丙申。

又《六甲圖》有庚午、丙子、丁亥、甲午、丙午。

蓋屋吉日

甲子、戊子、壬子、乙丑、辛丑、甲寅、戊寅、庚寅、己卯、癸卯、甲辰、戊辰、己巳、乙巳、癸巳、癸未、乙未、甲申、戊申、癸酉、乙酉、己酉、己亥、辛亥。

《六甲圖》有丁卯、辛未、壬申、甲戌、丙子、丁丑、庚辰、辛巳、丙戌、丁酉、壬寅、庚戌、癸丑、乙卯、丙辰、庚申、辛酉、壬戌。七月凶。

蓋屋凶日

丙寅、乙亥、丁亥、辛卯、丙申、戊戌、庚子、丁未。

《六甲圖》有戊午、黄帝死。丁巳、赤帝死。午日。主火光。

蓋屋凶神

蚩尤、天火、八風。

上屋忌月

五月、六月。上屋必死。

上屋忌日

正月子日，二月卯辰，三月亥未，四月卯申，五月丑未，六月戌寅，七月酉戌，八月酉亥，九月子，十月寅，十一月辰，十二月巳午。

拆屋忌日

甲子、戊子、一云殺長。庚子、乙丑、癸丑、壬寅、乙卯、癸卯、庚辰、一云月傷。壬辰、乙巳、一云殺長。辛巳、癸巳、甲午、乙未、辛未、癸未、庚申、一云殺長子。壬申、丁酉、一云失財。癸酉、一云妨長。甲戌、一云凶。乙亥、一云妨長婦。癸亥、建日、除日、破日。

《六甲圖》有丁丑、丁亥、丙申、己酉。

拆屋凶日

庚子、辛丑、戊寅、丙辰、丁巳及四廢赤口日，凶。

《六甲圖》有丁卯、丙子、壬午、乙酉、辛卯、戊戌、丁未、戊申、壬子、甲寅、丙辰。

拆屋妨害日

一日妨東家，二日南家，三日失火，四日西家，五日長子，六日南家，七日西家，八日宅長，九日宅長，十日宅長。自初一日起東家，終而復始。

修造偷方

太歲諸神、上箭、土公、河神、鶴神五將，白虎日遊神太白遊八項。吉凶方位並在年月方位圖後，六甲三旬日内，諸神各有所占。如遊東方，則東方不可作，餘方皆可作。然八項難得全過，所必忌者，太歲諸凶神；所可用者，偷修諸吉日也。年月方位圖乃見當年授時曆也。

偷修吉日

壬子、癸丑、丙辰、丁巳、庚申、辛酉六日，八方無忌，從便修造，只要六日内了畢。更逢天德、月德、天恩、天赦尤佳。

偷修凶日

甲寅、乙卯、戊午、己未、壬戌、癸亥六日，八方並忌，不可修造。

偷修别法

丙辰、丁巳、戊午、己未、庚申、辛酉六日，八方俱白，無所妨礙。

修門忌年

九良星寅、巳、申年及壬寅、庚申年在門，己卯、甲辰、癸巳、丁亥年在大門，丁巳年在前門，卯年及丁卯、己卯、癸酉年在後門。九良殺己未年在門，卯年在後門。

修門忌月

修廚殺甲巳年九月、乙庚年十一月、丙辛年正月、丁壬年三月、戊癸年五月在門。九良星九月、十月在大門，四月在前門，二月在後門。牛黄五月、七月、十一月在門。牛胎三月、九月在門。猪胎二月、八月在門。六甲胎二月、三月、九月、十月在門。土公夏在門。宅龍三月、四月在門。

作門忌月

春不作東門，夏不作南門，秋不作西門，冬不作北門。

作門吉日

甲子、乙丑、辛未、癸酉、甲戌、壬午、甲申、辛卯、癸巳、乙巳、壬子、甲寅、丙辰、戊午。

作門忌日

庚寅門，大夫死。

塞門忌日

丙寅、己巳、庚午、丁巳，四廢。

修作門吉神

幽微、活曜、滿德，吉慶。

修作門凶神

門大夫死軫、九月二十五日。翼、九月二十四日。亢。五月初九日、八月三十日、九月二十七日。

開門尺法

古言：寧去人家造百墳，莫去人家造一門。門最利害，一家禍福率由之。周尺分節：一財、二病、三離、四義、五官、六劫、七害、八吉。財與吉爲上，官、義次之，餘無取。財、吉公私内外通用。官可用之官房中，户出文章貴子，庶人用之起官事，凶。義可用之中房，出人孝順，若在外門，生兩姓同居。若人家内外大小門户以財、吉、義三者兼用之，主世代昌隆，特義不可用之外門耳。

魯般尺法

《淮南子》曰：魯般即公輸般，楚人也，乃天下之巧士，能作雲梯之械。其尺也，以官尺一尺二寸爲準，均分八寸，其文曰財、曰病、曰離、曰義、曰官、曰劫、曰害、曰吉，乃北門中七星與輔星主之。用尺之法，從財字量起，雖一丈十丈皆不論，但於丈尺之内，量取吉寸用之，遇吉星則吉，遇凶星則凶。亘古及今，公私造作，大小方直，皆本乎是，作門尤宜仔細。

造尺樣範

貪狼　破軍　武曲　巨門　文曲　廉貞　禄存　輔星
財　病　離　義　官　劫　害　吉

魯般尺詩

八位星辰世罕聞，古今排定合乾坤。陰陽未必全山水，禍福由來半在門。

修廳忌年

九良星甲申、戊申、壬申年在正廳，九良殺辰亥年在廳。

修廳忌月

修廚殺甲巳年十二月，乙庚年二月，丙辛年四月，丁壬年六月，戊癸年八月在廳。

修堂忌年

九良星丙子、庚子年在中庭，申年及甲申年在中宫。九良殺子年在堂，寅卯年在後堂，申年在中庭，一云中宫。

修堂忌月

九良星二月在中宫，七月在中庭，十一月、十二月在中宫。修廚殺甲巳年三月，乙庚年五月，丙辛年七月，丁壬年九月，戊癸年十一月在堂。宅龍九月在房，十月在室，十一月、十二月在堂。伏龍春在中庭，二月、四月、五月在堂。土公冬在中庭。

修廚忌年

九良星，子丑午年及戊子、乙丑、丁丑、己丑、壬寅、戊午年在廚。九良殺，丑在廚，修廚殺子午、卯酉年修廚殺新婦。

修廚忌月

九良星三月、四月、十二月在廚。修廚殺甲巳年六月，乙庚年八月，丙辛年十月，丁壬年十二月，戊癸年二月在廚。

修竈法

面向西及南，大吉。東及北，大凶。竈長七尺九寸，應北斗九州，廣四尺象四時，高三尺象三才。

作竈忌年

九良星子午年及戊子、戊午年在竈。

作竈吉月

秋作大吉，春作次吉。

作竈忌月

春及八月宅龍在竈，土公在竈。伏龍九月二十三至十月初四，十一月二十一至十二月，終並在竈。夏火旺招瘟，冬火死招瘟。六甲胎四月、六月、十一月在竈。牛黄四月、十月在竈。牛胎六月、十二月在竈。一云二月、五月。猪胎三月、七月、十一月在竈。一云四月、八月。

作竈吉日

甲戌、乙亥、癸未、甲申、乙未、己巳、辛亥、癸丑、甲寅、乙卯、己未。

《曆纂》有甲子、乙丑、癸酉、壬辰。

《六甲圖》有乙巳。舊有乙酉、甲午、己酉犯土鬼，甲辰、己丑犯十惡，不用。

逐月作竈吉日

正月丑戌子，二月丑戌，三月卯子寅，四月卯子，五月巳寅辰，六月巳寅，七月未辰午，八月未辰，九月酉午申，十月酉午，十一月亥申戌，十二月亥申，乃逐月、正陽、五祥、開日。又相日、民日、定日、成日、滿日、平日，並吉。

逐月作竈忌日

正月、二月寅申酉，三月、四月辰戌亥，五月、六月午子丑，七月、八月申寅卯，九月、十月戌辰巳，十一月、十二月子午未，乃逐月、毀敗、豐至、五衝凶日。二月午，五月卯，八月子，十一月酉，乃四部凶日。壬寅、己亥、庚子、辛丑、戊戌，乃百忌凶日。又丙日、丁日。不作竈。又建日、破日、四廢日、初六、十五、二十七，並凶。

作竈吉神

天德、月德、玉堂、生氣、豐王、榮官、守成、王城、土星。夏秋直日。

拆竈吉日

正月、二月丑戌日，三月、四月子卯日，五月、六月寅巳日，七月、八月辰未日，九月、十月午酉日，十一月、十二月申亥日，應人家竈壞，急欲移改，不可候正吉日者，以上日可備急用。凡拆竈，宜安丙丁方吉。

拆竈忌日

初八、十六、十七。

六甲圖祭竈吉日吉時

乙丑日辰丑時，丁卯日辰時，壬申日寅時，癸酉日丑巳時，甲戌日卯時，乙亥日午時，己卯日未時，庚辰日戌時，甲申日辰卯時，乙酉日寅卯時，丁亥日寅戌時，己丑日丑時，丁酉日申戌時，癸卯日子辰時，甲辰日卯辰時，丙午日申時，春祭凶。己酉日寅午時，辛亥日辰申時，癸丑日辰卯時，乙卯日卯辰時，辛酉日辰戌時，癸亥日午戌時。

祭竈凶日

春丙午、丁未及丁日、初四日，夏丙子及初六日，秋戊子及初七日，冬丁巳及十二日。又建日、破日、執日、危日、閉日、害日、毁敗日，並凶。

修廁忌月

六甲胎八月在廁，牛胎四月、八月、十月在廁。又春夏忌修廁。

作廁忌月

正月、六月,凶。

作廁吉日

癸巳、己未、丙戌、庚辰、壬子、己卯、壬午、乙卯、初七、十一、二十三日。

造倉庫店

《倉經》云:凡作倉,甲庚丙壬四向吉,又要坐虛向實,不可向屋宅倉前放水,不可流破財禄。如甲向禄在寅,財在辰;丙向禄在巳,財在未;庚向禄在申,財在戌;壬向禄在亥,財在丑。二位水入,吉;水去,凶。若所造去屋宅近,且要作方大利。

造倉利月

二月、四月、七月、八月、十一月。半吉。修倉通用。

造倉忌月

正月、二月、五月、六月、九月、十月、十二月。

造倉吉日

春己巳、己丑、丁巳、丁未,夏甲午、甲辰,秋乙亥、丁未,冬甲申、壬戌。

《總集》春無丁巳,有戊辰。夏有乙巳。秋有壬午。冬有辛未、戊戌。餘並同。

《六甲圖》有庚辰、辛巳、壬午、庚寅、壬辰、乙未、戊戌、己亥、庚子、丁未、甲寅、乙卯、丙辰、戊午、壬戌、癸亥。

六甲圖造倉忌日

己未、庚申、辛酉。春戊戌、戊午，夏庚子、辛亥，秋甲寅、甲申、乙卯，冬丙午、丁未。

造倉無鼠日

三月丙日，四月乙，五月丙丁，係十干功食日。

起倉吉日

乙丑、己巳、庚午、丙子、己卯、庚辰、辛巳、壬午、庚寅、壬辰、甲午、乙未、戊戌、庚子、甲寅、壬寅、戊午、壬戌日。

《六甲圖》有戊辰。

修倉忌日

牛黄六月、九月在倉。猪胎八月、九月在倉。

修倉吉日

甲子、乙丑、丙寅、丁卯、壬午、甲午、甲辰、己未、滿日。

《六甲圖》有癸丑。

修倉忌日

牛黄子丑寅卯日在倉。

修作倉忌日

春乙丑、乙酉、戊戌，夏辛亥、庚子，秋甲寅、甲申、乙卯，冬甲午、丁未。

蓋倉吉日

甲子、乙丑、辛未、乙亥、甲申、辛卯、乙未、己亥、庚子、乙巳、癸丑。

《六甲圖》有壬辰、乙卯。

泥倉吉日

己巳、乙亥、庚辰、庚寅、壬辰、甲午、乙未、乙酉、乙卯。

《六甲圖》有戊辰。

五穀入倉吉日

庚午、己卯、辛巳、壬午、癸未、乙酉、己丑、庚寅、癸卯、甲辰。

《六甲圖》有甲戌、乙亥、丙子、戊子、乙未、壬寅、己酉、丙辰、癸亥。尋常貯積，戌日吉。

塞鼠穴吉日

壬辰、庚寅、滿日、閉日。又正月上辰，鼠當日死穴，天狗日宜塞孔穴。

穿井開池吉日

小寒、立春、穀雨、小滿、小暑、立秋、霜降、小雪，以上爲地元。凡池井土功之事，宜於地元内擇日用之。

穿井忌年

九良星寅年及壬寅年，申年及庚申年丁丑、乙未、己未、癸未年在井。九良殺丑、卯、未年在井。

穿井忌月

九良星七月在井，土公秋月在井，伏龍八月在井，牛黄五月、七月在井，牛胎正月、十一月在井，猪胎三月、九月在井。

穿井吉日

甲子、乙丑、甲午、庚子、辛丑、壬寅、乙巳、辛亥、辛酉、癸亥。净戒作癸酉。

《六甲圖》有丙子、壬午、癸未、乙酉、戊子、癸巳、戊戌、戊午、己未、庚申。

《總集》穿池井有甲申、癸丑、丁巳。

穿井凶日

卯日、除日。

穿井吉方

寅方出長壽，卯辰巳方出富貴，餘凶。

修井忌月

三月、六月、七月，凶。餘與穿井忌同。

修井吉日

庚子、辛丑、甲申、癸丑、乙巳、丁巳、辛亥。

《六甲圖》有丁亥、乙未、己酉。

修井吉神

太陰、春秋、冬直日,吉。

開井年月日時方位

子午年五月戌酉,十一月卯辰。丑未年六月戌亥,十一月辰巳。寅申年七月亥子,正月己午。卯酉年八月子丑,二月午未。辰戌年九月未申,三月寅丑。己亥年十月申酉,四月寅卯。右取其方位年月日時即爲福地。昔唐張士平中年患眼蒙皮[①],告之以此法,開井取水洗眼,即時開明,事見《太平廣記》。

開池井吉神

泉通日。

開池井凶神

伏龍、龍口、龍走、水生、地囊、四激、泉閟、泉竭、五行,忌。冬壬癸日,黑帝死井,忌。

① 按,《太平廣記》卷七十五《道術五・張士平》原文,張氏夫婦皆患瞽,即本書"眼蒙皮"之所本,得太白星官化爲書生,告以井水洗眼之法。

開池忌方

甲子辰年亥方，己酉丑年申方，丙午戌年巳方，亥卯未年寅方，又歲德方。

作陂塘吉日修陂堰同

甲子、乙巳、庚午、甲戌、戊寅、己卯、辛巳、癸未、甲申、乙酉、庚寅、丙申、己亥、庚戌、壬子、癸丑、戊申、乙卯、滿日、成日。一本有癸酉。

作陂塘凶日

初三、初五、十一、十三、十六、十七、十九、二十七日、二十九、三十日，天百穿。

作陂塘凶神

伏龍、龍走、龍口、龍會、龍忌、蛇龍、蛇會、水隔、水痕、水生、五行，忌冬壬癸。

修陂堰凶日

年忌日。

修陂堰吉日

閉日。

開溝吉日

甲子、乙丑、辛未、己卯、庚辰、丙戌、戊申、開日、平日。

開溝忌月

猪胎己酉丑月在溝。

開溝忌日

壬午日、四部日。春午,夏卯,秋子,冬酉。

注河吉凶日

癸酉、戊申吉,己巳凶。

決水吉凶日

己卯、戊申吉,壬午日大凶。

決水吉凶神

幽微、活曜、滿德、吉慶,吉。黑帝死,大凶。

塞水凶月日

柳八月二十四、十月十九丙。

穿井開池吉節

小寒、立春、穀雨、小滿、小暑、立秋、霜降、小雪以上爲地元。凡土功之事,宜於地元内擇日用之。

築牆忌月

宅龍六月、七月在墻。伏龍六月、七月在西墻。

築牆逐月吉凶日

與前動土、起土、基地日通用。

築牆吉神

土星。夏秋直日，吉。

築牆凶神

年忌日。

修路忌年

九良星寅申年及壬寅、庚申年在路。

修路忌月

牛黄二月、十二月在路。

修水路忌年

九良星未年及丁丑、乙未、癸未年在水路。一云水步。九良殺丑、寅、卯、未年在水步。

修水路忌月

九良星五月、六月在水路。

塞路吉日

每月閉日,宜填塞道路。

砌階忌月

九良星正月、二月在階。

水廨忌月

牛黄三月在廨,牛胎七月、十月在廨。

水廨忌日

牛黄辰巳午未日在廨。

安碓吉方

《天老經》云:安碓非其所。人病不離床,宜安東北方艮地及寅亥地,大吉。餘方並凶。安磨方同。

安碓吉日

甲戌、乙亥、庚申、辛未、庚寅、庚子、庚午。

修碓忌月

《萬年曆》云:春三月不修磑,夏三月不修碓。

安磨忌月

牛胎正月、七月在磨。

入宅移居

入宅移居切要五條，已見用法，今再具出諸曆吉凶日子。既得吉日，尤貴黄道、天德、月德、天恩、天赦、月恩、明堂，母倉、開滿、成收等日臨之，最怕歸忌、往亡、暗金、伏斷、天火、雷火、狼藉、空宅、離窠、轉殺、大殺入中宫，陰道、侵陽等日，大凶。更須以宅長本命求之，若得禄馬、官貴、互换、四課、生旺、有氣、回居之後，即時興發，全在智巧善推之耳。

入宅儀式

凡入新宅，先選定吉日、吉時。隔夜備香燭於中庭及聖堂前供養。當入之時，宅長執香入宅，母執鏡，長男抱器盛五穀，長女將綵帛蚕種，以次男女各各執珍寶財帛，婢妾僕使亦各執物，不可空手。入至中庭，設席備香燭。宅長隨意祈禱，仍備金錢或餕餢，普祭門霤及諸神以求福祉，則人宅永安也。

入宅移居吉節

大寒、雨水、春分、芒種、夏至、白露、寒露、立冬以上爲人元。凡移徙係人事，並於人元内擇日用之。

入宅移居逐月吉日到官舍、移居同

正月壬辰、丙辰、丁未、辛未，二月乙丑，三月丙寅、庚寅、壬寅、丁巳、己巳，四月癸卯、甲午、丙午、庚午，五月庚辰、甲申，六月甲寅、庚寅、丁酉、癸酉。七月甲戌、戊戌、庚戌。八月乙亥、辛亥、癸丑。九月甲午、丙午、甲申、庚申、壬申。十月甲子、戊子、庚辰、甲午、壬午、癸酉。十一月乙丑、丁丑、癸丑、乙未、丁未、辛未、甲戌出百忌,大吉。癸丑日多吉星,未日係萬通,三吉日尤爲可用。十二月甲寅、庚寅、丁卯、乙亥、己亥、辛亥。已上不犯天敗、天火、天雷、天窮、月厭、月火、雷火、歸忌、狼藉、虚耗、空宅、滅絶、十惡、萬通、受死、大殺、入中宫等殺,並吉。

五運入宅吉日 並合滿、平定、成收、開日,吉

金宅宜丁巳、辛巳、庚申、乙酉、癸酉、己酉、辛酉。木宅宜乙亥、癸亥、辛亥、己亥、甲子、戊子、壬子、丙子、戊寅、甲寅、乙卯、癸卯、辛卯、丁卯。水宅宜丙申、庚申、辛酉、辛亥、癸亥、壬子、戊子、己丑。火宅宜丙寅、戊寅、甲寅、己卯、辛卯、乙卯、己巳、癸巳、乙巳、辛巳、丁巳、庚午、丙午、甲午、戊午。土宅宜壬申、甲申、丙申、戊申、癸酉、乙酉、丁酉、己酉、乙亥、丁亥、辛亥、甲子、戊子、丙子、庚子。

六甲圖入宅移居吉日

甲子、乙丑、丙寅、戊辰、庚午、丁丑、戊寅、乙酉、庚寅、壬辰、癸巳、乙未、壬寅、癸卯、甲辰、丙午、辛亥、癸丑、丙辰、丁巳、壬戌。已上入宅移居,吉。己巳、辛未、癸酉、甲戌、乙亥、己卯、庚辰、甲午、丁酉、己亥、庚子、丁未、甲寅、辛酉。已上入宅,吉。丁卯、丙戌、丁亥、戊子、己丑、辛卯、乙巳、戊申、己酉、乙卯、戊午、己未、庚申。已上移居,吉。《撮要》云:入宅移居吉日亦同。

六龍曆入宅吉日

初一、初七、十三、十九、二十五日。餘日並凶。

白虎曆移居吉日

初二、初三、初十、十一、十八、十九、二十六、二十七日。餘日並凶。

醮宅謝宅吉日

乙丑、辛巳、甲申、《六甲圖》有。庚午、庚申。

入宅移居吉神

黄道要安天德、月德，月德合陰陽、合天赦、上次吉，併良。天恩、不犯次吉。魁罡與上，併良。月恩，次天德、龍德、支德、金堂、玉堂，次玉堂、普護、聖心、益後、續世、母倉、明堂、金櫃、司命、生氣、時陽、天官、鳳輦、天福、獄鑰、福德、天符、五富、開日、滿日、成日、顯星、曲星、傅星、金星、秋冬直日。密嘀、没斯。

入宅移居凶神

陽錯、陰錯、陰道侵陽、陽破陰衝、陰陽交破、陰陽衝破、陰陽衝擊、陽併陰衝、棟折、天呷。已上星遇天、月德、玉堂、生氣，不可用。天罡、河魁、滅門、大禍，四星滅族亡家黄道吉神併多者可用。轉殺、殺人。陰私、妨女人小口。天棒、妨小口。天牢、二人亡。天瘟、大忌。飛流、主火。死氣、死别九醜，大凶，惟十二月吉。歸忌、不歸、往亡，月節往亡，上忌同日。刑獄、伏罪、徒隸、天賊、天隔、天雷、天羅、天窮，次天牢、不舉、五盜、土勃、空亡、天地、空亡、空宅、歲空、飛廉，大敗，罪至、骸骨、月厭、温星、龍虎、遊禍、離窠、牢日、獄日、大耗、破同日。小耗、執日同。四方耗、五星交、齊星、火星、利星，又火星、春夏直日。

雞緩、雲漢、郝頡。

六甲圖入宅移居凶日

乙巳、入宅凶。甲申。移居凶。

開庫店逐月吉日坊場通用

正月丙辰、戊辰、甲辰。二月己巳、丁巳。三月甲寅、丙寅、戊寅、庚寅、壬寅。四月乙丑、丁丑、丁卯、辛卯、乙卯。五月丙寅、甲申、庚申。六月丙寅、丁丑、辛巳、乙酉、辛酉。七月壬辰、戊戌、庚戌、壬戌。八月癸巳、乙亥、己亥,不犯大小耗。九月丙子、壬子、庚午、丙午、壬午、丙申、庚申、壬申。十月甲子、乙未、辛未、乙酉、癸酉。十一月甲寅、丙寅、庚寅。十二月壬寅、乙卯、丁卯、辛卯。已上不犯天窮、貧苦、九空、破敗,次破敗、虚耗、四耗、大小耗,更要不犯逐月、建破、魁罡。

開庫吉神

天寶、天富、逆天倉、鸞輿、五富、獄鑰。

開庫凶神

九空、九焦、九坎、四忌、四窮、大耗、破同日。小耗,執同日。天地、離龍、虎蛇、烏天、賊天、休廢、月虚、空亡,財離。開店肆皆不可。

開店肆吉神

天德、月德、黄道、天府,逆天倉、天庫、天符、天富、五富、獄鑰、少微、益後、六合、曲星。

開店肆凶神

月虚、虚敗、空亡、歲空、九空、財離、亡羸、天賊、四廢、天休廢、四忌、四窮、五窮、大耗、小耗、四方耗、天地、離龍、虎烏蛇[①]。

開倉吉日

丁亥。

開倉忌日

壬申、戊寅、戊戌、丙辰、戊午、甲日。不開倉。春丑午,夏子,秋未,冬寅。五虚。春巳酉丑,夏申子辰,秋亥卯未,冬寅。午戌、次五虚。乙亥、辛亥、壬子、戊午。一云春壬子,夏乙卯,秋戊午,冬辛酉。四耗。

買田吉日

甲子、辛未、甲戌、庚辰、辛巳、壬午、乙酉、壬辰、丙申、癸卯、甲寅、辛酉、成日。

買田凶日

戊日,戊不受田。惟戊辰、戊申兩日,爲天田,利收十倍。又忌破日。

---

① “虎烏蛇”,據前“開庫凶神”條例,疑是“虎蛇、烏天”之誤。

立契吉日

庚辰、辛巳、壬午、壬辰、癸巳、庚子、戊申、辛酉、癸卯、丁未、甲寅、執日。

立契凶日

巳日、巳不破券。破日。

交易吉神

天德、月德,合六合、金星、秋冬直日。活曜、吉慶、幽微、滿德。

買産吉神

天田、益後。

藏寶貝日

天德、月德,方天月德,合金石,合密日、收日、閉日。

出財吉日

壬申、丁丑、庚辰、乙酉、丙戌、癸巳、庚戌、辛亥、乙卯、丙辰、丁巳、辛巳、辛酉、甲申。

出財凶日

乙丑、戊辰、甲戌、乙亥、庚辰、三月凶。壬子、壬午、庚寅、乙巳、乙未。

出財吉神

天富、五富、逆天倉、獄鑰、郝頡、密嘀。

納財吉日

甲子、乙丑、丙寅、丁卯、戊辰、己巳、庚午、辛未、壬申、己卯、庚辰、壬午、癸未、丙戌、己丑、庚寅、甲午、丙申、庚子、辛丑、癸卯、甲辰、乙巳、丙午、丁未、庚戌、辛亥、壬子、癸丑、甲寅、丙辰、丁巳、庚申、成日、收日。

求財吉日

丙子、丁丑、己卯、丁亥、滿日。

求財吉時

生氣、時陽、天庫、少微、陽德、福德,次福德、福生、天富、聖心、没斯。

求財凶神

天罡、河魁、滅門、大禍、四星與黄道吉神併多者可用。天刑、殺劫、殺死、氣受、死亡、羸大、四廢、正四廢,次天牢、天空亡、往亡、土忌同日。火星。春夏直日。

合財吉日

甲申、辛卯、乙未、戊戌、己亥、壬寅、乙巳、壬子、己未。

放債吉日

乙巳、庚午、己亥、成日。

放債凶日

癸未、除日。

索債吉日

丁亥、丁丑。又春戌,夏丑,秋辰,冬未。天喜日、收日。

牧養良法

養馬總論

馬者,火畜也,其性惡濕,利居高燥,忌作房於午位。日夜喂飼,中春於淫,順其性也。季春必啗,恐其退也。盛夏必浸,恐傷於暑。季冬必温,恐傷於寒,啗以猪脂及犬膽汁煮粥則肥。

王良相馬捷法

頭欲高峻。

面如瘦而少肉。

耳欲得小,耳小則肝小而識人意,緊短者性最快。

鼻大則肺大而能奔。

眼欲得大,眼大則心大而猛利不驚。眼下無肉,多咬人。

腎欲得小。

腸欲厚則腹下廣方而平。

賺欲得小，賺小則脾小而易養。

胸堂欲闊。

肋骨過十二條者良。

三山骨欲平則易肥。

四蹄欲注實則能負重。

腹下兩邊生逆毛倒賺者良。

望之大，就之小，筋馬也。望之小，就之大，肉馬也。至瘦欲見其肉，至肥欲見其骨。

今之買馬，且看眼鼻大，筋骨粗，行立好，便是好馬。

牧養須知

喂料時，須揀擇新草，篩簸穀豆。若熟料，用新汲水浸淘放冷，方可喂之。每一夜須三二次起供草，若馬熱，不宜加熟料。

喂水有三時：一曰朝，飲則小之；二曰晝，飲則酌其中；三曰暮，飲極之。凡飲時宜以新水，切忌宿水，能爲患。冬月飲水訖，亦須騎驟。又曰：夏漢，冬寒，皆節飲。諺又曰：旦起騎穀，日中騎水。大概喂水不謹，亦能成病也。

摘卸不宜當風。

每日晨晚須看其口色，以知其冷熱之候。

日中若不乘騎，遇湖榻有草處須抛放，令自在舒暢，亦得硬實也。

養馬，冬須暖廐，夏必涼棚，槽櫃須令潔净，毋得雜以毛羽蛛絲穢惡之物。

相馬法

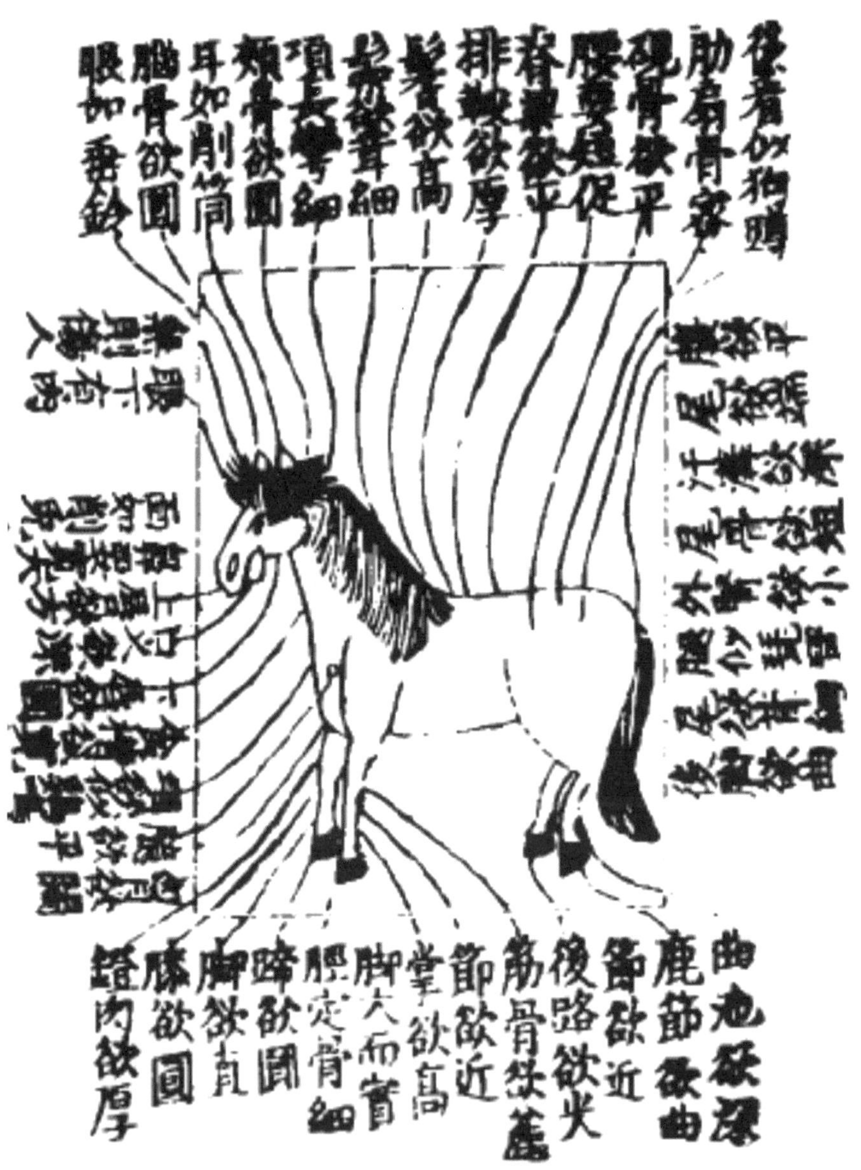

三十二相眼爲先，次觀頭面要方圓。眼似垂鈴鮮紫色，滿筐口出不驚然。白縷貫瞳行五百，班如撒豆不同看。面顱側擊如鐮背，鼻如金盞可藏拳。口叉須深牙齒遠，舌如垂劍色如蓮。口無黑靨須長命，唇似垂箱蓋一般。食槽寬闊腮無肉，咽要平分筋有欄。八肉分兮彎左右，龍會高兮上古傳。項長如鳳須彎曲，鬃毛茸細要如綿。膝要高兮員似掬，骨細筋粗節要攢。蹄要圓實須卓立，身平充闐要平寬。肋骨彎兮須緊密，排鞍肉厚穩金鞍。三峯壓壓須藏骨，卧如猿落重如山。鵝鼻曲直須平穩，尾似流星散不連。膂筋大小須匀壯，下節攢筋緊一錢。羊鬚有距如雞距，能奔急走日行千。已上貴相三十二，萬中難選一俱全。

右出李伯樂《寶金篇》。

養馬瘠瘦喂之不肥者

煮料時，同貫衆一兩枚煮，久久喂之，瘦虫自出矣。

治馬錯水

蓋緣騎驟緊急，過水之時，喘息未定，飲之以水，須臾之間，兩耳并鼻息皆冷，及流冷涕，即此證也。先燒人亂頭髮燻兩鼻，後用此藥：

川烏　草烏　白芷

胡椒　猪牙皂角各等分　麝香少許

右爲細末，用竹筒盛藥，一字吹入鼻中，立效。又法用葱一握，鹽一兩許，同搗爲泥，罨於兩鼻内，須臾打嚏，清水流出，是其效也。

治馬中結

蓋緣有臕之馬，騎坐路遠，安歇不久，肚中熱脂未凝，便飼乾草，熱脂裹草不能消化，故獲此證。但凡騎坐肥馬，行程寫遠，歇宜早，喂宜遲，未喂之先，飲水數口，方可飼草。不爾，必有此鐙[①]，治法用：

雄雞一隻，勿用刀割，以拳搥死，就熱便開破雞肚，取出腸肚心肝嘴脚指甲帶糞，入風化石灰一合，用碎剁爛，入真芝蔴油四兩，調匀灌之，立效。雞不用，只用肚中物。

千金散治馬中結

大黄一兩　　郁李子仁一兩

川山甲一兩，微炒黄色　　風化石灰一合，如無灰，用朴硝四兩代之

右爲細末作一服，芝蔴油四兩，釅醋一升，調匀灌之，立效。如灌藥不透，用猪牙皂角爲細末，芝蔴油各四兩，同和匀，填於後糞中，再灌前藥一服，即時便透。

治馬傷水及中結一切病證

悉皆治之，其效如神。

川烏　　草烏　　苽蒂

白芷　　胡椒　　麝香少許

猪牙皂角各等分

右爲細末，用竹筒盛，吹入馬鼻中，一字許不效，再吹。

① "鐙"，據本條前文"故獲此證"文例，當作"證"，手民偶誤。

黄蘗散

治馬黄。

黄栢　雄黄　木鱉仁各等分

右爲細末,醋作糊調冷,塗於瘡上紙貼,初見黄腫起時,便用針遍刺腫處,然後塗上前藥。

治馬梁脊破

成瘡不能騎坐,如未破,將馬脚下尿屎濕稀泥塗上,乾即再易濕者,如此三五次,自然消散矣。只用溝中青臭泥亦可,已破成瘡者,傳後藥。

黄丹生用　枯白礬　生薑燒灰存性

人天靈蓋燒灰存性

右各等分,同爲細末,入麝香少許,瘡乾用芝麻油調,看瘡大小用藥。如瘡濕有爛膿水,可用漿水同葱白煎湯洗净付之,立效。

必勝散

治馬疥瘮并癢者。

川芎　大黄　防風各一兩

全蝎一兩　荆芥穗五兩

右件並爲細末,分作五服,白湯調灌之。

養牛類

養牛法

相耕牛眼去角近,眼欲大,眼中有白脈貫瞳子。頸骨長大,後脚、股門並快使。毛欲短密,疏長者不耐寒。角欲得細,身欲得粗。尾稍長大,吉;尾稍亂毛,轉主命短。

相母牛法

毛白乳紅多子,乳疏黑無子。生時,子卧面相向,吉;相背,子疏。一夜下糞三堆,一年生一子;一夜只一堆,三年生一子。

治牛瘴

用安息香於牛欄中焚之。

又方:用石南藤和芭蕉,舂自然汁五升灌之,瘥。

又方:十二月内收兔頭燒灰,和水五升灌之。

知牛馬貴賤

黄帝問師曠曰:欲知牛馬貴賤,秋葵下有小葵生則賤。

白术散

治水牛患熱病。

歌曰:水牛瘵熱甚難醫,口黄黑色似青泥。四脚不收尿又屎,急忙醫療請須知。四脚白术并牛膝,麻黄厚朴恰合宜。蒿本當歸都作末,酒煎連灌便痊移。

白术二兩半　蒼术四兩二錢　紫苑三兩三錢
牛膝二兩二錢　麻黄三兩去節　厚朴三兩一分
當歸三兩半　藁本三兩三錢

右爲細末,每服二兩,用酒二升煎放温,草後灌之即瘥。

攻胃散

治水牛患氣脹病。

歌曰:水牛氣脹細消詳,冷熱相衝二氣傷。虚氣脹來經數日,致令傷重損脾間。先和二氣并脾胃,蒼术厚朴并生薑。官桂胡椒能破氣,脾俞鍼烙最爲良。

白芷一兩　茴苘一兩一錢　桔梗一兩二錢
蒼术一兩三錢　細辛一兩一分　芍藥一兩三錢
橘皮九錢半　官桂一兩一錢

右件爲末,每服一兩,用生薑一兩,鹽水一升同煎,温服灌之。

青皮散

治水牛水瀉病。

歌曰:水牛水瀉病根機,使後皆因飲失時。口美搵來無歇息,水傷脾胃糞腸希。心間焦渴饒貪水,枳殼蒼术青橘皮。象子澀腸乾薑妙,白礬燒灰便瘥移。

青皮二兩一錢　陳皮二兩二錢　枳殼二兩九錢
蒼术　象子　乾薑各二兩二錢
白礬一兩九錢燒　茴苘二兩三錢　芍藥
細辛各一兩半

右件爲末，每服一兩，用生薑一兩，鹽三錢，水二升同煎，灌之。

人參散

治水牛患熱瘟疫。

歌曰：牛患瘟疫五臟間，毛焦腹脹脚顛狂。早覺之時中治療，若還不治病難安。白礬甘草能治熱，知母黄芩也大涼。防風桔梗人參散，生薑蜜水灌除殃。

芍藥	人參	黄栢各二兩半
貝母	知母	白礬
防風	黄連各二兩三錢	蔚金
山梔子	黄芩各二兩四錢	桔梗
瓜蔞各二兩	大黄一兩九錢	

右件爲末，每服二兩，蜜二兩，砂糖一兩，生薑五錢，水二升同調，灌之立瘥。

養羊類

養羊法

羊者火畜也，其性惡濕，利居高燥，作棚棧宜高，常除糞穢。巳時放之，未時收之，若食露水則生瘡。凡羊種，以臘月、正月生羔爲種者上，十一月、二月生者次之。大率十口二羝，羝少則不孕，多則亂群。

羊有疥者，間别之，不使相染。不爾，則合群致死。治疥以梨蘆根以泔浸致竈邊，常暖數日，以磚刮患處，以藥汁塗之，再上即愈。若病多,漸漸塗之,侍塗則痛。

棧羊法

向九月初買羊膘,羯羊多則成百,少則不過數十頭。初來時與細切乾草,少着糟水拌。經五七日後,漸次加磨破黑豆,稠糟水拌之。每當少飼,不可多與,多則不食,可惜草料,又兼不得肥。慎勿與水,喫水則退膘溺多。可一日六七次上草,不可太飽,太飽則有傷,少則不飽,則減膘。欄圈常要潔浄,一年之中慎勿喂青草,喂之則減膘破腹,則不肯食枯草。

治羊疥癩方

百草霜用鹽滷,或用鹽四兩,桐油四兩,調勻,看多少,隨意用之。

養雞類

養雞法

二月内先耕地二畝令熟,做秫粥洒之,用生茅覆上,自生白虫。便買黄雌雞二十隻,大雄雞五隻,於地上四圍築墻高丈許,棘遮其頭,正中打一行墻,其地平分作兩院,每處地上作屋,方廣丈五,於屋下懸筐,令雞宿抱於内。如左院食虫盡,趕向右院内。無虫院,依上再用秫粥種之。

棧雞易肥法

以油和麵,捏成指尖大塊,日與十數枚食之。以做成硬飯同土硫黄研細，每次與半錢許，同飯拌匀喂之，不數日即肥矣。依養鵝法寨定，勿令走動。

養雞不抱常川下卵

母雞下卵時，日逐食内夾以麻子喂，永不肯抱，常川只下卵矣。

養生雞令不走

雞初到家，便以浄温水些洗濯雞脚放之，自然不走，即在前後，並不遠去。

養鵝鴨類

選鵝鴨並歳再伏者爲種

大率鵝二雌一雄，鴨五雌一雄，抱時皆一月雛出。量雛欲出之時，四五日之内，不可聞打皷、紡車、吠叫、猪犬及砧聲，不可用淋灰器作抱窠，勿令産婦觀看。大鵝一十子，鴨二十子，小者減之。數起者不任爲種，其貪伏不起者爲種，須五六日一與食，起之。

棧鵝易肥法

以稻子不計煮熟，先用磚蓋成小屋，放鵝在内，勿令轉側。門以木棒簽定，只令出頭喫食。日喂三四次，夜多與食，勿令住口，如此五日必肥。如稻子、小麥或大麥，皆要煮熟喂之。

養雌鵝法

鵝宜以一歲再伏者爲種，大率三雌一雄，將木作卵誘之，生時尋即收取，别置暖處，以柔草覆之，却與覆。

相鵝鴨法

鵝鴨母，其頭欲小，口上齕有小珠滿五者生卵多，滿三者爲次。

養雌鴨法

每年五月五日不得放棲，只乾喂不得與水，則日日生卵。不然，或生或不生。土硫黄飼之，易肥。

養魚法

陶朱公曰：治生之法有五，水畜第一，魚池是也。池中作九洲，求鯉魚。二月上庚日，池内中令水無聲，魚必生。至四月内一神守，六月二神守，八月三神守，神守者鱉也。所以内鱉者，鳞虫三百六十，蛟龍爲之長，而將魚飛去，有鱉則魚不去，在池中周繞九洲無窮，自謂江湖也。養鯉者，鯉不相食也，易長又貴也。

養魚法

魚池可用九畝或七畝，内立十洲三島，魚晝夜五方遊。朝東方，其池東方可撅丈許深，以磚石壘垛屹嶇作十洲，勿出水面。日中南方，可撅至泉，再深取三處如井之狀，名曰三島，使魚寒暄得所。日西遊西方，止深三二尺，多栽蒲柳之類，使魚馳騁於花影之中。黄昏遊北方，可深七八尺，多留藻，魚止於此。夜半居中，深四五尺，作明水，其魚朝星門。池中築一臺，方二丈許，立一突如烽燧狀，中藏狗毛骨糞，與乾柴草相間，積於突中，外立一走線於其内；若或有暴風雨，速將走線點着，突中柴草等煙起，龍來使穢煙觸之，乃養鯉魚法也，若鯖魚等不必立突。

養金魚法

磚砌水池三座，甲乙丙爲號。甲池養大金魚十個，以旋蒸無鹽料蒸餅薄切，竹簽插晾乾，逐日少取喂飼。候魚跌子，預將温草曬乾撒入池中，魚跌子温草上。候魚子跌盡，漉起濕草曬極乾，却撒入丙池内，魚出如針細，久而漸長大。間有玳瑁班者，如草魚狀者，日久仍爲金魚矣。緣春魚子色雜，秋魚子不變故也。候長如指大，却盡數漉入乙池養。倣此，則無大魚吞啖小魚之患矣。

牧養擇日法

作馬坊吉日

丁卯、庚午、甲申、辛卯、壬辰、庚子、壬子及天德月、德日。

作馬坊凶日

戊寅、庚寅。

修作馬坊凶神

牛火、血牛、飛廉、牛勾、絞地、軸刀、砧腹脹，牛馬通用。

買馬吉日

乙亥、丙寅、癸未、甲申、乙酉、丁亥、戊子、壬辰、甲辰、乙巳、壬子、己未、庚申、戊日、己日。

買馬凶日

戊寅、戊申、甲寅。

買馬吉神

龍虎、郝頡、火星。春夏直日。

伏馬習駒吉日

乙丑、己巳、壬申、甲戌、乙亥、丁丑、壬子、丙戌、戊子、己丑、癸巳、乙未、丙申、壬寅、丁未、己酉、甲寅、丙辰、丁巳、辛酉、癸亥、密日。

放馬血吉神

密日。

放馬血凶神

血忌、天狗、食畜。

取馬吉日

初一、初二、初四、初五、初七、初八、初九、初十、十四、十五、二十一、二十二、二十三、二十四、二十五、二十七、二十八、二十

九、三十。

取馬凶日

庚子戊午及申日，一云庚午戊子。

納馬吉日

乙亥、己丑、乙巳。

納馬凶日

戊午。

出納馬凶日

戊辰、己卯、庚寅、壬辰、甲寅、庚申、破群。丙寅。又四月己庚日。十干功食日忌買納馬。納牛同用。

除馬病法

常將獼猴安馬坊，且能辟惡。

五音牛欄吉方

宫音庚癸，商音庚亥，角音亥丁，徵音申庚，羽音未庚。

逐年牛黄七殺忌方

子午卯酉年，巽，一云坤。丑未辰戌年，乾。寅申己亥年。艮。

逐年牛神忌方

子年在欄東震方　丑年欄東南巽方　寅年欄東北兑方　卯年欄西兑方五步
辰年欄南离方五步　巳年欄内　午年欄東并未方　未年欄之卯辰方
申年欄東南巽巳方　酉年欄西南坤方　戌年欄南离方五步　亥年欄西北乾方六步

逐月牛黄殺方

正月欄　二月路　三月廨　四月竈　五月井　六月倉
七月井　八月焙　九月倉　十月竈　十一月門　十二月路

逐日牛黄殺方

子丑寅卯日倉　辰巳午未日廨　申酉戌亥日欄
右五項方位修作損牛。

作牛牢吉凶年

卯、辰、巳、申、亥、子年大吉，餘年凶。

作牛牢吉凶月

三[①]月、四月、七月大吉，九月自如，餘月凶。

作牛牢吉日

甲子、乙丑、己巳、庚午、甲戌、乙亥、丙子、戊寅、庚辰、壬午、癸未、乙酉、丙戌、戊子、己丑、庚寅、壬辰、癸巳、甲午、乙未、己

① “三”，飛本作“二”。

亥、庚子、辛丑、壬寅、癸卯、戊申、壬子、丁巳、庚申。

《牛黄經》又有戊申、戊午、辛未、辛酉、己酉。又戊巳、庚辛、壬癸日吉。又初一、初五、初六、十二、十三、十五日吉。

修牛牢凶日

春子戌午，夏寅卯丑，秋己午辰，冬申酉未。

修作牛牢凶神

牛火、血牛、飛廉、牛勾、絞地、軸刀、砧腹脹。

買牛吉日

丙寅、丁卯、庚午、丁丑、癸未、甲申、辛卯、丁酉、戊戌、庚子、庚戌、辛亥、戊午、壬戌。又正月寅午戌，六月申未卯日，吉。

買牛吉神

龍虎、郝頡、火星。春夏直日。

穿牛吉日

乙丑、戊辰、己巳、辛未、甲戌、乙亥、辛巳、乙酉、戊子、乙巳、乙卯、戊午、己未。

穿牛吉神

密日。

穿牛凶神

血忌、天狗、食畜。

教牛吉日

庚午、壬午、己丑、甲午、庚子、辛亥、壬子、甲寅。

取牛吉日

初一、初二、初四、初五、初七、初八、初九、初十、十四、十五、二十一、二十二、二十三、二十四、二十五、二十七、二十八、二十九、三十。

納牛吉日

丙寅、壬寅、乙巳、辛亥、甲寅、戊午。

納牛凶日

乙丑、壬申、甲戌、庚戌、癸丑。

出納牛凶日

戊辰、己卯、庚寅、壬辰、甲寅、庚申。破群。又四月己庚、十一月乙。十干功食日，忌買納牛。

治猪牢法

上劫太陽金水，吉；血刃月孛土宿，凶。

下劫三台魁罡，吉；帝星福星，吉。

右依此定年月日時四序行度，即猪進旺大驗。

猪牢分水法

惟寅申兩位放水，猪大旺，餘並凶。

作猪牢吉日

甲子、戊辰、壬申、甲戌、庚辰、戊子、辛卯、癸巳、甲午、乙未、庚子、壬寅、癸卯、甲辰、乙巳、戊申、壬子。

修猪牢吉日

申子辰日大吉，切忌四廢長短星。

買猪吉日

甲子、乙丑、癸未、庚寅、壬辰、乙未、甲辰、壬子、癸丑、丙辰、壬戌。

買猪凶日 出納猪並忌

戊辰、己卯、庚寅、壬辰、甲寅、庚申。破群。

納猪吉日

癸未。

出猪凶日

亥日不出猪。

割猪凶神

血忌、天猪、食畜，亥不出猪，破群，見馬門。

作羊棧吉日

戊寅、己卯、辛巳、甲申、庚寅、甲午、乙未、庚子、甲辰。棧下深埋銀少許，旺相，大吉。

安羊棧門法

商音，宜於庚辛壬癸地安，吉。開甲壬門大旺。

角音，宜於丁壬丑未地安，吉。開己丙門大旺。

徵音，宜於丙丁子癸地安，吉。開丁壬門大旺。

宫羽音，宜於未申地安，吉。開庚辛門大旺。

只宜作子午向水流，乾巽吉。

用丑未日兼寅戌山高。

買羊吉日

甲子、丙寅、庚午、丁丑、庚辰、辛巳、壬午、癸未、甲申、己丑、甲午、乙未、庚子、丁巳、戊午。

納羊吉日

癸未。

買納羊凶日

七月戊巳日，九月巳日。十干功食日。

羯羊凶神

血忌、天狗、食畜。

取猫吉日

天德、月德日，切忌飛廉日。

買犬吉日

壬午、甲午、辛巳、己酉。

取犬吉日

辛巳、乙酉、壬辰、乙未、丙午、丙辰、戊午、密日。

取犬凶日

戌日不乞狗。

殺犬凶月

正月殺狗，不祥。

治雞鵝鴨棲吉日

子午卯酉方名四極，甲丙庚壬方爲中皇，即此八方治之，主物大旺。

作雞鵝鴨棲吉日修棲同

乙丑、戊辰、癸酉、辛巳、壬午、癸未、庚寅、辛卯、壬辰、乙未、丁酉、庚子、辛丑、甲辰、乙巳、壬子、丙辰、丁巳、戊午、壬戌、成日、滿日。又作樓宜用梅李木,吉。

買雞鵝鴨吉日

甲子、乙丑、壬申、庚寅、甲戌、壬午、癸未、壬辰、甲午、丁酉、甲辰、乙巳。

殺雞凶月

臘月殺雞,不祥。

出雞凶日

酉日不出雞,又正月、七月庚。十干功食日,應買納羯雞並忌。

買六畜凶日

己巳、丁酉、甲辰。

調六畜吉日

丁丑。

納六畜吉日

戊寅、壬午、辛卯、甲午、戊戌、己亥、壬子、定日、成日、收日,切忌鶴神方入,大凶。

出納六畜凶日

庚寅、壬辰、甲寅、庚申、破日。又三月乙,十月壬,十二月乙。十干功食日。

納六畜吉祥

天德、月德合，次天庫、玉堂、黄道、土星。夏秋直日。

納六畜凶神

飛廉、大敗、天禍、三星大忌。破群、出入並忌。月虚、天賊、受死、陰殺。

結網吉日

戊辰、己巳、丁酉、甲辰、己酉。

漁獵吉日

甲申、丙戌、丁未、甲寅、己未、上朔、執日、危日、收日。又忌田獵，宜用寒露後、立春前執收日，吉。

漁獵凶日

乙丑、丙寅。

張捕吉日

戊辰、己巳、庚午、甲戌、庚辰、戊戌、己亥、甲辰、乙巳、壬子、丙辰、丁巳、戊午、丁卯。一云獵凶。

張捕凶日

戊申。

捕魚吉日取魚同

丙寅、辛巳、乙酉、戊子、辛卯、壬辰、丙申。又宜用雨水後執收日，吉。

捕魚凶日

癸巳、辛酉。又二月、六月、七月、八月庚，五月己辛癸，九月壬。十干功食日，應捕魚。取魚、養魚並忌。

漁獵方神

次天庫、江河合，漁。月殺、劫殺、飛廉、郝頡、魚鳥會、魚肉會。

漁獵凶神

水隔，漁。山隔、林隔，獵。

入山凶神

山痕、林隔、天塹、伏屍、四激、龍虎、白虎。

登高涉險凶神

天塹、章光，又危日，凶。

六甲孤虛方

凡欲取魚射獵，但從虛向實，或從實向孤，皆吉。圖見出軍捕逐下。

居家必用事類全集戊集目録

農桑類

花草類

竹木類

文房適用

寶貨辨疑

居家必用事類全集戊集

農桑類

農桑本務

古者井田之制，一夫授田百畝，以二畝半爲宅，樹墻下以桑，是以男耕女桑而衣食常足。《孟子》曰："五畝之宅，樹之以桑，五十者可以衣帛矣。百畝之田，勿奪其時，八口之家可以無饑矣。"以此爲王道之始。漢文帝詔曰："一夫不耕，或受之饑；一女不織，或受之寒。"是知衣食者，日用之不可闕也。

井田之制

私田	私田	私田
私田	**公田**	私田
私田	私田	私田

種藝吉凶

種植吉節

小寒、立春、穀雨、小滿、小暑、立秋、霜降、小雪以上爲地元。

凡種植土功之事，宜於地元内擇日用之。

種植逐月吉凶日

正月甲子、己未、辛未、丙子、丁丑、癸未、辛丑、壬子、癸丑，吉。

二月己巳、己亥，吉。

三月壬申、壬午、戊子、甲寅，吉。

四月乙丑、戊寅、辛丑、己丑、癸卯、己酉、癸丑，吉。

五月甲戌、辛丑、甲申、壬寅、戊午、乙丑、己卯，吉。

六月己卯、丁亥、癸卯、辛卯，吉。

七月庚辰、戊子、甲辰、戊午，吉。

八月己巳、己丑、甲戌、辛丑、己亥、癸丑，吉。

九月丙子、甲午、辛卯、辛巳、丙申、辛亥，吉。

十月辛卯、癸未、己酉、己未，吉。

十一月壬寅、丁丑、辛丑、癸丑、丙寅、戊寅、庚寅，吉。

十二月丙寅、戊寅、庚寅、壬寅、丁卯、己卯、辛卯、癸卯，吉。

耕田吉日

乙丑、己巳、庚午、辛未、癸酉、乙亥、丁丑、戊寅、辛巳、壬午、乙酉、丙戌、丁亥、己丑、辛卯、癸巳、甲午、己亥、辛丑、壬寅、甲辰、乙巳、丙午、己酉、癸丑、甲寅、丁巳、己未、庚申、辛酉。

耕田凶日

大月初六、二十二、二十三，小月初八、十一、十二、十七、十九、二十七、田痕。

浸穀吉日

甲戌、乙亥、壬午、乙酉、壬辰、乙卯。

種田吉日種五穀、下五穀同

甲子、乙丑、丁卯、己巳、癸酉、乙亥、丙子、己卯、庚辰、甲申、乙酉、己丑、辛卯、壬辰、癸巳、乙未、丙申、戊戌、己亥、庚子、辛丑、壬寅、癸卯、丙午、戊申、己酉、癸丑、丙辰、戊午、己未、庚申、辛酉、癸亥、癸未。又一月三卯，種稻爲上。

種田凶日

田痕。見耕田凶日下。

下五穀凶日

丁亥。

下秧吉日種秧、插秧同

辛未、癸酉、壬午、庚寅、癸未、甲午、甲辰、乙巳、丙午、丁未、戊申、己酉、乙卯、辛酉。

《總集[①]》有己亥、己未、成日、收日。且云下五穀種作通用。

耕田吉日

丙寅、丁卯、庚午、辛未、丙子、丁丑、庚辰、辛巳、丙戌、丁亥、

① “集”，飛本作“論”。

庚寅、辛卯、丙申、丁酉、庚子、丙午、辛丑、丁未、庚戌、辛亥、丙辰、丁巳、庚申、辛酉、戊子。又丙丁、庚辛日吉。

耕田凶日

壬辰、癸亥。又壬癸日凶。

燒田吉日

己未。

燒田凶日

火隔。亦忌燒山炭。

六甲種作吉日種植同

甲子、乙丑、丁卯、戊辰、己巳、庚午、辛未、壬申、癸酉、甲戌、丙子、丁丑、戊寅、己卯、十二月。庚辰、癸未、甲申、乙酉、戊子、己丑、庚寅、九月。辛卯、庚子、辛丑、十一月。壬寅、甲辰、丙午、丁未、戊申、己酉、壬子、癸丑、乙卯、庚申、壬戌、癸亥。

逐月種作吉日

正月、二月子日，三月、四月寅日，五月、六月辰日，七月、八月午日，九月、十月申日，十一月、十二月戌日。

種作飛蟲不食吉日

初一、初三、初四、初五、初七、初九、初十、十八、二十九。

種作無蟲吉日

正月、三月、五月壬日，四月丁壬日，六月丁巳日，八月癸日，九月、十二月丙日，十月庚日。十干功食日。

種作凶日種植同

辛巳、丙戌、壬辰、癸巳、乙未、甲午、乙巳、辛亥、甲寅。

種植吉神開田、耕田同

太陽、春夏直日。火星，春夏直日。田蟲不食，百蟲不食，鼠雀不食。

種植凶神開田、耕田同

天火。次地火、鬼火、地隔、地耗、地傷、九焦、九坎、死氣、月殺、狼藉、四廢、天地不成、天地不收、青帝死、后稷死、田祖死葬、田主死葬、田父死葬、田母死葬、田夫死葬、田婦死葬。

種麻吉日

辛巳、己亥、戊申、壬申、甲申、辛亥、庚申。又正月三卯種麻爲上。

種麥吉日

庚午、辛未、辛巳、庚戌、庚子、辛卯。又八月三卯種麥爲上。忌十二月丁日。十干功食日。

種粟吉日

丁巳、己卯、乙卯、己未、辛卯。又三月三卯種粟爲上。

種豆吉日

甲子、乙丑、壬申、丙子、戊寅、壬午、壬寅。又六月三卯種豆爲上。忌六月戊日。十干功食日。

種黍吉日

戊戌、己亥、庚子、庚申、壬申。

種蕎吉日

甲子、壬申、辛巳、壬午、癸未。

種芋吉日

庚子、壬戌、壬申、辛巳、壬午、辛卯、戊申。

種菜吉日

壬戌、辛卯、戊寅、庚寅。

種瓜吉日

甲子、乙丑、庚子、壬寅、乙卯、辛巳。

種薑吉日

甲子、乙丑、辛未、壬申、壬午、癸巳、辛卯。

種葱吉日

甲子、辛未、己卯、甲申、辛巳、辛卯。

種蒜吉日

戊辰、辛未、丙子、辛巳、壬辰、癸巳、辛丑、戊申。

種果吉日 種竹木百物同

丙子、戊寅、己卯、壬午、癸未、己丑、辛卯、戊戌、庚子、壬子、癸丑、戊午、己未。一本有己亥、丙午、丁未、乙卯、戊申、己巳。

種果凶日

壬戌。

治園舘吉日

相日、民日。

治園舘吉神

豐王、榮官、王城、守成、土星，夏秋直日。宜相日、民日，吉。

栽木吉日

甲戌、丙子、丁丑、己卯、癸未、壬辰，吉。

栽木凶日

丙戌、壬戌、乙日。不栽木。

栽竹吉日

甲辰竹醉日、五月十三日。竹迷日。自正月一日,二月一日至十二月十三之類,種吉,無不活者。

耕鋤法

凡菅茅之地,宜縱牛羊踐之,七月耕之則死。凡美田之法,緑豆爲上,小豆、胡麻次之,悉皆五六月中穊美次反種,七八月犂稀稀①同殺之。爲春穀田,則畝收十石。

畜水法

旱禾田,當防闕水之患。春天宜留心開水,每池取其深,遇旱則泄以蔭田。一種田作池,蓄水深一丈,可以蔭二十種田。今江南地多用筒輪水車以備之,亦須於未旱時早備也。

收九穀種

九穀者,黍、稷、秫、稻、大麥、小麥、大豆、小豆是也。凡五穀種,常歲别收。選好穗絶色者劁不彫反刈,高懸之,以擬明年種子。將種前二十許日開水洮,浮料去則無勞。即曬令燥種。

種田吉日

凡種禾宜寅午申日,大麥宜亥卯辰日,稻宜戊己四季日,黍宜己酉戌日,大豆宜申子壬日。

① "稀",飛本作"掩"。

種田忌日

種禾忌乙丑壬癸，秫忌寅，晚禾忌丙，大麥忌子丑戊己，小麥同。稻忌寅卯辰，黍忌寅卯丙午，穄未寅，大豆忌卯午丙子甲乙，小豆同。麻忌四季日及戊己日。

種植上時

種穀二月上旬爲上時，三月上旬爲中時，一畝用子一斗。四月上旬爲下時，每畝用子一斗二升。

種大麥

八月中戊社前爲上時，每畝用子二[①]升半。下戊爲中時，每畝用子三升。九月爲下時，每畝三升半。

種小麥

八月上戊爲上時，每畝用子一升半。中戊爲中時，每畝用子二升。下戊爲下時，每畝用子二升半。

種麻豆

夏至前十日爲上時，夏至日爲中時，夏至後爲下時。崔寔曰："夏至先後各五日可種牡麻。"皆欲及時。

① "二"，飛本作"一"，非。今按賈思勰《齊民要術》卷二《大小麥第十》："八月中戊社前種者爲上時（擲者畝用子二升半），下戊前爲中時（用子三升），八月末九月初爲下時（用子三升半或四升）"。

移桑法

桑葚畦種，明年正月移而栽之。仲春、季春亦得。率五尺一根，其下常斸掘，種菉豆小豆。二豆良美潤澤益桑。栽後二年慎勿採摘，大如臂再移上步，每株以繩繫石墜四向枝，令婆娑，直上則難採。

壓條法

須取栽者，正月、二月中以鉤杙壓下枝，令着地。條葉生高數寸，仍以燥土壅之。土濕則潤。明年正月中，截取而種之。

接桑法

其法有四：一插接，二劈接，三靨接，又名貼接，又名神仙接，四批接，又名搭接。插接法，附地鋸斷，於砧盤上肌肉内附骨，用竹篦子插下，可深一寸半，接頭可長五寸之上，其眼微青者。根頭一寸半，用薄刀子削成馬耳狀，其馬耳尖頭薄骨割去半分，青肌肉自長於骨尖半分，將接頭噙養温暖，假借人之生氣易活，人於其時不可喫酒及濃厚滋味物。取出篦子，就用青肌肉半分，裹接頭馬耳尖，插下，極要嵌密，每一砧盤上插二三條，合接頃之骨與木之骨相着，肌肉與樹之肌肉相着，水之津液行於肌肉之間。如不相對，又不緊密，多不活。用新牛糞和土爲泥，封泥了，濕土封堆，接頭生茅條出土高一二尺，約量刈三二條，其餘割去，傍埋椽子一條，用繩緫繫。不如此，被風雨擺折。

種柘法

柘子熟時，多收水淘令浄，曝乾，散訖勞之。草生拔却，勿令荒没。其葉飼蚕，絲好作琴絃，清鳴響徹，勝於凡絲遠矣。柘葉多叢生，榦疏而直，葉豐而厚。春蚕食之，其絲以冷水繰之，謂之冷水絃。柘蚕先出，先起而先繭。柘葉隔年不採者，春再生必毒蚕。如不採，夏月皆要打落方無毒。

下桑法

閩中以三月三日雨卜桑柘貴賤。諺曰："雨打石頭遍，葉子三錢片。"或曰四日尤甚。杭州人云："三日猶尚可，四日愁殺我。"四日雨尤貴。《雜五行書》曰："三月三日天陰而無雨，蚕大善。"浙間風俗又云："三月十六晴，樹上掛銀瓶。"言其貴也。

齋蚕法

育蚕而闕葉者，以甘草水灑桑葉，次以米粉摻之，候乾與食，謂之齋蚕，可以度一日夜。唯懼人知，成繭厚實。

擇繭種

開簇時，須擇近上向陽，或在苫草上者，此乃强梁好繭。《農桑要旨》云："繭必雌雄相半，簇中在上者多雄，下者多雌。"○陳志弘云："雄置尖紅緊小，雌者圓慢厚大。"另摘出於通風涼房内凈箔上，一一單排，日數既足，其蛾自生。若有拳翅、秃眉、焦脚、焦翅、焦尾、重黄、赤肚、無毛、黑紋、黑身、黑頭先出，末後生者，揀出不用。止留完全肥好者，用厚藤紙爲連。候蛾生足，移下連於屋内空處，竪立柴草，散蛾於上。至十八日後，西南凈地，掘坑貯蛾，以土封之，庶免禽蟲傷食。有功於人，理當如此。

浴種法

臘月内三八日，浴連三次。浴畢，用桑皮索懸掛至除夜，用五方草同桃符木柤以水同煎，放冷，元日五更浴過藏之。

治蚕室

屋宜高廣，勿接搴廈。蚕生前一月，泥飾。除正門外，周圍安牕。無西牕不妨，宜高大，四角著火，將牛糞墼子燒令無煙，移入龕内。如無壁龕，止於捶箔四向約量頓火，近兩眠則止。

下蟻法

生蟻惟在涼暖得宜，開揹得法，使之莫有先後也。生蟻不齊，則其蚕眠起至老俱不能齊也。其法：變灰色已全，以兩連相合，鋪浄箔上，緊捲兩頭繩束，卓立於無煙浄涼房内。第三日晚取出展箔，蟻不出爲上。若有先出者，雞翎掃去不用。名行馬蟻，留則蚕不齊。候量蟻齊生，並無一先一後者。和蟻秤連，寫計分兩。蟻生既齊，取新葉用快刀切極細，用篩子篩於中箔蓐紙上，務要匀薄，將連合於葉上。蟻自緣葉上，或多時不下連及緣上連，皆翻過。又不下者，並連棄了，此殘病蟻也。一箔蓐上，下蟻三兩，蚕至老可分三十箔，每蟻一錢可老蚕一箔也

用葉法

蚕不可食之葉有三：一承帶雨露，既濕又寒，食則變褐也。生水瀉淋，老則浸破絲囊，不可抽繰。製之之法，芟葉實積，苫席覆之。少時内發蒸熱，審其得所，啟葉攤之，濕隨氣化，葉亦不寒，即可飼之。二爲風日所嫣乾者，生腹結。三浥臭者，即生諸疾。斯二者無可製之法，棄之可也。

分抬法

分抬之便，惟在頻款稀匀，使不致蒸濕損傷也。蚕滋多必須分之，沙燠厚必須抬之，失分則不勝稠疊，失抬則不勝蒸濕，故宜頻。蚕者柔軟之物，不禁觸弄。小而分之，猶能愛護。大而抬之，莫能顧惜也，未免久堆亂積，遠擲交抛，生病損傷，實由於此，故宜安款而稀匀也。

養蚕百忌

忌濕葉、忌熱葉。蚕初生時，忌屋内掃塵，忌煎煿魚肉，忌蚕屋内哭泣叫喚。未滿月産婦不宜作蚕母，忌帶酒人切桑飼蚕及抬解布蚕。蚕生至老忌煙熏，忌孝子産婦不浄潔人入蚕屋，忌近臭穢，忌酒醋五辛鱣魚麝香等物。

養蚕吉日

浴蚕出蚕，安槌入筐，宜用戊辰、乙巳、庚戌、壬午、甲午、甲寅、丁巳、戊午日，更得收滿、天德、月德、月合、明星、五富等日。出蚕沙宜天德方，忌蚕室命官方。又庚戌日蚕姑死，忌之。

種蓺類

唐太和先生王旻山居録

山居總論

凡所居，須擇形勢地，後高前平，有東流水者爲上。不然，四面平坦爲佳。其土色須黄細沙軟者爲良，此方滋長藥根故也。其地多即二十畝，少不減十畝。四面樹以枳籬，不然墻圍之，任取便耳。其中造藥堂，及蔭曝之所，堂前穿大池，種荷芰菱芡，繞池種甘菊，取紫莖黄花引蔓者是真。餘者皆蒿耳，蒿苦而菊甘，但能移根蹙蹙稀栽，一二年間不覺自合，便成菊潭。如無根取子種亦可，但四月以前，乘雨折插之，自然滋生子。按葛稚川云：南陽穰縣《抱朴子》並作酈縣，音离。有甘谷水，左右皆生菊，菊花墮水中，故味甘美。谷上居人皆不穿井，悉飲谷水，無不壽考。高者百四五十歲，次者不失八九十。故司空王暢、太尉劉寬、太傅袁隗皆常爲南陽太守，到官即使穰縣月送甘谷水三十斛，以爲飲食。諸人多風痺及眩暈皆得愈，但不能大得其益。如彼居人，生以來即飲《抱朴》作便飲食此水耳。又菊花與薏花相似，直以甘苦别之。諺所謂"苦如薏"者，今所在有之。真菊但爲少耳，率多生水側，已上並《抱朴》文。其地形制任人巧爲之，令一池之中，數藥在焉。地之多少取足爲度，不必二十畝也。

作園籬一首

凡作園籬法，須於地一作宅四畔，《齊民要術》作田於墻基之所。方整深耕。凡耕作二隴，中間相去各二尺。棘殼熟時，收子隴中概種之。至明年秋[①]後約高三尺，斸去惡者，相去一尺留一根，然稀稠均，行伍直。至來春刈去横枝，必留距，不留必凍死。種刺榆及柳亦如之。酸棗不堪種，好别延蔓。次以五加皮、冬羅摩並傍籬落種之，便以爲籬藩。若須採掇，且免遠求，豈不善哉！

---

① "秋"，飛本作"伏"，非。今按賈思勰《齊民要術》卷第四《園籬》第三十一："至明年秋，生高三赤許，間斷去惡者，相去一尺留一根，必須稀概均調，行伍條直相當。"

種藥類

作藥畦法一首

除藥堂外,並作藥畦。上乾牛糞,其畦中間,多作水道以通灌注。凡藥菜有宿根者,每剪苗訖,更上少糞。其畦中,把摟令勻,溉水注之,不久還生。以此法爲常準,無宿根者剪苗盡,更布子種之,新舊相合,勿使闕用也。

種枸杞

凡種枸杞,取種連莖剉之,令四寸許數百束如羹碗大,以草爲索慢束之,每畦分作四五行,如韮畦稀稠。行側別掘坑深七八寸,令寬於束子,挑安糞及土每坑相去三寸。坑成,下束子,竪立種之。別調和熟牛糞,稀如麵糊注坑中,灌束子上令滿,減即添灌之。坑坑如此,然後以肥土壅之滿訖,土上更加熟牛糞令與坑平,然後灌水,不久即生大科。半畝許始足食,生時甚肥嫩,如剪韭法,從頭起通割之,令共地平。留半則梗硬,剪深則傷根。剪時欲早起避晝熱、及雨中,惟晴早晨爲佳。修事如法,可供數人。

又法但於畦中種子,如種菜法。上糞下水,當年雖瘦,三年以後還肥可愛。勿令長莖苗,即不堪食。如食不盡,却剪作乾菜,以備冬間常用。如此,從春及秋,其苗不絶。子取甘好者種之,一作取甘州者種之。若種根莖,擇取葉厚大無刺者是真,有刺葉小者是白棘,不堪服食。

又法取枸杞子先於水盆中,以手挼令散訖去水,日曝乾,先斸地作畦,畦中去却五寸土,勾作五壟。壟中縛草爲稕之閏切。似臂，長短依畦，以泥塗草稕上，表裏令通遍，以安壟中。即以枸杞子布於泥上一面，令稀稠得所，即以細土蓋一重令遍，又以爛牛糞蓋其上令遍，又布土一重，令與畦平。待苗出時，以水時時澆溉之，若堪喫便剪如韭法，食之甚美嫩，更不要煮爛。每種用二月初一，年只五度，剪不可過此數也。

枸杞生於甘州西南都谷中，及甘州山北者尤佳，其子味乃過於蒲萄。至今蘭州西至鄯一作鄯城縣靈州以北，豐州九原並多有之。其根莖尤大，咸陽醴泉者不如也。凡取根以高處即根不深，故生古墻者則根大。原州有秦長城之腹内，及頹基之上者甚洪大。大者有一尺以上，其子甘美。於甘州者取根爲煎，倍勝他處所服者。俗相傳云，枸杞洞黄泉爲狗形，根鍊爲煎。明達之士言尚有精靈，多化爲小兒。又恒州石邑縣有漢時常山郡有老者，黄昏之後，或聞犬聲，蓋其精也。此物所在有之，其根小於出處。

種百合

春取其根大者，擘取瓣於畦上，如種蒜之法。余按種蒜法，宜良軟地，三遍耕以摟耩逐壟下之，五寸一科，二月半鋤之，滿三遍不鋤，則科小。種時作行，逐科上糞澆水，經年後看稀稠，更移别畦中栽，苗如火箸大。至三月即折頭上糞，當年大如鷄子，乾即澆之，三年後大如盞。年年須作番次種，不可令絶。此物尤宜鷄糞，每坑深五六寸，先着鷄糞，後更入土。取子種之亦得，須二年方可苗生，遠不如瓣。别本云：上好肥地加糞熟斸訖，春中取根大者，擘取瓣於畦中，如種蒜法，五寸一瓣，種之直作行；又加糞灌水，苗出即鋤，令四邊絶無草。春後看稀稠處，更别移栽，待畦中乾即灌水，三年後其大如拳，然後取食。又取子種亦可，或一年以後二年以來始生，生甚遲，不如種瓣。

種甘露子法

熟斸地宜肥良，取子稀種，三四尺一窠，露下後葉上得雨，滴下盡爲根。子如螺形，蒸煮之，味如百合，須數耘之。

種牛膝

秋間收牛膝子，至春如生菜法種之，宜下濕肥良地，上糞澆水。苗生候堪食剪之，須常多留子，直至秋中遍遍種之，但割後上糞即生，不須更種之。其收根者留取一畝餘地熟耕，更以長刃鍬深掘之，取其土虚根長，須依此法，然後下子，摟令土平。荒即耕之，旱則澆之，至秋子成，就高刈取莖收其子。九月末，還用長刃鍬深掘取根，於水中浸經兩宿，密置竹篩中，以手挼去皮。更齊頭曝令稍乾，手握令直，作大束子，又曝令乾。看之端正白如象箸，然入藥不如不去皮氣力大，直曝令乾者爲佳。若去皮挼去白汁，深可惜也。市中貴取端正，甚失精華也。別本云：秋收子至春種，如種菜法，上加糞，水灌，苗出堪采，即如剪韭法。須多留子，秋中種亦可。其收根者，別留子。三畝地熟耕，更以鍬深掘，取其土，虚根易長也。土平訖，然後下子。荒即耘草，旱即既①。至秋子成，高刈取莖收子，九月末間，還用鍬深掘取根，如法料理。

種合歡法即萱草也

種移根畦中稀種之，一年以後即稠。剪苗食之，如枸杞法，佳。剪訖還生，味如春初者好，至秋下不堪食。別本：夏秋不堪食。

---

① “既”，飛本作“溉”。

種車前法

取子春間如生菜法種之，上糞下水，此物宿根，剪遍還生，但須耘，可經數歲。

種決明法

春取子畦中種之，上糞下水，候葉生食之，直至秋間子成。此物有兩般種，可入藥用者，不如馬蹄者佳。其花切忌泡茶喫，凡多食者，無不患風，尤宜慎之。

種胡麻

宜白地種，二月、三月上旬爲上時，四月上旬爲中時，五月上旬爲下時。月半前種者，實大而長。種欲截雨脚，若不緣濕，融而不生。一畝用子二升，漫擲一作撒，先以摟搆極熟，然後撒種子，空曳勞，勞上著人，則土厚不生。耬《四時纂要》云：音力兜切，犂也。耩音公項切，耩也。者炒砂令燥拌和之，不和砂，不均平。一作中和半之。鋤不過三遍，後成刈，束欲小。束大則難乾，打時一手把又費力，以五六束爲一叢斜倚之。不爾，則風吹倒。候開口乘車，詣田斗藪之，倒竪以小杖微微擊之。還叢之，三日一打，四五遍乃盡。

種青蘘法

即胡麻角，八稜者爲巨勝，出胡城縣東王思村爲上。取真巨勝畦中如生菜法種之，候苗出亦堪食。常留子種至秋，遍遍依此法多種之，其味甚滑美，不減於葵，亦堪沐髮。別本云：右胡麻角八稜者，畦中如菜法種之。苗生爲菜食，秋間依此法種之不虧。此物甚滑美。

種麻子法

取肥良地一畝耕三遍，用子三升，種須班黑麻子爲上。三月初爲上時，四月初爲中時，五月初爲下時。大率二尺留一根，概則不耕。鋤常令浄，荒則小實。既放勃拔去雄。若未放勃去雄者，則不成子實。《氾勝之書》曰："種麻豫調和田，二月下旬，三月上旬，傍雨種之。麻生布葉，鋤之，率九尺一樹，樹高一尺，以蚕屎糞之，樹三升。無蚕屎以溷中熟糞，糞之亦善，樹一升。天旱以流水澆之，樹五升。無流水，曝井水殺其寒氣，以澆之。雨澤適勿澆，澆不欲數。霜下實成，速砍收之。"

種麻良日

乙丑、戊寅、辛卯、壬辰、丙申、乙巳、戊申、忌四季。辰戌、丑未、戊巳之日。

種地黄

須肥良地沙軟者爲上，取根斷之，畦中種之，上糞下水。一年以後，滿畦可愛。此物宿根，采却還生，其花秋收以充冬用。欲取根作煎及乾者，别於畦中掘取出數個大坑，廣輪一丈許，深可三尺，其底布磚令密，還填糞及沙土實之，然後取肥地黄寸餘種之，令滿坑，不久坑總是根，甚粗長，緣下有磚，惟粗而已。但作得十坑許，當足用。亦有坑深三尺，長一丈，其坑口闊一尺，以椽作肋，肋着笆籬，坑底亦布磚，笆籬上安土厚五寸許。旱則澆水，三年已後即粗。但此法難事，不如直作坑者，任人所辦。别本云：須預於十二月耕地，正月可止三四遍，春初插之，八月採根，若採葉，候霧散摘取傍葉，勿損中間正葉，其益人勝諸菜。

又法：田須黑良田五遍耕。三月上旬爲上時，中旬爲中時，下旬爲下時。一畝下種五升，其種還用三月中掘取者。逐犂後，如下采麥法下之。至四月末，五月初，生苗訖。至八月盡，九月初，根成中斸。若須留爲種者，止留地中勿掘，待來年三月初取之爲種，每一畝可收根三十石。有草即鋤，不限遍數，鋤時別作小刃鋤。勿使細土覆心。今秋取訖，至來年更不須種，自然却生。如此得四年不要種之，皆餘根自出矣。如稀亦更種之。別本云：取十二月耕地，至正月可止。三四遍細杷訖，然後作溝，溝闊一尺。兩溝作一畦，畦闊四尺。其畦微高而平硬，甚不受雨水，苗未生間得雨即爛，畦中又撥作溝，溝深二寸。取地黃切長二寸，種於溝中訖，即以熟土蓋之。其土可厚三寸以上，每種一畝，用根五十斤。蓋土訖，即取經冬爛穰草覆之。候芽稍出，以火燒其草，令燒去其苗，再生者葉絶茂，根益壯。自春至秋凡五六芸不得用鋤，八月采根，至冬尤佳。若至時不采，其根大盛，春至三月當宜出之。若秋采訖，至春不須用，再種其生者，猶得三四年。但采訖爬之，明年耨耘而已。參驗古法，此爲最良。按《本草》二月、八月采，殊未窮物性也。八月殘葉猶在，葉中精氣未盡歸根。二月新苗已生，根中精氣已滋於葉。不如正月九月采殊好，又與蒸曝相宜。古人云二月、八月，非謂種也，將謂野生當須見苗，一作視苗。若欲食其葉，但霧露散後，摘取傍葉，勿損中心正葉，甚益人，勝諸藥菜。

種薯蕷

擇取色白，根如白米粒成者，預取收子。作三五大坑，闊三尺，長一丈，深五尺，下密布磚。坑四畔一尺許高，側布磚以防別入傍土中生根，即難采。坑中磚上，填少許沙土和糞，令滿三行，下子種之。待苗出，着架引蔓令上。經三年以後，根甚粗，斟酌一坑，可得一年以來食之。出盡，還填土，布子種之。常須如此，豈備遠尋山谷采掇辛勤哉！如無子，直取細根，截三寸以上種之。若收得子，即勝也。其坑四畔，緣作盆狀，以備旱。取其子亦堪蒸食，曾得子如荆雞子者，食子稍愈。於根，此種出局中，若得善不可加。此物園四畔種之，不備園中好地。

又法：子熟時收子便種，只安肥土令半入土，不得埋盡，即爛不生。待苗生後，移於破盆甕中，着肥沙土和牛糞及油麻稭，填入盆甕裏土中，深三二寸，埋之。經二年滿盆，若種粗根，當年堪取。

種天門冬

正二月，取苗種須肥良地，每根相去二尺餘，栽一科，不得稠。不久其根甚茂，自取根即斸摘取，留一分小者却栽，時時上糞，有草即耘。此物甚難種，若總摘了，即恐不活，種子亦合得成根，應亦晚矣。

種麥門冬

最宜黑地及黄沙地，皆須肥良。四月初采子，芟却根，去頭半寸許。相去約一尺栽一科，入土一寸半，實築四面，厚着糞。每年三度上糞，六月、九月、十一月各一度上糞，有草即芸，常須澆灌。

曝法每至四月中，摘取子浄洗七八遍，取白浄通元爲度，即曝乾訖浄除根，高處收去心。每收采皆用夏至前一日，取苗便種，種子亦得，只是成遲。若自用不必全洗，洗多恐藥力微，以乾軟即便去心，極乾則難取故也。

種苡米即薏苡

依種五穀法，熟耕地，相去一尺種一科。此物宿根一種數年，不問高下，但肥良地即堪，尤宜下着牛糞。此物有兩般：一般難舂，名薏苡；一般易舂，名贛米。大都所在略同，《本草》中總名薏苡。其苗收子後，又堪爲薪燒之。陳藏器《本草》云："薏苡收子，蒸令氣餾，曝乾磨取仁，炊作飯及作麵，主不饑。"嘉祐補注《本草》云："甑中蒸使氣餾，曝於日中使乾，按之得仁矣。"仁皆作人。

種紫蘇

須肥地熟耕之，如種五穀一般，四月種，有草即耘，花斷即收，遲即子落，不可待黄。此物鳥雀好喫，尤宜早收之。種白蘇亦如之。

種黄精

擇取葉參差者是真黄精，劈破可長二寸許，稀種之。一年以後極稠，種子亦得。其葉甚香美，堪入藥，用其根，剜其目，以土蓋之，蒸令絶熟，依蜜食部中用。別本：收根劈破稀種，一年以後極稠。

種葳蕤

一如黄精法種之，葉亦可食，根亦同黄精。

種术

取根子劈破，畦中種之，上糞下水，一年即稠。候苗出作羹茹之,欲收根作煎及酥,别取地多種之,後具别録。

種牛蒡法

須擇肥良地,正月中熟耕三五遍,以長刃鍬掘,令深軟,摟把平。二月末下子,不得稀,苗出後有草生則耘,八月以後長刃鍬掘其根,大可如臂。惟宜肥地,旱則澆水。此物菜中極佳,非惟畦中,但閑地悉皆種得,其根葉皆可食。耕地惟須深熟,全肥地稠種爲妙,若稀種則心虚。擬收子,即須留少隔年者,乃有子也,種時不得放苗出。别本云:取子畦中種之,春時乘雨即生,若有水即不要候雨也。地須加糞,灼然肥者,旱則澆水,剪如上法。藥中之美,但多種,苗及根皆益人。江南種牛蒡收子,須經兩年,苗上結者,子又可種,正月間鋤地訖,以猪糞鋪土上,又以肥土并糞壤覆之,然後下子密種,則易肥,云當年結子者種不出。

種商陸又名章陸

取根白者,赤黄色者有毒。切如棗大,皆須帶皮種之。擇肥良地,作行伍種,若只種子亦得。上糞下水,根苗皆可食。武都公在潁川餌之,紫者尤佳,乃勝於白者,味淡,熟蒸食之。别本:根劈破,畦中作行種,種子亦得。根苗莖並堪食,服丹砂乳石等藥者,不宜服。

種菜類

種菜法

薤宜白軟良地,耕三轉一作三五遍。乃佳。二月、三月種,八、九月亦得,秋種者春末生。率七、八枝爲一本。諺云:葱三薤四。移葱者三枝爲一本,四枝爲一科,然枝多者科圓大,故以七、八爲率。薤子三月葉青,便出之。未青而出者,肉未滿,多令薤瘦,燥曝挼去莩,切却彊根,留彊根而濕者,即瘦細不得肥也。先重耬耩地壟,燥焙而種之,壟燥則薤肥,耬重則白長。率一尺一本,葉生即鋤,鋤不厭數,薤性多穢,荒則羸惡。五月終、八月初耩,不耩則白短。葉不用剪,剪則損白。供常食者别種,九月、十月出賣,經久不任也。擬種子,至春地釋出,即曝之。

種苜蓿

地宜良熟,七月種,水澆,一如韭法,亦一剪一上糞,鐵把摟土令起,然後下水。旱種者,重耬耩地,使壟深闊竅瓠下子,批契曳之,每至正月燒去枯葉,地液輙耕壟,以鐵齒鍽揍之,更以魯斫斸其科,土則濕茂。不爾,瘦矣。一年三刈其苗,留子者可一刈則止。春初亦中,别本作既中。生噉爲美,甚香美,偏宜飼馬,馬尤嗜之。此物長生,種者一勞求逸。都邑負郭,所宜種之。

種葵

臨種時,必須燥曝葵子。葵子雖經歲不浥,然濕種者,瘦而不肥。地不厭良,故墟彌善,薄即糞之。不宜妄種。春必畦種水澆,春多風旱,非畦不得。且畦者,省地而菜多,一畦供一日,畦長兩步,廣一步,大則水難匀,又不用人足入。深掘,以熟糞對半和土覆其上,令厚一寸,鐵齒把摟之令熟,足踏使堅平,下水令徹澤,水盡下葵子,又以熟糞和土覆其上,令厚[1]二寸餘,葵生三葉,然後澆之。澆用晨夕,日中便止。每一掐輙把耬地,令土起,下水加糞,

① "厚",飛本作"土"。

三掐更種。一歲之中,凡得三輩,凡畦種之物,如種葵法,不復條列也。旱種者,必秋耕。十月末,地將凍,散子種之,一畝三升。正月末散子亦得,人足踐踏之,乃佳肥也。地濕即生,鋤不厭數。五月初更種之,春菜既老,秋葉未生,故種此相接。六月一日種,白莖秋葵。白莖者宜乾,紫莖者乾即黑而澁。秋葵堪食,仍留五月者取子。春葵子熟不均,故須留中輩。於此時附地剪却春葵,令根上枿生者,柔軟至好,仍供常食,美於秋菜。留之亦中爲榜簇。掐秋菜,必留五、六葉。不掐則莖紅,留葉多則科大。凡掐必待露解,諺曰"觸掐"。須八月半剪去,留其枝,枝多者則去地一二寸,獨莖者亦可去地四五寸。枿生肥嫩。比及收時,高與人膝平,莖葉皆美。雖科不高,别本作"雖根甚下"。菜實倍多。其不剪早生者,唯高數尺葉堅硬,全不中食。所可用者,唯有菜心。附葉黄澀至惡,煮亦不美,雖似多,其實倍少。收待霜降,傷早黄爛,傷晚黑澀。榜簇皆須陰中,見日亦澀。其碎者割訖,即地中尋手糾之。待箧而糾者必爛。以穰草覆蓋,經年收子,謂之冬葵子,可以入藥用。

種蕪菁

須肥地,犂耕六七遍,甚不厭細。七月半後種之,子欲得陳,以乾鰻鱺魚汁浸之,曝乾種之,必無蟲食。冬收苗後,間斸取根,别本作"收根"。别窖藏之。亦可蒸煮食之。冬至後,熟把摟上糞,留子斸稠即不科。别本作:"冬至後,爬熟上糞,間拾留子者,不斸。"

種蘿蔔

須肥良地,沙軟地。五月中耕地五、六遍。六月六日種,鋤不厭多,稠即根小。至十月收窖之,至臘月取根。四破劈,一尺一科。厚上糞,旱即澆之。苗春肥莖如母指大,煮食益人。臘月取根於窖中，作架倒懸着，蓋却窖口，須即取用。直至六月心不壞，二月、三月依前耕地三五遍。若有陳子，亦過立夏即種，熟鋤至五月盡，根大如拳。此物益人，作番次種，取苗生熟啖之，若冬中根黄石英種埋之，春初取英食之，尤妙。

種槐芽

取槐子，畦中和穄黍種之，至冬放火燒，明年便取苗喫。每取苗，依取枸杞法，入土深割，上糞澆。如此，直至秋末，嘗得嫩槐芽食，又且無蟲。若根大即斸去，并以快鍬鋤深剗匾，便上糞，於春初雨過種也。

種蘘荷

宜樹陰下，二月種之，一種永生，不須鋤芸，但加糞，以土蓋糞上。八月初踏其苗，不踏其苗令死，不踏苗則根不滋茂。九月初，取其中傍生根者爲葅，亦可醬中藏之。十月中，以穀麥糠皮覆之，不然即凍死。二月即掃去糠。

種薑

宜白沙地，少與糞和熟耕之，耕不厭細，縱横七八遍乃佳。三月種之，闊一步作畦，長短隨地形。横作壟，壟相去一尺餘，深五六寸。壟中安薑，一尺一科，帶芽大如三指闊，厚土蓋三寸許，以蚕砂蓋之，無砂，上好糞。芽出後有草即除，漸漸土蓋之。已後壟中却令高如壟脊，却深不得併上土，爲薑向上長故也，芸鋤不厭數。五月、六月中，作柴棚蓋之，緣性不耐熱，又不耐寒。九月掘取，置暖窟中，若寒，宜作窖，以穀稗合埋，不爾即凍死。中土不宜，僅得存活，勢不滋息。

種芋

宜揀肥地近水處，斸其傍以種，旱即澆之以水，有草即芸鋤之，不厭頻。治芋如此，其收常倍。救饑饉度凶年，莫善於此也。氾勝之曰："區種芋法，作區方深皆三尺，取豆萁内區中，足踐之，厚尺五寸，以水澆之，令保澤。取五芋置四角及中央足踐之，旱數澆之，其豆萁爛後，芋作子皆長三尺，一區收三石也。"别本作"一石"。二月、三月可種，氾音泛按《列仙傳》云："酒客爲梁丞，使人益種芋，三年當大饑。悉如其言，梁人不死。"又《廣志》云："蜀漢既繁芋，民以爲資。凡十四等，有君子芋，大如斗魁，塊如盂。更有百果芋，魁大子繁，兩畝收百斛。凡此諸芋，皆可乾腊，又可藏至夏食之。"芋有六種：一直芋，二連禪芋，三紫芋，四毒芋，五野芋，六青芋。有毒必須灰汁易水煮之堪食，只宜蒸啖之，又宜療冷熱止渴。野芋大毒殺人。三年不收，即成野芋，性滑，下石毒，服食皆忌之。茅山玄靖先生勸余食芋云，補中益氣無比。凡人家須多種，以備凶年。

種蒟蒻

宜樹陰下，方尺五，深一尺，掘一坑，坑中着糞和雜放糠灰糞等，每坑着一顆種深四寸埋。苗長一尺後，粗撅四面令作大孔，孔中瀉糞。至收時，其根滿坑，掘其苗。即至五月，雨後移之。經二年後，各如碗大。此物甚不益人，爲其素餐所用，故載之。

料理法，右於簩筐中，揩自凝，碓中搗，亦成片段，即於釅灰汁中煮十數沸，以水淘洗，换水更煮五六遍，即切作孌片段，於五味汁中淹，兼少阿魏酥尤妙。作虀及湯膈，隨人所好，加少酥乳，最佳。

種構菌子一作菌

取爛構木及葉，於地下埋之，嘗以米泔澆之令濕。三兩日後即生。炒腩食之，甚美。本是構木，亦不損人。別本云："畦中下爛糞，取構木長六七寸，截斷搥碎，如種菜法，於畦中匀布土，蓋水澆，常令潤。如初有小菌子，仰把推之，明旦又出亦推之，三度後出甚大，收食之，腩炒從便。"

種大葫蘆

正月中，掘地作坑，方四五尺，深如之，實填油麻、菉豆藍及爛草等，一重糞土一重草，如此四五重，向上一尺餘，着糞土種十餘顆子。待生後，揀取四莖肥好者，每兩莖相縛着一處，以竹刀子刮去半皮，以物纏之，以牛糞黄泥封之，一如接樹法裹之。待相着活後，各除一頭，又取此兩莖相着，如前法治之。待得活後，惟留一莖，四莖合爲一本。待着子，揀取兩個周正好大者，餘旋除之。如此，舊是一斗種，可容[illegible]碩也。若須爲器，以樸盛之，隨人所好。

種山藥法

先撅一溝，長丈許，闊三尺許，深四尺許。底鋪磚，用糞土填滿，水實定。插山藥蘆頭時，勿用手插，則瘦長，以鍬钁下之，則大，須每年易人而種之。如種雞冠花，坐種則矮，立種則與人齊，手種則花皆成穗，簸箕扇子種，其花則成片，其理一也。

種茄子法

初分栽茄秧時,向根上拍開,搯硫黄一皂子大,以泥培之,結子倍多。其大如盞,味甘而益大。開花時,取葉布過路,以灰圍之,結子加倍,謂之稼茄。

種香菜法

香菜,常以魚腥水澆之,則香而茂,不得用糞澆,則不香。如無洗魚水,泥溝水、米泔水亦佳。

種菠菜法

菠菜初種時,過月朔乃生。假如月初二、三日間種,與二十六、七日間種者,皆過來月初一日方生,驗之信然。莧菜同胡荽,必用月晦日晚下種。

種蒜法

九月初,於菜畦内稠栽蒜瓣。候來年春,二月間,先將地熟犁數次,每畝上糞土數十擔,再用犁番過把匀,手持木撅二寸許,插一窾栽蒜秧一株,如此栽遍,如旱時常以水澆。至五月間起,每窠如拳許大,極妙。

果木類

種諸果木法

須月半前種者,多子;月半後種,則子少。

栽梨法

以春分日將旺梨笋作楔様,砍下兩頭,用火燒紅鐵器,烙定津脈,栽之入地二尺許。春分前後一日皆不可,只春分日可用。

栽桃李杏

桃宜密栽,李宜稀栽。可南北行,杏宜近人家,栽亦不可密。桃三年結實,五年盛,七年衰,十年死。至第六年,以刀刮開皮,令膠出,多有五年活。

種桃法

伺桃熟時,墻角暖處寬深爲坑,收濕牛糞納坑中,收好桃核數十個,尖頭向坑中,厚蓋尺許。春深芽生,和泥移種,接杏最大,接李紅甘。

種桃核,須刷洗浄,縫中俱要潔浄,仍令處子艷妝種之。他日花艷麗,而子離核。

移大楊樹法

凡移先去其枝稍,大其根盤,沃以溝泥,無不活者,梅結實最遲。諺曰:"桃三李四梅十二。"梅必十二年方結實,和泥移種,接桃最大,接李紅甘。

種橘法

橘樹宜以死鼠浸溺缸内,候鼠浮,取埋橘樹根邊,次年必盛。《涅槃經》云:"如橘得鼠,其果子多。"柑樹爲蟲所食,取蟻窩於其上，則蟲自去。十二月内將橘樹根寬作盤，澆大糞三次。至春，水澆二次，花實必茂。

種石榴法

取石榴，直枝如指拇大者，斬長一尺，以八九條爲科，燒下頭二寸，掘坑深一尺七寸，口徑一尺，竪枝坑畔，置雜骨姜石於枝間，實下土，出枝頭一寸，水澆即生。

種銀杏法

銀杏有雌雄，雌者有二稜，雄者三稜，須各種之，臨池而種，照影亦能結實。

種蒲桃法

蒲桃宜於棗樹邊，春間鑽棗樹作一竅，引蒲萄枝從竅中過，伺蒲桃枝長塞滿竅子，斫去蒲萄根，托棗根以生，其肉實如棗。蒲桃用米泔水澆。

種名果

三月上旬，斫取直枝，嫩好如指，長五寸，内芋中種之。如無芋，大蔓菁根、蘿蔔根亦得。用此勝種核，核四五年乃如此大。崔寔云："正月盡二月，可剥樹枝。"埋樹枝土中令生。二歲已上，即可移種矣。凡五果花盛時遭霜，即無子。常預於園中，貯惡草生糞。天雨初晴，北風寒切，是夜必霜，候此放火作熅，少出煙氣，即不壞，拒霜也。

種杏

杏熟時，并肉核埋糞中。凡薄地不生，生則不成。至春生後，即移實地栽，不移則實少味苦。樹下一歲不須耕之，耕則肥而無實。別本云："桃李熟時，和肉全埋糞地中。至春既生，移栽實地。栽法以鍬合土掘移之。"

稼果樹

諸雜果木，樹茂而不結實。於元日五更以斧班駮雜斫，棗柿李等尤妙，則子繁而不落。十二月晦日夜，同稼李樹則以石頭安樹叉間中妙。

李樹於正月旦日五更以長竿打其樹稍，其子亦繁。

桃樹多者五年必伐。不結子，蓋樹皮緊束，樹身不得長，故多伐其樹。至第三年，用尖刀利破樹皮，直長者四五條，其樹比之他樹，多結子三四年，亦是元日。

石榴樹以石頭安於樹叉間，或堆積於樹根，如此無狂花，結實大而多。

使果實不落法

社日春百果樹下，則結實堅牢不脱落。不結實者，亦宜依此爲之。

摘果實法

凡果實初熟時，以兩手採摘，則年年結實。

治果子有蠹蟲法

用杉木作釘，塞其穴，蟲立死。

摘果禁忌

凡百果子，忌孝服人採，犯之來歲不生。

皂角樹不結法

於樹身上鑿一大孔，入生鐵三五斤，以泥封之，便開花結子。既實，以篾束其樹身數匝，木楔之，一夕自落。

辟五果蟲法

正月旦日雞鳴時，以火把偏照五果，及桑樹上下，則無蟲。如時年有桑災生蟲，照之必免。

止鴉鵲食果

果子熟時，不可先摘，如被人盜喫一枚，飛禽便來喫，宜謹之。

種栗法

及時收下，去外毛，於屋下着濕土埋之，須深，莫交凍損。二月芽生種之，冬多以草裹，候二月節解放，又須別着籬隔之，三年不得人觸着，忌之。

種水物法

蓮子

味甘平無毒，主温五臟，養神益氣力，除百病，久服耐老不饑，身輕延年，一名水芝。八月、九月取黑子磨頭，令皮薄，取墐土作熟泥封之，如三指大，長二寸，蒂頭平重，磨處尖鋭，泥欲乾時擲水中，重頭即自沉向下，薄皮向上，易生，不磨皮厚，卒不生。

藕

初春，掘取藕稍頭插池中，泥裹種之，當年便生荷。若泥深，將損處向下插[1]之，直到硬地乃佳。又別本："初春掘取根三節無損處，種入泥深，令到硬土，當年有花。"

芡

味甘平無毒，主濕痺腰膝痛，補中，除百疾，益精强志，能令耳目聰明。久服輕身不饑，耐老。一名雞頭。

菱

味甘平無毒，主安中，補五臟不饑，輕身不老。三物悉上品，補氣養神，强志明目，除病。多蒸曝乾，以蜜和餌之，得長生。

右菱、芡二物，並是八月熟時收黑子，散着池中，即自生矣。宜多種，儉歲資此，足度凶年。

① "插"，飛本作"種"。

種蓮法

蓮須以牛糞壤地，以立夏前三兩日，掘藕根，取節頭着泥中種之，當年即便開花。荷蓮極畏桐油。

花草類

種瑞香

廬山者最勝，唯紫花葉青而厚，似橘葉者最香。種法：不可露根，惡濕畏日，洗衣服灰汁澆去蚯蚓，漆滓壅。退雞鵝汁澆之盛茂，燖猪湯澆尤盛。

種海棠

冬至日早，以糟水澆根，其花鮮盛。花結子剪去，來年花盛蕪葉。唐人以海棠爲花中神仙。

種水仙

收時用小便浸一宿，曬乾，懸當火處，種之無不發花者。亦須肥壤地，瘦則無花，不可闕水，故名水仙。五月初浸，九月初栽。

種茉莉

茉莉以雞糞壅之則盛。

種盆内花樹法

凡種盆花樹，必先要肥土，於冬間取陽溝泥，曬乾篩去瓦礫，便用大糞潑濕曬乾。如此三四次了，以乾柴草一重、肥土一重，發火燒過收藏，起正月間便栽花果樹木。栽種花木子粒，每日用糟過退雞鵝毛水，與肥水相和澆之，肥水即大糞清，如花上發萌，下便行根。此時不可澆肥，澆肥即死。如嫩條長長，或生花頭者，見花再便澆肥，花開時不可澆肥，日逐早晚只澆清水。如結果實者，已結不可澆肥，澆則落矣。如石榴花日中常曬，日午澆清水，早晚亦澆。若有嫩芽長起，便與捻去心。凡花三四月間便可上盆，則不生長根，則生花，根多則無花矣。如無雞鵝毛水，用蚕沙浸作水，尤佳。

種牡丹花肥盛花頭健

以冬至夜，撥開根脚下土。至來日，以水缸内石衣搥令細，擁之，兼拌些肥土，花即開得數日，又盛茂。

催花法

凡花用馬糞浸水澆之，三四日開者，次日盡開。

治花被麝香觸

凡花藥最忌麝香，瓜尤忌之。賸栽數株蒜薤，遇麝不損。又法：於[①]上風頭以艾和雄黄末焚之，即如初。

種黄葵金鳳

以子置手中任高撒，生枝幹亦高。

① “於”，飛本作“以”。

養菖蒲

以積年溝渠瓦爲末種之，如欲石上生苔，以茭泥和馬糞調和得中，置濕潤處，非久即生。

種緑毛龜

茭泥馬糞拌匀，塗擦龜背，置陰溝處，久即生毛。

竹木類

種竹法

宜高平之地，黄白軟土爲良。正月、二月中，斸取西南引根并莖，大作科芟去稍葉，於園中東北角種之。竹性愛向西南引根，取於園東北角種，令坑深二尺許，覆土厚五寸，以稻麥糠糞之，二糠各自糞之，不可和雜。不用水澆，水澆則淹死。勿令六畜入園，恐風摇動，須着架縛之。余比見五月種者猶佳，留莖種者被風摇動，多不滋茂，但去根一尺餘，截準上法埋栽，令露竹頭。當年生笋踐殺之，明年轉益大，又踐殺，後年長之粗大可見，一抽數丈。又云：種竹無時，但連陰中種之皆活，又五月十八日栽竹，及十三日爲竹本命日，栽之，百無一死，頻試實效。二月食淡竹笋，四月食苦竹笋，其欲作器者，經年乃堪使，未經年者，軟嫩不中。

治竹法

《齊民要術》云："五月十三日爲竹醉日。"《岳州風土記》謂之龍生日。宜種竹。宋子京《種竹詩》云："除地墻陰植翠筠,疏枝茂葉與時新。賴逢醉日元無損,政自得全於酒人。"又云:要不間年出,用本命日,謂正月一日、二月二日、三月三日之類。一云五月二十日爲上,或曰不必五月,每月二十日皆可,又云用辰日①。山谷詩云:"根須辰日斸,筍看上番成。"

月庵種竹法:用深闊掘溝,以乾馬糞和細泥填高二尺,無馬糞,礱糠亦可。夏月稀,冬月稠。然後種竹,須三四莖作一叢,亦須土鬆淺種,不可增土於株上。若用鋤頭打實泥則不生筍,打一下則一年不生,打兩下則二年不生。

《夢溪忘懷録》云:種竹但林外取向陽者,向北而栽,蓋根無不向南,必用雨下,遇火日及有西風則不可,花木亦然。諺云:"栽竹無時,雨下便移。多留宿土,記取南枝。"

《志林》云:竹有雌雄,雌者多筍,故種竹常擇雌者。凡欲識雌雄,當自根上第一枝看之,雙枝爲雌,獨枝爲雄。

竹有花輒槁死,花結實如插,謂之竹米。一年如此,久則滿林皆然。治之之法,於初米時擇一竿大者,截去近根三尺許,通其節以糞實之,則止。

《瑣碎録》云:竹根多害階砌,堆聚皂角刺埋土中障之,即不過。又云:油麻梗縛成小把埋地中,亦好。

引筍法:隔籬埋貍或貓於墻下,明年筍自迸出。

插樹

取本枝別本作"大枝"。如斧柯及臂者皆堪插,大者四五枝,小

① "日",飛本作"時",非。今按明徐光啟《農政全書》卷三十九《種植·雜種上》:"又云用辰日,山谷所謂'根雖辰日斸,筍看上番成。'"

者二三枝。葉微動爲上時，將欲開莩爲下時。先作麻紉支殄反纏樹十餘匝，以鋸截樹，去地五六寸，不纏則恐插時皮破。留高者，遇風則披折，宜以籠盛之，斜攕竹爲籤，剌木一作木皮之際，令深一寸許，折取美好果枝，陽中者妙，陰中者少實，長五六寸，亦斜攕之，令過心，大小長短與竹籤等，以刀子微劙樹枝，斜攕之際，剥去黑皮，勿令傷青皮，傷則死。拔出竹籤，插枝令到　處，木適向木，皮還近皮。一作向皮。插訖，以綿冪樹本頭，封熟牛糞泥於上，以土培覆，令樹枝僅得出頭，以土壅四畔，當枝上沃水。水盡，以土覆之，勿令堅涸，百不失一。其枝甚脆，培土時慎勿使掌撥，掌撥則折。枝既生，樹傍有葉出，輙去之。不爾，即分氣長遲，其十字破接者，十不收一。按此即《農桑輯要》所載“以杜插梨法”。

種桑

葚熟時，揀取魯桑，葉大、葚稀者種之，葉小、葚稠者不堪。白桑無子，壓取枝。熟耕肥地，多着糞，一如種菜法。作畦種之，浄淘葚子曬乾，和穄種，不得厚蓋，多不生。待長高一尺，又上糞一遍，當年得高四五尺。明年正月初，熟耕地五六遍，五步栽一株，下着一升糞。至秋初，斸根下更着糞培土。五年内，每春秋常須培根下，上糞培土，三年即有葚堪采。每樹得葉三十斤，又須每年及時科斫，以縛石墜壓四面枝，令婆娑向下，中心枝亦屈倒，勿令直上，若令向上即難摘，不宜下處水，浸着即死。五年後每樹賃得一兩絲，十畝地計絲百兩，山中衣服即遍足矣。若擬於下種茶，即東西行三步種一株，南北環五步爲準，圖陰密故也。若桑陰未成，即於茶南種雄麻及苧等，取其陰覆也，麻苧皆有利。

栽樹法

凡栽樹正月爲上時,二月爲中時,三月爲下時。崔寔《四民月令》云:“正月自朔及晦,可移諸樹,惟果樹及望而止,過望即少實。”樹必記陰陽枝,小樹即不用髡。先爲深坑,内樹訖,沃水着土,必令如薄泥,東西南北摇之,良久,泥入根間,必無不活,然後下土緊築。近上三寸不築,取其柔潤也。數溉注令沃潤,每澆水盡,即以乾土覆,則保澤。栽不得令人把,及六畜撥觸。

栽插木法

《淮南子》曰:移木失其陰陽之性,則莫不枯槁。切須記其陰陽,莫令轉易。大樹髡葉,小則不髡。深坑堅築,時時灌溉,不得用手捉,及六畜觝突。移時須愛護地面土,封其根,即易活也。諺云:移樹無時,莫教樹知。

《氾勝之書》曰:“栽樹,正月爲上時,二月爲中,以三月爲下時。然棗雞口,槐兔目,桑蝦蟆眼,榆負瘤散,其餘雜木,鼠耳虻翅,各具時也。”

凡木皆有雌雄,而雄者多不結實,可鑿木作方寸穴,取雌木填之乃實。以銀杏雄樹試之,即見。

插杉,用驚蟄前後五日,斬新枝鋤坑,入坑下泥杵緊,相視天陰即插,遇雨十分全活,無雨則減分數。

栽松,須用去松中大根,惟留四邊鬚根,則無不偃蹇,必用春社前帶土栽培,百株百活,舍此時,決無生理。

遷楊柳,先於遷,下鑽一竅,用杉木削釘釘竅中,而後栽,永不生毛蟲。又云:根下先種大蒜一枝,亦不生蟲。

皂莢樹不生，鑿一大孔，入生鐵三五斤，以泥封之，便開花結實。既實，以篾束其本數匝，木楔之，一夕自落。

種槐法，槐子熟時收曝乾，勿令生蟲。夏至前十日，水浸六七日生芽，勿傷其皮，遇好雨和麻子撒種，當年與麻齊，以木繩欄，明年再於下種麻助長，二年正月移植之。

種茶

二月中於樹陰下，或背陰之地，開坎方圓三尺，深一尺，熟斸着糞壤。每方下五六十顆子，蓋土厚一寸以上，任和草生，不得芸。相去二尺種一方，旱則以米泔澆之，無泔則以水，桑顆樹下盡堪，種竹陰下亦得。只是怕日，二年後即耘治，以水和稀糞蚕砂澆之，不得令滋厚。爲根尚嫩，恐傷根也。三年後即得多着糞澆，牛糞蚕砂雜糞壤蓋，大都宜山中陰坡，若於平地即須當深掘溝畎，水深爲溝壟洩水，不得令水浸，水浸即死。三年後每科取得八兩，每畝計一百四十科，計得茶一百二十斤。茶未成開四面，不妨種雄麻苧及雜粟黍穄等。

收茶子法

茶熟時收取子，和濕沙土拌於筐籠之中，盛之，着墻角堆亦得。仍須以好穰草蓋覆，至二月出種之。不爾，即乾，仍凍不生。

栽竹木凶日

十一月、十二月癸日。十干功食日。

伐竹木黑白星

甲子● 乙丑◑ 丙寅◐ 丁卯◐ 戊辰○ 己巳●

庚午○ 辛未○ 壬申○ 癸酉○ 甲戌● 乙亥◐

丙子◐ 丁丑● 戊寅● 己卯● 庚辰◐ 辛巳●

壬午● 癸未● 甲申◑ 乙酉● 丙戌● 丁亥○

戊子○ 己丑◐ 庚寅○ 辛卯● 壬辰○ 癸巳◐

甲午● 乙未○ 丙申● 丁酉○ 戊戌○ 己亥○

庚子● 辛丑◐ 壬寅○ 癸卯○ 甲辰◐ 乙巳○

丙午● 丁未○ 戊申● 己酉◑ 庚戌○ 辛亥◐

壬子○ 癸丑○ 甲寅◐ 乙卯○ 丙辰○ 丁巳●

戊午● 己未● 庚申◐ 辛酉○ 壬戌○ 癸亥○

右星:右邊黑蛀木,左邊黑蛀竹,全黑竹木皆蛀,全白不蛀。

六甲聾蛀日

甲子、甲午旬,前五日聾蛀。甲戌、甲辰旬,後五日聾蛀。甲申、甲寅旬,通旬無聾蛀。又自子至巳六日蛀,自午至亥六日不蛀。又自乙丑至戊辰,丙子至戊寅,戊子至癸巳,己亥至癸卯,乙巳至戊申,乙卯至癸亥,並蟲不食。

伐竹不蛀日

每月初五日以前,遇血忌日伐之,吉。

又三伏内及臘月中斫者,不蛀。

伐松不蠹日

每七月甲辰、丙辰、壬辰三日有血忌、飛廉，伐。

點斑竹

硇砂半兩，班猫一錢，石灰一錢，用米醋調點竹上，火熁之成色。或染紫竹，先以蘇木白礬汁熱澆，後用皂礬勾之，自然成紫色也。

文房適用

孔子曰："工欲善其事，必先利其器。"注云：器者，工之用也。事者，工之任也。利用以盡，任工之道，善矣。審斯言也，則文房之友，非士君子之器，故詳述之。

評硯

端硯出端溪。有上下巖，西坑餘處，悉其下也，惟北巖爲上。北巖爲上，巖色理瑩潤者、鋥者，尤發墨。本以紫石爲上，紫石者在大石中生，蓋精石也。又有草蒙茸，金線紋，惟有眼者最貴，謂之鴝鵒眼。石文精美，如木有節，今不知者，乃以爲石病。惟上巖石有眼，眼之佳者，青緑黄三色相重，多者自外至心，凡九匝。其大者尤爲希有，或布列硯中，如北斗心房星之形。世人以眼多少爲價之輕重。其生於墨池之外者，謂之高眼。生於内者，謂之低眼。高眼尤爲可尚，然又有活眼、死眼。黄黑相間，瞖精在内，晶瑩可愛，謂之活眼。四傍浸漬，不甚鮮明，謂之淚眼。形體略具，内外皆白，殊無光彩，謂之死眼。大抵活眼勝淚眼，淚眼勝死眼，死眼勝無眼也。

龍尾硯　　金星硯　　羅文硯

蛾眉硯　　角浪硯　　松文硯

紅絲硯　　黑角硯　　黄玉硯

紫金硯並出東州，唐彦猷作紅絲研，自第爲天下第一焉。

豆班硯並出歙州，研之異名，其石皆出於龍尾溪，金星無貴。

褐色硯　　鵲金黑玉石硯

紫石硯出吉州　　黄金硯出淄州

緑石硯出洮州　　磁洞石硯出萬州

魯水硯出南劍州　　角石硯出絳州

石末硯出離州　　熟鐵硯出青州

大陀石硯出歸州　　樂石硯出宿州

古瓦硯出相州　　澄泥硯出虢州

懸金崔石出萬州　　驉基島石硯出登州

石末硯，受墨而弗筆，龍尾得墨遲而久不樂，羅文石起墨過龍尾、端溪龍窟巖。紫石又次之，古瓦類石末。他無足議。

洗硯

凡硯須日滌之，過二三日即墨色差減，縱未能滌，亦須易水。春夏蒸温之時，墨久留其間，則膠力滯，而不可用。尤要頻滌去之，洗硯不得使熱湯，亦不得用氈片故紙，唯以蓮房、枯炭洗之最佳。端溪自有洗硯石，或挼皂角水洗之，亦得。半夏切平洗硯，大去滯墨。又黄蠟補硯極佳。

評筆

番禺諸郡,多以青羊毛爲筆,或用鷄鴨毛,或以雉毛,五色可愛。又有豐狐毛、虎僕毛、鼠鬚、羊毛、麝毛、狸毛、羊鬚、胎髮等,然皆未若兔毫,亦須取崇山絶仞中之兔,八九月收之。若中秋無月,則兔不孕。兔不孕,則毫少筆貴。夫筆須鋒齊勁健,今世筆皆鋒長,少損已禿,不中用矣。宣州諸葛高,常州許頓,造鼠鬚散卓長心筆,絶佳。

收筆

東坡以黄連煎湯調輕粉蘸筆頭,候乾,收。

山谷以蜀椒、黄蘗煎湯,磨松煤染筆藏之不蛀,尤佳。

洗筆

洗筆之法,以器盛熱湯,浸一飲久,輕輕擺洗。次却用冷水滌之,若有油膩,則以皂角湯洗,甚佳。

評墨

唐末墨工李超與子庭珪,自易水渡江居歙。本姓奚,江南賜姓李氏,故世有奚庭珪墨,又有李庭珪墨。今之言墨者,亦以李庭珪爲第一,易水張遇爲第二。珪復有二品,龍紋雙脊爲上,一脊次之。遇亦有二品,易水貢墨爲上,供堂次之。近世兖州陳朗亦精於墨,可以次之。又有王君得墨,紫珦朱君得小墨,皆唐末五代知名者。

李廷珪造墨正法取煙

清麻油十斤，先取三斤，以蘇木一兩半，宣黄連二兩半，杏仁二兩，碪碎同煎，候油變色，放温濾去滓，傾入餘油内，攪匀。隨盞大小，掘地作坑，深淺令與盞平，滿添油炷燈安在坑内，以瓦盆子約面闊八九寸、底深三寸許者覆之，仍用方寸瓦片楮起三面，不可太高，又不可太低，每一炊久即掃一度，只可作十盞，盞多則掃不徹，每取煙次即剪燈花，勿抛油内，仍勿頻揭見風，恐致煙落。

合膠

黄牛皮水浸透，拔去毛，仰攤在平板上。取生黄土匀撒皮上良久，以小刀剗，剗去筋膜，换水頻洗，斫碎。入無油膩鍋内，水煎成膠，傾出薄攤竹隔子上風乾。凡煙四兩，用乾膠一兩二分打作小片，以水浸軟，却漉出，入藥汁内同熬。切忌膠少，少則不堅，多又着筆，不宜添減也。

搜煙

每煙四兩半，用宣黄連半兩、蘇木四兩，各碪碎。水二盞同煎五七沸，候色變，用熟絹濾去滓，别同沉香一錢半煎，留水四兩許，再濾。次用腦半錢，麝一錢，輕粉一錢半，以藥汁半合研化，先將藥汁入膠同熬，不住手攪令溶，後入腦麝汁攪匀，乘熱傾入煙内，就無風處速搜和。次就案上團揉，候光可照人，方印作鋌子。無以滑石爲末塗墨上，灰池頓無風處窨五七日，候乾取出，以椶刷子浄刷，且收衣笥中，旬月後取出。不然亦無害，但欲堅故也。已上論造墨法。

印色

真麻油半兩許，入萆麻子十數粒，搥碎同煎令黄黑色，去萆麻，將油拌挼熟艾，令乾濕得所，然後入銀硃隨意多少，色紅爲度，更不須用帽紗生絹之類襯隔，自然不需塞印文，而又不生白醭，雖十年不熾。一法用蜜最善者，紙素雖久，色愈鮮明。

蠟斗

每蠟一兩，入鬱金末少許同熬，顔色深淺隨意加減，乘熱絹濾去滓，入瀝青兩皂角子大再熬，既不透紙，又可着蠟。上尊位書宜温蠟淺醮，欲易於開封；家書宜熱蠟深醮，可防私拆之患。

造雌黄墨法

雌黄研細，用水飛過，澄清擗去水，用秦皮、梔子、皂角各一分，巴豆一粒去皮，黄明膠半兩，同煎汁和雌黄，作鋌子陰乾。

造硃墨法

藥汁皆如上所述，用銀硃爲之。

造粉錠子法

白墡土一兩半，滑石半兩，寒冰石鍛過者半兩，同研極細。水飛過，入韶粉半兩研匀，裝入鷄子殼内，紙糊口，坐飯上蒸，鷄殻黑，再换鷄殻蒸，至鷄殻不黑爲度。用阿膠一兩，水一兩二錢，先浸膠軟，重湯煮化，和作鋌子。

法糊

瓦盆盛水，以麵一斤摻水上，任其浮沉。夏五日，冬十日，以臭爲度。漉浸麵，清水煎白芨半兩，白礬三分，去滓，和所浸麵打成濃糊，入桐油、黄蠟、芸香等各三錢重，就鍋内打作一團，别换水煮，令熟，去水，傾置器内，候冷，日换水浸。臨用以湯調開。

書燈

讀書須以麻油炷燈，蓋麻油無煙，不損眼。但恨其易燥，每一斤入桐油三兩和之，則難乾，又辟鼠耗。若蔓菁油、罌粟油、紅花油，每一斤則入桐油三兩，以鹽少許置盞中，亦可省油。以生薑擦盞邊，可不生滓暈。以蘇木煎燈心，曬乾炷之，可無燼。

書窗

讀書須用明窗净几，須油紙糊窗則明。其《造油紙訣》云："五桐六麻不用煎，二十萆麻去殼研。光粉黄丹各半匙，桃枝攪用似神仙。"又云："桐三麻四不須煎，十五萆麻去殼研。定粉一分和合了，太陽一見便光鮮。"

收書

收藏書籍之法，當於未梅雨前曬取極燥，頓櫥櫃中，厚以紙糊外門及周隅小縫，令不通風，即不蒸。古人藏書多用芸香辟蠹，即今之七里香是也。麝香收書櫥中，亦可辟蠹。一法用樟腦，亦佳。

收畫

亦當於未梅雨之前曬晾令燥,緊捲入匣,厚以紙糊匣縫,取令周密。過梅月方開,則不蒸黴,蓋蒸氣自外而入故也。匣須用楸木、梓木或杉柒之類爲之,外漆以黑光,裏不用漆也。

藏墨法

用熟艾和墨收,遇梅月藏石灰中,不蒸。

造古經紙法

每紙百張爲率,用漿五碗,槐花汁一碗,蘇木汁二碗,濃墨水半碗,調和顏色深淺加減用之,此紙造就搥光,只可裝背文書。諸法見後。

煮漿

糯米五升,浸一宿,研爛,用水二斗調攪,絹濾净,入豆粉一斤,再調攪匀。下鍋慢火煎,頻攪動,候漿滚,入黄蠟半兩再攪。候熟,入白礬一兩急攪,如漿濃,旋入水攪,量稀稠收之。恐鍋小,分作二次煎。

煎槐花

每用花半升,炒令焦黄色,用水三碗煎數沸,候色濃,用白礬半兩,蚌粉一兩研碎,先入盆内,用絹濾汁,入礬粉同攪匀。

煎蘇木

不拘多少搥碎，用沸湯浸三兩時，煎濃色，次加白礬濾入盆攪。

黃紙漿

每紙百張，白礬二兩，黃明膠一兩，滚湯頓化成稀水，於紙面上刷兩遍陰乾，作一垛，以平板或卓子面平壓令十分乾，即逐張以生布揩擦，自然光滑。

搥紙法

每紙百張作一石搥之，每乾紙十張外洒濕一張沓上。如此重疊沓起，以百張作一垛，放平正卓按上。又以平面板壓在上，以大石壓之，經一伏時，上下乾濕皆勻矣。於搥帛石上勻搥二三百下，皆著實，於百張内將五十張曬乾，却與濕者五十張乾濕相間沓了。再勻搥三二百下，依上再曬一半候乾。又乾濕沓了，如此三四次，直至無　張沾粘爲度。再以五七張一次倒下搥勻，直至光滑如油紙方止。此法全在搥擣揭换工夫，務要手勻爲法。

造五色箋法

須揀厚實夳騰倒紙，如白箋須揀白者，每三十張用前法煮漿，入鉛粉、銀粉、白石脂爲細末研勻，先刷表面，候乾刷裏面，乾則上軸搥羅紋或研花樣。下法倣此製造，搥紙亦如前法。

肉紅箋

用蘇木汁加紫花少許，黄丹一捻，入銀粉煮漿，調匀，色淡爲佳。刷紙搥法同前。

娥黄箋

槐花一兩炒焦赤色，以冰冷水一碗烹汁，入銀粉煮漿，調匀，色淺爲佳。刷紙搥法同前。

粉青箋

與天水碧顔色同，用靛一斤淘净，澄去灰，入銀粉煮漿，調匀，色淡爲佳。刷紙搥法同前。

淺雲箋

用槐花汁、靛汁調匀，看顔色淺深，入銀粉煮漿，調匀。刷紙搥法同前。

造箋上金花法

焰硝二錢，并上件同研爲末，絹袋盛漿水，内揉爲粉，另置。

鬱金三個　　梔子十個

槐花三錢，炒赤色　　白雲母一兩

右件同研爲末，以水一碗煎令濃，入白礬明膠少許，調雲母、焰硝粉，并雌黄、雄黄末一兩，印作花樣，研光爲度。

造真青紙法

鵝兒青二兩　　硇砂

膽礬　　鉛粉各一錢

右件爲末，以皂角明膠調汁染之。

造油紙法

用碧清桐油二斤，慢火煎槐枝攪，候滚，下皂角一寸許，蟬殼二十個，密陀僧半兩，無明異少許，煎三二沸，不住手攪。火慢則不焦，火緊則焦煿。下黄丹一兩煎至轉色微紫，下鉛粉一兩勤攪。候煎至色退如元油色，使杖蘸油點木上。候冷抹開如漆光，隨手便乾，油即成矣。不止油紙絹，亦可油板木，用亂絲蘸油使。

調硃點書法

銀硃不以多寡，入藤黄用水研匀，但點抹揩擦不落爲度，勝於用膠并皂子膠調者遠矣，雖久不臭敗，乃故宋吏部誥身用此法。又法用白芨水研硃，亦妙。

洗故書畫法

將書畫鋪平案間，取水匀噴濕，復令四面平穩。用馬尾羅子羅寒水石末，如一錢厚再噴濕。又羅真荚灰如前，候半時辰，以温温水衝起，如有污損，取燈草揩即净潔；如是墨污，須用一伏時，方以温水衝起，黑跡即去。

粘書畫軸法

凡粘書畫軸頭，若用膠則易蒸，若以糊或糍糕則生蛀，惟用苦練子末入生麵中，以水調粘畫軸，桿當用杉木，或桐木爲妙。今人用玉石象牙，意謂貴重美觀，不知爲害非輕。高古書畫絹素陳爛，有何筋力乘重之物？當用蘇木，或柘木花梨爲之可也。

打碑文法

薄紙每張摺疊定，於沸湯内蘸過，用布按去水，展開，逐張趁濕貼碑上。紙邊相搭，不用糊粘，使軟棕細刷拂之。微乾，用小粉熟糊勻刷紙上，却使軟布磨擦墨色拂碑字，濃謂墨本，淡謂蟬翼。更將黄蠟溶化，澆木板上，用氊一片於蠟板擦過，却於碑紙上擦光爲度。揭下，如遇南風，石潤不可打，小粉打糊背[①]碑文，雖丈餘不瓦。

逡巡碑法

此法許道然傳。

白芨　　白礬各等分

細粉倍之　　酸漿草如無醋代[②]

右件先將白芨、白礬爲末，羅浄，以一分入細粉，二分再同研勻，以酸漿草取汁調如濃墨寫字晾乾，用筆蘸墨汁滿紙塗黑。再晾乾，去粉即成白字。要光瑩，用蠟擦。

---

① “背”，飛本作“昔”，不辭。今按明劉基《多能鄙事》卷五《居室類器用類》：“小粉打糊背碑文，懸之不瓦。”

② 飛本“白礬”與“酸漿草”位置互易。

燈火備用

法算子

每枝點五晝夜。

老竹頭大者方削算子五百條，長四寸

海金砂　　　　　土硫黄

硝石各半兩　　　　乾漆四兩

頭髪四兩　　　　雞清四個不用黄

右將雞清頭髪，入糊粉一兩，袞和入爐，固濟一鍛成灰。槐莢末一兩，黄蠟四兩，鉛半斤，荏油二斤，已上硝石、海金沙、硫黄、乾漆四件，并鍛過髪灰一處袞，研蠟切作片子，亦拌却合在荏油内。攪着竹算子，鋪平底鍋内瀉油，令平算子。上用物蓋着，炭文武火煎七日，油盡爲度。取算子拭去藥點，藥滓同炒，米末旱肉和爲丸，鐵簽插點。

耐點蠟燭

王四岩家傳本《方注》云："醫者之家人偷傳，極妙也。"

黄蠟　　　　　松脂

槐花各一斤　　　　浮石四兩

右一處溶，用燈心布澆，一晝夜，僅點一寸。

風前燭

燃風前吹不滅。

乾漆擣　　　　　海金沙

硝石　　　　　硫黄各一兩

瀝青　　　　黑豆末

蠟各二兩

右件溶瀝青蠟成汁，入前件滚和，以舊布火上攤作條。

萬里燭

皂角花　　　　黄花地丁

松花　　　　槐花

右蜜一斤，入前藥各二錢，煎數沸，漉出，入白芨二錢，候赤暈時退火，已凝結矣。

造獸炭

炭十斤，鐵屎十斤，合搗成末。生芙蓉葉二斤，再搗入糯米膠和，捏作獸物形狀曬乾。要用却以燃炭燒全赤，三日不滅。如不用，以灰擁之。

宿火炭

好胡桃一個燒半燃，熱灰擁，三五日不燼。

磨補銅鐵石類

補古銅器法

用銅葉一片，看銅器破處蚩定，使下藥粘之。

紫礦　　　　銅末

石灰　　　　生漆

鷄清

右件外加瓦灰調匀,扶破處,窨乾爲度,入梅月水中浸。

巢銅器故色

膽礬三錢　　硇砂

寒水石　　鵬砂各半兩

金絲礬二錢

右件爲細末,以青鹽水調之。先將銅器用緑礬和鹽水上一次,燒一次,如此凡三次,然後上前項藥料。候乾,再上藥了,於地下掘一坑,用炭火燒令通紅,使釅醋潑地坑,將銅器放在内,以醋糟蓋覆,用土罨一日。取出洗令浄,用臘擦之,自然有諸般顏色,與古器無異也。

光古銅器法

先將銅器水浸,刷洗浄拭乾,擣羅極細,浮炭末遍擦了,用硬靴刷刷之,然後用新綿揩擦,光彩可玩矣。

磨古劍法

磨劍不得用水及粗石磨,當以香油就光膩石,慢慢磨去銹。却用打鐵爐邊打落鐵蛾兒三兩,入木炭一兩,水銀一錢重,同爲末,摻劍上,以布片蘸油,耐久磨擦,其光如鏡,綿子拭浄,以酥塗,掛起,永不銹。

補山石等物神膠

白膠香真者一兩,黄蠟瀝青各一錢,香油一滴,尋所壞石同色者擣爲末,和作膏,烘熱粘之,如粘山石。斷者去石末,加蛤粉調乾，粘之。

刑部劉伯祥點錠術訣曰

雌雄硇膽共三錢，砒粉硫黄一處研。焰硝解鹽仙茅草，磁石卷栢配黄丹。每鏵一口三斤火，薄醋調和上三番。但依此法爐中鍛，煉就黄金可比肩。

鋼鐵

羊角亂髮，鍛過細末，水調，傅刀口上，燒通紅磨，快甚也。

藥摻古鏡法

不磨自明，用猪羊犬龜熊五件膽，各陰乾合和爲末，以水濕鏡，摻藥末面上，覆鏡面向地，自然光明。

磨鏡藥

鹿頂骨燒灰爲末，白礬枯爲末，銀母砂對母者，或四六者亦可。右三味等分和匀，先以磨鏡者磨浄，然後用此藥磨，令光明，一次可待一二年。

穿交椅法

十五眼者，繩分爲三停，留頭一停，先以中停從右手穿起，自背後第五眼穿入，對穿出前面第一眼，却第第一眼次一眼，穿向左去，到盡頭後向第一眼，却對着前向左手第五眼。且止瞥下，後以元留頭一停繩，再從元起處第二眼，第第穿向左去，至兩酌中繩盡止。却翻轉左手如先右手起相似，却從左手前面第五眼，對左手後向第二眼穿，第第穿向右手去，復[1]至酌中處相接爲止。繩以單過，透過時逐莖次一次二細織去，左右前後第一眼，繩二條過，通身眼眼都四條過。

刻漏捷法

嘗觀天文，皆按宣洞陽城晷漏。且自今年冬至起，算至來年冬至日止，所謂周天之正數也。一日一夜通計一百刻，每八刻二十分爲一時，惟寅申巳亥有九刻，皆以子午定其晝夜。今者所在壺漏異常，不遵古法，務在機巧，各肆瞽術、工匠一時胸臆之見。制度既無軌則，時刻宜乎差誤。有過與不及之失，今輒撰成滴漏循環之法，積年而成，不勞人力，不費工財，妙通玄微，至簡且捷。雖出五里之外，篋笥皆可附行，於几案之隅，所謂天運璇璣盡在目中矣。切見好事君子，或用表標，或用煙篆。然香燥則易爇，香潤則燼緩，天晴日表可驗，陰晦又不可，二者俱非悠久之法，但依此造，似乎簡易，而精通玄微，妙中之妙也。

造盂法

其法以銅盂二隻，大一小一，大者貯水，初無定制，但寬大過於小者足矣，如無以磁盂代之。小者重五兩，高三寸四分，面底並闊四寸七分，上下四直，造之恐度量差殊，當以太平錢五十文準其輕重。造畢，於盂底微鑽一竅，如針眼大，浮於水盆上，令水顛倒，自穴外逆通上入小盂中，用籌探之，水至子則子時，至午則午時，至一更則一更矣。他皆倣此。

① “復”，飛本作“後”。

下漏法

每日天曉日將出時，將小盂浮於大盆水面上，至日入時自然水滿小盂，沉於水底爲度，却取出小盂，去其水，再浮水面上，至來日天曉，仍舊沉於水底。昏曉二時，俱以水滿爲度，定其晝夜。其日停水之時，切須濾出極浄，毋使塵滓隘其水穴，庶幾，永無緩迫之失。

造籌法

用薄木竹片皆可爲，如籖篦樣，隨尺寸高下書寫時刻，用探水，定驗時辰更點，尤是簡捷。凡籌三十四分，均布十二段，每段該二分五釐，惟寅申巳亥上，分外加添四分，謂維偏添之數也。閏餘成歲，折瑳之數也。今皆捷取小盂内分刻爲驗，甚徑更捷。小盂分刻處相對，先刻取二路，以浮魚指點處是也。凡一年十二月止用太平錢二十文，隨月加減，鎮壓小盂。

加減法

十一月節，晝用二十文太平錢，匀鋪小盂底，夜用空盂。十二月節，晝用太平錢十九文，夜用一文，自十二月節爲始，晝減一文，夜添一文，七日一次加減。正月節，晝用十一文，夜用九文。二月節，晝用十文，夜用十文。三月節，晝用九文，夜用十一文。自三月節爲始，每七日一次，晝減一文，夜增一文。四月節，晝用一文，夜十九文。五月節，晝用空盂，夜二十文。六月節，晝用一文，夜十九文。自六月節爲始，每七日一次，晝增一文，夜減一文。七月節，晝九文，夜十一文。八月節，晝夜各十文。九月節，晝用十一月，夜用九文。自九月節爲始，每七日一次，晝添一文，夜減一文。十月節，晝用十一文，夜用九文。

推二十四氣

正月立春雨水節，二月驚蟄及春分，三月清明并穀雨，四月立夏小滿全，五月芒種及夏至，六月小暑大暑匀，七月立秋并處暑，八月白露及秋分，九月寒露與霜降，十月立冬小雪均，十一月大雪與冬至，十二月小寒及大寒。

定太陽出没法

正月出乙入庚方，二八出兔入雞場。三七發甲入辛地，四六生寅入犬藏。五月生艮歸乾上，仲冬出巽入坤方。惟有十與十二月，出辰入申子細詳。

約十二時

半夜子，雞鳴丑。平旦寅，日出卯。食時辰，禺中巳。日中午，日昃未。晡時申，日入酉。黄昏戌，眠定亥。

寶貨辨疑故宋掌公帑者所著

象牙簡笏式

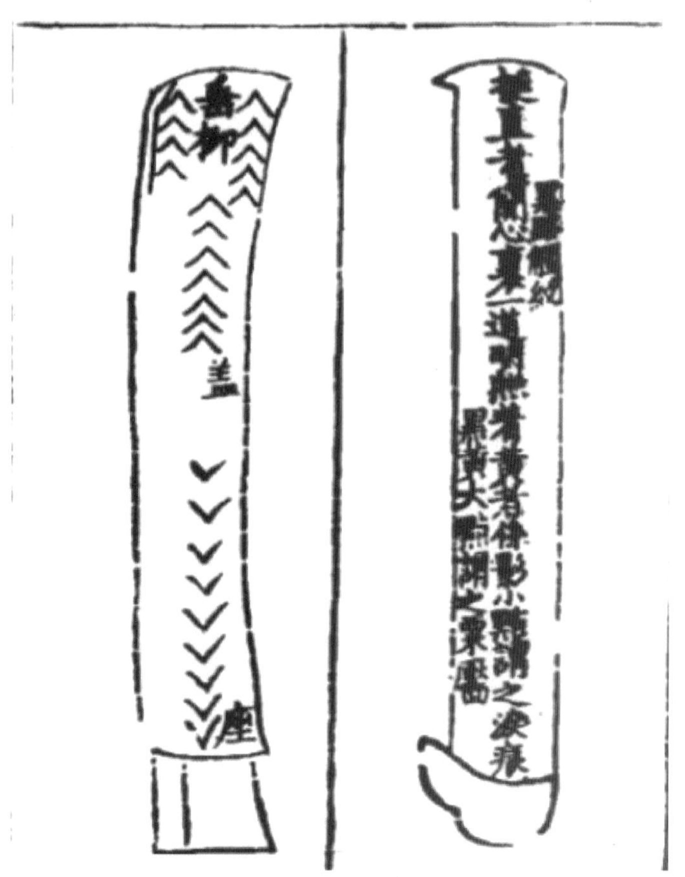

大石牙性偏滋潤，蓋座紋柳鎮不深，更無觸紋并心影，長短合格不抱身。大石國者爲道地，牙性滋媚，光潤滑膩，紋縷細。三佛齊者其次，廣牙最低。簡笏俱要停直，迭料長短合格，兩邊要有垂柳，蓋座都全，厚薄恰好，無鎮角者最妙。或有鎮角，不要深到底，是節病。更要認陰陽，脿在外者屬陽，脿在裏者屬陰，抱身要慢，闕一不可。或犯黄偏影心觸紋，皆是褒彈。心明者謂之心影，不明者謂之氣脈，黑者謂之搐紋。若上有黑點謂之雞糞，列者謂之麻璺，若上木紋者謂之大松紋，若白骨色者謂之骨白牙，性粗觸紋者謂之山園，抱身小點謂之淚痕，投賣者呼作壽星，黑黄大點謂之粟曆。笏長二尺三寸爲式，簡亦然。但凡象牙每株斤兩大者直錢，臨時相度本事如何，然後定價。

金

金子十分至半錢，對樣分明石上試。
更看裏夾幾多般，剪錯開時無疑忌。
黑昏銅物在其中，淺淡蓋緣銀在内。
銀有六分金有四，一處銷成全不類。
要見良金方法真，膽礬燒鍛黄即是。
色白聲鳴器子多，入手輕肥驗假僞。

馬蹄金像馬蹄樣少有　　沙金乃麩金之屑如沙細者
橄欖金出荆湖嶺南郡　　苽子金顆塊如苽子大
麩子金碎屑如麩片，出湖南、高麗、蜀中
胯子金像臈茶腰帶胯子，出湖南北郡
葉子金雲南者爲道地，各處鋪户拍造杜葉，亦淡此爲罨金，再銷看顔色

凡辨夾金鋌或夾器皿用淡金，或銀使赤金葉裹，就熱砑上，鋌子僞造鎚痕。器皿看底足有縫即是；如無縫，看唇厚，入手硬，夾器也。

銀

真花細滲分數高，紙被心低四角凹。
好弱幽微説不盡，論中不錯半分毫。

金漆花銀一百分足　　濃調花銀九十九分九釐

茶花銀九十九分八釐　大胡花銀九十九分七釐

薄花銀九十九分六釐　薄花細滲九十九分五釐

紙灰花銀九十九分四釐　細滲銀九十九分三釐

粗滲銀九十九分一釐　斷滲銀九十八分五釐

無滲銀九十七分五釐

已上銀分數名額，凡看諸般器皿，首飾釵釧。今時宅眷，多喜時樣生活，勤去更改一番，騰倒一番，低也。但凡楞裹鍍金之類，尤宜仔細。

玉帶

腰帶束帶有多般，菜葉明釘去頭難。

滴酥色潤多着主，牌方素者足人觀。

雪色滋媚爲最，若白有明者謂之伶色，是節病。或玲瓏，實碾方素碾造人相者直錢，餘燒香唐帶或油色明釘不堪。

玉器

色似瓊酥白似銀，摸着晶泉隨手生。

敦厚樣好玉性潤，雪花夾石無占紋。

凡看玉器，或盤盞碗壺等，有把手者孔竅要容大指成器，或繫腰條環，笠帽頂頭，巾環劍綳納子，琴樣納子，玉刀靶肥長者成器，或首飾、玉額、花玉、釵鐸、玉梳、玉鳳、玉環、玉盒、玉花朵、玉項鐸、玉帶繫、玉五事等件，時樣爲最。舊時碾造生活，合格者直錢，不堪改造者勿覽。須要得色，樣範敦厚，碾造仁相，如實碾粟米臥蠶螭虎等地，或玲瓏生活細巧工夫者，更看不雪花夾石，不灑墨點，不占璺損破，不就材料者玉有五色，白如凝脂，黑點漆，紅如雞冠,青如藍靛,黄如栗色。

白玉:色似瓊酥滋媚爲絶品,不斷青并白,得齷齪水色、油色者價低。

古玉:茶褐色面上屍侵,紅如點血,白者價高,青者次之。

碧玉:顔色倻伶者絶品,上至不斷青,下至碧緑色,深緑色、青色、菜色者分數等比,白者價低。

黄玉:如栗黄者絶品,泔漿黄者次之。

烏玉:多出川内,只堪碾數珠,壓紙、象棋等用,碾造玉磬,聲韻長久。

瑪瑙

紅班似錦要分明,樣好那堪入手輕。

更無夾石并紋柳,此物應當價貫贏。

瑪瑙盞碗器物,先要樣製做得薄紅錦色,或間酒色花兒瀝落,無夾石破璺爲奇。如鬼面漿,無紅花兒或花紅内有粉紅花者,謂之曲蟮紅,有紫紅花點謂之醬班,皆不甚好。

水晶

明净如冰白似銀,不薄不厚要匀停。

若遇粉霜并驚璺,碾花藏病細論評。

倭國者上品,信州者次之。須要潔净伶俐,不薄不厚,素者尤佳。碾花者多藏粉瑕節病,驚璺者不堪,亦有烏水晶。

琥珀

金珀光明蠟珀黄,通身潔净最爲良。

牽𦡶水色難昇價,僞者多般切要防。

近日造成帽頂珠兒,條環繫腰間,有結秀、喜蛛、螻蟻者直錢,或有水珀用藥煮作金蠟珀者,或有聳篤思僞者,宜鑑。

珊瑚

枝柯高大最直錢,色似銀硃轉更鮮。

若有髓眼并丹色,價低應知不足觀。

此物出大海中水底,五七株成林,横枝色鮮紅者謂之珊瑚林。設放看翫以高者轉難得,價高直錢,亦有折斷去處,用紅蠟粘接,仔細看之,丹色髓眼,皆是褒彈。

看南北珠式

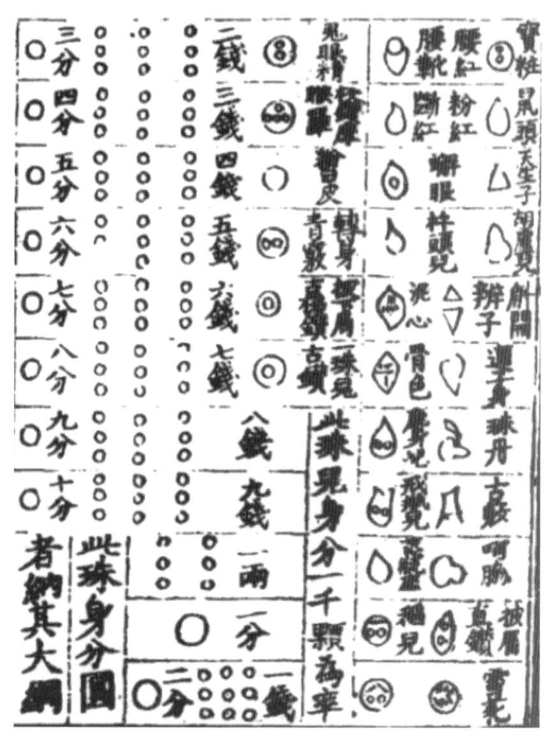

北珠

圓如彈子轉身青,披肩色好甚分明。

粉白油黄并骨色,節病多般不盡論。

凡看北珠顔色,須是看訖,閉目再閃看,顔色一同,方爲驗也。其珠青者,亦如暑末秋初,乍雨還晴,雲綻處閃出青天帶,白雲中現出青天,此青係真色第一。其青不用深青,只要白包青籠罩,乃嫩青色,其珠青只如在頂上蓋者,不披青至頂下者,謂之摩孩羅兒頂青也。其青若至腰下至竅眼,謂之轉身青,爲第一。腰上青者,謂之披肩青,爲第二。若珠頂上只有一點青,不能蓋頂者,謂之鬼眼睛,不爲奇也。

看大珠身分顔色節病訣

所看北珠,身分須是帶圓,只用竅眼。其珠子身分須是青白色、緑色。牽黄磁白骨色,低;様如粉白色尤得。如北珠身下有白搭膊,或面上有,牽孛落及黄上青色者不中,青上黄者尤得。如直眼及竅眼,身分上損破穴眼,并改鑽三眼、四眼者,亦不中也。且如買直鑽北珠,只買肚兒高者,且得。謂如竅眼上尖,乃黍頭。下闊者,謂之寳裝,亦名無篤珠子也。如一頭大、一頭小者,謂之皷槌。中間一穴兩頭圓者,謂之横鑽,亦不中也。

看入匣珠子式

須用絹帛蘸水,突其面兒,其絹帛不青乃真色,有色僞者,多用好青紙筒作卷兒,突其珠兒,有青色又有骨色、油黄者,用竹紙筒作捲兒,韶粉在内,突其珠子粉白精神,仔細矣。

南北西湖珠式

南珠兒,看明亮,精神撚圓,淺紅色粉白,不要油黄,其價低次。北珠兒,看青要美,披肩青、轉身青迭四五分者,價貫不廉,或鬼眼睛,一點青也,或粉白,或磁色。或腰勒,或骨色,或鼠頭蓮子身搭膊兒直鑽,皆有褒彈。西珠兒,氈線小封頭,先看價輕重,有無圓者,醜者發付較遲。

馬價珠

蘆甘色美過如翠,若無油煙轉更加。

夾石粉白老青色,此物本事不足誇。

青珠兒蘆甘色者道地,珠兒指面大,肉驗高者妙。亦有轉身青者,多做寶索兒用。顔色妙者直錢,着主快。亦有當三折二錢大者,價貫不可一例看。土番國并回回珠兒顔色不好,多與好碧靛相似,此珠兒多是西夏販到,川人亦有。

碧靛

碧靛馬價皆相類,顔色黑緑不直錢。

青得美者可人愛,碾成事件做錢看。

翠色不夾石爲最,西夏者道地,黑緑、粉緑皆不直錢。

猫睛

黄如酒色唤猫睛,轉側中間一道真。

睛更散簾深黑色,二物應當價例輕。

猫睛出南番,酒色,闊如指面大者,以大爲好。睛死不活,并黑睛者不直錢。小者亦有米顆,大者只可打嵌指鋌雜用。

剌

紫剌紅剌出南番,釧鐲杯盤打嵌鞍。

大者直錢五六百,小者多嵌指鋌間。

此物出南番,紅紫并酒色。大者如指面,亦有多嵌七寶首飾,并繫腰盞盤釧鐲指鋌,餘外無用。

玻璃

南番酒色紫玻璃,碗碟杯盤入眼稀。

土燒氣眼不堪羡,價直不比在前時。

出南番國,上有酒色、青色、紫色、白色。性若水晶相類,勸盞盤器背上多碾兩點花兒,是真者。土燒者輕如瑠璃相似。

玳瑁

最好白多點兒少,此物應當價不小。

黑多白少不爲奇,照管點班措看了。

白多點兒稀少者直錢,花班好者次之,胡黑者價極低。亦有用藥點角者,謂之塞堅。

犀角

雲分兩脚要分明,正透尤佳倒透紋。

骨篤數中偏最好,刀刮娑娑分外馨。

出臨河路者爲妙,正透高如倒透。正透者,黑地黄花。倒透者,黄地黑花。若成株肥大者佳,瘦小者只可合藥用。無花烏犀中，故烏犀偏帶馬鞍，作子象棋。亦有蠻犀、川犀，不好。

翠毛

脊錢軟翠出南番，廣州全翅次其間。

紫土土翠難昇價，行市貴賤臨時看。

軟翠妙，是兩片脊錢爲之一合，每十合作一串，六個好六個低，廣内翠稍低，此間亦有紫翠，係山和尚之屬。

魚鯨

山陽漢上鯖魚魷，成裹高低論斤秤。

價高當三錢來大，塊兒小者價須輕。

此物襄陽、漢上、武昌皆有，當三折，二者價高，碎塊兒價低，有二斤秤十六個者成器難得，今時冠子多用羊角造之。

龍涎

龍涎妙似百藥煎，鼻嗅之時香又腥。

牆壁浮石皆相類，修合諸香分外馨。

龍涎出南海山島中，褐色，微腥；若黑色者，曾經大魚吞之。此物大能發香，無此物合香不成。

龍涎香

龍涎香名有多般，此物暗昧仔細看。

伏古雲頭并清燕，三朝修合最直錢。

伏古、雲頭、清燕三等，高、孝、光宗三朝合者，楊和王供進者，上有臣名，有韓太師府，修合閲古龍涎香皆妙，廣州心子香亦佳。香有白醭者,乃多年腦子走在面上,假者亦多。

大石梔子

合香梔子出大石,紅黄色好最爲奇。

黑者蒸孽不中用,貴人不愛定無疑。

此物除合龍涎香料之外,别無用處。紅黄紫者好,黑者不堪用。

珠篩

珠子銅篩與銀篩,鐵者多應是古篩。

一套若全念二隻,隔過匀停好串排。

鐵者古篩,銅者官篩,亦有銀篩。每套二十二隻方全,或有隻數不全者,無用。

試金石

色如黑漆皆相類,氣呵濕潤卒未乾。

光滑膩如鷄彈子,上金貼定易爲看。

出蜀中,潤膩滑、樣範好、頗大者直錢。上金滿,用鹽湯洗,大松子油潤之,安濕地,少時入袋,氣呵動,用手擦,方始上金。

居家必用事類全集己集目録

諸品茶

諸品湯

果食類

酒麴類

居家必用事類全集己集

諸品茶

蔡襄進茶録序

臣前因奏事，伏蒙陛下諭臣先任福建轉運使日，所進上品龍茶，最爲精好。臣退念草木之微，首辱陛下知鑒，若處之得地，則能盡其材者[①]。陸羽《茶經》，不第建安之品；丁謂《茶圖》，獨論採造之本。至於烹試，曾未有聞。臣輒條數事，簡而易明，勒成一篇，名曰《茶録》。伏爲清閑之宴，或賜觀采，臣不勝惶懼榮幸之至。

一篇論茶品

色

茶色貴白，而餅茶多以珍膏油去聲其面，故有青黄紫黑之異。善别茶者，正如相工之眎人氣色也。隱然察之於内，以肉理實潤者爲上。既已末之，黄白者受水昏重，青白者受水鮮明，故建安人鬥試，以青白勝，黄白負。

香

茶有真香。入貢者微以龍腦和膏，欲助其香。建安民試茶

① “者”，上海圖書館藏宋拓本蔡襄《茶録》作“昔”。

皆不入香，恐奪其真。烹點之際，又雜珍果香草，其奪益甚。

味

茶味主於甘滑，惟北苑鳳凰山連屬諸焙所産者味佳。隔溪諸山，雖及時加意製作，色味皆重，莫能及也。又有水泉不甘，能損茶味，前世之論水品者以此。

右七綱：揀芽，以四十餅爲角；小龍鳳，以二十餅爲角；大龍鳳，以八餅爲角。每角圈以箬葉，束以紅縷，包以紅紙，緘以黄綾，惟揀芽俱以黄焉[①]。

茶焙

茶焙編竹爲之，裹以箬葉。蓋其上，以收火也；隔其中，以有容也；納火其下，去茶尺許。所以養茶色香味也。

茶録後序

茶爲物之至精，而小團又其精者，《録序》所謂“上品龍茶”者是也。蓋自君謨始造，而歲貢焉。仁宗尤所珍惜，雖輔相之臣，未嘗輒賜。惟南郊大禮致齋之夕，中書、樞密院各四人共賜一餅。宫人剪金爲龍鳳花草貼其上，兩府八座，分割以歸，不敢碾試。宰相家藏以爲寶，時有佳客，出而傳玩爾。嘉祐七年，親享明堂齋夕，始人賜一餅，余亦忝與，至今藏之。余自以諫官供奉仗内，至登二府二十餘年，纔一獲賜，而丹成龍駕，舐鼎莫及，每

① 按“右七綱”此段爲宋趙汝礪《北苑别録》中語，非蔡襄《茶録》中内容。

一捧[①]甌,清血交零而已。因君謨著録附于後,庶知小團自君謨始,而可貴如此。歐陽永叔。

蒙頂新茶

細嫩白茶五斤　　枸杞英五兩炒

緑豆半升,炒過　　米二合,炒過

右件焙乾,碾,羅合細煎點,絶奇。

腦麝香茶

腦子隨多少,用薄藤紙裹,置茶合上,密蓋定。點供自然帶腦香,其腦又可移别用。取麝香殼安罐底,自然香透,尤妙。

百花香茶

木犀　茉莉　橘花　素馨等花

又依前法薰之。

法煎香茶

上春嫩茶芽,每五百錢重,以菉豆一升,去殼蒸焙。山藥十兩,一處處細磨,别以腦麝各半錢重,入盤同研,約二千杵。罐内密封窨三日後,可以烹點,愈久香味愈佳。

煎茶法

煎茶,須用有焰炭火,滚起便以冷水點住,伺再滚起再點,如

① "捧",底本作"棒",蓋形誤。據歐陽修《歐陽文忠公集·外集》卷第十五《龍茶録後序》改。

此三次，色味皆進。

枸杞茶

於深秋摘紅熟枸杞子，同乾麵拌和成劑，捍[①]作餅樣，曬乾，研爲細末。每江茶一兩，枸杞末二兩，同和匀。入煉化酥油三兩，或香油亦可，旋添湯，攪成稠膏子。用鹽少許，入鍋煎熟。飲之，甚有益及明目。

擂茶

將芽茶湯浸軟，同去皮炒熟芝麻，擂極細，入川椒末、鹽、酥油餅，再擂匀細。如乾，旋添浸茶湯。如無油餅，斟酌以乾麵代之。入鍋煎熟，隨意加生栗子片、松子仁、胡桃仁。如無芽茶，只用江茶亦可。

蘭膏茶

以上號高茶研細，一兩爲率。先將好酥一兩半溶化，傾入茶末内，不住手攪。夏月漸漸添冰水攪，水不可多添，但一二匙尖足矣，頻添無妨，務要攪匀，直至雪白爲度。冬月漸漸添滾湯攪，春秋添温湯攪。加入些少鹽尤妙。

酥簽茶

將好酥於銀石器内溶化，傾入江茶末攪匀，旋旋添湯攪，成稀膏子散在盞内，却着湯侵供之。茶與酥看客多少用，但酥多於

① “捍”，即今作“擀”，本集、庚集餘處均同。

茶些爲佳。此法至簡且易，尤珍美，四季看用湯造，冬間造在風爐子上。

合足味茶法

夢溪沈内翰歌括云："甘三苦四妙通神，甘草三兩，苦參四兩。五斤乾茶五斤蒸。乾茶葉五斤，蒸過茶五斤。菉豆四升同搗合，豆炒過。此方宜利勝燒銀。"

製孩兒香茶法

孩兒茶一斤，研極細，羅過用。白荳蔻仁四錢，研爲細末。粉草炙，三錢，碾爲細末。沉香半兩，劈成三錠子，插入鵝梨内，用紙裹了。水濕過，灰火内煨，梨熟爲度，取出沉香，曬乾，爲細末，用三錢和之，留梨汁，製麝香用。寒水石半斤，炭火内鍛紅。先將薄荷葉四兩，水浸濕透，鋪在紙上。將鍛過寒水石放在葉上裹了，放冷取出，秤五錢，與腦子同研，餘者待後次用之，葉棄去不用，此腦子法也。無此，則腦子氣味去矣。蓽澄茄三錢，研爲細末。麝香二錢，揀去毛，令净。研開，用尤製沉香梨汁和爲泥。攤在磁盞内或銀器内，上用紙糊口，用針透十數孔，慢火焙乾，研爲末。再於盞内焙熱，合和前料，其香滿室，此其法也。川百藥煎半兩，爲末，將已上四件和匀，磁器收貯，勿泄味。梅花片腦三錢，米腦亦可，用製過寒水石同研，和拌入料。

右將潔净高糯米一升，煮極爛稠粥，擂細冷定。用絹絞取濃汁和劑，須要硬，於净捶帛石上捶三五千下，捶多愈好，故名"千捶膏"。却用白檀煎油，抹印脱造成，放於透風處懸弔三二日，刷光磁器貯。

諸品湯

天香湯

白木犀盛開時,清晨帶露用杖打下花,以布被盛之,揀去蒂萼,頓在浄磁器内。候積聚多,然後用新砂盆擂爛如泥。一名山桂湯,亦名木犀湯,並同。木犀一斤。鹽炒,四兩。粉草炙,二兩。

右件拌勾,置磁瓶中,密封,曝七日。每用沸湯點服。

暗香湯

梅花將開時,清旦摘取半開花頭連蒂,置磁瓶内。每一兩重,用炒鹽一兩洒之,不可用手漉壞,以厚紙數重密封置陰處,次年春夏取開。先置蜜少許於盞内,然後用花二三朵置於中,滚湯一泡,花頭自開,如生可愛。

須問湯

東坡居士歌括云:"半兩生薑乾用一升棗乾用,去核,三兩白鹽炒黄二兩草炙,去皮。丁香木香各半錢,約量陳皮一處搗去白。煎也好,點也好,紅白容顔直到老。"

杏酪湯

板杏仁用三兩半,百沸湯二升浸蓋。却候冷,即便换沸湯,如是五度了,逐個掐去皮尖,入小砂盆子内細研。次用好蜜一斤,於銚子内煉三兩沸,看涌掇退,候半冷,旋傾入杏泥,又研,如是旋添入,研和勾。

鳳髓湯

潤肺，療咳嗽。

松子仁　胡桃肉湯浸去皮，各用一兩　蜜半兩

右件研爛，次入蜜和勻，每用沸湯點服。

醍醐湯

止渴生津仇公望縣尹方

烏梅一斤，搥碎①，用水兩大澄同熬作一碗，澄清，不犯鐵器。

硇砂半斤，碾　白檀末二錢　麝香一字　蜜五斤

右將梅水、硇砂、蜜三件，一處於砂石器内熬之，候赤色爲度，冷定，入白檀、麝香。

水芝湯

通心氣，益精髓。

乾蓮實一斤，帶皮，炒極燥，擣羅爲細末　粉草一兩，微炒

右爲細末，每二錢入鹽少許，沸湯點服。蓮實擣羅，至黑皮如鐵不可擣，則去之。世人用蓮實，去黑皮及澀皮并心，大爲不便，黑皮堅氣而澀皮住精，世人多不知也。此湯夜坐過飢氣乏，不欲取食，則飲一盞，大能補虚助氣，昔仙人務光子服此得道。

茉莉湯

用蜜一兩重，甘草一分，生薑自然汁一滴，同研令極勻。調

---

① “碎”，飛本作“澄”，非。據上下文内容及“搥”的搭配用例，知底本不誤，不煩校改。

塗在碗中心，抹匀，不令洋流。每於淩晨採摘茉莉花三二十朵，將放蘗碗，蓋其花，取於香氣薰之，午間乃可以點用。

木香苦湯

王百一承旨常服湯藥。

片子薑黃四兩　　縮砂仁半兩

木香半兩　　白荳蔻仁半兩

藿香葉半兩　　白檀半兩

甘草一兩半　　陳皮去白，半兩

青皮去白，半兩　　川練子半兩

黄芪半兩　　香附子去毛，炒，一兩

白匾豆去皮，蒸熟，焙乾，秤一兩

右細末，每服一二錢，空心，沸湯點服。

香橙湯

寬中，快氣，消酒。

大橙子二斤，去核，切作片子，連皮用

檀香末半兩　　生薑五兩，切半片干，焙乾

甘草末一兩

右二件，用净砂盆内研爛如泥。次入白檀末、甘草末，並和作餅子焙乾，碾爲細末。每用一錢，鹽少許，沸湯點服。

橄欖湯

止渴生津。

百藥煎一兩　　白芷一錢

檀香一錢　　甘草炙，一兩

右件擣爲細末，沸湯點服。

荳蔻湯

治一切冷氣，心腹脹滿，胸膈痞滯，噦逆嘔吐，泄瀉虚滑，水穀不消，困倦少力，不思飲食。出局方。

肉荳蔻仁二斤，麪裹煨　　甘草炒，二斤十二兩

白麪炒，一斤半　　丁香枝杖一斤十二兩

鹽炒，三斤四兩

右爲末，每服一錢，沸湯點服，食前。

解醒湯

中酒後服之。東垣李明之方，妙絶，其孫李信之傳。

白茯苓一錢半　　白荳蔻仁半兩

木香半錢　　橘紅一錢半

蓮花青皮三分　　澤瀉二錢

神麴一錢，炒黄　　縮砂仁半兩

葛花半兩　　猪苓去黑皮，錢半

乾生薑二錢　　白术二錢

人參去蘆①，一錢

右爲細末和匀，每服二錢半，白湯調下，但得微汗，酒疾去矣，不可多食。

① “去蘆”，飛本無，非。按，“蘆”係參之根，服用人參有“不去蘆令人吐”之醫典記載，故知飛本漏載，不可從。

乾木瓜湯

除濕，止渴，快氣。出李氏方。

乾木瓜去皮净，四兩　　白檀一兩

沉香半兩　　茴香炒，一兩

白荳蔻半兩　　縮砂仁一兩

粉草炙，二兩半　　乾生薑二兩

右爲極細末，每用半錢，加鹽，沸湯點服。

無塵湯並李氏方

水晶糖霜二兩　　梅花片腦二分

右將糖霜乳細羅過，入腦子再研匀。每用一錢，沸湯點服。如點帶香湯茶，必須當面烹點，不可多，多則令人厭；少則有餘，不足存焉。慎勿背地烹點供上，如背處烹點，則香氣已散矣。

熟梅湯

黄梅十斤　　青椒四兩

鹽一斤　　粉草末六兩

薑汁一小碗

右件拌匀，日曬半月，磁器收貯。

緑雲湯

荆芥穗四兩　　白术　　粉草各二兩

爲末，入鹽，點服。

檀香湯

膏子一分，檀香細末三錢，腦麝少許，研細。入生薑自然汁三兩，同研。投入膏内，沸湯點服。

丁香湯

入丁香細末三錢，餘依前法。

辰砂湯

入辰砂細末三二錢，看顏色如何，腦麝依前法。

胡椒湯

入胡椒細末一兩，腦麝並依前法。

硇砂湯

入硇砂細末二兩半，丁香、乾薑末少許，不用腦麝。

茴香湯

入炒茴香細末一兩，檀香、乾薑末少許，不用腦麝，已上只看滋味如何，隨意加減。

仙术湯

辟瘟疫，除寒濕，温脾胃，進飲食。出局方。

蒼术去皮，十二斤，米泔水浸，焙　　棗去核，六升

杏仁去皮尖，炒，斤半　　粉草炙，三斤半

乾薑五兩，炮　　　　　　　　　鹽六斤四兩

右爲細末，入杏仁和勻。每服一錢，沸湯點服。常服延年益壽，明目駐顔，輕身不老。

荔枝湯出李氏方

烏梅半斤，洗浄，熬，去核，濾去滓

沙糖一斤，熟水化作汁，濾去滓　　　　　　　　　桂末三錢

乾生薑末半兩　　　　　　　　　丁香末一錢

右將糖、梅汁合和了，銀石器内熬耗一半，然後入丁、桂、薑末，再熬成膏，入浄器收貯。

温棗湯出李氏方

大棗一斤，去核，用水五升，熬汁

蜜　　生薑汁

右將三味調停和美。再入銀器内，令稀稠得所。入麝香少許，每盞抄一大匙，沸湯點服。

香蘇湯出李氏方

乾棗一斗，去核，擘碎

紫蘇葉半斤　　　　　　　　　木瓜五個，去皮穰，擣碎

右件一處再擣勻，分作五分。内將一分勻攤在竹籠内，燒滚湯潑淋下汁，嘗瓜棗無味了，去却别换好者一分。依上潑之，以味盡爲度，將淋下汁慢火銀石器内熬成膏子，冷熱任用。

地黄膏子湯

生地黄肥大者，於秋暮冬初採取，净洗折碎。入石臼中，以木杵搗爛，榨取汁入砂石器内熬至浮末起，皆掠去至净。煎至三分去二，别换銀石小器，慢火熬至滴入水不散爲度。造時始末不犯銅鐵器，於净磁器内收貯，入檀香末并腦麝少許。或云入蜜熬者，并入酒中同飲，極妙，亦可沸湯點服。出李氏方。

輕素湯

乾山藥三兩　　甘草一兩

蓮子肉半斤，湯浸，去紫皮并心子，洗净白

右日乾爲細末，生龍腦少許，沸湯點服。

沃雪湯

縮砂仁一兩　　甘草半兩

雞蘇葉三兩　　荆芥穗一兩半

天花粉甜者二錢瓜蔞根也

爲末湯點。

渴水番名攝里白

御方渴水

官桂　丁香　桂花

白荳蔻仁　縮砂仁各半兩

細麯　麥蘗各四兩

右爲細末，用藤花半斤、蜜十斤煉熟，新汲水六十斤。用藤花一處鍋内熬至四十斤，生絹濾净，用小口甏一個，生絹袋盛前項七味末，下入甏。再下新水四十斤，并已煉熟蜜，將甏口封了。夏五日，秋春七日，冬十日熟。若下脚時，春秋温，夏冷，冬熱。

林檎渴水

林檎微生者，不計多少擂碎。以滚湯就竹器放定擂碎林檎，衝淋下汁，滓無味爲度。以文武火熬，常攪，勿令焫了，熬至滴入水不散。然後加腦麝少許，檀香末尤佳。

楊梅渴水

楊梅不計多少，探[1]搦取自然汁，濾至十分净。入砂石器内慢火熬濃，滴入水不散爲度。若熬不到則生白醭。貯以净器。用時，每一斤梅汁入熟蜜三斤，腦麝少許，冷熱任用。如無蜜，毬糖四斤入水熬過亦可。

木瓜渴水

木瓜不計多少，去皮、穰、核，取净肉一斤爲率，切作方寸大薄片。先用蜜三斤或四五斤，於砂石銀器内慢火熬開，濾過。次入木瓜片，同前，如滚起泛沫，旋旋掠去，煎兩三個時辰。嘗味，如酸，入蜜，須要甜酸得中。用匙挑出放冷器内，候冷再挑起，其蜜稠硬如絲不斷者爲度。若火緊則焦，又有涌溢之患，其味又不

① “探”，諸本作“棎”，不辭。“棎”爲樹名，兩晉已見，如西晉左思《吴都賦》“棎榴御霜”。“探搦”即“揑”，唐慧琳《一切經音義》卷三十八“素揑”條下引《埤蒼》“揑，探搦也”。

加，則焦焞氣，但慢火爲佳。

五味渴水

北五味子肉一兩爲率，滚湯浸一宿，取汁同煎。下濃豆汁對當的顔色恰好，同煉熟蜜對入，酸甜得中，慢火同熬一時許，涼熱任用。

蒲萄渴水

生蒲萄不計多少，擂碎，濾去滓令净。以慢火熬，以稠濃爲度，取出收貯净磁器中，熬時切勿犯銅、鐵器。蒲萄熟者不可用，止可造酒。臨時斟酌，入煉過熟蜜及檀末、腦麝少許。

香糖渴水

上等鬆糖一斤，水一盞半，藿香葉半錢，甘松一塊，生薑十大片，同煎，以熟爲度。濾净，磁器盛，入麝香菉豆許大一塊，白檀末半兩。夏月冰水内沉用之，極香美。

造清涼飲法

生氣，爽神。

葛粉　鬱金　山梔各一錢　　甘草一兩

右爲細末，以新汲水逐旋調飲。

熟水類

梁稈熟水

故宋京城持瓶賣梁稈熟水。其法以稻稈心持擇齊整了，用水濯[①],洗净曬乾,作小把子。如蕩熟水時,以火炙少時,先以湯蕩兩次,然後蕩熟水。如以糯稻稈,自可縮小便。

紫蘇熟水

紫蘇葉不計多少,須用紙隔焙,不得翻,候香先泡一次,急傾了再泡。留之食用,大能分氣,只宜熱用,冷傷人。

荳蔻熟水

白荳蔻殼揀净,投入沸湯瓶中,密封片時,用之極妙。每次用七個足矣,不可多用,多則香濁。

沉香熟水

先用净瓦一片,竈中燒微紅,安平地上。焙香一小片,以瓶蓋定,約香氣盡,速傾滚湯入瓶中,密封蓋。檀香、速香之類,亦依此法爲之。

香花熟水

取夏月但有香無毒之花,摘半開者,冷熟水浸一宿,密封。次日早去花,以湯浸香水用之。

丁香熟水

丁香五粒,竹葉七片,炙,沸湯密封片時,用之。

---

① “濯”,飛本作“浸”,非。按,“濯”有洗義,“浸”爲泡、滲透義,據下文“曬干”及“作小把子”知前文“持擇齊整”的“稻稈心”不適合“浸”。

造熟水法

夏月凡造熟水，先傾百沸滚湯在瓶内，然後將所用之物投入，密封瓶口，則香倍矣。若以湯泡之則不堪，香若用隔年木犀、或紫蘇，須略向火上炙過，方可用矣。

漿水類

桂漿法

夏月飲之，解渴消痰，勿與酒同飲。

官桂三兩，爲末　　赤茯苓去皮，爲末

細麴末半斤　　大麥糵半兩，爲末

杏仁百粒，浸，去皮尖，研細　　生蜜三斤

右用熟水一斗，冷定調匀，入磁器内攪三五百轉，用油紙封口，覆以數重，入窨五日方熟。或臘紙密封，沉井底七日，綿濾去滓，水浸飲之。

荔枝漿

桂三兩　　丁香二分　　烏梅半斤，煎汁

縮砂仁三兩，剉碎，煎汁，一升　　生薑汁半盞

右件澄清相和，入糖二斤半，銀石器熬，候稠濃，濾過用之。

木瓜漿

木瓜一個，切下蓋，去穰盛蜜，却蓋了，用簽簽之，於甑上蒸軟，去蜜不用。及削去，中别入熟蜜半盞，入生薑汁同研如泥，以

熟水三大碗拌匀,濾滓,盛瓶内,井底沉之。

漿水法

熟炊粟飯,乘熱傾在冷水中,以缸浸五七日,酸便好喫。如夏月,逐日看,纔酸便用,如過酸即不中使。

虀水法

菘菜净洗,略湯中綽[1]過,入極清麪湯内,以小缸盛,看菜與麪湯多少相稱,菜不必多。候五七日酸可喫,如有虀脚一小碗,只一日便用。冬日略近火尤易熟,諸菜皆可。

法製香藥

法製半夏

開胃建脾,止嘔吐,去胸中痰滿,下肺氣。

半夏半斤,圓白者　　晉州絳礬四兩
丁皮三兩　　草荳蔻二兩
生薑五兩,切成片

右件,洗半夏去滑,焙乾,三藥粗剉,以大口瓶盛生薑片,并前藥一處,用好酒三升浸。春夏三七日,秋冬一月,却取出半夏,水洗,焙乾,餘藥不用。不拘時候細嚼一二枚,服至半月,咽喉自然香甘。

① “綽”,即今作“焯”。

法製橘皮

《日華子》云:“皮暖,消痰止嗽,破癥瘕痃癖。”

橘皮半斤,去穰　　白檀一兩

青鹽一兩　　茴香一兩

右件四味,用長流水二大碗同煎,水乾爲度。揀出橘皮,放於磁器内,以物覆之,勿令透氣。每日空心取三五片細嚼,白湯下。

外三味,曬乾爲末,白湯點服。

法製杏仁

療肺氣咳嗽,止氣喘促,腹痺不通,心腹煩悶。

板杏一斤,滚灰水淖過,曬乾,麩炒,熟煉蜜拌杏仁匀,用下藥末

茴香炒　人參　縮砂仁二錢

陳皮三錢　白豈蔻　薄荷

梗香各二錢　粉草三錢

右爲細末,拌杏仁令匀,每用七枚,食後服之。

酥杏仁法

杏仁不拘多少,香油煠焦胡色爲度。用鐵絲結作網兜搭之,候冷定食,極脆美。

法製縮砂

消化水穀,温暖脾胃。

縮砂十兩,去皮,以朴消水浸一宿,即乾,以麻油焙燥,香熟爲度

桂花　粉草各一錢半，碾爲細末

右件和匀爲末，遇酒食後細嚼。

醉鄉寶屑

解醒，寬中，化痰。

陳皮四兩　　縮砂仁四兩

紅豆一兩六錢　　粉草二兩四錢

生薑　　丁香一錢，剉

葛根三兩，已上並㕮咀　　白荳蔻仁一兩，剉

鹽一兩　　巴豆十四粒，不去皮殼，用鐵絲穿

右件用水二碗煮，耗乾爲度，去巴豆曬乾，細嚼，白湯下。

木香煎

木香二兩，擣羅細末，用水三升，煎至二升，入乳汁半升，蜜二兩。再入銀石器中煎如稀麪糊，即入羅過粳米粉半合，又煎，候米熟稠硬，捍爲薄餅，切成棋子，曬乾爲度。

法製木瓜

取初收木瓜，於湯内煠過，令白色，取出放冷。於頭上開爲蓋子，以尖刀取去穰了，便入鹽一小匙，候水出，即入香藥、官桂、白芷、藁本、細辛、藿香、川芎、胡椒、益智子、縮砂仁。右件藥擣爲細末，一個木瓜入藥一小匙，以木瓜内鹽水調匀。更曝，候水乾，又入熟蜜令滿，曝，直候蜜乾爲度。

法製蝦米

蝦米一斤去皮殻,用青鹽、酒炒,酒乾,再添再炒,香熟爲度。真蛤蚧青鹽酒炙,酥脆爲度。茴香青鹽酒炒四兩净,椒皮四兩,青皮酒炒,不可過濁,煮酒約二升,用青鹽調和爲製。右先用蛤蚧、椒皮、茴香三味製訖,却製蝦米,以酒盡爲度。候香熟,取上件和前三味一併拌匀,再用南木香粗末二兩同和,乘熱入器盒,四圍封固,候冷取用。每一勺,空心鹽酒嚼下,益精壯陽,不可盡述。趙菊山

果食類

造蜜煎果子法

凡煎果子,酸者用朴硝破水;大段硬酸者用湯化朴硝,放冷浸去酸味;軟嫩者只煉蜜放冷,澆在果子上淹一宿,其酸鹹味自去。漉出淘過控乾,並先煉熟蜜,後入煎五七沸,出,放冷[①],再入舊蜜内,煎如琥珀色,去蜜置器中。煎時須用銀石、砂銚等爲佳,使蜜澆者浸一宿,餘依用,淹一飯時,若有味也。

又法:應干煎果,先用湯蕩白梅肉,候冷浸之,却控乾,煉蜜浸之,如前法。

蜜煎冬瓜法

經霜老冬瓜去青皮,近青邊肉切作片子,沸湯焯過放冷。石

① “出,放冷”,飛本作“放出冷”,非。按,“放冷”係“蜜煎”法中的一個重要步驟,且本集無“放出冷”之語例,故知飛本有誤,不可從。

灰湯浸没四宿，去灰水，同蜜半盞，於銀石砂銚内熬[1]熟，下冬瓜片子，煎四五沸，去蜜水，别入蜜一大盞同熬，候冬瓜色微黄爲度。入磁器内，候極冷方可蓋覆，如白醭，重煎石灰湯二錢，沸湯澄清去脚用。

蜜煎薑法

社前嫩芽者二斤，净洗控乾，不得着鹽淹，須候出水一飯間，沸湯略焯過，濾乾。用白礬一兩半，搥碎泡湯，隔宿次却澄清，浸薑，以滿爲度，三兩宿漉出，再控，不得多時。用蜜二斤煎一滚，去面，隔宿冷却，於新瓶内入蜜薑。約十日半月别换蜜一斤半，换蜜若要久，經年兩次换。

蜜煎笋法

笋十斤和殻煮七分熟，去皮，隨意切成花樣，用蜜半斤浸一時許，漉乾。却用蜜三斤煎滚掠净，拌匀入磁器收貯，浸久不損。

蜜煎青杏法

不拘多少，刮去皮，用銅青極細末銅器内匀滚，令緑色。然後用生蜜浸，但覺有酸氣便换蜜，至三五遍自然不復酸，可以久留。銅青無多少之限，但滚的匀便可也，青梅亦可依此法造。

蜜煎藕法

初秋藕新嫩者，沸湯焯過五分熟，去皮，切作條子或片子。

① “熬”，飛本作“煎”。

每一斤用白梅四兩，湯浸汁一大碗，候冷，浸一時許，漉出控乾。用蜜六兩，去滷水，别蜜十兩，慢火煎，令琥珀色，放冷，入罐貯。

糖脆梅法

青梅一百個，畫成路路兒。將熟冷醋浸没一宿，取去控乾。别用熟醋調沙糖一斤半，浸没入瓶内，以笋葉扎口。仍用碗覆，藏在地中，深一二尺，用泥土蓋過。白露節取出，换糖浸。

糖椒梅法

黄梅大者不拘多少，搥破核。未搥以前，先以鹽淹一日。鋪梅一層，入沙糖，用椒、生薑絲一層，重重鋪罐内八分滿，以物蓋覆。蒸一遍，再用生絹覆罐口，曬十日可供。曬時先用些椒葉在梅肉上。

糖楊梅法

以三斤爲率，鹽一兩，淹半日。次用沸湯浸一宿，控乾。入好糖一斤，輕輕用手拌匀，日曬，汁乾爲度，磁器貯。

糖煎藕法

大藕五斤，切二寸長，又碎切之，日曬出水氣。入沙糖五斤，金櫻末一兩，同入磁器内，又入蜜一斤。用泥緊封閉磁器口，慢火煮一伏時，待冷開用。

糖蘇木瓜

大者一對，去皮，切作瓣。白鹽一兩，新紫蘇葉二兩，净洗，曬乾，切細，同醃少時。再入生薑四兩，去皮，切絲，沙糖二十兩，一處拌勻。磁器中盛，日中曬乾，時時抄勻爲度。

造椒梅法

黄梅一百個爲率，用盆硝少許，焯過，漉出控乾，搥碎，入生薑絲一斤[①]，甘草四兩，去目川椒一兩，磁盆拌勻。又入炒鹽半斤，同曬。如欲作梅湯，曬，放稀；如欲作餅子，曬，放乾。曬時兩三日攪一次。

旋炒栗子法

不拘多少，入油紙撚一個，沙銚中炒，或熨斗中炒亦可。候熟，極酥甜香美，異常法。

收藏果法

收藏栗子

霜後初生栗子，不以多少，投水盆中，去其浮者，餘皆漉出，噐于净布拭乾，更於日中曬少時，令全無水脈爲度。用新小瓶罐，先將沙炒乾放冷，將栗裝入瓶，一層栗，二層沙，約九分滿。每瓶只可放三二百個，不可大滿。用笋葉一重蓋覆，以竹篾按定，掃一净地，將瓶倒覆其上。略以黄土封之，逐旋取用，不可令近酒氣，可至來春不壞。

① “一斤”，飛本作“一片”。

收藏紅棗

將大磁缸一隻,刷洗凈,拭乾。燒熱米醋澆缸內,蕩令勻,控乾,又以熟香油勻擦缸口。於缸底鋪粟稈草一重,棗一重,中心四圍亦令草間蓋,不可重壓,亦不生蛀虫。

收藏諸般青果法

十二月間,蕩洗潔凈瓶或小缸,盛臘水。遇時果出,用銅青末與果同入臘水收貯,顏色不變如鮮。凡青梅、枇杷、林檎、小棗、蒲萄、蓮蓬、菱角、甜瓜、綿橙、橄欖、荸薺等果,皆可收藏。

收藏石榴

選揀大石榴,連枝摘下,用新瓦罐一枚,安排在內。使紙十餘重密封,可留多日不壞。

收藏梨等

揀不損大梨,取不空心大蘿蔔,插梨枝柯在蘿蔔內。紙裹暖處,候至春深不壞。帶梗柑橘,亦可依此法。

收藏橄欖

用上等好錫,打作有蓋罐子,揀好完橄欖裝滿,紙封縫,放於凈地上,至五六月間尤好。藏階前草内者,無是說。

收藏乳餅

取乳餅在鹽甕底,不拘年月。要用,取出洗凈,蒸軟使用,一如新者。

收藏瓜茄

用染坊淋退灰，曬乾，埋藏黄瓜、茄子，冬月食用。

酒麴類

酒醴總叙：昔儀狄造酒而美，進之於禹，飲而甘之，遂疏儀狄。然酒可以供祭祀，可以奉賓客，皆禮之所不廢者。如《詩》所謂"爲酒爲醴，以洽百禮"，又謂"我有旨酒，以燕樂嘉賓之心"，皆是物也。至於養生伐病，世或資之，則日用飲食之間，亦不容闕。今取其品味之美者載于前，釀法之良者備于後。諒并好事者之樂聞也。

造麴法

東陽酒麴方

白麪一百斤　　桃仁二十兩

二桑葉二十斤　　杏仁二十兩，皆去皮，擂爲泥

蓮花二十朵　　蒼耳心二十斤

川烏二十兩，炮，去皮臍　　菉豆二十斤

淡竹葉二十斤　　熟甜瓜一十斤，去皮，擂爲泥

竦母藤嫩頭二十斤　　竦兼嫩葉二十斤

右將五葉皆裝在大缸内，用水三擔浸，日曬七日，用木杷如打澱狀打下，以罩篱漉去枝梗，用此水煮豆極爛。先將生桃、杏泥

等與麪豆和成硬劑，踏成片，二桑葉裹，外再用紙裹，掛於不透風處。三五日後，將麴房上窗紙扯去，令透風，不爾恐燒了此麴。

造紅麴法凡造紅麴，皆先造麴母

造麴母

白糯米一斗，用上等好紅麴二斤。先將粇米淘净，蒸熟作飯，用水升合，如造酒法，搜和匀下甕。冬七日，夏三日，春秋五日，不過以酒熟爲度。入盆中擂爲稠糊相似。每粳米一斗，止用此母二升，此一料母可造上等紅麴一石五斗。

造紅麴

白粳米一石五斗，水淘洗，浸一宿，次日蒸作八分熟飯。分作十五處，每一處入上項麴二斤，用手如法搓操，要十分匀停了，共併作一堆。冬天以布帛物蓋之，上用厚薦壓定，下用草鋪作底。全在此時看冷熱，如熱則燒壞了，若覺大熱，便取去覆蓋之物，攤開堆面，微覺温，便當急堆起，依元覆蓋，如温熱得中，勿動。此一夜不可睡，常令照顧。次日日中時，分作三堆，過一時分作五堆，又過一兩時辰却作一堆，又過一兩時分作十五堆。既分之後，稍覺不熱，又併作一堆，候一兩時辰覺熱，又分開，如此數次。第三日用大桶盛新汲井水，以竹籮盛麴作五六分。渾蘸濕便提起，蘸盡又總作一堆，似稍熱，依前散開，作十數處攤開，候三兩時，又併作一堆，一兩時又撒開。第四日將麴分作五七處，裝入籮，依上用井花水中蘸。其麴自浮不沉，如半沉半浮，再依前法堆起，攤開一日。次日再入新汲水内蘸，自然盡浮。日中曬乾，造酒用。

東陽醖法

白糯米一石爲率。隔中，將缸盛水浸米，水須高過米面五寸。次日將米踏洗，去濃泔，將籮盛起，放别缸上，再用清水淋洗净，却上甑中炊，以十分熟爲度。先將前東陽麴五斤搗爛，篩過，匀撒放團箕中，然後將飯傾出，攤去氣，就將紅麯二斗於籮内攪洗，再用清水淋之，無渾方止。天色暖則飯放冷，天色冷放温。先用水七斗，傾在缸内，次將飯及麯拌匀爲度。留些麯撒在面上，至四五日沸定翻轉，再過三日上榨壓之。

上糟

造酒寒須是過熟，即酒清數多，渾頭白[illegible]少。温涼時并熱時，須是合熟，便壓，恐酒醅過熟。又糟内易熱，多致酸變。大約造酒自下脚至熟，寒時二十四五日，温涼時半月，熱時七八日，便可上糟。仍須均裝停鋪，手安壓鼓正，下砧簟，所貴壓得均乾，並無湔失。轉酒入甕，須垂手傾下，免見濯損酒味。寒時用草薦、麥麯圍蓋，温涼時去了，以單布蓋之。候三五日澄折清酒入瓶。

收酒

上榨，以器就滴，恐滴遠損酒，或以小竹子引下亦可。壓下酒須是湯洗瓶器，令净，控候二三日。次候折澄去盡脚，纔有白絲則渾，直候澄折得清爲度，則酒味倍佳。便用蠟紙封閉，務在滿裝，瓶不在大，以物閣起。恐地氣發動酒脚，失酒味，仍不許頻頻移動，大抵酒澄得清，更滿裝，雖不煮，夏月亦可存留。

煮酒

凡煮酒,每斗入蠟二錢,竹葉五片,官局天南星員半粒,化入酒中,如法封繫,置在甑中,秋冬用天南星丸,春夏用蠟并竹葉。然後發火。候甑草上酒香透,酒溢出倒流,便更揭起甑蓋,取一瓶開看,酒滚即熟矣。便住火,良久方取下,置於石灰中,不得頻頻移動。白酒須撥得清然後煮,煮時瓶用桑葉冥之,庶使香氣不絶。

長春法酒

景定甲子五月間,賈秋壑以長春法酒一甕并方進于穆陵。上欲供而輟者再,李坦高忠輔任閤長兼内轄,奏云:"願先賜臣一盞,候三五日藥力效驗,方可進御。"李因是得罪於賈。適七月十三日,居民遺漏,修内司救撲,官兵見火勢趨和寧門,李於是令預撤民屋保護大内。賈謂不遵朝廷節制,嗾臺臣上疏,三學叩閽,屢貶鬱林州,除名勒停。方用:

當歸	川芎	半夏
青皮	木瓜	白芍藥
黄耆蜜,炙	五味子	肉桂去粗皮
熟地黄	甘草炙	白茯苓
薏苡仁炙	白荳蔻仁	縮砂
檳榔	白术	橘紅
枇杷葉去毛,炙	人參	麥蘖炒
藿香去土	沉香	木香
草果仁	杜仲炒	神麯炒
南香	桑白皮蜜炒	厚朴薑炙
丁香	蒼术製	石斛去根

右件各製了。净秤三錢，等分作二十包，每用一包，以生絹袋盛，浸於一斗酒内。春七日，夏三日，秋五日，冬十日。每日清晨一杯，午一杯，甚有功效，除濕實脾，去痰飲，行滯氣，滋血脈，壯筋骨，寬中快膈，進飲食。

神仙酒奇方

專醫癱瘓，四肢拳攣，風濕感搏重者，宜服之。

五加皮二兩，并心，剉，去土　　紫金皮并骨，剉，去土

當歸鬚六錢，洗净，剉

右件㕮咀，用酒一瓶浸三宿，夏一宿。更用好酒一瓶，取酒一盞，入未浸酒一盞，每日兩盞暖服。兩瓶酒盡時，自有神效。

天門冬酒

醇酒一斗，六月六日麴末一升，搗粗末，好糯米五升作飯，天門冬煎五升，其煎但如稀餳即得，米須淘訖曬乾。取天門汁浸麴如常法，候熟，炊飯適寒温，用煎和飯，令相入投之。夏七日，勤看，勿令熱。春冬十日，密封閉之。熟，榨濾，每服三合。再欲造地黄、枸杞、五加皮、薑蕤、黄精、白术諸藥酒，並準此法。秋夏飯須冷下，春冬須稍温，看時候方下之，合須九月盡，三月前。

又法：取天門冬三十斤，搗碎，煮，取汁，依常法以作酒。少少飲之，滓作散服，尤佳。

枸杞五加皮三骰酒骰音豆

牛膝　　五加根莖　　丹參　　枸杞根

忍冬　　松節　　枳殼枝葉

右件各切一大斗,以水三大石於大釜中煮,取六大斗去滓澄清水。準凡水數浸麯,即用米五大斗炊飯。熟訖,取生地黄細切一斗,搗如泥和下。第二骰用米五斗炊飯,取牛蒡根細切二斗,搗如泥,和飯下,消訖。第三骰用米二斗炊飯,取大秋麻子一斗,熬搗令極細,和飯下之。候稍冷熱,一依常法,候酒味好,即去糟,飲之。如酒冷不發,即更以少麯末骰之;若味苦薄,更炊二三斗米骰之;若飯乾不發,取諸藥等分,量多少煎汁熱骰之。候熟去糟,量性飲之,多少常令有酒氣,老少男女皆可服,亦無所忌。已上三骰酒,去風勞氣冷,令人肥健,走及奔馬。

天台紅酒方

每糯米一斗,用紅麯二升,使酒麯兩半或二兩亦可。洗米净,用水五升,糯米一合,煎四五沸,放冷以浸米,寒月兩宿,暖月一宿,次日漉米,炊十分熟。先用水洗紅麯令净,用盆研或搗細亦可,别用温湯一升發起麯,候放冷,入酒麯,不用發,只搗細,拌令極匀熟,如麻賫狀。入缸中,用浸米泔拌,手劈極碎,不碎則易酸。如欲用水多則添些水,經二宿後一一翻,三宿可榨,或四五宿可以香,更看香氣如何,如天氣寒暖消詳之。榨了,再傾糟入缸内,别用糯米一升,碎者用三升,以水三升煮爲粥。拌前糟,更釀一二宿,可榨,和前酒飲。如欲留過年,則不可和。若更用水拌糟,浸作第三酒亦可。

鷄鳴酒

歌括云:“甘泉六碗米三升,做粥温和麯半斤。三兩餳餻二兩酵,一抄麥蘖要調匀。黄昏時候安排了,來朝便飲甕頭春。”

右先將糯米三升净淘，水六升同下鍋，煮成稠粥。夏攤冷，春秋温，冬微熱。麯、酵、麥蘖皆搗爲細末，同錫餙下在粥内拌匀。冬五日，春秋三日，夏二日，成熟爲好酒矣。

又法：就此料内，加官桂、胡椒、良薑、細辛、甘草、川烏炮、川芎、丁香，已上各半錢，碾爲細末，和粥時同攪匀在内，其味尤妙，香美異常。

滿殿香酒麴方

白麵一百斤　　糯米粉五斤

木香半兩　　白术十兩

白檀五兩　　甜瓜一百個，香熟，去皮子，取汁

硇砂　　甘草　　藿香各五兩

白芷　　丁香　　蓮花二百朵，去蓮，取汁

廣苓苓香各二兩半

右件九味，碾爲細末，入麪粉内，用蓮花、瓜汁和匀，踏作片，紙袋盛，掛通風處，七七日可用。每米一斗，用麯一斤，夏月閉甕，冬月待微發，作糯米餙粥一碗。温時投之，謂之搭甜。

蜜醞透瓶香

用蜜二斤半，以水一斗，慢火熬及百沸，雞翎掠去沫，再熬，沫盡爲度。官桂、胡椒、良薑、紅豆、硇砂仁，已上各等分，碾細爲末。右將熬下蜜水，依四時下之，先下前藥末八錢，次下乾麯末四兩，後下蜜水。用油紙封，箬葉七重密，冬二十日，春秋十日，夏七日熟。

羊羔酒法

用精羊肉五斤，用炊單裹了，放糜底蒸熟，乾，批作片子。用好糯酒浸一宿，研爛，以鵝梨七隻去皮核，與肉再同研細。紗濾過，再用浸肉酒，研濾三四次，用川芎一兩爲末，入汁内攪勻，潑在糯米脚、糜肉下脚，用麯依常法。

菊花酒

以九月菊花盛開時，揀黄菊嗅之香、嘗之甘者，摘下曬乾。每清酒一斗，用菊花頭二兩，生絹袋盛之，懸於酒面上約離一指高，密封瓶口。經宿，去花袋，其味有菊花香，又甘美。如木香、臘梅花一切有香之花，依此法爲之。蓋酒性與茶性同，能逐諸香而自變。

治酸薄酒作好酒法

官桂　白茯苓去皮

陳皮　白芷　縮砂

良薑各一兩　甘草五錢　白檀五錢

沉香少許

右用生絹袋一個，盛前藥味在内，用甜水五大升，煮十沸，將絹袋藥取出。蜜六兩，熬去蠟滓，入前藥汁内滚二三沸。又用好油四兩，熬令香熟，入前藥汁内，再滚二三沸，磁器盛之，量酒多少，入藥嘗之。

南番燒酒法番名阿里乞

右件不拘酸甜淡薄一切味不正之酒，裝八分一甏，上斜放一空甏，二口相對。先於空甏邊穴一竅，安以竹管作嘴，下再安一空甏，其口盛住上竹嘴子。向二甏口邊，以白磁碗楪片遮掩令密，或瓦片亦可。以紙筋搗石灰，厚封四指，入新大缸内坐定，以紙灰實滿，灰内埋燒熟硬木炭火二三斤許，下於甏邊，令甏内酒沸，其汗騰上空甏中，就空甏中竹管内，却溜下所盛空甏内。其色甚白，與清水無異，酸者味辛甜，淡者味甘，可得三分之一好酒。此法臘煮等酒皆可燒。

白酒麴方

當歸	硇砂	木香
藿香	苓苓香	川椒
白术已上各一兩	官桂三兩	檀香
白芷	吴茱萸	甘草各一兩
杏仁　兩，别研爲泥		

右件藥味並爲細末，用白糯米一斗，淘洗極凈，舂爲細粉，入前藥和匀。用青辣蓼取自然汁搜拌，乾濕得所。搗六七百杵，圓如雞子大，中心捺一竅，以白藥爲衣。稈草去葉，覷天氣寒暖，蓋閉一二日，有青白醭，將草换了，用新草蓋。有全醭，將草去訖。七日聚作一處，逐旋散開，斟酌發乾，三七日，用筐盛頓懸掛，日曝夜露。每糯米一斗，七兩五錢重，蘇、濕、破者不用。

醸法

新白糯米漿浸陳糯米水，浸一宿，淘，以水清爲度。燒滚鍋，甑内氣上，漸次裝米蒸熟，不可大軟，但如硬飯，取勻熟而已。飯熟，就炊箄舁下，傾入竹篕内，下面以水桶承之，棧定，以新汲水澆。看天氣，夏極冷，冬放温，澆畢以麯先糝甕中。如飯五斗，先用二斗麯末，同拌極勻，次下米與麯拌勻。中心撥開見甕底，周圍按實，待隔宿，有漿來，約一碗，則用小勺澆於四圍，如漿未來，須待漿來而後澆。要辣則隨下水，欲甜更隔一宿下水，每米一石，可下水六七斗，如此則酒味佳。天寒覆蓋稍厚，夏四日，冬七日熟。在甕時，有漿來即澆，不限遍數，用小勺豁起漿，在四邊澆潑。下水了，不須澆。

用水法

每造米一石，内留五升，用水八斗半，熬作稀粥，候冷，投入醅内，此即用水法也。

候漿法

下了脚，須至一伏時揭起，於所蓋薦外，聽聞索索然有聲，即是漿來了。後又隔兩日，下水，仍先將糟十字打開，番過下水，不攪，仍舊作窩，更待二三日方可上榨。

造諸醋法

造七醋法

假如黄陳倉米五斗，不淘净，浸七宿，每日换水一次，至七日。做熟飯，乘熟便入甕。按平，封閉，勿令氣出。第二日番轉動，至第七日開，再番轉。傾入井花水三擔，又封閉一七日，攪一遍，再封二七日，再攪，至三七日即成好醋矣。此法甚簡易，尤妙。

造三黄醋法

於三伏中，將陳倉米一斗淘净，做熟硬飯，攤令匀。候冷定，飯面上以楮葉蓋，或蒼耳、青蒿皆可，罨作黄衣上，去罨蓋之物，番轉過，至次日曬乾，簸去黄衣，净器收貯。再用陳米一斗，做熟硬飯曬乾，亦用净器收貯。至秋社日，再用陳米一斗，做熟飯，與上件黄子、乾飯拌和匀，下水，飯面上約有四指高水。紗帛幪頭，至四十九日方熟，慎勿動着，待其自然成熟。此法極妙。

造小麥醋法

陳倉米一斗，或糯米亦可，用水浸一宿，炊作飯，攤温冷。粗麯二十兩，搗細，火焙乾，以紙襯地上，出火氣，拌飯匀，放净甕内。入新汲水二斗，又拌匀，榴椋平，用紙兩三層密封甕口，勿見風，向南方安，候四十九日開。用小麥二升炒焦，投入甕内，少須取醋於鍋内煎沸，入瓶了。上用炒麥一撮，醋久不壞。取頭醋了，再用水一斗半，釀第二醋，旬日可取食之。第二醋了，又用水七升半，釀第三醋，更數日取食之。第三醋了，二三醋欲食，須用炒焦麥半升許，入甕内搭色。猶可取第四醋，味尚如街市中賣者，此醋妙不可言。米醋熱者，蓋謂炒米耳，此法用炊米，所以性平。

造麥黄醋法

小麥不拘多少，淘净，用清水浸三日，漉出控乾，蒸熟。於暖處攤開，鋪放蘆席上，楮葉蓋之，三五日黄衣上，去葉曬乾。簸净入缸，用水拌勻，上面可留一拳水，封閉四十九日，可熟。

造大麥醋法

大麥仁二斗，内一斗炒令黄色，水浸一宿炊熟。以六斤白麵拌和，於净室内鋪席攤勻，楮葉覆蓋。七日，黄衣上，曬乾。更將餘者一斗麥仁炒黄，浸一宿，炊熟、攤温、同和入黄子，捺在缸内，以水六斗勻攪密蓋，三七日可熟。

造糟醋法

臘糟一石，水泡，粗糠三斗，麥麸二斗。右件和勻，温暖处放，罨蓋，勤拌捺，须氣香，咂嘗有醋味，依常法製造淋之。按四時添減，春秋用糠四斗半，麸二斗；夏糠三斗，麸二斗；冬糠五斗，麸三斗，覷天氣加減造之。

造餳糖醋法

餳餻一斤，水三斤，先將水入鍋，煎數沸，豁出傾入餳攪勻，伺温。入白麯末二兩，同攪勻，裝瓶内，紙封，日曬，春秋一月，冬四十五日，夏二十日熟，甚香美。下了，到二十日，之上有一層白醭面子，休攪動，至自落時，乃成熟也。若不日曬，只安頓净處，勿得動摇，任其自然，尤妙。

造千里醋法

烏梅去核一斤許,以釃醋五升浸一伏時,曝乾,再入醋浸,曝乾,再浸,以醋盡爲度。擣爲末,以醋浸鉦餅和爲丸,如雞頭大。欲食,投一二丸於湯中,即成好醋矣。

造麩醋法

初取麵麩,先以五斗,用水和勻,可作團即止。上甑蒸,盒作黄子,須楮葉蓋,兩日後成黄,即打聚作一堆,盒過夜,曬乾。先量起五升黄,留作二醋。然後用陳米一斗二升,五升亦不妨,浸一夜。次早和,先留麩皮五斗,用和勻,蒸飯熟。稍冷,與黄子入缸一處打拌,入水,約五升瓶二十瓶以上,攪勻。用蘆席一片,如缸口裁圓,中開方一尺竅,草布且糊一邊,四外蘆與缸緣悉糊了,置日中曬。次早以杖物入草布竅,入攪番,如此三早止。須看潮候,糊了三面草布,三伏曬一月,如月陰,多賸曬十數日。却榨,下鍋煎數沸,以净潔瓶盛,每瓶入炒麥一撮,紙厚封,紙上放草灰把。愈容氣,置高處,勿著地氣。二醋榨,頭醋先一日煎下熟湯十瓶。次早以先留黄子五升與頭醋糟和勻,以所煎冷湯攪,如前封蓋,却不須三打曬七。

造糠醋法

每糟二十斤,用水一擔,不拘,冬月浸一宿,攪勻,以爛爲度,如是新糟,使水一擔半,稻糠隨水拌糟,須按令極勻。裝入甕,將滿攤平,以糠蓋,或再用薦蓋甕口。頻頻看覷,候熱發,便倒入别甕,熱不得太過,太過則損味。如未熱,不得動,依前盒蓋熱,候四度，逐旋隨次按匀，再騰入淋甕中，踏令極實，虚則不中。煎湯淋之爲頭醋，再煎湯淋取第二醋，如要極酸，即將頭醋煎，重淋新糟，其酸極佳。如此，欲得酸，只將第二醋煎沸，湯淋新糟，巳是重淋醋，若更將逐甕頭醋再淋，恐太酸了。造成，用川椒裝入乾瓶泥起，不可近濕氣，煎了候冷裝。造醋之法惟要酸，酸之訣在發熱時不可發過，化糟時短著水淋下再淋，自然妙也。

收藏醋法

但凡收醋，須用頭出者裝入瓶，每瓶燒紅炭一塊投之，糝炒小麥一撮，箬封泥固，或有入燒鹽者，反淡了味。

諸醬類

熟黄醬方

不拘黄黑豆，亦不拘多少，揀净炒熟取出，磨成細末。每豆細末一斗，麵一二斗，入湯和匀，切片子蒸熟，攤在蘆席上。用麥秸、蒼耳葉盦，待有黄衣，烈日曬，令極乾。一斤黄子，入鹽四兩，井花水投下，去黄子一拳高，烈日曬之。

生黄醬方

三伏中，不拘黄黑豆，揀净，水浸一宿漉出，入鍋煮，令熟爛。取出，攤令極冷，多用白麵拌匀，攤在蘆席上。用麥秸、蒼耳葉盦，一日發熱，二日作黄衣，三日後番轉，烈日曬乾，愈曬愈好。秤黄子一斤，用鹽四兩爲率，汲井花水下，水高黄子一拳，曬，不犯生水。麵多好醬黄，曬多好醬味。

小豆醬方

不拘多少，揀净磨碎，簸去皮，再磨細，浸半日，控乾，擦去皮。至來早，水淘净，控乾。麵熟，捁作團子，盦蓋，候一月，方發過，用大眼籃懸掛透風處，至來年二月中旬，用布擦去白醭，搗碎再磨。每細麯二十斤，用鹽六斤四兩，以臘水化開，遇火日侵晨下，兩月可食。

造麵醬方

白麵不拘多少，冷水和作硬劑，切作一指厚片子，籠内蒸熟，攤眼三時許後，麴子上乾，以楮葉、倉耳、麥稭盦蓋，至黄衣上匀爲度。去蓋物，番轉過，至次日曬乾，刷去黄衣搗碎。每斤鹽四兩，煎湯泡鹽作水下之。

菀豆醬方

不拘多少，水浸蒸軟，曬乾去皮，每净豆黄、小麥一斗，同磨作麯。水和硬劑，切作片，蒸熟，覆蓋盦黄衣上曬乾，依造麵醬法，用鹽水下。

榆仁醬方

不拘多少，淘净，浸一伏時，搓洗去浮皮，再以布袋盛於寬水中揉洗去涎，控乾。與蓼汁同曬乾，再以蓼汁拌濕同曬，如此十[①]次。同發過麵麯，依造麵醬法，用鹽下之，每用榆仁一升，發過麵

① “十”，飛本作“七”。

麯四斤，鹽一斤，如法製之。

大麥醬方

黑豆板净者五斗，炒熟，水浸半日，再入鍋用浸豆水煮，令爛，傾出伺冷。以大麥麵百斤，拌令匀，以篩篩下麵，用煮豆汁和搜作劑，切作大片。上甑蒸熟，傾出攤冷，以楮葉盦蓋，候黄衣上，汗乾再曬，搗碎，揀丁日或火日下之。每斗黄子，用鹽二斤，井花水八升，化鹽水入缸。

造肉醬法

獐、兔、羊肉等皆可造。

精肉去筋膜，四斤，切　醬麯一斤半，搗細用

鹽一斤　葱白細切，一碗　良薑

小椒　蕪荑　陳皮各一①兩

右件糯酒拌匀如稠粥，小甕盛封十餘日，覰稠時再入酒，味淡時入鹽，用泥封固，日曝之。

造鹿醢法

鹿肉八斤，去筋膜，細切如泥　酒麯一斤

小豆麯一斤　紅豆　川椒六兩净

蓽撥　良薑　茴香

甘草各炙，二兩　桂心半兩　蕪荑末一斤

肉荳蔻二兩　葱白切作末，二升半

① “一”，飛本作“二”。

右爲細末，同鹿肉和拌，用糯酒調匀，稀稠得所。小口缸盛，密封之，三五日一攪，匀則易，似復密之。曝于庭，夜置暖處，百日可食，視稀稠加酒麯。

造醬法

凡造醬，先以鹽淘净，去泥滓、垃圾，醬自佳。先以缸盛水，次以梢箕盛鹽，於水中攪漉，好鹽自隔箕兒下，垃圾、石土、糞草之類，皆留箕中。须臾，缸面又有一層黑泥末，以搭羅掠去之盡。缸中皆净鹹水，鹽如雪白，澄於缸底，别以器盛起，然後下醬。先用水逐旋入白鹽，多留些蓋面上，和訖，以蒔蘿撒醬面上，復以翎蘸好香油持抹醬面及缸。

治醬甕生蛆法

用草烏五七個，切作四半撇入，其蛆自死矣。

諸豉類

金山寺豆豉法

黄豆不拘多少，水浸一宿，蒸爛候冷。以少麵摻豆上拌匀，用麩再拌，掃净室，鋪席匀攤，約厚二寸許。將穰草、麥稈，或青蒿、蒼耳葉蓋覆其上，待五七日，候黄衣上，搓挼令净，篩去麩皮，走水淘洗，曝乾。每用豆黄一斗，物料一斗，預刷洗净甕候下。

鮮菜瓜切作二寸大塊　　鮮茄子作刀劃作四塊

橘皮刮净　　蓮肉水浸軟，切作兩半

生薑切作厚大片　　川椒去目

茴香微炒　　甘草剉

紫蘇葉　　蒜瓣帶皮

右件將物料拌匀，先鋪下豆黄一層，下物料一層，摻鹽一層，再下豆黄、物料、鹽各一層，如此層層相間，以滿爲度，納實。箬密口，泥封固，烈日曝之，候半月取出，到一遍，拌令匀。再入甕，密口泥封，曬七七日爲度，却不可入水，茄瓜中自然鹽水出也，用鹽相度斟量多少用之。

鹹豆豉法

黑豆一斗，蒸略熟，取出曬一日，用瓜二十條，茄四十個，先切小，乾，下用。紫蘇、陳皮，各切碎拌和。用茴香四錢重，炒鹽四兩，拌和得所。罨之三日，然後用好酒遍灑令匀，再略蒸過，再用鹽四兩拌之，又用好酒微灑之。日中攤曬一日，却入磁小缸内，緊築數重紙封之，或用泥封，置三伏日曬好。

淡豆豉法

大黑豆不拘多少，甑蒸香熟爲度。取出攤置笊籬内，乘温熱，以架子每一層盛一笊籬，頓在不見風處，四圍上下用青草穰緊護之。如是數日取開，見豆子上生黄衣已遍，然後取出曬一日，次日温湯漉洗，以紫蘇葉切碎拌和之。烈日中曝至十分乾，然後用磁罐收貯，密封固。

造成都府豉汁法

九月後、二月前可造。好豉三斗，用清麻油三升，熬令煙斷香熟爲度，又取一升熟油拌豉，上甑熟蒸，攤冷曬乾。再用一升熟油拌豉再蒸，攤冷曬乾，更依此一升熟油拌豉，透蒸曝乾。方取一斗白鹽匀和，搗令碎，以釜湯淋，取三四斗汁，净釜中煎之。

川椒末　　胡椒末　　乾薑末

橘皮各一兩　　葱白五斤

右件並搗細，和煎之，三分減一，取不津磁器中貯之，须用清香油，不得濕物近之，香美絶勝。

造麩豉法

七八月中造之，餘月則不佳。舂治小麥，細磨爲麪，以水拌浥浥，入甑蒸之，候氣焰好熟乃下，攤之令極冷，手挼令碎，布覆蓋。待七日黄衣上，乃攤去熱氣，却裝入磁甕中，盆蓋，於穰糞中燠之二七日，黑色、氣香、味美，便乘熱摶作餅子，如神麯様。繩穿貫心，屋内懸之，兼以紙袋盛之又佳，防青蠅塵垢之污。用時，全餅著湯中煮之，色足漉出，削去皮，一餅可數用，熟香美全勝豆豉，只打破，湯浸研用亦得，然汁濁，不如全煮汁清也。

造瓜豉法

菜瓜大者二十條，去穰，不可經水，切作厚二寸闊長條、闊一寸許，用鹽八兩淹二宿，漉出曬乾。次用頭醋五升，鹽豆豉一升，同煎四五沸，去豆豉，只用所煎之醋放冷。入糖四兩，蒔蘿、茴香、川椒、紫蘇、橘皮絲，同瓜兒并入於醋内浸一宿，漉出曬，待乾又浸，又曬，以浥盡糖醋曬乾爲度。加蒔蘿、茴香、川椒、紫蘇、橘皮絲，先用鹽少許浸一宿，揉乾，然後入瓜兒内，先去其水氣，防蒸白醭。造時，三伏中並秋前可也。

醞造醃藏日

造麴醬酒醋逐月吉凶

正月，丁卯、甲辰、丙辰、丁未、己未、乙酉、丁酉，吉。

二月，己巳、丁巳，吉。

三月，丙子、己巳、庚子、乙巳、丁巳，不犯月厭，大吉。

四月，乙丑、丁丑、丁卯、辛卯、乙卯，不犯虚耗、月厭，大吉。

五月，丙寅、甲申、庚申，大吉。

六月，壬申、戊寅、己酉、丁酉、己卯，不犯虚耗、月厭，大吉。

舊有丙午，係萬通，受死不用。

七月，庚午、庚戌、戊子、戊戌，吉。庚辰、壬辰，犯月厭，不用。

八月，丁亥、癸巳、己亥、己巳，吉。癸未、己未，係受死不用。

九月，辛巳、戊子、丙申、戊申、辛亥、庚申，不犯月厭，凶殺。

十月，己卯、丁卯、甲戌、癸未、甲午、庚子、己未，吉。

十一月，乙丑、戊寅、乙未、壬寅、戊申、甲寅、甲申，吉。舊有丙戌、戊戌，犯天耗，乙巳與戊戌，並犯十惡，不用。

十二月，庚子、丁卯、壬申、壬寅、乙卯、甲申、戊申、戊寅、庚申、己卯，吉。

造麯吉日

辛未，乙未，庚子。

造醬吉日

丁卯。

造醬忌日

辛日不合醬。

造酒醋吉日

春氐、箕　夏亢　秋奎　冬危，直日星宿

造酒醋忌日

戊子，甲辰，丁酉，杜康死。又忌月厭、虚耗、十惡、受死，並凶。

醃藏鮓脯薑瓜吉日

初一，初二，初七，初九，十一，十三，十五。

醃藏鮓脯薑瓜凶日

月忌、月厭、上下弦、滅没日，初五、十四、二十三，不宜。

飲食類

蔬食

造菜羹法

鹽韭菜，去梗用葉，鋪開如薄餅大，用料物糝之。

陳皮　縮砂　紅豆　杏仁

甘草　蒔蘿　茴香　花椒

右件碾細，同米粉拌匀，糝菜上；鋪菜一層，又糝料物一次；如此鋪糝五層，重物厭之。却於籠内蒸過，切作小塊，調豆粉稠水蘸之，香油煠熟，冷定，納磁器收貯。

食香瓜兒

菜瓜不以多少，薄切，使少鹽淹一宿，漉起，用元滷煎湯焯過，晾乾。用常醋煎滚，候冷，調砂糖、薑絲、紫蘇、蒔蘿、茴香拌勻，用磁器盛，日中曝之，候乾收貯。

食香茄兒

新嫩者切三角塊，沸湯焯過，稀布包，榨乾。鹽淹一宿，曬乾，用薑絲、橘絲、紫蘇拌勻，煎滚糖醋潑，曬乾收貯。

食香蘿蔔

切作骰子塊，鹽醃一宿，日中曬乾。切薑絲、橘絲、蒔蘿、茴香拌勻，煎滚常醋潑，用磁器盛，日中曝乾，收貯。

蒸乾菜法

三四月間，將大窠貯菜擇洗净，略曬過，沸湯内煠五六分熟，曬乾。用鹽、醬、蒔蘿、花椒、沙糖、橘皮同煮，極熟，曬乾，再蒸片時收貯。用時，香油挼，微入醋，飯上蒸熟用。

糟瓜菜法

不拘多少，用石灰、白礬煎湯，冷，浸一伏時。使煮酒泡糟、鹽，入銅錢百餘文拌勻，醃十日取出，拭乾。别换好糟、鹽，煮酒再拌，入罈收貯，箬葉扎口，泥封口。

糟茄兒法

八九月間，揀嫩茄，絶去蒂，用活水煎湯，冷定，和糟、鹽拌勻。入罈，箬葉扎口，泥封頭。

造脆薑法

嫩生薑去皮，甘草、白芷、零陵香少許，同煮熟，切作片子，食之脆美異常。

五味薑方

嫩薑一斤，切作薄片，用白梅半斤打碎去仁，入炒鹽二兩拌勻，曬三日取出。入甘松三錢，甘草五錢，檀末三錢，再拌勻，曬三日，入磁器收貯。

造糟薑法

社前嫩薑，不以多少，去蘆，揩擦净，用煮酒和糟、鹽拌勻，入磁罈中。上用沙糖一塊，箬葉扎口，泥封頭。

造醋薑法

不以多少，炒鹽醃一宿，用元滷入釅醋，同煎數沸，候冷入薑，箬扎瓶口，泥封固。

蒜茄兒法

深秋，摘小茄兒擘去蒂，揩净。用常醋一碗，水一碗，合和煎微沸，將茄兒焯過控乾，搗碎蒜，并鹽和，冷定，酸水拌勻，納磁罈中爲度。

蒜黄瓜法

深秋，摘小黄瓜，醋水焯，用蒜如前法。

蒜冬瓜法

揀大者，留至冬至前後，去皮、穰，切作一指闊條。以白礬、石灰煎湯焯過，漉出控乾。每斤用鹽二兩，蒜瓣二兩，同搗碎拌匀，裝入磁器，添熬過好頭醋浸之。

醃韮花法

取花半結子時，收摘去蒂，每斤用鹽三兩，同搗爛，納磁器中。

醃鹽韮法

霜前揀肥韮無稍者，擇，净洗控乾，於磁盆内鋪韮一層，摻鹽一層，候鹽韮匀鋪盡爲度，醃二三宿，翻數次，裝入磁器用。元滷加香油些小尤妙。

胡蘿蔔菜

切作片子，同好芥菜入醋内略焯過，食之脆。芥菜内，仍用川椒、蒔蘿、茴香、薑絲、橘絲，鹽拌匀用。

假萵笋法

金鳳花梗，大者去皮，削令乾净，早入糟，午供食之。

胡蘿蔔鮓

切作片子，略略焯過，控乾，入少許細葱絲、蒔蘿、茴香、花椒、紅麯研爛，并鹽拌匀，同罨一時，食之。

造茭白鮓

薄切，製法同前。

造熟笋鮓

但笋要煮，製法同前。

造蒲笋鮓

生者一斤，寸截，沸湯焯過，布裹壓乾。薑絲、熟油、橘絲、紅麯、粳米飯、花椒、茴香、葱絲拌匀，入磁器一宿，可食。

造藕稍鮓

用生者寸截，沸湯焯過，鹽醃去水，葱油少許，薑橘絲、蒔蘿、茴香、粳米飯、紅麯，研細拌匀，荷葉包，隔宿食。

造虀菜法

先將水洗净菜，揀去黄損者，每菜一科，用鹽十兩，湯泡化，候大温，逐窠洗菜，就入缸。看天道凉暖，暖則來日菜即淹下，隨即倒下者居上，一層菜，一層老薑，約菜百斤，老薑二斤。天寒遲一日倒，倒訖以石壓，令水淹過菜。

相公虀法

蘿蔔切作薄片，萵苣條或嫩蔓菁、白菜切如蘿蔔條，各以鹽煞之。良久，用滚湯焯過，入新水中，然後煎酸漿水泡之，以碗蓋覆，入井中浸冷爲製，佳。

芥末茄兒

小嫩茄切作條，不須洗，曬乾。多着油鍋内，加鹽炒熟，入磁盆中攤開，候冷，用乾芥末匀摻拌，磁罐收貯。

造瓜虀法

甜瓜十枚，帶生者，竹籤穿透，鹽四兩拌入瓜内，瀝去水令乾，用醬十兩拌匀。烈日曬，番轉又曬，令乾，入新磁器内收之，用鹽用醬，又看瓜大小，斟量用之，得宜。

醬瓜茄法

醬黄與瓜茄，不拘多少，先以醬黄鋪在磁缸内，次以鮮瓜茄鋪一層，摻鹽一層，再下醬黄，又鋪瓜茄一層，摻鹽一層，如此層層相間，醃七日夜，烈日曬之，醬好而瓜兒亦好。如欲作乾瓜兒，取去再曬，其醬别用，却不可用水，瓜中自然鹽水出也。用鹽時，相度醬與瓜茄多少酌量。

收乾藥菜法

枸杞	地黄	甘菊	
青襄	牛膝	槐芽	白术

椿芽香者　車前　黄精　合歡
當陸　決明　木蓼黄連樹芽

右各取嫩者，不限多少煠之，漿水滏了，以鹽汁中握去惡汁，曬乾，於竹器中以紙覆之，勿令風塵入。用時以暖湯漬軟，净滏去惡汁，更以别湯中煮令熟，然後爛炒，調和食之。其牛蒡、薯蕷、百合等物，冬中是時，不勞預收。

曬蒜臺法

將肥嫩者，不拘多少，用鹽湯焯過，曬乾。欲用時，湯浸軟，調和食之，與肥肉同造尤妙。

曬藤花法

盛開時摘，揀净去蒂，鹽湯灑拌匀，入甑蒸熟，曬乾，用作餕餡、餛飩、餗子等，素食餡極美，葷用尤佳。

曬海菊花

春分後，摘臺菜花不拘多少，沸湯焯過，控乾，用少鹽浥良久，曬乾，紙袋收貯。臨用湯浸，油鹽薑醋潑之。

曬笋乾法

鮮笋不拘多少，去皮切，沸湯焯過，曬乾，收貯。欲用時以米泔浸用，此勝買者，又兼色白如鮮。鹽湯焯即是鹹笋法。

造紅花子法

淘去浮者，舂内搗碎，入湯泡汁，更搗，更煎汁，鍋内沸，入醋點，絹挹之。似肥肉，入素食，極珍美。

造豆芽菜

菉豆揀净，水浸兩宿，候漲，以新水淘，控乾。掃净地，水濕，鋪紙一重，匀摻豆，用盆器覆。一日灑水二次，須候芽長一寸許，淘去豆皮，沸湯焯，薑醋油鹽和，食之鮮美。

肉食已下並載李氏《食品諸法》

醃藏肉品

江州岳府臘肉法

新猪肉打成段，用煮小麥滚湯淋過，控乾。每斤用鹽一兩擦拌，置甕中，三二日一度翻，至半月後用好糟醃一二宿，出甕。用元醃汁水洗净，懸於無烟净室。二十日以後，半乾濕，以故紙封裹，用淋過净灰於大甕中，一重灰一重肉埋訖，盆合置之涼處，經歲如新。煮時，米泔浸一炊時，洗刷净，下清水中，鍋上盆合土擁，慢火煮，候滚即徹薪，停息一炊時，再發火再滚，住火良久，取食。此法之妙，全在早醃，須臘月前十日醃藏，令得臘氣爲佳，稍遲則不佳矣。牛、羊、馬等肉，並同此法，如欲色紅，須纔宰時乘熱以血塗肉，即顔色鮮紅可愛。

婺州臘猪法

肉三斤許作一段，每斤用净鹽一兩擦令匀，入缸。醃數日，逐日翻三兩遍，却入酒醋中停，再醃三五日，每日翻三五次，取出控乾。先備百沸湯一鍋，真芝麻油一器，將肉逐旋各彎，略入湯蘸，急提起，趁熱以油匀刷，掛當煙頭處燻之。日後再用臘糟加酒拌匀，表裏塗肉上，再醃十日取出，掛廚中煙頭上。若人家煙少，集籠糠煙熏十日可也，其煙當晝夜不絶。羊肉亦當依此法爲之。

醃猪舌

每斤用鹽半兩，一盞川椒，蒔蘿、茴香少許，細切葱白，醃五日，翻三四次，用細索穿掛透風處，候乾，紙袋盛。

四時臘肉

收臘月内醃肉滷汁，净器收貯，泥封頭。如要用時，取滷一碗，加臘水一碗，鹽三兩。將猪肉去骨，三指厚五寸闊段子，同鹽料末醃半日，却入滷汁内浸一宿，次日其肉色味與臘肉無異。若無滷汁，每肉一斤用鹽四兩，醃二宿亦妙。煮時，先以米泔清者入鹽二兩，煮一二沸，换水煮。

脯法

歌括云："不論猪羊與大牢，一斤切作十六條。大盞醇醪小盞醋，馬芹蒔蘿入分毫。揀净白鹽秤四兩，寄語庖人慢火熬。酒盡醋乾方是法，味甘不論孔聞韶。"

羊紅肝

肥羊肉十五斤，半斤作一條，用鹽十五兩，醃三伏時取出。却用糟三斤，鹽三兩拌匀，再醃三宿，取出，不去糟，於竈上猛柴煙熏乾，次年五六月洗剥煮食。

羊鹿獐等肉

作條或片，去筋膜，微帶脂，每斤用鹽一兩，天氣暖加分半，醃半日，入酒升半，醋一盞，經兩宿取出，曬乾。

羊牛等肉

去骨净，打作小長段子，乘肉熱，精肥相間，三四段作一垛。布包石壓，經宿。每斤用鹽八錢，酒二盞，醋一盞，醃三五日，每日翻一次，醃至十日。後日曬至晚，却入滷汁，以汁盡爲度，候乾，掛廚中煙頭上。此法惟臘月可造。

牛腊鹿脩

好肉不拘多少，去筋膜，切作條或作段，每二斤用鹽六錢半，川椒三十粒，葱三大莖細切，酒一大盞，同醃三五日，日翻五七次，曬乾，猪、羊倣此。

醃鹿脯

净肉十斤，去筋膜，隨縷打作大條。用鹽五兩，川椒三錢，蒔蘿半兩，葱絲四兩，好酒二升，和肉拌醃。每日翻兩遍，冬三日，夏一伏時取出，以線逐條穿，油搽曬乾爲度。

又法：鹿肉或麂子肉，去皮膜連脂，細切二十斤，用鹽二十兩，入蕪荑二合，一處拌匀，用羊大肚一個，去草芽，裝滿縫合，用杖子夾定於風道中，或日曬乾。

醃鹿尾

刀剃去尾根上毛，剔去骨，用鹽一錢，蕪荑半錢，填尾内，杖夾風吹乾。

醃鵝雁等

撏净，於胸上剖開，去腸肚，每斤用鹽一兩，加入川椒、茴香、蒔蘿、陳皮，遍擦，醃半月後，曬乾爲度。

夏月收肉不壞

凡諸般肉，大片薄批，每斤用鹽二兩，細料物少許，拌匀，勤翻動，醃半日許。榨去血水，香油抹過，蒸熟，竹簽穿，懸烈日中曬乾，收貯。

夏月收熟肉

切作大塊，每斤用鹽半兩，醃片時。入陳皮、茴香、川椒、酒、醋、醬少許，煮至酒、醋乾，以篩子盛，烈日曝乾。

又法：夏月收熟肉，用磁器盛，頓放鍋内，鍋中少貯水，燒滚，候冷再燒，常令熱氣不絶，可留二三日不壞。

夏月收生肉

白麵搜和如捍餅麵劑，裹生肉，作盞來大塊，油缸内浸，久留不壞，肉色如新，麵堪作餅食麵用。

夏月煮肉停久

每肉五斤,用胡荽子一合,醋二升,鹽三兩,慢火煮熟,透風處放,若加酒、葱、椒同煮,尤佳。

醃鹹鴨卵

不拘多少,洗净控乾,用竈灰篩細二分,鹽一分,拌勻,却將鴨卵於濃米飲湯中蘸濕,入灰鹽滚過,收貯。

醃藏魚品

江州岳府醃魚法

臘月,將大鯉魚去鱗、雜,頭尾劈開,洗去腥涎、腥血,布拭乾。炒鹽淹之七日,就用鹽水刷洗魚明净,於當風處懸之七七日。魚極乾,取下,割作大方塊,用臘糟并臘月酒脚和糟稍稀,相魚多少,下炒茴香、蒔蘿、葱、鹽、油與糟拌勻塗魚,逐塊入净罈中,一層魚一層糟,罈滿即止,以泥固罈口,過七七日開之,如遇南風,不可開罈,立致變壞。此法最妙。

又方:用鱅、鯉、鱤魚作乾魚,臘月造。至正月,以魚作段子,洗令净。每一斤用鹽二兩,却以糯米白麯造成酒醅,以紅麯入醅内,加清油、蒔蘿、茴香、薑椒拌和,一層魚一層糟,醅置磁甕中,密封固,可交新。

法魚

好大鯽魚每十斤,先净洗,控乾一宿,破去腸、肚、膽,留子、鱗、腮一方，腮下切一刀，取再拭乾，别用：

炒鹽二十四兩

麥黄末十五兩　　神麯末二十兩

川椒二兩　　蒔蘿一兩半

馬芹一兩　　紅麯八兩

右件拌爲一處，入魚腮實填滿，有未盡物料，入填魚腹，并摻魚身，又添入好酒，浸没一二指，泥封[①]固，臘月造。

紅魚

鯽魚去腸、肚，每一斤净洗，用鹽一兩，醃半日，净洗去涎控乾，每用二兩摻魚肉上，紅麯末二兩，葱白絲二莖，蒔蘿少許，椒百粒，酒半盞，入瓶封固，五日可喫。

魚醬

魚每一斤　　鹽三兩，炒　　椒末一錢

馬芹一錢　　乾薑末一錢　　神麯末二錢

紅麯半兩　　葱絲一握

先將魚破切，以前件物料加好酒和匀，入磁瓶。

糟魚

大魚片，每斤用鹽一兩，先醃一宿，拭乾，别入糟一斤半，用鹽一分半和糟，將魚大片用紙裹，却以糟覆之。

---

① “封”，飛本無。據上下文義知係飛本闕漏。

酒魚脯

大鯉魚洗净，布拭乾，每斤用鹽一兩，葱、蒔蘿、椒、薑絲各少許，好酒同醃，令酒高魚一指，逐日翻動，候滋味透，取出曬乾削食，臘月造。

酒麴魚

大魚净洗一斤，切作手掌大，用鹽二兩，神麴末四兩，椒百粒，葱一握，酒二升，拌勻密封，冬七日，夏一宿，可食。

酒蟹

於九月間，揀肥壯者十斤，用炒鹽一斤四兩，好明白礬末一兩五錢。先將蟹净洗，用稀篾籃封貯，懸之當風，半日或一日，以蟹乾爲度。好醅酒五斤，拌和鹽、礬，令蟹入酒内，良久取出，每蟹一隻，花椒一顆，斡開臍納入，磁瓶實捺收貯，更用花椒摻其上了，包瓶紙花上用韶粉一粒，如小豆大，箬扎泥固，取時不許見燈。或用好酒破開臘糟，拌鹽、礬亦得，糟用五斤。

醬醋蟹

團臍大者，麻皮扎定，於温暖鍋内，令吐出泛沫了。每斤用鹽七錢半，醋半升，酒半升，香油二兩，葱白五握，炒作熟葱油，榆仁醬半兩，麪醬半兩，茴香、椒末、薑絲、橘絲各一錢，與酒、醋同拌勻，將蟹排在净器内，傾入酒醋浸之。半月可食，底下安皂角一寸許。

法蟹

團臍大者十枚，洗净控乾。經宿，用鹽二兩半，麥黄末二兩，麴末一兩半，仰疊蟹在瓶中，以好酒二升、物料傾入蟹，半月熟，用白芷末二錢，其黄易結。

糟蟹

歌括云："三十團臍不用尖，水洗，控乾，布拭。糟鹽十二五斤鮮。糟五斤，鹽十二。好醋半升并半酒，拌勾糟内。可餐七日到明年。七日熟，留明年。

醬蟹

團臍百枚，洗净控乾，逐個臍内滿填鹽，用線縛定，仰疊入磁器中。法醬二斤，研渾椒一兩，好酒一斗拌醬、椒勾，澆浸令過蟹一指，酒少再添。密封泥固，冬二十日可食。

造鮓品

魚鮓

每大魚一斤，切作片臠，不得犯水，以净布拭乾。夏月用鹽一兩半，冬月用鹽一兩，待片時醃魚水出，再搌乾。次用薑橘絲、蒔蘿、紅麴、饋飯并葱油拌勾，入磁罐捺實，箬葉蓋，竹簽插，覆罐，去滷盡即熟，或用元水浸。肉緊而脆。

玉版鮓

青魚、鯉魚皆可，大者取净肉，隨意切片。每斤用鹽一兩，醃過宿，控乾。入椒、蒔蘿、薑橘絲、茴香、葱絲，熟油半兩，橘葉數片，硬飯二三匙，再入鹽少許，調和入瓶，箬封泥固。

貢御鮓

鯉魚十斤，洗净控乾，切作臠，用酒半升，鹽六兩，醃過宿，去滷。入薑、橘絲各二兩，川椒、蒔蘿各半兩，茴香二錢，紅麯二合，葱絲四兩，粳米飯升半，鹽四兩，酒半升拌匀，入磁器内收貯。箬蓋篾簽，候滷出，傾去，入熟油四兩澆。

省力鮓

青魚或鯉魚，切作三指大臠，洗净，每五斤用炒鹽四兩，熟油四兩，薑、橘絲各半兩，椒末一分，酒一盞，醋半盞，葱絲兩握，飯摻少許拌匀，磁瓶實捺，箬蓋篾插，五七日熟。

黄雀鮓

每百隻，修洗净，用酒半升洗，拭乾，不犯生水。用麥黄、紅麯各一兩，鹽半兩，椒半兩，葱絲少許，拌匀。却將雀逐個平鋪瓶器内一層，以料物摻一層，裝滿。箬蓋篾插，候滷出，傾去，入醇酒浸，密封固。

蟶鮓

洗净，每斤用鹽一兩，醃一伏時，再洗净控乾。布裹石壓，入酒少許拌，用熟油半兩，薑橘絲半兩，鹽一錢，葱絲一兩，飯摻一合，紅麯、馬芹、茴香少許，拌匀入瓶，泥封，十日熟。

鵝鮓

肥者二隻去骨，用净肉，每五斤細切。入鹽三兩，酒一大盞，醃過宿，去滷。用葱絲四兩，薑絲二兩，橘絲一兩，椒半兩，蒔蘿、茴香、馬芹各少許，紅麯末一合，酒半升，拌匀入罐，實捺，箬封泥固。猪、羊精者皆可倣此治造。

紅蛤蜊醬

生者一斤，將元滷洗去泥沙，布裹石壓一宿，入鹽二兩，紅麯末一兩，麥黄末二合，入罐，裝酒少許，泥封固。

居家必用事類全集庚集目録

飲食類

塔不剌鴨子　野鷄撒孫
柿糕　高麗栗糕

濕麪食品

水滑麪　索麪
經帶麪　托掌麪
紅絲麪　翠縷麪
米心棋子　山藥撥魚
山藥麪　山芋餺飥
玲瓏撥魚　玲瓏餺飥
勾麪　餛飩皮

乾麪食品

平坐大饅頭　打拌餡
猪肉餡　熟細餡
羊肚餡　薄饅頭水晶角兒包子等皮
魚包子　鵝兜子
雜餡兜子　蟹黄兜子
荷蓮兜子　水晶䭔饠

從食品

白熟餅子　山藥胡餅
燒餅　肉油餅
酥蜜餅　七寶捲煎餅
金銀捲煎餅　駝峰角兒
烙麪角兒　盞酪焦油
圓焦油　䭔饠角兒

造麥黄 造蕪荑

染作類

染小紅 染棗褐
染椒褐 染明茶褐
染荆褐 用皂礬法
染磚褐法 染青皂法
絡絲不亂法

洗練

洗毛衣法 洗竹布法
洗焦葛法 洗皂衣法
洗糨鐵力布法 洗羅絹法
洗彩色法 洗白衣法
練絹帛法 用胰法
造糨粉法 起油法
洗油墨污衣

香譜

旁通圖 信靈香
雪中春泛 春消息
篤耨香 雪蘭香
瑞雲香毬 蠟梅香
野花香 藏春返魂梅
木犀香 桂香
小龍涎

薰香

玉華醒醉香 拂手香

閨閣事宜

居家必用事類全集庚集

飲食類

燒肉品

筵上燒肉事件

羊膊煮熟燒　羊肋生燒
麞鹿膊煮半熟燒　黄牛肉煮熟燒
野雞脚兒生燒　鵪鶉去肚生燒
水扎兔生燒　苦腸蹄子
火燎肝　腰子
膂肉已上生燒　羊耳舌
黄鼠、沙鼠　搭刺不花
膽灌脾並生燒　羊肦肪半熟燒
野鴨川雁熟燒　督打皮生燒
全身羊爐烧

右件除爐燒羊外，皆用簽子插於炭火上，蘸油、鹽、醬、細料物、酒、醋調薄糊，不住手勤翻，燒至熟，剥去麵皮供。

鍋燒肉

猪羊鵝鴨等，先用鹽醬料物醃一二時，將鍋洗净燒熱，用香油遍澆，以柴棒架起肉，盤合紙封，慢火煼熟。

㓨燒肉

但諸般肉批作片，刀背搥過，滚湯醮布紐乾，入料物打拌，上㓨燒熟割入碟，澆五味醋供。

釀燒魚

鯽魚大者，肚脊批開洗净，釀打拌肉，杖夾燒熟供。

釀燒兔

只用腔子，將腿脚肉與羊膔縷切，饋飯一匙料物打拌，釀入腔内線縫合，杖夾燒熟供。

碗蒸羊

肥嫩者每斤切作片，粗碗一隻先盛少水下肉。用碎葱一撮，薑三片，鹽一撮，濕紙封碗面，於沸上火炙數沸。入酒醋半盞，醬、乾薑末少許，再封碗慢火養，候軟供，砂銚亦可。

煮肉品

煮諸般肉法

羊肉滚湯下，蓋定慢火養。

牛肉亦然，不蓋。

馬肉冷水下，不蓋，入酒煮。

獐肉冷水下，煮七八分熟。

鹿肉亦然，煮過則乾燥無味。

駝峰駝蹄醃一宿，滚湯下一二沸，慢火養，其肉銜油，火緊易化，加地椒。

熊掌用石灰沸湯撏净，布纏煮熟或糟尤佳。

熊白批小段，焯微熟，同蜜食，多食破腹。

鹿舌尾冷水下，慢火煮，水少火慢不損味，做肉絲用。

鵝老雁青鴟滚湯下，慢火養八分熟。

虎肉、獾肉土内埋一宿，鹽醃半日，下冷水煮半熟，换水加葱、椒、酒、鹽煮熟。

煮硬肉，用硇砂、桑白皮、楮實同下鍋，立軟。

敗肉入阿魏同煮，如無，用胡桃三個，每個鑽十數竅，臭氣皆入胡桃中。

煮驢馬腸無穢氣，候半熟漉出，用香油、葱、椒麸盤内，入胡桃三個，换水煮軟。

煮肥肉先用芝麻花、茄花同物料，調稀糊塗上，火炙乾，下鍋煮熟。

肉下酒

生肺

獐肺爲上，兔肺次之，如無，山羊肺代之。一具全無損者，使口咂盡血水，用涼水浸，再咂再浸，倒盡血水如玉葉方可。用韭汁、蒜泥、酪、生薑自然汁入鹽調味勻，濾去滓。以濕布蓋肺冰湃，用灌袋灌之，務要充滿，就筵上割散之。

酥油肺

用獐兔肺，如無，羯羊肺亦可，依上去血水。用蜜酥加稠酪、杏泥、生薑汁同和，濾細去滓，布蓋冰澌，筵前割散。

瑠璃肺

用羖羊肺，依上去血净。用杏泥四兩，生薑汁四兩，酥四兩，蜜四兩，薄荷葉汁二合，酪半斤，酒一盞，熟油二兩，已上和匀，濾滓二三次。依前法灌至滿冰澌，就筵割散。

水晶膾

猪皮刮去脂洗净，每斤用水一斗。葱椒、陳皮少許，慢火煮皮軟，取出細切如縷，却入原汁内再煮，稀稠得中，用綿子濾，候凝即成膾。切之，釅醋澆食。

又法：鯉魚皮鱗不拘多少，沙盆内擦洗白，再换水濯净，約有多少添水。加葱、椒、陳皮熬至稠粘，以綿濾净，入鰾少許，再熬再濾，候凝即成膾。縷切，用韭黄、生菜、木犀、鴨子、笋絲簇盤，芥辣醋澆。

魚[①]鱠

魚不拘大小，鮮活爲佳。去頭尾，肚皮薄切，攤白紙上晾片時，細切如絲，以蘿蔔細剁，布紐，作米薑絲少許，拌魚鱠入碟。飣作花樣，簇生香菜、芫荽，以芥辣醋澆。

將魚頭尾煮薑辣羹，加菜頭供，浙西人謂之燙鱠羹。

鱠醋

煨葱四莖，薑二兩，榆仁醬半盞，椒末二錢，一處擂爛，入酸

① “魚”，底本作“照”，據飛本改。

醋内加鹽并糖，拌鱠用之，或減薑半兩，加胡椒一錢。

肝肚生

精羊肉并肝，薄批[①]攤紙上，血盡，縷切。羊百葉亦縷細，裝碟内，簇嫩韭、芫荽、蘿蔔、薑絲，用膾醋澆。炒葱油抹過，肉不腥。

聚八仙

熟鷄爲絲，襯腸焯過，剪爲綫，如無，熟羊肚針絲，熟蝦肉、熟羊肚胘細切，熟羊舌片切，生菜、油鹽揉糟，薑絲、熟筍絲、藕絲、香菜、芫荽簇碟内，鲙醋澆，或芥辣或蒜酪皆可。

假炒鱔

羊膂肉批作大片，用豆粉白麵，表裏匀糝，以骨魯搥拍，如作湯糷相似，蒸熟放冷。斜紋切之如鱔生用，木耳、香菜簇飣，鱠醋澆作下酒。縱横切皆不可，唯斜紋切爲製。

曹家生紅

羊膂肉四兩細切，熊白一兩，如無，肚胘代。糟、薑絲半兩，水晶鱠半兩，酥二錢，蘿蔔絲、嫩韭、香菜簇鱠醋澆。

水晶冷淘膾

獖猪夾脊皮三斤净，及胲刷净入鍋添水，令高於皮三指，急火煮滚，却以慢火養。伺耗大半，即以勺撇清汁澆大漆單盤内，

① “批”，飛本作“切”。

如作煎餅，乘熱摇蕩，令遍滿盤底。候凝揭下，切如冷淘，簇生菜、韭、笋、蘿蔔等絲，五辣醋澆之。

肉灌腸紅絲品

松黄肉絲

用麵醬或榆仁醬研爛，入薑汁、醋、松子研爛，芥末等濾去滓，調和得所，入鹽喫肉，入黄瓜絲，名黄瓜肉絲。

韭酪肉絲

稠酪入，細切生韭、蒜泥、鹽少許，攪匀澆肉食。

灌肺

羊肺帶心一具，洗乾净如玉葉，用生薑六兩取自然汁，如無，以乾薑末二兩半代之。麻泥、杏泥共一盞，白麵三兩，豆粉二兩，熟油二兩，一處拌匀，入鹽肉汁，看肺大小用之，灌滿煮熟。

又法：用麵半斤，豆粉半斤，香油四兩，乾薑末四兩，共打成糊。下鍋煮熟，依法灌之，用慢火煮。

湯肺

肺一具生切作條或塊，用薑四兩取自然汁，杏泥二兩，醬一匙頭，鹽錢半，打拌淹肺，下滚肉汁内，兩滚便盛供。

灌腸

肥羊盤腸并大腸洗净，每活血勺半，涼水勺半，攪匀依常法灌滿，活血則旋旋對，不可多了，多則凝不能灌入。

肉下飯品

千里肉

連皮羊浮胁五斤，醋三升，葫荽子一合，絹袋盛鹽三兩，酒三盞，蒜瓣三兩，同煮慢火養熟，壓成塊切，略曬乾。

乾醎豉

精羊肉每斤切作塊或挺子，鹽半兩，酒、醋各一碗，砂仁、良薑、椒葱、橘皮各少許，慢火煮汁盡，曬乾可留百日。

法煮羊頭

撏燎净下鍋煮，入葱五莖，橘皮一片，良薑一塊，椒十餘粒，滚數沸，入鹽一匙尖，慢火煮熟，放冷切作片。臨食木碗盛酒灑蒸熱，入碟供。勝燒者，作籤亦佳。羊棒、臆、尾靶皆可製。

法煮羊肺

切爲數段，晾洗，入沙罐煮。用生薑三片，良薑、椒鹽各少許，葱三握，濕紙覆罐口勿泄味。慢火煨，候半熟，再切細添些酒，再煮軟供。羊肚托胎硬髓皆可，禁中謂雜漚。

牛肉瓜虀

每十斤切作大片，細料物一兩，鹽四兩，拌匀醃過宿。次早翻動，再醃半日控出，此春秋醃法，夏伏醃半日，冬醃三日控乾。

用香油十兩煉熟,傾肉下鍋,不住手攪,候油乾傾入醃滷再炒,用釅醋傾入上指半高。慢火熬三五滚,下醬些小,慢火煮,令汁乾漉出,篩子攤曬乾爲度。如要久留,肉每斤用鹽六錢,酒醋各半盞,經年不壞,猪羊皆可。

骨炙

帶皮羊脇每枝截兩段,用磠砂末一稔,沸湯浸,放温,蘸炙,急翻勿令熟,再蘸再炙,如此三次。好酒略浸,上鏇一翻便可飡。凡猪羊脊膂、麞兔精肉,用羊脂包炙之。

紅熝腊

夾精帶肥每段約三斤,涼水浸一二時,燒滚下鍋。用葱三莖,川椒、茴香各三錢,煮兩三沸漉出。用石壓去油水,切作大片,皂角汁合漿水洗,再以温水淘净。肉汁澄清,入醬下鍋,却放肉煮不用蓋,用大料物兩半,紅麯半兩,慢火熝軟,掠去油末,將肉漉出控乾,調汁滋味得所,下白礬末些小,撮起渾脚澄清,别碗裝肉汁,澆葱絲供。

川炒雞

每隻洗净,剁作事件。煉香油三兩炒肉,入葱絲,鹽半兩,炒七分熟。用醬一匙同研爛,胡椒、川椒、茴香,入水一大碗,下鍋煮熟爲度,加好酒些小爲妙。

熝鵝鴨

每隻洗净,煉香油四兩爁變黄色,用酒醋水,三件中停浸没,入細料物半兩,葱三莖,醬一匙,慢火養熟爲度。

鵪雀兔魚醬

洗净各别置之,每斤料用白鹽、麯末四兩,葱三莖,切一寸長,酒三合,胡椒、蒔蘿、川椒、乾薑,並爲細末,各一錢,紅麯末二兩,同拌匀。每十斤入熟油六兩,再拌入瓶裝。箬密泥封,臘月造,三月開,四月熟,唯魚醬加蓽撥半錢。

一了百當

牛羊猪肉共三斤,剁爛,蝦米揀净半斤,搗爲末,川椒、馬芹、茴香、胡椒、杏仁、紅豆各半兩,爲細末,生薑細切十兩,麪醬斤半,臘糟一斤,鹽一斤,葱白一斤,蕪荑細切二兩,用香油一斤煉熟。將上件肉料一齊下鍋炒熟,候冷裝磁器内封蓋,隨食用之,亦以調和湯汁尤佳。粘合平章常用。

馬駒兒

馬核桃腸洗净,翻過,將馬肉、羊肉同川椒、陳皮、茴香、生薑、葱、榆仁醬一處剁爛,裝入腸内。每個核桃裝滿,線扎煮熟,就筵上割塊,又入芥末肉絲食之。

盤兔

肥者一隻煮七分熟,折開縷切,用香油四兩煉熟下肉。入鹽少許,葱絲一握,炒片時却將元汁澄清,下鍋滚二三沸,入醬些小,再滚一二沸,調麪絲,更加活血兩勺滚一沸。看滋味添鹽醋少許,若與羊尾、羊膔縷切同炒,尤妙。

罯兔

剥皮去腸肚等，用成塊良薑、橘皮、川椒、茴香、葱并蘿蔔五七塊填腹中。朴硝一塊在口内，用水一大碗，入酒醋鹽油各少許，於鍋内安杖子閣兔，勿令着水，瓦盆蓋紙糊合縫，勿走氣煮，覺水滚溢，扯火，溢過再燒，一食久即熟矣。

粉骨魚

鯉魚洗浄，勿切碎，鹽醃得所，魚腹内納細料物、椒、薑、葱絲，鍋内著水，入酒半盞，放下魚，糝楮實末三錢，盤蓋定勿走氣，慢火養半日，或一夜，放冷置盤中，其骨如粉。

酥骨魚

鯽魚二斤洗浄，鹽醃控乾，以葛蔞釀抹魚腹，煎令皮焦，放冷，用水一大碗，蒔蘿、川椒各一錢，馬芹、橘皮各二錢，細切糖一兩，豉三錢，鹽一兩，油二兩，酒醋各一盞，葱二握，醬　匙，楮實末半兩，攪匀。鍋内用箬葉鋪，將魚頓放，箬覆蓋，傾下料物，水浸没，盤合封閉，慢火養熟，其骨皆酥。

肉羹食品

骨插羹

羊肥肋每枝截五段，每斤用水二碗煮轉色，下淘浄碎白粳米兩匙，葱三握，候肉半軟，下去皮山藥塊三之一，攪匀令上下濃戀，俟米軟，入酒半盞，鹽半錢，乾薑末少許，醋半勺，更入少乳餅，笋、簟尤佳。鷄、鵝、鴨、鴿，亦同此製造。

蘿蔔羹

羊肉一斤骰塊切，蘿蔔半斤如上切，水一二碗，葱三莖，川椒三十粒，慢火煮，入乾薑末一稔，鹽酒醋各少許，軟爲度。

炒肉羹

羊精肉切爲縷，腎肱脂骰塊切二兩，葱二握，水四碗，先燒熱下肉葱，入酒醋調和，肉軟下脂、薑末少許。

假鱉羹

肥雞煮軟去皮，絲擘如鱉肉，黑羊頭煮軟，絲擘如裙欄，鴨子黄與豆粉搜和爲卵焯熟，用木耳、粉皮襯底面上，對裝肉湯，蕩好湯澆，加以薑絲、菜頭供之，加乳餅尤佳。

螃蟹羹

大者十隻，削去毛，净控乾，剁去小脚，稍并肚靨，生折開再剁作四段，用乾麪蘸過下鍋煮，候滚入鹽、醬、胡椒調和供，與冬瓜煮，其味更佳。

團魚羹

先剁去頭下鍋，入大料物煮微熟，漉出拆開。擘去殼并膽，刮洗净控乾，下醬清汁内煮軟，擂胡椒、川椒、紅豆、杏仁、砂仁極爛，下鍋滚數沸，入鹽薑葱二握，調和得所供。

假香螺羹

田螺清水養三日，以鴨子黄灑上令食净，匀排籠内，放冷水鍋上慢火蒸。其肉盡出，去腸靨，以鹽、醬、椒末、橘絲、茴香末拌匀。籠内先鋪粉皮一個，灑生粉絲，匀排螺肉，再灑粉絲，再用粉皮蓋之蒸熟，以五辣醋碗内裝，或用清原汁澆，作羹供亦可。

假鰒魚羹

田螺大者煮熟，去腸靨切爲片，以蝦汁或肉汁米熬之，臨供更入薑絲、熟笋爲佳，蘑菇汁尤妙。

蒸時魚

去腸不去鱗，糁江茶抹去腥，洗净切作大段蕩鑼盛。先鋪薤葉或茭菜或笋片，酒醋共一碗，化鹽醬花椒少許，放滚湯内頓熟供。或煎食，勿去鱗，少用油，油自出矣。

製造决明

洗净煮軟，切去裙襴，片兒薄批，冷水冰浸之。

製造蝦巨

只用釅醋浸軟，脊上揭去泥，洗净薄批乾放。

三色醬

熟麪筋一塌碎切，醬瓜兒二個，糟薑半斤，各細切下油鍋，加葱絲炒熟食，無糟薑，生薑亦可。

四色茘

用白茄五個切兩半，再切半月，又五個切作兩段，上用刀按作棋盤様，再十字切，於油内煠過三分。黄瓜五個切作兩半，再切半月。鹽醃片時去水，薑醋内拌，生精羊肉四兩燥子，鹽、醬、薑、橘絲各少許，仍用熟油炒熟。同半月茄一處拌，一半與茘枝茄一處拌，茘枝茄内入鹽豉少許拌勻。又用大蘿蔔一個切作絲，鹽醃去水，細乾醬醋炒焗拌，松仁半合研爛，下於肉湯一盞内，醬醋少拌勻，分作四分於碟中心供，用松仁汁少許，澆之同胡餅供。

油肉釀茄

白茄十個去蒂，將茄頂切開，剜去穰。更用茄三個切破，與空茄一處籠内蒸熟取出，將空茄油内煠得明黄漉出，破茄三個研作泥。用精羊肉五兩切燥子，松仁用五十個切破，鹽、醬、生薑各一兩，葱、橘絲打拌，葱醋浸用油二兩，將料物、肉一處炒熟，再將茄泥一處拌勻，調和味全，裝於空茄，肉供蒜酪食之。

油肉豉茄

白茄十個去蒂，切作兩半錢厚，半月切。油煠得黄色漉出，用精羊肉四兩切碎，油二兩，將肉炒熟，用生薑一兩，陳皮三片，各切作絲碎，葱二握，鹽、醬各一兩，醋少許，將物料、茄、肉同拌過，加蒜酪食尤佳。

回回食品

設克兒疋剌

胡桃肉温水退皮，二斤净，控乾，下擂盆搗碎，入熟蜜一斤，曲吕車燒餅揉碎一斤，三件拌匀，搭作小團塊，用曲吕車燒餅劑包餡，捏作糝孛撒様，入爐貼熟爲度。

捲煎餅

攤薄煎餅，以胡桃仁、松仁、桃仁、榛仁、嫩蓮肉、乾柿、熟藕、銀杏、熟栗、芭攬仁，已上除栗黄片切，外皆細切，用蜜糖霜和，加碎羊肉、薑末、鹽葱調和作餡，捲入煎餅油煠焦。

餻糜

羊頭煮極爛，提去骨，原汁内下回回豆，候軟下糯米粉，成稠糕糜，下酥蜜、松仁、胡桃仁和匀供。

酸湯

烏梅不拘多少，糠醋熬爛去滓核，再入沙鍋下蜜，嘗酸甜得所，下擂爛松仁、胡桃酪熬之，胡桃見烏梅醋必黑，此汁须用肉汁再調味，同煮爛羊肋寸骨肉彈、回回豆供。

秃秃麻失

如水滑麪和圓小彈劑，冷水浸，手掌按作小薄餅兒，下鍋煮熟，撈出過汁，煎炒酸肉，任意食之。

八耳搭

水一大碗燒滚,下蜜半斤去沫,用豆粉六兩,調糊下鍋,覷稀稠添水。熟,用盤子香油抹底,盛澆酥油,刀裁食。

哈耳尾

乾麪炒熟羅過,再炒下蜜,少加水攪成,按片刀裁。

古剌赤

鷄清、豆粉、酪攪匀攤煎餅,一層白糖末、松仁、胡桃仁,一層餅,如此三四層,上用回回油調蜜澆食之。

海螺廝

鷄卵二十個打破攪匀,以羊肉二斤細切,入細料物半兩、碎葱十莖、香油,炒作燥子,攪入鷄卵汁令匀。用醋一盞、酒半盞、豆粉二兩調糊,同鷄子汁、燥肉再攪匀,傾入酒瓶内。箬扎口入滚湯内煮熟,伺冷打破瓶切片,酥蜜澆食。

即你疋牙

豆粉和麪爲稠糊,於滚油内澆下煠;如軟食之類,或去豆粉,止用麪蜜、餳花,冷水調糊煠。

哈里撒

小麥一碗搗去皮,牛肉四五斤,或羊肉切臠,同煮極糜爛,入碗攤開,澆羊尾油,或羊頭油,同黄燒餅供。加松仁妙。

河西肺

連心羊肺一具浸净，以豆粉四兩肉汁破開，麪四兩韭汁破開，蜜三兩，酥半斤，松仁、胡桃仁去皮净十兩，擂細濾去滓和攪匀。灌肺滿足，下鍋煮熟。大單盤盛托至筵前，刀割碟内，先澆灌肺，剩餘汁入麻泥煮熟，作受賜。

女直食品

廝刺葵菜冷羹

葵菜去皮，嫩心帶稍葉長三四寸，煮七分熟，再下葵葉。候熟涼水浸拔，揀莖葉另放，如簇春盤樣，心葉四面相對放。間裝鷄肉皮絲、薑絲、黄瓜絲、笋絲、萵笋絲、蘑菇絲、鴨餅絲，羊肉、舌腰子、肚兒、頭蹄、肉皮皆可爲絲，用肉汁淋蓼子汁，加五味澆之。

蒸羊眉突

羊一口，燖净，去頭蹄腸肚等，打作事件，用地椒、細料物、酒、醋調匀，澆肉上，浸一時許。入空鍋内柴棒架起，盤合泥封，發火不得大緊。候熟，碗内另供原汁。

塔不刺鴨子

大者一隻，撏净去腸肚，以榆仁醬、肉汁調。先炒葱油，傾汁下鍋，小椒數粒。後下鴨子，慢火煮熟，折開另盛湯供。鵝、鴨、鷄同此製造。

野鷄撒孫

煮熟，用蒲上肉剁爛，用蓼葉數片細切，豆醬研紐汁，芥末入鹽調滋味得所，拌肉碟内供。鵪鶉製造同。

柿糕

糯米一斗，大乾柿五十個，同搗爲粉。加乾煮棗泥拌搗，馬尾羅羅過，上甑蒸熟。入松仁、胡桃仁，再杵成團，蜜澆食。

高麗栗糕

栗子不拘多少，陰乾去殼，搗爲粉，三分之二加糯米粉拌勻，蜜水拌潤，蒸熟食之。女真糕糜與回回糕糜同，勃海葵羹與女真葵羹同，玆不重復。

濕麪食品

水滑麪

用頭麪，春夏秋用新汲水入油鹽，先攪作拌麪羹樣，漸漸入水，和搜成劑。用手拆開作小塊子，再用油水灑和，以拳揉一二百拳，如此三四次，微軟如餅劑。就案上用一拗棒納百餘拗，如無拗棒，只多揉數百拳，至麪性行，方可搓爲麪指頭。入新涼水内浸兩時許，伺麪性行方下鍋，闊細任意做。冬月用温水浸。

索麪

與水滑麪同只加油，陪用油搓如粗箸細，要一樣長短粗細，用油紙蓋，勿令皴，停兩時許，上箸杆纏展細，曬乾爲度。或不用油搓，加米粉餑搓，展細再入粉，紐展三五次，至於圓長停細。揀不匀者撮在一處，再搓展。候乾下鍋煮。

經帶麪

頭白麪二斤，減[①]一兩，鹽二兩研細。新汲水破開，和搜比捍麪劑微軟，以拗棒拗百餘下，停一時許，再拗百餘下，捍至極薄。切如經帶樣滚湯下，候熟入涼水拔，汁任意。

托掌麪

頭白麪涼水入鹽、減，和成劑，停一時再搜和，至麪性行，搓成彈子，米粉爲粰。以骨櫓搥碾如盞口大，以薄爲妙。煮熟入冷肉汁浸拔，换汁，加黄瓜絲、鷄絲、蒜、酪食之。

紅絲麪

鮮蝦二斤净洗擂爛，用川椒三十粒，鹽一兩，水五升，一處煮熟。揀去椒，濾汁澄清，入白麪三斤二兩，豆粉一斤，搜和成劑。布蓋一時許，再搜捍開，用米粉爲粰，闊細任意切。煮熟，其麪自然紅色，汁任意，只不犯猪肉，恐動風氣。

翠縷麪

採槐葉嫩者，研自然汁，依常法搜和，捍切極細。滚湯下，候熟過水供。汁葷素任意，加蘑菇尤妙，味甘色翠。

---

① “減”，疑當爲“堿”，形訛。下二“減”字同。

米心棋子

頭麪以涼水入鹽和成劑,棒拗過捍至薄,切作細棋子,以密篩隔過,再用刀切千百次再隔過,粗者再切,細者有麋末却簸去。如下湯煮熟,連湯起入涼水盆内攪轉,撈起控乾,麻汁加碎肉、糟薑米、醬瓜米、黄瓜米、香菜等。

山藥撥魚

白麪一斤,豆粉四兩,水攪如稠煎餅麪,入擂爛熟山藥,同麪一處攪勻,用匙撥入滚湯,候熟燥子汁食之。

山藥麪

擂爛生山藥於煎盤内,用少油攤作煎餅,攤至第二個後不用油,逐旋[illegible]之。細切如麪,葷素汁任意供食之。

山芋餺飥

煮熟山芋去皮擂爛,細布紐去滓,和麪豆粉爲粰,捍切闊細任意。初煮二十沸,如錬至百沸,軟滑汁任意。

玲瓏撥魚

白麪一斤,調和稠糊,以肥牛肉或羊肉半斤,碎切如豆,入糊攪勻。用匙撥入滚湯,麪見湯開,肉見湯縮,候熟麪浮肉沉,如玲瓏狀,下鹽、醬、椒、醋調和食之,極有味。

玲瓏餺飥

冷水和麪,羊腎、生脂剉碎入麪,同搜拌匀,捍切作闊麪,下鍋煮,自然漏塵矣。

勾麪

蘿蔔一斤切碎,煮三兩沸,入韶粉一匙頭,匀糝於上攪匀,煮至爛,漉出擂,布紐去滓,和麪一斤捍切,闊細任意。

餛飩皮

白麪一斤,用鹽半兩涼水和,如落索狀,頻入水,搜和如餅劑,停一時再搜,撚爲小劑。豆粉爲粰,骨魯搥捍圓邊微薄,入餡蘸水合縫。下鍋時,將湯攪轉逐個下,頻灑水火長,要魚津滾,候熟供。

餡子葷素任意。

乾麪食品

平坐大饅頭

每十分用白麪二斤半,先以酵一盞許,於麪内跑一小窠,傾入酵汁,就和一塊軟麪,乾麪覆之,放温暖處。伺泛起,將四邊乾麪加温湯和就,再覆之。又伺泛起,再添乾麪温水和。冬用熱湯和就,不須多揉,再放片時,揉成劑則已①,若揉搼,則不肥泛。其劑放軟,捍作皮包餡子,排在無風處以袱蓋,伺麪性來,然後入籠

① "已",飛本作"包"。

床上，蒸熟爲度。

打拌餡

每十分用羊肉二斤半薄切，入滚湯略淖過，縷切，番脂半斤，生薑四兩，陳皮二錢細切，鹽一合，葱四十莖細切，香油炒，煮熟。杏仁五十個，松仁二握，剁碎。右拌匀包，大者每分供二隻，小者每分供四隻。

猪肉餡

每斤縷切，入羊脂四兩，骰塊切，橘皮一個碎切，杏仁十粒，椒末一錢，茴末半錢，葱十莖細切，香油二兩，醬一兩擂。先將油煉熟，下葱醬炒，另入醋二合，調麪一匙作捧，傾鍋内同炒熟，與生餡調和得所，依上包。

熟細餡

去皮熟猪肉縷切細，熟笋縷切細，加川椒末，物料同前製，打拌滋味得所，搦作小團包。

羊肚餡

羊軟肚二[1]個，軟肺一個，羊舌熟者五個，乘熟縷切，精生羊肉半斤，脂四兩縷切，用葱十五莖，醋三合，生薑四兩，陳皮二片，椒、茴香各一錢，煉熟油。打炒葱入麪捧、鹽少許，打拌滋味得所，作餡用。

---

① “二”，飛本作“三”。

平坐小饅頭生餡	撚尖饅頭生餡
卧饅頭生餡，春前供	捺花饅頭熟餡
壽帶龜熟餡，壽筵供	龜蓮饅頭同上
春璽熟餡，春前供	荷花饅頭熟餡，夏供
葵花饅頭喜筵，夏供	毬漏饅頭卧饅頭，後用脱子印

薄饅頭水晶角兒包子等皮

皆用白麪斤半，滚湯逐旋糁下麪，不住手攪作稠糊，挑作一二十塊，於冷水内浸至雪白。取在案上攤去水，以細豆粉十三兩和搜作劑，再以豆粉作粰，打作皮，包餡，上籠緊火蒸熟，灑兩次水，方可下竈。臨供時再灑些水便供，餡與饅頭生餡同。

魚包子

每十分，鯉鱖皆可，净魚五斤柳葉切，羊脂十兩骰塊切，猪膔八兩柳葉切，鹽醬各二兩，橘皮二個細切，葱絲十五莖，香油炒葱，熟薑絲一兩，川椒末半兩，細料物一兩，胡椒半兩，杏仁三十粒研細，醋一合，麪搽同。

鵝兜子

野鴨野鷄皆可，每十隻，用熟鵝净肉半斤縷切，猪膔一兩縷切，羊脂二兩骰塊切，葱、薑、橘絲共一兩，川椒、杏仁、細料物少許，鹽、醬各二錢，酒、醋一合，麪搽同。

雜餡兜子

每十隻，熟羊肺二兩，熟羊肚五兩，熟白腸二兩，乘熱縷切，羊脂一兩骰塊切，猪臁二兩縷切。香油炒葱絲一兩，細料物二錢，杏仁、川椒各少許，鹽、醬四錢，酒半合，醋一合，薑橘絲少許，麪搼同。

蟹黄兜子

熟蟹大者三十隻，斫開取净肉。生猪肉斤半細切，香油炒碎鴨卵五個，用細料末一兩，川椒、胡椒共半兩擂，薑橘絲少許，香油炒碎葱十五莖，麪醬二兩，鹽一兩，麪搼同打拌匀，嘗味鹹淡再添鹽。每粉皮一個，切作四片，每盞先鋪一片，放餡折掩，蓋定籠内，蒸熟供。

荷蓮兜子

羊肉二斤，淖去血水細切，粳米飯半斤，香油二兩，炒葱一握，肉湯三盞調麪三兩作絲，橘皮一個細切，薑末一兩，椒末少許。已上一處拌匀，每粉皮一個切作四片，每盞内先鋪一片，裝新蓮肉去心。鷄頭肉、松仁、胡桃仁、楊梅仁、乳餅、蘑菇、木耳、鴨餅子，却放肉餡，掩折定蒸熟，匙翻在楪内供，用濃麻泥汁和酪澆之。

水晶饅饠

精羊肉半斤，妳肪、羊肚、羊尾子膔、竹笋、決明各四兩，羊舌五個，煮熟縷切。橘絲半兩，薑絲二兩，香油二兩，炒葱絲五莖，麪醬半兩研，鹽斟酌用，薑末半兩，調粉搼四兩，打拌匀。粉皮熟油抹過，切作四片，盞盛，裝餡蒸熟，匙翻碟内，澆好湯供。

從食品

白熟餅子

頭麪三斤，内一斤作酵麪，一斤作湯麪，一斤餳蜜水和。三件麪一處和匀，揉一二百拳，再放暖處，停一時許。伺麪性行暄泛，再揉一二百拳，逐旋取麪作劑，用骨魯搥捍開，入紅爐煿熟鏊上亦可。

捍餅入蜜少許，不脆硬。

山藥胡餅

熟山藥二斤，麪一斤，蜜半兩，油兩半，和搜捍餅。

燒餅

每麪一斤，入油兩半[①]，炒鹽一錢，冷水和搜，骨魯搥斫開，鏊上煿得硬，煻[②]火内燒熟，極脆美。

肉油餅

白麪一斤，熟油二兩半，猪羊脂各二兩剁碎，酒一小盞與麪同和，如硬，入羊骨髓。分作十劑，捍開包餡，用托子印花樣，入爐煿熟。筵席上，大者每分供二個，小者供四個。餡與饅頭生餡同，或者供素食蜜穰餡，棗穰亦可。

---

① “两半”，飛本作“半两”。

② “煻”，飛本作“糖”，非。按，《廣韻》：“煻，煨火。”

酥蜜餅

麪十斤，蜜三兩半，羊脂油春四，夏六，秋冬三兩，猪脂油春半斤，夏六兩，秋冬九兩，溶開傾蜜攪匀，澆入麪搜和匀。取意印花樣，入爐熬，紙襯底，慢火煿熟供。

七寶捲煎餅

白麪二斤半，冷水和成硬劑，旋旋添水調作糊，銚盤上用油攤薄，煎餅包餡子如捲餅樣，再煎供。餡用羊肉炒燥子，蘑菇、熟蝦肉、松仁、胡桃仁、白糖末、薑米入炒，葱、乾薑末、鹽、醋各少許，調和滋味得所用。

金銀捲煎餅

鴨卵或鷄卵，打破清黄另放，添水調開，加豆粉再調，攤作煎餅，包餡再煎。每分供一對作下飯，餡炒熟。

駝峰角兒

麪二斤半，入溶化酥十兩，或猪羊油各半代之，冷水和鹽少許，搜成劑，用骨魯搥捍作皮，包炒熟餡子，捏成角兒，入爐熬煿熟供，素餡亦可。

烙麪角兒

麪二斤半，燒湯升半，候滚傾下麪八停，留二停作粰，用湯攪烙熟,取出晾冷,搜劑捍皮,包炒熟餡子,捏作[1]角兒,入盞脱下爐熬㷓熟,素餡皆可。

盞酪焦油

以麪調作稠糊,攤作厚煎餅,翻轉慢火㷓熟,不可焦了。取出入蜜和爲劑,捍爲厚餅樣,包熟餡子,印脱花樣,深油煠黄色,或手按圓煠之,素餡亦可。

圓焦油

麪二斤半,内六分熟水,和減、酵各一合,化作水入麪調,打泛爲度。餡用熟者,丸如彈子,將麪餡上手包裹了虎口,即出滚深油内,煠熟爲度。

餛饠角兒

麪一斤,香油一兩,傾入麪内,拌以滚湯斟酌,逐旋傾下,用杖攪匀,蕩作熟麪。挑出鍋攤冷,捍作皮,入生餡包,以盞脱之,作娥眉樣,油煠熟筵上供,每分四隻。

素食素下酒并素下飯

玉葉羹

每十分,乳團二個薄批,方勝切,入豆粉拌,煮熟蘑菇絲四兩,天花、桑莪各二兩,山藥半熟去皮,甲葉切四兩,笋甲葉切四兩,糟薑片切三兩,碗内間裝燙過,熱汁澆。

---

① “作”,飛本作“成”。

膳生

每十分，生麪觔一堝，手按薄，籠内先鋪粉皮，灑粉絲抹過，將麪觔鋪粉皮上蒸熟，用油抹過。候冷，切三寸長細條，三色粉皮各一片如上切，熟麪觔一塊切絲，笋十根切絲，蘑菇三兩絲油炒，簇裝碗内蕩過，熱汁澆。

斷乳羹

牛乳一升，銀石器熬，候凝入碗，用薑、鹽可供兩分。

假灌肺

蒟蒻切作片焯過，用杏泥、椒、薑、醬醃兩時許，揩净。先起葱油，然後同水研，乳、椒、薑調和勻，蒟蒻煠過，合汁供。

素灌肺

熟麪觔切肺樣塊，五味醃，豆粉内滚煮熟，合汁供。

炒鱔乳虀淘

切細麪煮熟過水，用麪觔同豆粉灑顔色水搜和，捍餅細切，焯熟如鱔魚色，加乳合虀汁澆麪供。

山藥飥饆

每麪一斤，熟山藥一斤，薑汁一兩，豆粉一合，入水搜和。如水滑麪硬，骨魯搥研開，切作算子，入豆粉，卧定案上搓，約長尺許，下鍋煮熟，合葷素汁任用。

酸餡

饅頭皮同，褶兒較粗。餡子任意，豆餡或脱或光者。

七寶餡

栗子、黄松仁、胡桃仁、麪觔、薑米、熟菠菜、杏麻泥，入五味牽打拌，滋味得所，搦餡包。

菜餡

黄虀碎切，紅豆、粉皮、山藥片加栗黄尤佳，五味拌打拌，搦餡包。

灌漿饅頭包子餛飩角兒糁孛撒

餡倣此製造，麻汁澆。

澄沙糖餡

紅豆焗熟，研爛淘去皮，小蒲包濾極乾，入沙糖食杏搦餡脱，或麪劑開。放此餡造澄糖千葉蒸餅。

豆辣餡

菉豆磨破，浸去皮蒸熟，入油、鹽、薑汁拌，搦餡包。

甘露餅

麪一斤，上籠紙襯蒸過，先以油水中停攪，加餳汁傾入麪拌和。豆粉爲粰，捍作薄餅，細攢褶兒，兩頭相啣綷住，手按開，再加粉粹，骨魯搥砑圓，油煠控起，蜜澆，糝松仁。

素油餅

等倣肉油餅造，餡用蜜或棗穰包。

兩熟魚

每十分熟山藥二斤，乳團一個，各研爛。陳皮三片，生薑二兩，各剁碎，薑末半錢，鹽少許，豆粉半斤，調糊一處拌，再加乾豆粉，調稠作餡。每粉皮一個，粉絲抹濕入餡，折掩捏魚樣。油煠熟，再入蘑菇汁，內煮楪供，糝薑絲菜頭。

酥煿鹿脯

每十分生麪觔四塌，細料物二錢，韭三根，鹽一兩，紅麴末一錢，同剁爛如肉色。温湯浸開，搓作條煮熟絲，開醬醋合蘑菇汁醃片時，控乾油煎，却下醃汁同炒乾。

醎豉

熟麪觔絲、碎笋片、木耳、薑片，或加蘑菇、桑莪蕈，下油鍋炒半熟，傾入擂爛。醬、椒、沙糖少許，粉牽熓熟，候汁乾供。

帶汁醎豉

製造同上，加浸蘑菇汁，菠菜少許，帶汁供。

三色雜熝

桑莪、蘑菇、乳團，下油鍋少鹽炒，用原滷，合汁供。

炙脯

熟麪觔隨意切，下油鍋掠炒，以醬、醋、葱、椒、鹽料物擂爛，調味得所，醃片時，用竹簽插，慢火炙乾，再蘸汁炙。

炙蕈

肥白者湯浴過握乾，鹽、醬、油料等拌，如前炙之。

酒炸蕈

逐根栽立沙土内，米泔潑經宿，令鮮潤脆軟。絲開，用炒葱油、薑、橘絲、鹽醬料物、酒攪匀，炸熟供，不用醋。

假蜆子

鮮蓮肉不切，菱肉剉骰塊，焯過，物料醃，油爁楪供。

煠骨頭

乳團、豆粉、生麪一斤，鹽、醬、茴香、橘皮、椒末和匀，蒸熟，切作骨頭樣。油煠却入醬清汁，擂炒熟，大麻子加沙糖合汁，慢火爊入少麪牽。不須用油麻子，炒不熟令人瀉。

煠山藥

熟者切作段，粉牽内蘸，摻梔子水，拌的粹，煠熟供。

假魚膾

薄批熟麪觔，用薄粉皮兩個牽抹濕，上下夾定蒸熟薄切，别染紅粉皮縷切，笋絲、蘑菇絲、蘿蔔、薑絲、生菜、香菜間裝如春盤樣，用鱠醋澆。

水晶鱠

瓊芝菜洗去沙，頻換米泔浸三日，略煮一二沸，入盆研極細，下鍋煎化，濾去滓，候凝結縷切，如上簇盤，用醋澆食。

假水母線

以蒟蒻切丝，滚湯焯，如上裝簇，膾醋澆食。

煎酥乳酪品

煎酥法

羊脂一斤，猪肉四兩，慢火熬濾去滓。梨一個去皮穰，薄切，栗肉十個薄切，紅棗十五個去核切，燈心一小把，皂角一寸碎，菰蔞子少許，熬，候梨乾，再濾收貯。

造酪法

牛乳不拘多少，取於鍋釜中，緩火煎之，緊則底焦㷉，牛馬糞火爲上。常以勺揚，勿令溢出，時復徹底，縱横直勾，勿圓攪，若斷，亦勿口吹，吹則解，候四五沸便止。瀉入盆中，勿揚動，待小冷，掠去浮皮，著别器中，即真酥也。餘者生絹袋濾。熟乳乾净磁罐中卧之，酪罐必須火炙乾，候冷則無潤氣，亦不斷。若酪斷不成，其屋中必有蛇蝦蟆故也，宜燒人髮、牛羊角辟之則去。其熟乳，待冷至温如人體爲候，若適熱卧則酸，若冷則難成。濾訖，先以甜酪爲酵,火率熟乳一升,用甜酪半匙,著勺中以匙痛攪開,散入熟乳中,仍以勺攪匀。與氊絮之屬,覆罐令暖良久,换單生布蓋之,明旦酪熟。或無舊酪,漿水一合代之,亦不可多。六七月造者,令如人體,只置於冷地,勿蓋煸。冬月造者,令熱於人體。

曬乾酪

七八月間造之,烈日炙酪,酪上皮成,掠取更炙,又掠肥盡無皮乃止。得斗許鍋中炒,少時即出盤盛曝乾浥浥時作團如梨大,又曝極乾收,經年不壞,以供遠行。作粥作醬,細削以水煮沸,便有酪味。

造乳餅

取牛乳一斗絹濾,入鍋煎三五沸,水解醋點入乳内,漸漸結成漉出,絹布之類裹,以石壓之。

就乳團

用酪五升,下鍋燒滚,入冷漿水半升,自然撮成塊,如未成塊,更用漿水一盞,决成塊。濾滓,以布包團,搦如乳餅樣,春秋月酪滚提下鍋,用漿就之。夏月滚傾入盤就。

造諸粉品

藕粉

粗者洗净,截斷,碓中搗爛,布絞取汁,以密布再濾,澄去上清水，如汁稠難澄，添水攪即澄爲粉。服此輕身延年。

蓮子粉芡粉

並取新者蒸熟，烈日曬，皮即開，舂作粉。

菱粉

與藕粉製造同，鳧茨、澤瀉、葛根、芋頭、茯苓等，皆可造。

庖廚雜用

天廚大料物

蕪荑仁、良薑、蓽撥、紅豆、砂仁、川椒、乾薑、炮官桂、蒔蘿、茴香、橘皮、杏仁，各等分爲末，水浸，蒸餅爲丸如彈。

調和省力物料

馬芹、胡椒、茴香、乾薑、官桂、花椒，各等分，碾爲末，滴水隨意丸。每用調和，撚破入鍋，出外者尤便。

造麥黄

六月内取小麥，淘去浮者，水浸，烈日曬七日，每朝换水。至第七日，漉出控乾，蒸熟，覆蓋盒，黄上曬乾，造鮓用。

造蕪荑

榆錢不拘多少，曬乾。於磁器内，鋪榆錢一層，撒鹽一層，如此相間，以漿水澆，候軟控起，用麪衮拌，覆蓋盒，黄上曬乾爲度。

染作類

染小紅

以練物帛十兩爲率。

蘇木四兩　　　　黄丹一兩

槐花一兩，炒香研末　　　　明礬一兩，爲細末

右件先將槐花炒香碾細[①]，用净水二升，熬一升之上，濾去滓，下白礬末些子攪匀，下入沸湯一碗化開，下黄絹帛浸半時許。先將蘇木，用水兩碗，熬至一碗之上，濾去滓，將汁頓起，留頭汁。再入水一碗半，煎至八分一碗濾去滓，再與頭汁相和，别頓起。將滓再入水二碗，煎至一碗，濾去滓，與第二汁相合。下黄丹在二汁内攪匀，下入凡了，黄帛提轉令匀。浸片時扭起，將頭汁温熱，下染出帛，急手提轉，浸半時許，可提轉五七次扭起，顔色鮮紅可愛，只當掛於風頭内，不可令日曬，即退了顔色。

又法：槐花與蘇木同熬，用之極妙。

染棗褐

以十兩帛爲率。

蘇木　　　　明礬分兩與染小紅同

右件用礬熬色，染法皆與小紅一體，至下了頭汁時，扭起。將汁煨熱，下碌礬，不可多了，當旋旋看顔色深淺却加，多則黑，少則紅，務要得中。

① “細”，飛本作“末”。

染椒褐

以絹十兩爲率。

蘇木四兩,剉,研碎　　橡斗一兩,研碎

白礬二兩　　緑礬半兩

右件與前染小紅法同。其緑礬看顔色深淺用,不可多用,亦不可少,務要得中。緑礬別用冷水化開,將染出物扭乾抖開,捺入緑礬水内。看色加之。

染明茶褐

以帛十兩爲率。

黄蘆五兩半,研碎　　白礬二兩,研味①末

右件黄蘆依煎蘇木法,作三次煎熬,亦將物帛先礬了,然後下顔色,汁内染之。臨了時顔色煨熱,下碌礬在汁内攪匀,下物帛,常要提轉不歇,恐顔色不均,其碌礬用看顔色淺深,逐旋加入。

染荆褐

以物帛十兩爲率。

荆葉五兩　　白礬二兩　　皂礬少許

右將荆葉煎作濃汁,亦先礬過,物帛扭乾,方下顔色汁内,皂礬旋看顔色輕重用之。

① “味”,飛本無,當删。

用皂礬法

先將皂礬用冷水化開，别作一盆，將所染物帛扭乾，抖搜開，下入皂礬水盆内，提轉令匀。扭些子，看色淺深，如色淺，下入顔色内提轉，染一時許。再扭些子，看如色好便扭出。若色淺，再化些皂礬入盆内，將所染物帛，便下皂礬内，其色必正矣。凡用皂礬，須作三次下，慎勿作一次下了。

染磚褐法

用紅茶染鐵漿，軋之。

染青皂法

五倍子　緑礬　百藥煎　秦皮

右爲末，湯浸染。

絡絲不亂法

木槿葉不拘多少，揉汁浸絲。

洗練

洗毛衣法

如氈油污法，猪蹄爪煎湯，乘熱洗。

洗竹布法

衣服惟竹布不可揉洗，揉則隨手斷裂，須是摺疊聚，只用隔宿米泔浸半日，次用温水淋，以手壓乾曬，則垢膩皆可盡。

洗焦葛法

清水揉梅葉，洗焦葛衣，經夏不脆。

又法：梅葉搗碎，泡湯洗衣，易脱。

梅蒸衣服，用梅葉洗。

洗皂衣法

濃煎梔子，濯之如新。

洗糨鐵力布法

擂松子肉洗，則滋潤不脆，糨時入好末茶少許，或煎粗茶滷搭色，入香油一滴，薄糊糨之。

洗羅絹法

洗羅絹衣服，稍覺有垢膩，即折置桶内，温皂角湯洗之，移時頻頻反覆，且浸且拍，覺垢膩出盡。却别過温湯，又浸之又拍，不必展開，徑搭於竹竿上，候滴盡方展開，穿而晾之。不漿不熨，候乾摺拍藏之。

洗彩色法

洗彩色膩衣服，膠水浸半日，然後温湯洗之。

洗白衣法

取白菖蒲，不犯鐵，用銅刀薄切，曬乾搗作末。欲净衣服，先以末於水盆内攪了,後將衣服,只可擺少時,垢膩自脱落白净。

練絹帛法

先用醲桑灰,或豆楷等灰,或竈中柴灰,煮熟絹帛。然後用猪胰練帛之法,伺灰大滚,下帛俟沸,不住手提轉。不可過熟,過熟即爛,不可夾生,夾生即脆。驗絹生熟法,煮熟絹就手扭些,隨手散開,即未熟,再煮,候扭住不散爲度。

用胰法

以猪胰一具,用灰搗成餅,䃂乾。如用時,量帛多寡剪。用稻草一條折作四指長條,搓湯浸帛。如無胰,只用瓜蔞去皮,將滚,剁碎入湯化開,浸帛亦可。

造糨粉法

細白粟米一斗　　朴消四兩　　皂角三個,搓作濃汁

右先將朴消用滚湯泡開,澄定去其沙泥,却與皂角汁相和。先將米用沸湯泡兩三次,然後將滚湯豁在缸器内,將米投入,就將皂角汁投入攪匀,五六日便爛,依常法造。

起油法

治油污衣服,并顔色書畫等物。

龍骨一兩半　　滑石二兩

烏魚骨二兩　　白墡土二兩

右爲末糁污處,紙襯熨。油污多日者,再用油抹污處熨。

洗油墨污衣

半夏　烏魚骨　滑石　白礬枯各等分

右爲末。油污者，油潤一宿；墨污者，淡墨潤之；洗净燈草揩擦去。又法：墨污者，嚼生杏仁，旋吐旋洗，嚼粟飯亦可。

香譜

旁通圖

四和，凝香，百花，碎瓊，雲英，寶篆，清真。

文苑沉香二兩一錢、檀香半兩、箋香一分、甘松一分、玄參一兩、丁皮一分、麝香一分

新料降真半兩、檀香半兩、甘松半兩、香白芷半兩、茅香四兩

笑蘭檀香三錢、箋香半兩、沉香一分、降真半兩、麝香一錢、腦子一錢、甲香半兩

清遠茅香半兩、生結三分、沉香一分、麝香一錢、檀香半兩

錦囊腦子一錢、苓苓香半兩、麝香一錢、木香半兩、檀香半兩、藿香一分、丁香半錢

醒心藿香一分、麝香六錢、腦香一錢、箋香一兩、沉香半兩、腦子一錢

凝和麝香一錢、丁香半兩、檀香兩半、甲香一錢、結香一錢、甘草一分、腦子一錢

已上碾爲細末，用蜜少許拌匀，如常法燒，於内惟寶篆香不用蜜。

信靈香

沉香　白檀香　降真香

乳香各一錢　苓苓香八錢　大黄二錢

甘松一兩　藿香四錢　香附子一錢

玄參二錢　　白芷八錢　　藁本八錢

右爲細末，煉蜜爲丸，如小指尖大，捏作餅，寒水石爲衣。

甲子日攢，丙子日碾，戊子日和，庚子日丸，壬子日盛入葫蘆內，至甲子日開，先燒三餅供養天地神祇畢，然後隨意焚之。修合忌婦人、雞犬見之。

雪中春泛

東平李子新方。

腦子二分半　　麝香半錢　　白檀二兩

乳香七錢　　沉香三錢　　寒水石三兩，燒

右件爲極細末，煉蜜并鵝梨汁和匀爲餅，就濕置寒水石末中，磁瓶合收貯。

春消息

歌括云："人人盡道是江梅，半兩丁香一兩茴。更用甘松苓半兩，麝香一分是良媒。"

右爲細末，煉蜜和令得中，磁盒盛，埋地中半月可燒。

篤耨香

雪白雲香，以酒煮入桂末，和匀燒之。

雪蘭香

歌括云："十兩箋香一兩檀，楓香兩半各秤盤。更加一兩玄參末，硝蜜同和號雪蘭。"

瑞雲香毬

龍腦一錢　　白檀一兩
白芷三兩　　茅香一兩
草荳蔻一兩，去皮　　香附子三兩
青木香半兩　　丁香一兩
酸棗仁一升，入水研汁一碗，煎成膏
艾蒳一兩，松樹上青衣是也

右件爲末，以酸棗膏搜和入艾蒳，熟蜜和匀，木臼内杵，令不粘得所。丸如蓮子大，每燒一丸，煙直起三尺許，結成毬子，移時不散。

蠟梅香

沉香　　檀香各三錢　　丁香六錢

右件爲末，以麝香一字，龍腦半錢，生蜜和之。

野花香

箋香　　檀香　　降真香各分①
腦子一字　　麝香半字　　舶上丁皮三分

右爲細末，入炭末半兩，煉蜜和匀，久窨燒之。如要煙聚入，製了甲香一字。

① “各分”，飛本作“各等分”。

藏春返魂梅

黄魯直方。

黑角沉半兩　　丁香一分

臘茶一錢，各末之　　定粉一粒，如米大，即韶粉

麝香一字　　白蜜一錢，置飯上蒸熟

欝金小者麥麸，炒赤半分

右件各爲末，先細研麝，取臘茶之半字，先湯點澄清調麝，次入沉香、丁香、欝金，次入餘茶及定粉。共研細巧入蜜，使稀稠得所，收沙瓶器中，窨月餘取燒，久窨尤佳，燒時以雲母銀葉襯之。

杏花香

附子　　沉香

紫檀香　　箋香

降真香各十兩　　甲香二兩，用灰汁水煮兩三沸，净洗

薰陸香　　篤耨香

塔乳香各五兩　　丁香

木香各二兩

右搗爲末，入麝香半兩，梅花腦子二錢，用薔薇油細和作餅子，瑠琉璃瓶盛窨地一日。

杏花香

甘松　　川芎各半兩　　麝少許

右爲末，煉蜜拌和，丸如彈子大，安在爐中，恰似杏花。迎風燒之，尤妙。

勝茉莉

沉香一兩　　　　檀香

金顔香各二錢，研細　　大丁香十粒，研細末　　腦、麝各一錢

右麝用冷臘茶清三四滴，研細，續入腦子同研。木犀花方開未離披者三大盞去蒂，於净器中研爛如泥，入前作六味[1]，再研匀拌成餅子，或用模子脱成花樣，密入器中窨一月。

木犀香

採木犀未開者，以生蜜拌匀，不可蜜多，實捺入瓦器中，入地埋窨，愈久愈奇。取出却入乳鉢研匀，拍成餅子，油紙裹收，旋取燒，採花時不可犯手，剪之爲妙。

桂香

冬青子絞汁，同桂花蒸，窨乾入爐燒，類木犀也。

小龍涎

沉香一兩，龍腦半兩爲末，用鵝梨汁和作餅子，燒之。

薰香

玉華醒醉香

採牡丹蘂與酴醾花，清酒拌，浥潤得所，當風陰一宿，杵細搜

① “味”，飛本作“天”，誤。按，“六味”指前文六種藥材：沉香、檀香、金顔香、大丁香、龍腦、麝香。

作餅子，窨乾。上用腦子塗擦，安於枕前。

拂手香

滋潤白檀三兩錯末，用蜜三錢，化湯一盞許，炒令水浸，稍覺浥濕。焙乾杵，羅極細，入水腦一兩研，將阿膠一片，化湯入糊，入木臼中，搗三五百杵，捏作餅子。或入花模子窨乾，中穿一穴，用綵線懸胸前。

梅花衣香

苓苓、甘松、白檀、茴香，微炒各半兩，丁香一分，木香一錢，同爲末，入腦麝各少許。

蜀王薰御衣香

丁香	箋香	沉香
檀香	麝香各一兩	甲香三兩

右件爲末，煉蜜濕拌之，入窨月餘。

薰衣香

南劍州梅花香方。

木香	檀香	甘松各半兩
藿香葉	牡丹皮	茆香
苓苓各一兩	丁皮	三柰子
官桂	辛夷各二分	

右爲粗末，以甘蔗汁拌，濕紙蓋，日曬汁盡爲度。

透裏衣香

甘松　　藿香
茴香　　苓苓各一兩，略焙
檀香擣碎，灑浸，蒸過，焙乾　　丁香各半兩

右爲粗末，紙包近肉，或枕中放七日，入腦麝少許。

洗衣香

牡丹一兩，甘松一分，擣爲細末，每洗衣最後澤水入一錢。

假薔薇面花子

甘松　　苓苓香　　丁香
檀香各一兩　　藿香葉半兩　　白芷
香墨　　茴香各一分

右件爲細末，入黄丹少許，以熟蜜和拌，稀稠得所，隨意脱之，腦麝爲衣，與真者無異。

貴人挹汗香

丁香一兩　　川椒六十粒

右丁香爲末，以椒碎在丁香内，以絹袋盛而佩之，永絶汗氣。

傅身香粉

英粉　　青木香　　麻黄根
甘松　　藿香　　苓苓香
附子炮，各等分

右爲末，浴罷，以生絹袋藥傅身。

治香法向宗旦云，松上寄生草合，香煙不散。

凡合香成用不津磁合盛，封以蠟紙，牢固，入净地埋五寸，埋月餘。

凡和香用蜜須微煉數沸，不可大過，仍入蘇合油。若蜜一斤，入油二兩，同煉大妙。

凡治檀香須東真者，剉如米粒大，慢火炒，金煙出紫色新氣即正。

凡藿香、甘松、零陵之類須揀去枝莖，晾乾，揉碎，揚去塵土，不可用水洗湯，恐損香。

凡治茅香須揀好香，剉細，以酒蜜水潤一夜，炒令赤燥爲度。

治甲香法須揀如龍耳者好，自餘小者次也。取一二兩以來，先用灰汁一碗煮盡，後用醖肉方，同好酒一盞煮盡，入蜜半匙，炒如金色。

煉蜜法

須是好蜜，以綿濾過，入磁罐内，用油單三兩重，緊縛定，入釜内重湯煮一日，却取出再煎數沸，出水氣經年不動。

煉炭法

凡合香，用炭不拘黑白，須重燒煉過通紅，於蜜器内藏令冷。一去炭中餘薪之煙，二去炭中雜穢之氣。

香媒

茄子稭燒爲灰，每燒香以一錢大燃紅，次燒香灰燒存性。

香餅子

堅硬羊脛木炭三斤，杵爲末。黄丹、定粉、針砂、牙硝各半兩,入炭末中拌勻。爛煮棗一升去皮核,杵炭末作餅子,或棗肉少,以煮棗汁和之,餅子大小隨意造,一枚可燒一日。

飛獐腦法

取獐腦一兩,以兩盞合之,濕紙糊口,文武火脅之,半時辰取起,候冷收之。

閨閣事宜

和粉方

官粉十兩　蜜陀僧一兩

白檀一兩　黄連半兩

腦麝各少許　蛤粉五兩

輕粉二錢　朱砂二錢

金箔五個　鷹條一錢

右件爲細末和勻用。

常用和粉方

好粉一兩　蜜陀僧一錢

腦麝各少許　白檀一錢

蛤粉半兩　輕粉一錢

黄連半錢,水淘,置紙上乾

黄粉二錢

白米粉子二錢

右件爲細末,和勻用。

麝香十和粉方

官粉一袋,水飛　朱砂三錢
蛤粉白熟者,水飛　鷹條二錢
蜜陀僧五錢　檀香五錢
腦麝各少許　紫粉少許,用之
寒水石和腦麝同研。

右件各爲細末,和匀入腦麝,顏色似桃花爲度。

雞子粉方

雞子一個,破頂去黄,止用白。將光粉一處裝滿,入蜜陀僧半錢,紙糊頂了,再用紙渾裹,水濕之。以文武火煨,候乾爲度。取出用塗面,終日不落,瑩然如玉。

利汗紅粉方

滑石一斤,極白無石者,水飛過,每斤内用
心紅二錢　輕粉五錢　麝香少許
右件同研極細用之,其粉如肉色爲度,塗身體利汗。

石灰粉方

治大人小兒夏月痱子瘡及熱毒瘡。

蛤粉三兩　石灰一兩,炒　甘草一兩,爲末
右件同和拌匀,以綿子揾撲之。

烏頭麝香油方

香油二斤　柏油二兩，另放　訶子皮一兩半
没石子六個　五倍子半兩　真膽礬一錢
川百藥煎三兩　酸榴皮半兩　猪膽二個，另放
旱蓮臺半兩

右件爲粗末，先將香油鍋内熬數沸，然後將藥末下入油内同熬，少時傾出。油入罐子内，盛微温，入柏油攪，漸入猪膽，又攪令極冷，入下藥。

苓苓香　藿香葉　香白芷
甘松各三錢　麝香一錢

再攪匀，用厚紙封罐口，每日早午時、晚西各攪一次，仍封之，如此十日後，先晚洗頭髮净，次早髮乾搽之，不待數日，其髮黑紺，光澤香滑，永不染塵垢，更不須再洗。用之後自見也，黄者黑。旱蓮臺諸處有之，科生一二尺高，小花如菊，折斷有黑汁，名胡孫頭。

搽頭竹油方

每香油一斤，棗枝一根，剉碎，新竹片一根，截作小片，不拘多少，用荷葉四兩，入油同煎。至一半，去前物加百藥煎四兩，與油再熬，入香物一二味，依法搽之。

摩風膏

黄耆　杏仁　當歸
白芍藥　白芷　甘草

甘松	藿香	苓苓香
白檀	白附子	白歛
白芨各一兩	腦麝半錢	

右件以清香油三斤，浸五七日，銀石器熬黄色，用綿子濾過，入黄蠟四兩，再熬成膏，柳篦子不住手攪冷。

金主緑雲油方

沉香	蔓荆子	白芷
南没石子	躑躅花	生地黄
苓苓香	附子	防風
覆盆子	訶子肉	蓮子草
芒硝	丁皮各等	

右件等分，入卷栢三錢，洗净曬乾，各細剉炒黑色，以寬紙袋盛入磁罐内，每用藥三錢，以清香油半斤浸藥，厚紙封七日。每遇梳頭，净手蘸油摩頂心，令熱入髮竅。不十日，禿者生髮，赤者亦黑。婦人用，不禿，髮黑如漆，已禿者旬日生髮。

常用長髮藥

亂髮净洗曬乾，以油煎令焦，就鐺内細研如膏，搽頭長髮。

又法：凡婦人髮禿，酒浸漢椒[1]搽，髮自然長。

---

① “漢椒”，底本作“漠椒”，不辭，據飛本改。按，漢椒即蜀椒之别稱，漢椒治婦人禿髮的功效後亦見於《本草綱目》、《多能鄙事》、《普濟方》；又漢椒有治瘡之用，《肘後備急方》卷五《治瘑癬疥漆瘡諸惡瘡方第三十九》：“譚氏，治漆瘡，漢椒湯洗之，即愈。”

梳頭髮不落方

側柏兩片如手大，榧子肉三個，胡桃肉二個。

右件研細，擦頭皮極驗，或浸水掠頭亦可。

塗面藥

白附子　蜜陀僧　茯苓

胡粉　香白芷　桃仁各一兩

右件爲細末，用乳汁臨卧調塗面上，早辰漿水洗，十日效。

八白散

金國宫中洗面方。

白丁香　白僵蚕　白附子

白牽牛　白茯苓　白蒺梨

白芷　白芨

右件八味，入皂角三定，去皮弦，菉豆少許，爲末常用。

洗面去瘢瘡方

天門冬三兩　百部二兩

皂角二斤，酒塗炙　杏仁二兩

冬瓜子半升　茯苓去皮

大豆十兩，蒸去皮　清膠四兩，火炙

土菰根五兩　香附子二兩

瓜蔞二個　甘草半斤

益智子一斤，燒灰，用漿水和成丸，鍛過

右件和合焙乾，搗羅爲末，早辰加澡豆末用，其瘢自去。

傅面桃花末

仲春收桃花，陰乾爲末，七月七日取烏雞血和之，塗面及身，紅白鮮潔，大驗。

治粉刺黑斑方

五月五日收帶根天麻，白花者益母，紫花者天麻。曬乾燒灰，却用商陸根搗自然汁，加酸醋，作一處絹絞浄，搜天麻作餅，炭火鍛過收之，半年方用，入面藥尤能潤肌。

夜容膏

治䵟䵳、風刺、面垢。

白茯苓　白牽牛頭末　黑牽牛頭末

白芷　玉女粉　白丁香

白斂　白芨　蜜陀僧

白檀　鷹條

右件各等分爲細末，雞清和爲丸，陰乾。每用唾津調搽面，神效。

香身丸

治遍身熾氣、惡氣及口齒氣。

丁香一兩半　藿香葉　苓苓香

甘松各三兩　香附子　白芷

當歸　桂心　檳榔

益智仁一兩　麝香半兩　白荳蔻仁二兩

右件爲細末,煉蜜爲劑,杵千下,如桐子大。每噙化五丸,常覺口香,五日身香,十日衣香,二十日他人皆聞得香。

宫内縮蓮步捷法

蕎麥稈不拘多少,燒作灰,用水淋取濃汁,如釅醋色方可。用硇砂、白茯苓、藁本三味等分爲細末,每用三大錢藥末,用前灰汁三大碗,於砂鍋内同煎數沸,乘熱如常洗脚。淋渫至温,又添熱者,浸渫不過數次,自然柔軟易扎矣。或於脚面生小小瘡,勿疑,乃是毒氣出耳,却以訶子研爲細末,付之即差。此方出於至人,神妙之甚,不可盡述。三十歲婦人亦可爲之。

金蓮穩步膏

地骨皮同紅花爛研極細,如雞眼痛處付之,成瘡者次日結掩。

取靨五灰膏

桑柴灰　柳柴灰　小灰

石灰　陳草灰

右件五灰,用水煎濃汁,入釅醋點之,凝定不散收貯。

治針入皮膚方

不問遠年近日,酸棗燒灰存性,温酒送下,在上食前服,在下食後服,覺額痒即從元入處出。

收翠花朵法

用漢椒雜茱萸,盒中收貯。

洗真珠法

用乳浸一宿，次日以益母草燒灰淋汁，入麩少許，絹袋盛珠，輕手揉洗，其色鮮明如新。忌近麝香，色昏暗。

洗油浸珠法

用鵝鴨糞曬乾燒灰，熱湯澄汁洗，絹袋盛珠。

洗焦赤珠法

以槵子皮熱湯浸水洗，研蘿蔔醃一宿，即白净。

退赤色珠法

芭蕉水洗，兼浸一宿，自然潔白。

洗屍氣珠法

珠犯屍氣者，以益母草煎濃汁，麩炭灰揉洗潔净。

洗象牙等物

以阿膠水，尾刷刷之，然後以水再滌。

又方：水煮木賊令軟掇洗，以甘草水滌之。

又法：淺盆貯水，安牙物浸之，烈日中曬，須三五日，候瑩白爲度。

洗玳瑁魚鱿法

以肥皂挼冷水洗，清水滌過，再用淡鹽水出色妙，最忌熱水。

居家必用事類全集辛集目録

吏學指南

爲政九要

正内第三　　正婚第四

禁捕第五　　正農第六

急務第七　　爲政第八

時利第九

居家必用事類全集辛集

吏學指南[①]

習吏幼學指南序

吴郡徐元瑞序云：嘗聞善爲政者，必先於治，欲治必明乎法，明法然後審刑，刑明而清，民自服矣。所以居官必任吏，否則政乖，吏之於官，實非小補。夫吏，古之胥也、史也。上應天文，曰土公之星；下書史牒，曰刀筆之吏。得時行道，自古重焉。秦漢以來，爲將爲相，立當路而據要津，代不乏人。李唐季年，得權猶甚，官曹稱軍事院，吏稱使院。一登首選，皆以使名，有官大夫加勳者。趙宋因仍，沿其舊制，政和中，始以監司諸郡首吏爲孔目、主押之號，易都副兵馬等使之名。年勞及格之人，得授助教，或攝參軍而已。省院臺部，互有正法。官稱既振，吏權益輕。星書謂：土公明則吏道亨，暗則否，數使然也。欽惟聖朝一統天下同文，繇吏入官，深合古法，凡居是職，可不愛重？但初學之士，妙齡而入，律書要旨，未暇師承，巧詆之風，薰染日著。夫讀律則法理通，知書則字義見。致君澤民之學，莫大乎此；彫人欺事之習，恐反陰功。是以不揆荒唐，因摘當令吏用之字及古法之名。首冠以歷代吏師，終繼于恕刻軌範，類成一書，目曰《習吏幼學指

① 本篇以中華再造善本影印中國國家館藏元刻本《吏學指南》作參校本（以下簡稱元刻本），原書版框高二十點六釐米，寬十二點八釐米，半頁十一行，正文行十七字，注雙行二十四字，白口，單魚尾，四周雙欄。

南》。期在啟蒙，不敢呈諸達者。與我同志，幸毋誚云。歲次辛丑大德五年良月，吴郡後學徐元瑞自序。

吏師定律之圖

天文二星　上帝執法官、土公吏。

有虞氏　士師皋陶。

周　太傅周公旦、朝鮮侯箕子、太保召公奭[①]、大司寇吕侯。

列國　○韓　公子韓非、相申不害、大夫慎到。○魏　師李悝。○齊　相管仲。○楚　大夫屈平。○鄭　相公孫僑、大夫鄧析。[②] ○晉　相范匄、大夫趙鞅。○秦　商君公孫鞅、丞相李斯[③]、郎中令趙高。

西漢　相國蕭何、太傅叔孫通、丞相張倉、涿郡太守鄭昌、丞相鼂錯、中大夫董仲舒、太中大夫張湯、侍御史趙禹[④]、中大夫主父偃、丞相翟方進、御史馮敬、丞相王嘉。

東漢　尚書陳寵、司徒魯恭、廷尉郭躬、太中大夫梁統、南郡太守馬融、大司農鄭玄、郎中令郎顗、泰山太守應劭、侍中荀彧、廷尉杜周、尚書令陳忠、司徒鮑昱、尚書宋登、北海太守孔融。

魏　司空陳群、太傅鍾繇、常侍劉邵。

蜀　丞相諸葛亮、尚書令法正、昭文將軍伊籍、尚書劉巴、偏將軍李嚴。

晉　太傅賈充、太傅羊祜、尚書令荀勗、太傅鄭冲、當陽侯

---

① "朝鮮侯箕子、太保召公奭"，元刻本作"太保召公奭、朝鮮侯箕子"。

② "○楚　大夫屈平。○鄭　相公孫僑、大夫鄧析"，元刻本作"○鄭　相公孫僑、大夫鄧析。○楚　大夫屈平。"

③ "商君公孫鞅、丞相李斯"，元刻本作"丞相李斯、商君公孫鞅"。

④ "禹"，底本作"昌"，誤，徑改。又趙禹事見《漢書·趙禹傳》。

杜預、明法掾張斐、中護軍王業、尚書郎柳軌、司空荀顗、廷尉杜友、騎尉成公綏、定科郎裴楷。

宋 散騎常侍謝莊、右僕射劉秀之、中書監王弘。

齊 竟陵王蕭子良、删定郎王植之、廷尉孔稚圭。

梁 黄門侍郎王亮、廷尉卿蔡法度。

陳 右僕射徐陵、删定郎范杲、廷尉沈欽。

後魏 長史燕鳳、郎中令許謙、三公郎王德、司徒崔浩、中書監高允、尚書李沖、尚書令高肇、常侍邢巒。

北齊 尚書令高叡。

後周 尚書蘇綽、廷尉卿趙肅、司憲大夫托跋迪。

隋 左僕射高熲、上柱國鄭譯、越國公楊素、率更令裴政、納言蘇威、太尉于翼、尚書牛弘、旅騎尉劉炫。

唐 太尉長孫無忌、司空房玄齡、右僕射裴寂、左丞崔善爲、納言劉文静、左庶子于志寧、侍中王珪、主符郎宋公弼、法曹裴弘獻、尚書裴居道、御史郎余慶、侍中韋安石、吏部侍郎岑羲、丞相盧懷慎、丞相宋璟、丞相李林甫、京兆尹許孟容、留守狄兼謨、大理卿張鄰、侍郎劉瑑。

後晉 丞相李崧、諫議薛融。

後周 丞相范質、御史張湜。

金 尚書令完顏宗幹、翰林學士韓昉、左相完顏守道、右相烏古論元忠、平章紇石烈良弼、平章唐括安禮、右丞張汝弼、參政梁肅、參政粘割斡特勒、丞相完顏襄、平章張萬公、左丞徒單鎰、右丞完顏匡、參政僕散揆。

遼　中書令韓延徽。金前[①]

宋　尚書竇儀、尚書張昭、中丞蘇正堯、大理卿張希讓、大理正奚與[②]、法直官陳光義、法直官馮叔向、翰林宋白、刑部侍郎許讓、給事中柴承務、翰林蘇易簡、律學博士傅霖、丞相韓琦、參政張方平、右僕射蘇頌、參政蔡齊、丞相夏竦、丞相劉摯、三司使程琳、尚書孫奭、詳刑官賈士寧、翰林馮元、右贊善楊安國、著作郎趙希言、著作郎王珪、司諫公孫覺、尚書宋祁、丞相曾公亮、中丞王覿、刑部郎中杜紘、贛縣令施述、丞相吕頤浩、丞相虞允文、樞密蕭燧、尚書韓邈、删定官李澄、起居郎曾炎、尚書單夔、貫治子范遂良、姑蘇子劉崿。

吏稱周曰府史胥徒，今謂吏胥掾史

吏《説文》曰："治人者也。"謂吏之治人，心主於一，故從一。《風俗通》曰："吏者，治也。當先自正，然後正人。"《字竇》曰："執法之人也。"

胥《周禮》曰："才智之稱曰胥。"謂其有才智爲什長也。

掾《字竇》云："尊官之屬曰掾。"謂分部列局之吏也。

史記言述事曰史。《周禮》注："史，掌書者。"宰夫之職："六曰史，掌官書以贊治。"

廉吏謂清儉不貪者，如漢朱邑等也。

循吏謂上順公法，下順人情者，如漢張釋之等也。

良吏謂政善寬和，人懷其惠者，如晉吴隱之等。

能吏漢谷永曰："拘功修職。謂之能吏。"

酷吏謂暴刻殘忍者，如漢嚴延年、唐來俊臣等也。

---

① "金前"，按，應係抄手誤摻人，意指"辽"條應置于"金"條前。

② "與"，《宋史》作"嶼"。

貪吏謂因財喪德者，如唐王琚等也。

獄吏漢路温舒上言："秦有十失，其一尚存，治獄之吏是也。"

清白吏漢楊震公廉，世稱清白吏。

刀筆吏古者記事於簡册，謬誤者以刀削除，故曰刀筆吏，漢蕭曹起自刀筆吏。

刻木漢路温舒上書言尚德緩刑，引俗語曰："畫地爲牢，不可入；刻木爲吏，期不對。"此疾吏之辭也。又《前漢·藝文志》曰：法家曰木①者。

吏道《漢·薛宣傳》曰："吏道以法令爲師，可問而知也。"

行止

孝事父母　友於兄弟　勤謹

廉潔　謙讓　循良

篤實　慎默　不犯贓濫

才能

行遣熟閑　語言辨利　通習條法

曉解儒書　算法精明　字畫端正

六曹

吏《周禮》所謂天官冢宰也

户地官司徒也

禮春官宗伯也

兵夏官司馬也

刑秋官司寇也

① "木"，按，《漢書·藝文志》："法家者流，刻者爲之，則無教化。"

工冬官司空也

衙門南北之異

官府門南面省、院、部、寺、路、府、州、縣諸司衙門，皆向南坐北，一按《延光集》云：南方屬離卦，蓋離中虚則聰，又南方屬火位，大明則能破暗。故表南面聰明，爲民治愚暗之事。又諸侯代天子南面而治天下之義也。

臺門面北啟《御史門記》曰："臺門北開，取肅殺就陰之義。"韋述《唐兩京記》曰："臺門北開，以糾劾之司，主意於殺，故門北啟，以象陰殺。或曰俗傳開南門不利大夫。"《譚賓録》曰："隋初移都，兵部尚書李圓通兼御史大夫，欲向省便，故開北門，唐因循不改，目今遂爲故事。"《唐會要》載裴冕語云："臺司以糾正冤濫，有好生之德，豈創冬殺之義以入人罪乎?"馮鑑以冕言爲當。

戒石銘

爾俸爾禄，民膏民脂，下民易虐，上天難欺。漢唐以來，未嘗有之。五代時蜀主孟昶，始頒令箴於諸邑。其文曰："朕念赤子，旰食宵衣。言之令長，撫養惠綏。政存三褫，道在七丝。驅雞爲理，留犢爲規。寬猛得所，風俗可移。無令侵削，無使瘡痍。下民易虐，上天難欺。賦輿是切，軍國所資。朕之賞罰，固不逾時。爾俸爾禄，民膏民脂。爲民父母，莫不仁慈。勉爾爲戒，體朕深恩。"凡二十四句。宋太宗删煩取簡，摘其"爾俸爾禄，民膏民脂。下民易虐，上天難欺"一十六字，頒行天下。至高宗紹興間，復以黄庭堅所書，命州縣長吏，刻銘座右，至今官府存焉。至元癸巳，浙西廉司移治錢塘，司官大使容齋徐参政改書其銘曰："天有昭鑒，國有明法。爾畏爾謹，以中刑罰。"

郡邑

京師《公羊傳》云："京，大也；師，衆也；天子所都，必以衆大者也。"又蔡邕《獨斷》曰："天子所都曰京師。"

大都《帝王世紀》曰："天子所居宫曰都，又曰會。"言其師衆都會之所也。

京畿《文選》注:“天子居千里曰京畿。”

各道《爾雅》曰:“一達謂之道。”①至唐併州、郡爲道。

路《字寶》曰:“通行之道曰路。”宋分各道爲十八路,今以大郡爲之。

府《蘇氏演義》曰:“府者聚也,言聚所在圖簿籍書之處。”《風俗通》曰:“公卿牧守,通德之所聚也。”唐始以州郡爲府。

州《説文》曰:“酬也。”民居相生以酬爲州,黄帝以十師爲州。

縣《釋名》曰:“懸也,懸於郡者。”楚莊王滅陳爲縣,名自始。

鎮安也,凡民聚爲市者曰鎮,始於宇文周代。

鄉《釋名》:“萬二千五百家曰鄉。”又:“向也,衆所向也。”

都《干旄》注曰:“下邑曰都。”

保《國語》注:“小城曰保。”

里《國語》曰:“五家爲軌,十軌爲里。”又曰:“在田曰廬,在邑曰里。”

社土地之主也。《左傳》:“二十五家爲社。”今五十家爲社。

城郭管子曰:“内謂之城,外謂之郭。”

村坊唐武德制乡保隣里,在邑曰坊,田野曰村。

府號

省《演義》曰:“省也,謂省察天下簿書之所也。”始於漢,至晉曰省家。

院里宅也,唐始以樞密翰林之司曰院。

臺《詩》曰:“南山有臺。”乐得賢也。《説文》曰:“高而觀四方曰臺。”漢始以御史府改曰臺,唐曰憲臺。

都省漢以仆射總理六尚書,謂之都省。

都堂《演義》曰:“堂,當也,謂當正向陽之屋。”又曰:“明也,言明禮義之所也。”

---

① “一達謂之道”,《爾雅·釋宫》作“一達謂之道路”。

唐制尚書省曰都堂。

行省分鎮方面，故爲行省。

省堂即都堂之義，爲係行省，故曰省堂。

部分判署書之司也。舜曰六官，秦漢以來稱六曹，後周曰六卿，隋改曰六部。

寺《釋名》曰："嗣也，治事者相繼續其内，守法度也。"三代以來曰卿，北齊爲寺。

監領督事務之所也。《周禮》曰："邦國立其監。"《王制》："天子使大夫爲三監。"

署部署也，置書之所也。

司《説文》曰："臣司事於外者也。"蓋后繼體人君，職在治内，故曰司者。臣子所主，職在於外，故從司。又《周禮》辨八職："其三曰司，掌官法以治目。"

翼輔佐武備之司曰翼，猶左右護衛也。

營寨《説文》曰："市居。"軍①壘曰營，山居木柵曰寨。

學傳業講習之舍也，三代曰校、庠、序，漢文翁始置學。

站驛安也，舡馬車轎之所曰站，使客傳舍曰驛。

倉《釋名》曰："藏也。"藏穀物之所也，大曰倉，小曰庾，始于陶唐之世。

場《説文》云："不田之地曰場。"

庫《説文》云："兵車所藏曰庫，金帛所藏曰帑。"始自湯武。

務《韻注》②："專力於事曰務。"

局分曹之司，有拘束之所也。

所《詩》曰："献於公所。"謂所在之方曰所也。

衙唐制：天子居曰衙，行曰駕。《語林》曰："近代通謂府廷爲衙也。"

廳《禮記》曰："聖人南面而聽天下。"漢晉以來作聽事，六朝始加广③。

房《演義》曰："方也，室内之方正也，又防也。"《尚書·顧命》有東房西房。

---

① "軍"，飛本作"車"。又，《古今韻會舉要》作"軍壘曰營"。

② 按，此《韻注》爲毛居正《增修互注禮部韻略》之簡稱。

③ "广"，底本和飛本均作"亡"，訛，兹據元刻本改。

案《韻注》:“考驗也,舉案也。”

科《字寶》云:“逐項分別曰科。”

官品

勳《周禮》曰:“王功曰勳。”謂輔成王業者,自上柱國以下,武騎尉以上,凡一十二等,謂之勳。《唐百官志》曰:“勳官出於周齊交戰之際,本以酬戰士,其後漸及朝流也。”

爵謂公侯伯子男也。《文字音義》曰:“爵,量也,量其職,盡其才也,始自伏羲氏。”爵有五等,以法五行,或三等者,法三光也。唐宋自王以下,開國男以上,凡一十二等。

職官謂有所職掌者。

散官謂無執掌者。自一品至九品,凡一十八等。開府以下,榮禄大夫以上,文武並同。資德大夫以下,將仕佐郎以上,爲文散官。龍虎衛上將軍以下,進義副尉以上,爲武散官。

大夫《白虎通》曰:“大夫之爲言大扶,扶進人者也。”《事始》云:“《虞書》曰:天命有德,五服五章哉。”孔安國曰:“與卿同也。”

郎良才之稱也,始於秦。

將軍應劭《漢官儀》云:“將軍,周官也。”

校尉《事始》云:“周官也。”漢武帝依周置司隸校尉,名此始。

官稱

牧民官司養百姓曰牧民,蓋牧者,能守養之義,路府諸州是也。

字民官愛養百姓曰字民官,蓋字者撫也,表司縣撫育養民也。

親民官臨民之官曰親,蓋民者愛也,取愛養兆民之義也。

守土官晉杜預曰:“土乃牧養之官。”

捕盜官謂失盜去處當該之官也。

巡捕官謂不分地面,包括巡捕之官也。

命官謂授一國家恩命故也。

品官謂已入九品正從者。

正官謂諸司爲頭之官也。

士官謂治獄之官也。

長官謂諸司長上之官也。

官長謂一方一所官之通稱也。

官吏《韻注》:“受命於天曰天吏,受命於君曰官吏。”

長吏古法:文稱爲吏,武稱爲將。今之牧守通稱也。

長貳謂正官相副官總名也。

佐貳謂相副協贊之官也。

幕職漢曰幕府,即相副以下之官也。

吏員

省臺掾尊官之屬自秦有之,西漢曰掾史,東漢曰掾屬,今曰省臺掾。

令史掌法贊治、記言述事者。周副府史,秦曰令史。

書吏五代時藩鎮始設。

司吏職掌曰司,治人曰吏。《周禮》曰:“掌官法以治民者。”宋曰手分,金曰司吏。

知房分掌六曹之稱。

本把掌持案牘之稱。

譯吏通四方之言者,周曰象胥,後魏曰譯令史,金曰譯史。

知管謂主轄綱領之稱。

攢典會計數目之吏也,漢曰倉庫吏,金宋曰攢典。

吏人謂請俸掌管文書者。

人吏謂無俸貼書之吏。

公吏謂公人吏人之通稱也。

公人謂倉庫秤掐諸司，祗候公使禁卒之類。

統屬

百司謂上自省下至庫務之通稱也。

有司謂守土親民之司也。《語》云："出納之吝，謂之有司。"

監司漢制。《左雄傳》曰："監司，項背相望。"又晉徐邈《與范甯书》曰："擇公方之人以爲監司，則清濁能否，與事爲明矣。"

職司宋制，監司而稱職司。按隋蘇威曰："臣非職司。"唐陸贄曰："是以職司之内無成功。"其名始於隋前。

上司管轄本所者，謂之上司，言尊崇也。

子司部内統屬之所，謂之子司，猶父子相承也。

合屬官司謂隨路所轄府州司縣也。

所屬官司謂本身元附籍貫官司也。

所轄官司即子司謂上臨下也。

監臨統攝案驗謂之監臨，又以尊適卑也。

主守躬親保典謂之主守，雖職非統攝，臨時監主亦是。

主典謂主行文案之人也。

屬部統屬之謂屬，本部之謂部。屬者兼官吏士庶而言，部者止於吏卒。

除授

遷除改任曰遷，拜官曰除。

遥授不釐公務之官也，俗云虚職。

兼權併管别職曰兼，時暫攝行曰權。

攝行權職曰攝，莅職曰行。

成考莅事有成也，虞舜三載考績。

致仕《白虎通》曰："臣以執事趨走爲職，七十陽道絶，耳目不聰明，故致其事於君也。"

品秩官分等别曰品，職有次序曰秩。

清要職慢位顯曰清，職緊位顯曰要。

稱職謂勝其任也。

躐等謂不循資格驟遷者。

起復謂喪制未終，勉其任用也。

舉留謂善政異績，軍民相愛，乞留再任者。

世賞

承襲相繼曰承，相因曰襲。

襲封謂世代受此官也，如孔子之後，衍聖公是也。

廕補謂籍親屬蔭補得官者。

封贈生曰封，死曰贈。

質子謂以子結信，今曰秃魯花也。

[illegible]使謂給事於官者也。

廪給

俸禄錢帛曰俸，米粟曰禄。

職田《孟子》曰："卿以下必有圭田。"隋開皇間始曰職田。

考功

殿最《漢書音義》曰："下功曰殿，上功曰最。"有二十七等。

褒貶推美曰褒，遠謫曰貶。

優劣居上曰優，居下曰劣。

黜陟退而不任曰黜，登而上進曰陟。《書》曰："黜陟幽明。"

政事

國政秉國之權也，昔湯任伊尹以國政。

治政以理化俗曰治，以法正民曰政。

德政利澤施民者。

仁政爱人利物者。

善政不嚴而治，民懷其惠者。

公政處事無私者。

寬政明而仁恕者。

急政執事刻急，如鷹擊毛者[①]。

酷政殘虐慘暴者。

苛政處事繁細，如草而急者。

蠹政害於常法者。

弊政謂敗惡也。

譎政詭詐無耻者。

墨政《左傳》曰："貪以敗官爲墨。"貪則暗污，謂不潔白也。

教化以道業誨人曰教，躬行於上，風动以下曰化。

風化王者政教曰風，以德移民曰化。

巡按古者天子四季巡狩郡國，後因漢高帝遊雲夢之後，漸廢巡狩述職之制，故遣使以代之。今肅政廉訪司每歲分司各路巡按，即循此義也。

風聞《通典》曰："古御史臺不受訴訟，有通辭狀者，即於臺門外侯御史，御史徑

① "鷹擊毛者"，疑當作"鷹擊毛摯"。見《史記・義縱傳》："而縱以鷹擊毛摯爲治。"徐廣《集解》："摯鳥將擊，必張羽毛也。"

往門外收採。如可彈者，略其姓名，皆名風聞訪知也。”

五事

户口增謂生齒之最，民籍增益，進丁入老，批注收落不失其實，若有流離而能招誘復業者。

田野闢謂勸課之最，農桑墾殖，水利興修者。

詞訟簡謂治事之最，聽斷詳明，訟無停留，獄無冤滯者。

盜賊息謂撫養之最，屏除奸盜，人獲安居者。

賦役平謂理財之最，取辦有法，催科不擾者。

户計

儒《説文》曰：“柔也。”《司馬相如傳》注：“有道術皆曰儒。”

釋《高僧傳》：“出家從師命氏。”佛曰釋迦摩尼，故僧曰釋。

僧《説文》曰：“浮屠，道人也。”《大藏一覽》：“男曰僧。”漢始。

尼《一覽》曰：“女曰尼。”漢明帝時，婦女潘氏出家爲尼。

道《琅書經》曰：“人行大道曰道士。”《黄帝内傳》有道士行禮之文。

女冠《昇玄經》云：“女冠，女道士也。”

五戒凡出家者必受五戒，謂一不殺生，二不偷盜，三不邪淫，四不妄語，五不飲酒，此爲五戒也。

士農通古今辨不然曰士，闢土填穀曰農。

工商作巧成器曰工，通財鬻貨曰商。

醫療人病者曰醫。《説文》曰：“巫彭初作醫。”

卜《元命包》曰：“古司怪主卜，伏羲時有之。”今曰陰陽户。

商賈通四方之物曰商，居賣求利曰賈。又曰：行賣曰商，坐販曰賈。

稱民蔡邕《獨斷》曰：“天子曰兆稱，諸侯曰萬民。今之令長，古之諸侯。百乘之家曰百姓，百乘之家，子男之國也。三代之時已稱之也。”

怯憐户謂自家人也。

土着户《通鑑》注：“言着土地而有常居，不隨畜牧移徙也。”

耆老古曰父老。漢高帝入關，與秦①父老約法三章。

軍《周禮》：“五師爲軍。”周制：天子六軍，諸侯大國三軍。《説文》曰：“隸人給事者。”歷代僉募之法不同。

儀制

制可《史記》曰：“下有司曰制，天子答之曰可。”

詔《釋名》曰：“照也，謂人愚暗不見其事，以此示之，使昭然也。”始於秦。

赦天子寬恕之命，與民更始也，始於舜。

宣天子親賜誥命也，故無押字，以寶爲信，始於唐。

勑牒天子制命也，周官。《六典》：王言之制有七，曰勑、牒、例、令、省、授，爲係上言，故用黄紙，宰相押字。

表《釋名》曰：“下言於上曰表，謂思之於内，表之於外也。”漢制。

奏謂進言於君者。《釋名》曰：“鄹也。”鄹，狹小之言也。

箋《説文》曰：“表識書也。”漢制。

啟謂通達其意也，漢制。

旨判立意於内，發言於外，曰旨；剖决是非，著於案牘，曰判。

聖唐陸贄曰：“與天地合德曰聖。”

懿漢蔡邕曰：“温柔聖善曰懿。”

令《獨斷》曰：“奉而行之曰令。”

---

① “秦”，底本作“奉”，不辭，今據飛本改。事見《史記·高祖本紀》。

鈞掌承萬機之重曰鈞。《詩》云:“尹氏太師,维周之氐。秉國之鈞,四方是维。”

台星應三公曰台,漢制。

尊位高可貴曰尊。

裁酌量制度曰裁,始於晚唐。

言語直言曰言,論難曰語。發端曰言,答述曰語。

處分《通鑑》注云:“區處曰處,分别曰分。”又處者,至也,定也;分者,所當然也。

諸此謂欽此奉此之類

欽《字寶》曰:“心不敢慢曰欽。”謂致①恭也。

敬《字寶》曰:“心不敢忽曰敬。”謂致誠也。

奉遵依上命也。

承受納其事也。

蒙仰戴上意也。

準法則也,均平也。

據謂依憑也。

得事有所獲也。

璽章天子曰璽,諸侯曰章

御寶《釋名》曰:“印信也。”古者尊卑共之。秦漢以來,天子曰璽,諸侯曰印,唐開元中改璽曰御寶。

印信刻木爲驗曰印。《釋名》曰:“信也,所以封物爲信驗。”漢制,三公以下有金銀銅三等之印。

長條印《通典》曰:“北齐有‘督攝萬機’長印,以木爲之,唯以印縫。”其原始此。

---

① “致”,飛本作“志”。

木朱印宋祥符中，詔寺觀及士庶之家，所用私記，並方一寸，雕木爲文，不得私鑄。

公式

劄付《演義》曰：“櫛也，以木爲牒，簡箋之屬。”又剌著爲書曰劄，以文相與曰付，猶卑賜也。

咨《左傳》曰：“訪問於善曰咨。”

符《說文》曰：“符者，信也。”契合也，符之爲言扶也，两相扶合而不差也，所以輔信於四方，猶命令也。唐制。

關唐制：諸司相質問曰關，謂開通其事也。

指揮示意曰指，戒敕曰揮，猶以指披斥事務也。

牒《韻注》：“書版曰牒。”又劄寫書也。古者訴狀稱訟牒，蓋非特官文字之稱耳。

咨申謀於下訪於上者。

咨呈即咨申意耳。

申伸也，明也，謂所告諄切。

文解謂發明事端申呈之異名。

付子謂以文相與頒行之義也。

付身謂給授其文也。

批貼批示也，貼券也，帛書耳。

呈謂布意達於尊者，又陳示其狀也。

引《漢志》曰：“引者，信也。”蓋取信之文也。

移文謂公文往來也，昔者《北山移文》，原恐此始。

公文謂官遣文字，故曰公文。

海行謂公事天下皆可以奉行者，故曰海行。

生熟事宋真宗尹開封日，置判官、推官，以獄訟刑名爲生事，户口財賦爲熟事，其名始此。

發端

上天眷命《傳》曰："尊而君之，則稱皇天。"《書》曰："皇天眷命，奄有四海，爲天下君。"欽惟聖朝，受天明命，肇造區夏，故曰上天眷命。詔赦之首，表而出之。

長生天氣力裹長生天者，謂天道久遠之義；氣力者，大也；裹者，内也。欽惟聖朝，荷天地之洪禧，奄有萬邦，薄海内外，悉皆臣屬，故曰長生天氣力裹。舊曰上頭天底氣力裹，或曰上天氣力裹。

大福廕護助裹大福者，百順之名也；廕者，庇也；護助者，擁禦贊成也。钦惟聖朝，承列聖之丕祚，混一區宇，歷古所無，福庇禁黎元，咸遂生樂，故曰大福廕護助裹。

斡魯朵裹車駕行在之所，金帳之内也。

會驗謂事應證條而行者。

照得謂明述元因者。

契勘謂事應推驗而行者。

勘會謂事應檢察而行者。

看詳謂審視辭理，善爲處決者。

拖詳謂牽照案牘，評論始末也。

披詳謂博覽其義而處決者。

参詳謂子細尋究也。

相度謂詳審事理而議也。

結句

照詳謂義明於前，乞加裁決也。

照驗謂證明其事也。

謹牒謂敬列其文於前也。

故牒顏師古曰："故者，謂通其指義也。"

主者施行東漢順帝時天旱，尚書僕射黄瓊言得失，帝以其奏，屬主者施行。

符到奉行唐總章中，裴行儉等定銓注之法令，主者受旨奉行，各給以符。

階銜《釋名》曰："梯級也。"官有尊卑，以此定位也。

狀詞

狀《演義》曰："貌也。"以貌寫情於紙墨也。

執狀待以備用也。

取狀謂採彼情理也。

送狀予奪於此，從彼施行也。

責狀謂一一具説也。漢曰簿責。

告狀謂述其情而訴於上也。

單狀簡略之義。

到狀謂引用入官也。

招伏招，猶昭也。伏，隱也。《湯誥》曰："罪人黜伏。"注云："桀知其罪，退伏远屏。"顔師古曰："伏罪，謂舊罪陰伏未發者也。"今之招伏，蓋彰明其罪也。

準伏謂心願無争也。

承伏謂甘當其責也。

服辯服者，降服也；辯者，判也。舜舉四罪而天下咸服，謂服其用刑之當也。今之服辯，蓋使犯人家屬，知其犯服其罪也。

甘結所願曰甘，合從曰結，謂心肯也。

詞因《説文》曰："意内言外曰詞，事情所由曰因。"

分析謂開理其事，如破木也。五代將軍寇彦卿殺人，梁帝命其分析。

依準謂從其所欲也。

依應謂諸所行也。

册籍

案牘考察文驗曰案,書字之版曰牘。

卷宗事始所出,謂之卷宗,宋曰案祖。

案沓謂文卷重重也。

公案謂公事始末也。

文卷謂聯編捲舒也。

文案即文卷也。

簿簿書也。記事之册,可以疏密也。

籍謂書之總名也。

文册古之簡牘,今之簿籍也。

帳目謂攢其故也。

葉子匭數之文,如枝葉之片片也,始自於唐。

案驗謂但經印押,堪爲憑據者。

籤表謂判語簽貼也。五代范質爲相,恐臨文有誤,立此書判。

文字依類相形曰文,形聲相合曰字。

文書謂著於竹帛者。

公事無私曰公,有所作爲曰事。

起數公事發端曰起,人物多寡曰數。

各件舉物之爲各,分事之爲件。

款項别其衷曲,分類事端也。

檢《説文》曰:“書署也。”《三蒼解诂》云:“檢,法度也。”《爾雅》釋云:“檢,模範也。”《春明退朝録》:“三司公文曰檢。”

抹子簡節切要之文,便於塗抹也。

貼説删煩取要,以備呈覆也。

似本摹體其文也。

截白整齊潔净之名。

事目謂事之提綱也，取綱目、條目、節目之類。

畫一《漢書》：“蕭何爲法，講若畫一。”言整齊也。

云云《漢·汲黯傳》：“吾欲云云。”顔師古曰：“猶言如此如此也。”

牓據

牓書題揭示曰榜，漢曰標牓，猶稱揚也。

鏤牓謂刻文遍示也。

板牓謂昭示於人也。

手牓謂片著示人也。

曉示謂明論其事，與衆共知者。

告示謂預報通知者。

解由考滿職除曰解，歷其殿最曰由。

憑由謂叙其事因也。

公憑謂官給憑驗也。

文契謂立約結信，又刻也，刻識其數也。《尚書》注：“以書契約其事。”

鈔書取也，謂官取其物，給與照驗也。

勘合即古之符契也。

署事

判署判謂掌判之官，署謂同署官吏。

押字古者書名，破真從草，便於書記，難以模倣。唐韋陟始以押字爲記。

議謀之於衆曰議，黄帝有明堂之議，宜其始。

擬謂揣度已定也，《易》曰：“擬之而後言。”

照事[①]謂具見始末也。

行謂事必爲理也。

會議謂通衆商確也。

集議謂諸司共籌也。

公議公同共議。

僉議謂咸共定議也。《書傳》曰:"議,皆言衆人舉之也。"

完議謂一同聚議也。

聚會衆共曰聚,時見曰會。

聚齊謂同集一處也。

會集謂諸司咸聚也。

會合謂相期而偶也。

當該承管曰當,事能詳細曰該。

假暇喪病告根曰假,謂借勾當月日也。節朔旬休曰暇,謂公務空閑日也。

回避謂事有嫌碍,應當自返者,漢蓋寬饒剌舉,無所回避。

妨嫌行則有碍曰妨,不平於心曰嫌。

宣諭謂宣布教政也。

曉諭謂明白開示也。

省諭謂以言教戒也。

省會謂此言彼解也,漢張良以兵書示人不省,惟高帝省也。

定奪謂取決事務之義。《左傳》曰:"一予一奪。"猶收放也。

講究謂發明義理,深求終始也。

更張《漢書》:"譬之琴瑟不調,甚者必解而更張之。"

---

① 底本無"事",兹據元刻本、飛本補。

禮儀

聖節唐太宗以前有宴而無節,至明皇始曰千秋節,歷代節名不同。

賀正《通典》曰:"漢高祖定秦,以十月爲歲首。十年,長樂宫成,制群臣朝賀儀。"其名自此始。

賀冬《漢雜事》曰:"冬至陽生,君道長,故賀也。"

朔望《廣州記》:"尉陀立朝臺,朔望升拜。"名此始也。

萬歲《大雅》云:"虎拜稽首,天子萬歲。"始於戰國以來,臣下對君慶賀,呼曰萬歲。

山呼漢武登中嶽山,吏卒呼萬歲者三,所以號山呼也。

鞠躬《曲禮》曰:"身屈曰鞠。"蓋躬圭象人鞠躬形,又恭敬也。

舞蹈以手曰舞,以足曰蹈。

扣頭即稽顙也。

習儀學制禮也,謂凡有大典禮,必預先習儀也。

失儀謂行禮之所,言辭宣雜,坐立不正,不依儀式也。

詳恕

哀矜謂憫念也。

欽恤《書》云:"欽哉欽哉,惟刑之恤哉。"猶憂念也。

寬宥謂放免也。

原宥謂恕免也。

姑且謂苟且得安也。

原情謂推其所犯也。

詳酌謂論量也。

明降謂取上裁決也。

矜免憐情原罪也。

憫恤謂乞憐念也。

詳察詳，審也；察，知也。唐开元間遣使詳察州縣也。

詳情謂參議其事也。

精詳謂乞加究心議擬也。

可否謂所見是與不是也。

長便謂久有利益也。

順便謂從而有益也。

便益謂官民兩利也。

快便謂簡捷可行也。

優恤謂怜憫也。

寬恕即寬宥也。

寬貸謂乞容緩也。吴孫權欲伐劉璋，劉備遣使乞加寬貸。

救災

賑給謂官司將物斛給散與民，而不收價者。

賑糶謂飢年將糧減價糶與缺食人户者。

賑濟賙救其急也，謂包括給糶三事，以致借貸減放展閣之類，皆通用也。

賑借謂民飢，官借以粮，不取利息，候成熟依數還官者。今曰抵斗還官者是也。

存恤謂常加賑念也。杜預曰："存恤，憂患也。"

養濟養謂養育，濟謂賑救。

三宥

不識謂愚民不審，誤傷殺於人者。

過失謂耳目所不及，思慮所不到，而誤中人者。

遺忘謂法禁之所，偶有所犯者。

三赦

老耄謂年老而昏耄者。

幼疾謂年少微弱及三疾者。

蠢愚謂癡騃不曉者。

五戒

誓《周禮》注:"用之於軍旅,以言祈也。"

誥用之於會同,以言告也。

禁用諸田役,正使勿爲也。

糾用諸國,糾察其有犯也。

憲用諸都鄙,表而縣之,在憲刑也。

三典周大司寇職掌,以佐王刑邦國、詰四方

輕典新建之國,未習於教,故用輕典。

中典平定之國,已熟於教,故用中典。

重典暴亂之國,不率於教,故用重典。

三罪

公罪緣公事致罪,而無私曲者。

私罪不緣公事,私自犯者。若雖緣公事,意涉阿曲者亦是。

贓罪犯贓濫致罪者。

五糾

野刑《周禮》注:"上功糾力。"以成功爲上,以不致力爲糾察。

軍刑上命糾守，以用命爲上，以不死守爲糾察。

鄉刑上德糾孝，以成德爲上，以不致孝爲糾察。

官刑上能糾職，以賢能爲上，以不稱職爲糾察。

國刑上愿糾暴，以謹願爲上，以不致恭爲糾察。

五禁

宮禁《周禮》注："王宫之門，有符籍禁。"

官禁官府有無故擅入之禁。

國禁謂城中之禁也。

野禁郊野田律之禁。

軍禁謂軍旅有夜行之禁。

八議即周之八辟也。《禮》云："八辟麗邦法，附刑罰。"

議親王者宗室有犯刑法，則議其罪。

議故謂議王之故舊罪也。

議賢謂議有德者罪也。

議能謂議有才者罪也。

議功謂議有功勳者罪也。

議貴謂議有爵位者罪也。

議勤謂議勤勞王事者罪也。

議賓謂議承先代之後，爲國賓者罪也。

五科

律《釋名》曰："累也，累人心，使不得放肆也。"《唐・刑法志》曰："人之爲惡，入于罪戾,一斷臣①律。”始皋陶造,隋定爲十二章。

名例主物之謂名,統凡之謂例。

衛禁謂天子作屯衛以申警,設關禁以防奸也。

職制謂設官置職,必以法度守之也。

户婚户籍生齿之總,婚爲禮俗之本。

廄庫廄蓄畜産,庫舍器弊,爲之防限,以謹國用也。

擅興謂興戎動衆大事,人臣理不得,專以此防之也。

賊盜禁防奸宄,長善絶惡。

鬥訟兩怒相犯曰鬥,兩辭相勝曰訟。

詐僞謂詐以譎正,僞以冒真也。

雜律糅群篇之遺,摭諸罪之目。

捕亡亡捕不縶,罪惡浸長,建此捕亡,以絶厲階。

斷獄此篇設諸律者,誠欲罰直其罪,人得真情也。

令《唐·刑法志》曰:“禁於未然曰令。”尊卑貴賤之等級,國家之制度也。《釋名》曰:“領也,理領之,使不得相犯。”宋三十七章,金二十九章。

官品　職員

祠令　户令　學令　選舉　封爵

封贈　宫衛　軍防　公式　禄令

儀制　衣服　倉庫　廄牧　田令

賦役　關市　捕亡　賞令　醫疾

假寧　獄官　雜令　釋道　營繕

河防　服制

格《唐·刑法志》曰:“設於此而逆於彼曰格。”百官有司之所常行者也,其章十。

① “臣”,不辭。據《新唐書·刑法志》,當作“以(目)”,形近致訛。

公規謂官府常守之制也。

選格謂銓量人才之限也。

治民謂撫養兆民,平理訴訟也。

理財謂關防錢穀,主平物價也。

賦役謂徵催錢糧,均當差役也。

課程謂整治鹽酒、麯税之類也。

倉庫謂謹於出納,收貯如法也。

造作謂董督工程,確其物料也。

防盜謂禁弭奸宄也。

察獄謂推鞠囚徒也。

式《唐·刑法志》曰:"設於此而使彼效之,謂之式。"諸司常守之法也。宋有二十一章,金有六部式,即今之公文式也。

勑《唐·刑法志》曰:"治於已然,謂之勑。"宋曰申明,金曰勑條。凡律令闕文者,條陳奏裁,定爲永格。

八例謂以、準、皆、各、其、及、即、若也。

以罪同真犯謂之以。凡稱以者,悉同其法而科之。假如不枉法,二十貫以上,三十貫以下,解見任,别行求叙。其風憲之官,於任所并巡按去處,因而受人獻賀財物,以贓論,故與真犯同。

準止準其罪謂之準。凡稱準者,止同以贓計錢爲罪。假如官吏,毋得指克敵爲名,取要一切撒花拜見禮物,如違並準贓論,故曰止準其贓定罪,不在除名陪贓之例。

皆罪無首從謂之皆。凡稱皆者,不以造意隨從人數多寡,皆一等科斷也。假如强盜殺人,罪無首從,並皆處死者是也。

各各主其事謂之各。凡稱各者,彼此各主其事而已。假如和誘人口者,各斷一百以下,蓋爲買主、賣主各主其事,同科此罪也。

其反於先義謂之其。夫犯罪之人,或先有事而後無事,或先是而後非,文意相違而不相通，曲直相背而不相入，若此之類，故稱其以别之。假如僞造寶鈔，但是同情並合处死，其買使、分使者，斷一百以下①是也。

及事情連後謂之及。事陳於前，義終於後，連言數事而總之以一，若此類者，故稱及以明之。假如結攬税石及自願令結攬與官司者，並斷按打其罪戾是也。

即即謂條雖同而首别陳，蓋謂文盡而後生，意盡而復明也。假如見血爲傷，非手足者，其餘皆爲他物，即兵不用刃亦是。所謂條雖相因，事則别陳也。

若若者，文雖殊而會上②意，蓋因其所陳之事而廣之，以盡立法之意也。變此言彼而未離乎此，捨内言外而未離乎内。假如私宰牛馬，正犯人決杖一百，仍徵鈔二十五兩充賞。若牛馬不堪爲用者，依上申官，辨驗烙印開剥。若禁月内宰殺者，並合一體斷罰。所謂文雖殊而會上意也。

較名明其用法字義也。西晉明法掾張斐撰，有二十等焉。

故知而犯之謂之故。假如知畜牲能踼齧人，不幖幟羈絆而故放令傷殺人者是也。

非不知而犯謂之非。假如主司公事失錯，原情不涉於私，是意以爲然而非故也。

謾違忠欺詐謂之慢。假如密有征討，而告賊消息，是違忠也。又如知而隱欺及有所求避之類，不以實告者，是欺詐也。

詐背信藏巧謂之詐。假如知津河深濘，橋船朽敗，而詐云津河平淺，橋船牢固，是背信也。又如犯禁者，不知有罪，教令人誤相墜陷，是藏其巧詐也。

不敬虧神廢節謂之不敬。假如盜大祀神御之物者，見虧損於神也。又如對捍制使而無人臣之禮者，是廢臣節，故爲不敬也。

鬥兩訟相趨謂之鬥。且如相争爲鬥，相擊爲毆，兩相忿争因而毆傷者，是名兩訟相趨也。

---

① “一百以下”，元刻本作“一百七”。

② “上”，底本作“止”，誤，兹據飛本、元刻本改。

戲兩和相害謂之戲。假如以力共戲，終雖至死，和而不相嗔恨而致死者，是和而相害也。

賊無變斬擊謂之賊。假如謀殺人者謂二人以上，同心計謀，潛行屠戮者。《書》云：“殺人曰賊，是無變斬擊，乃賊害也。”

過失不意誤犯謂之過失。假如有人於幽辟去處，耳不聞人聲，目不見人出入，因於本處投磚瓦及彈射，因而傷於人者，是名不意誤犯也。

不道逆節絶理，謂之不道。假如造畜蠱毒，邪見左道，是逆其正節也。又如殺一家三人及支解人，是棄絶人理，此等有乖正道，並不爲道也。

惡逆淩上僭貴，謂之惡逆。假如毆擊父祖者，是淩上也。又如臣下將圖逆節，而有謀君之心，是僭貴也。

戕將害未發謂之戕。戕者殘也，謂人已懷惡心，欲圖損害，是爲殘賊也。

造意唱首先言謂之造意。假如數人同犯一事，歛財共與，先用意謀歛者爲首，其餘爲從，是唱首先言爲造意也。

謀二人以上謂之謀。稱謀者，二人以上同心叶謀也。若謀狀彰明，雖一人同二人之法。

率制衆建議謂之率。假如勢要之人獨建計謀，妄托名目，歛衆人之物，或饋與人，或自入己之類，是名制衆建議率歛也。

强不和謂之强。假如恐喝詐欺，及以威若力，或與人藥酒，使其狂亂取財者，並爲取與不和，故名强也。

略攻惡謂之略。假如略人者，謂設方略而取之，是攻行兇惡之事，而謂之略也。

群三人以上謂之群。假如稱衆者三人以上，始成群衆也。

盜取非其物謂之盜。假如公取竊用皆爲盜，此謂皆是取非其財，故曰盜也。

贓財利謂之贓。假如以私財物畜産之類貿易官物者，合計所得之利，以贓論罪戾也。

字類謂依、同、加、減、如、止、聽、從、仍、並、論、坐也。

依照其正犯謂之依。凡稱依者，謂所犯照其正犯科斷也。假如諸客販鹽，引數外夾帶，及引不隨行者，依私鹽法科罪是也。

同比類真犯謂之同。凡稱同者，謂所犯與真犯相類也。假如劫墓賊人，已發墳塜者同竊盜，開棺槨者同强盜，殘毀屍首者同傷人是也。

加罪就重次謂之加。凡稱加者，謂於本罪之上增加其罪也。謂如糾彈衙門官吏犯贓，比之有司官吏加一等是也。

減罪就輕次謂之減。凡稱減，謂比之正犯減等得罪也。假如犯私鹽者科徒三年，決杖七十，財産一半没官，決訖發下鹽司帶鐐居役，犯界鹽貨減罪一等是也。

如義明於後謂之如。凡稱如者，謂前意雖舉而收結其事於後也。假如投下并諸色户計遇有形名詞訟，從本處達魯花赤管民官約會本管官斷遣，如約會不至，就便斷遣是也。

止無所加及謂之止。凡稱止者，謂坐罪止此，不可復加於他人也。假如犯界，酒一十瓶以下，追罰鈔二十兩，決二十以下；一十瓶以上，追罰鈔四十兩，決四十以下；酒雖多，罪止杖六十，罰鈔五十兩是也。

聽從人所欲謂之聽。假如典賣田宅，欺昧親鄰，雖過百日，亦聽依價收贖。又云婦人夫亡，服闋守志，并欲歸宗者，聽其舅姑，不得一面改嫁者是也。

從酌情就罪謂之從。凡稱從者，驗所犯輕重，就得其罪也。假如諸造作官物，工畢之日，其元給物料，雖經覆實，而但有所餘者，須限十日呈解還官；限外不納，從隱盜官錢法科是也。

仍罪應頻坐謂之仍。凡稱仍者，謂本罪之外應須頻坐者。假如僞造寶鈔者死，首告者賞銀五錠，仍給犯人家産，故曰罪應頻坐也。

並情無輕重謂之並。稱者謂不分彼此，首從輕重皆合得罪也。假如諸差科皆用印押公文，其口傳言語科斂者，不得應副；違者所取雖公，並須治罪是也。

論理爲正罪謂之論。凡稱論者，謂因有所犯，理成正罪也。假如各處遇納秋糧，縣官並不得拘留糧米，以點綱爲名，取斂錢物，違者計贓論罪是也。

坐罪有相連謂之坐。如家人共犯，罪坐尊長是也。

十惡

謀反謂謀危社稷也。

謀大逆謂謀宗廟山陵及宫闕。

謀叛謂謀背國從僞。

惡逆毆及謀殺父母兄弟之類。

不道毆非死罪三人，及支解、蠱毒、魘魅。

大不敬盜誤御物，無君臣之禮。

不孝毆詈祖父母、父母之類。

不睦謀殺及賣緦麻以上親等。

不義殺本屬官長、受業師長。

內亂奸小功以上親、父祖妾。

七殺

謀二人對議。

故知而犯之。

劫威力强取。

鬥兩怒相犯。

誤出於非意。

戲兩和相害。

過失不意誤犯。

六贜

以强盜比同强也。

以盜論比同竊也。

以枉法比同枉法。

不枉法受有罪人錢，判斷不曲者。

受所監臨財物監臨之官，不因公事，受所監臨財物者。

坐贓非監臨主司，因事受財者。

六色

真强盗謂以威若力。

真竊盗謂潛形隱面。

真枉法謂曲法受財。

準盗論謂準爲盗論。

恐喝謂告訴取財。

詐欺詭詐曰詐，誣罔曰欺。

五流《書》云：“五流有宅，五宅三居。”

加役流髡髮而配役者。

反逆緣坐流反逆之人，罪及親口。

不孝流聞喪不哀、詈繼慈母之類，得流者。

子孫過失流不意誤犯尊長，得流者。

會赦猶流謂身雖會赦，猶得流者。

五乇下音吒，是五種獄器，謂桎　、梏二、拲二也。

三居謂流之三服也。凡去邦畿四千里曰夷服，又五百里曰鎮服，又五百里曰蕃服，皆流放於遠地以居之也。

三度謂度關三等也

越度謂關不由門，津不由濟者。

私度謂由門改濟，而無過所者。

冒度謂雖有過所，而冒人名者。

贓私

取受因事受財謂之取受。《曲禮》曰:"臨財无苟得。"蓋恐傷其廉節而玷其行,故立法以制之也。

論贓納賄曰論。《孟子》曰:"可以取,可以無取,取傷廉;可以與,可以無與,與傷惠。"則古人不獨戒其非義而取也,至於以財物與人者,亦必求其義焉。雖然,非意取之而與財之人,又有情非故犯可矜者。名有數等,開列于後。

彼此俱罪謂取與不應者。假如枉法、不枉法及受所監臨財物并坐贓者,取與既各得罪,其贓並合没官。

取與不和謂恐嚇、詐取、乞索、率歛之類,本非有意他求,其財並合給主。

行求謂凡是公事,各依正理,輒有請求,情涉規避,其贓並合没官。

盜賊不以强竊,但係官物者還官,私物還主,若無主仍没官。

倍贓謂盜一而取二也。

犯禁謂如應禁兵器、禁書、寶印之類,及私家違制并榷貨之物,俱名犯禁,並合没官。

生産蕃息謂婢生子、馬生駒之類。

轉易他物謂本贓是驢、回易得馬之類。

興生出舉謂以財出舉而得利潤者。

饋遺以食餉人曰饋,以物贈人曰遺。

闌遺闌,遮也。路有遺物,官遮止之,伺主至而給與,否則舉没於官。

賄賂送財曰賄,受遺曰賂。又曰苞苴並行。晉琅邪王道子交通請托,賄賂公行。

貨賄金玉曰貨,布帛曰賄。

關節《漫録》曰:"下之所以通款曲於上者,曰關節。"又《唐摭言》云:"造請權要,謂之關節。"漢曰關説。

受賕謂曲法致賂也。

過度與人過財也。方言謂之涉濟，猶舟舡涉濟，其事得遂也。

贓濫納賄曰贓，猥雜曰濫。

汎濫非理生事也。猶水之延漫浮遍溝瀆也。

逾濫謂非理污淫也。

私濫謂不公而錯雜也。

侵漁謂妄取民財也，《漢・宣紀》："小吏俸禄薄，欲無侵漁百姓難矣。"

漁奪譬漁獵設網而奪民財也。《漢・景紀》："漁奪百姓。"

蚕食《漢・宣傳》："豪强大姓，蚕食無饜。"師古曰："猶蚕食葉也。"

贓污謂贓染也。

狼藉多受贓賄者，謂之奸贓狼藉。《演義》曰："物雜亂貌。"言狼起卧遊戲，多藉其草，而皆縱横穢亂也。

請求凡是公事，各依正理，輒有所求，規爲曲法，謂之請求。

請托謂以事平求也。

奏裁謂犯贓之人，必須聞上，取旨之奏決者。

當免謂以官當罪也。

除名謂官除其品職吏名，其所役與民一體也。

勒停謂住其職役，不許勾當也。

罷役謂吏有所次者。

罷職謂官有所職掌者。

不叙謂既犯贓私，職役已罷，雖有前資，再不叙用也。

革罷革，變也；罷，休也。謂本非官設人員，革除不用也。

濫設官吏公使人等，在格各有員數，而或署置過限，是名濫設。

首過

四首過而不改，斯成過矣。有咎自陳，名之曰首。

自首謂事未發而先陳者。漢曰首服，謂自陳其罪而服也。五代曰自首，謂服其過也。

出首謂事將彰露，未經取問而出者。

代首謂遣人代名而首者。

不準首謂如奸盜傷人越關之類，及於物不可備賞并先已事發者。

悔過謂昔非今是也。伊尹放太甲於諸桐，悔過自責反善。

改過即悔過也。

悛改去惡從善也。又悛者，正過也。《左傳》曰："内外以悛。"

改正過而能改，錯而能正，名曰改正。謂以嫡爲庶，以庶爲嫡，以奴爲子，以良爲賤，違律爲婚，私入僧道，詐免徭役，及增減年紀，侵隱田園，脱漏户口，公事失錯，私罪枉被愆犯者，雖會恩並合改正。

敘復述其衷曲曰敘，挽回原職曰復。

法例

刑法刑者，罰也；例者，成也。刑是法罰之刑，下例是例體之例。言刑罰之法，加之例體也，如人之成就容貌，容貌一成之後，若以刀鋸鑿之，斷者不可續，死者不可生也。〇法者，國家所以布大信於天下者也。司馬公曰："國保於民，民保於信，非信無以使民，非民無以守國。"

典刑國法也。商太甲顛覆典刑。

刑罰太公受封於齊曰："王者使臣，非爵禄則刑法也。"

三尺法《漢·杜周傳》："不循三尺法。"孟康曰："古者以三尺竹簡書法律於上，所謂竹刑也。"

條例《字寶》云："一律相比也。"以此類攀引決事也。

斷例晉杜預曰："法者，繩墨之斷例，非窮理盡性之書也。"

令甲顔師古曰："令甲令乙，若今之第一第二篇也。"

大扎撒謂依條制法度也。

酌古準今謂前後相並也。漢董仲舒策曰:"以酌古準今也。"

行事舉例《漫録》曰:"行事舉例起於晉。"

舞文弄法舞,猶弄也。漢張湯好興事,舞文弄法。

刑統刑者,正萬邦之令甲,革萬姓之非心也。統者,合古今大小之隸于法者也。

金科玉條即刑法書也。

條貫謂三千條貫也。教法曰條,規繩曰貫。《漢書》云:"奚必同條而共貫。"

墨罰之屬千,劓罰之屬千,剕罰之屬五百,宫罰之屬三百,大辟之屬二百。總而計之,三千條也。《尚書》注:"周穆王命吕侯所制,後爲甫侯,故稱甫刑也。"

四罪帝舜舉四罪,天下咸服。

流流共工於幽洲,謂於北裔水中可居之洲也。

放放驩兜於崇山,謂放於南裔之山也。

竄竄三苗於三危,謂竄於西裔三危之地。

殛殛鲧于羽山,謂誅於東裔海中之山。

五刑附贖銅附

黄帝刑

鞭朴杖刑也。

鑽鑿鑽,臏刑,去膝蓋骨也;鑿,黥刑也,墨面。

刀鋸刀,割劓也;鋸,刖刑,斷足也。

斧鉞斬刑,軍戮也。

甲兵以大師誅暴亂也。

舜刑

象以典刑《尚書》注:"刑,法也。法用常刑,用不越法。"謂畫象而民知禁也。

金作贖刑人有過誤,使入金贖罪也。

朴作教刑不勤道業則撻之,即夏楚收其威也。

鞭作官刑以鞭爲治官事之刑。

流宥五刑宥,寬也。以流放之法寬五刑也。

怙終賊刑怙恃其惡,終不悛改,賊害於人則殺。

周刑

墨黥也。割其面,以墨揑之,使其守門,無妨禁衛也。

劓截其鼻使守關,謂其貌醜遠之也。

剕即刖刑也。使守囿,謂斷足驅衛禽獸,無急行也。

宫淫刑也。男子則割勢,女人則幽閉,使守内,謂其絶人道也。

大辟死罪也。辟字從尸辛,所以制節其罪也,刀口用法也。有七等:一曰斬,誅之斧鉞;二曰殺,以刀刃棄市;三曰搏,去衣磔之也;四曰焚,燒殺也;五曰辜,磔之也;六曰踣,斃之於市肆也;七曰罄,縊之於隱處。

漢刑

笞箠也。漢文以代肉刑,景帝自五百減至二百。

耏音而,謂罪不至髡,完其耏鬢,止去其頰毛也。二歲役刑。

完謂不加以肉刑,而髡鬍爲城旦舂。四歲刑也。

髡孝文定律:"當黥者,髡鉗爲城旦舂。"

死高帝約法:"殺人者死。"有三等:一曰棄市,謂當斬右趾及殺人者;二曰磔,謂戮而張屍於市也;三曰三族,謂誅及三族也。

魏刑

贖有十一等。

罰金有六等。

雜抵罪有七等。

作居役也,有四等。

完有三等。

髡有四等。

死有三等。

晉刑

輸贖用金絹贖罪也。

髡作詳見漢刑。

棄市詳見肉刑。

斬詳見周刑。

梟首詳見肉刑。

梁刑

贖罪用金絹贖罪也。

笞詳見漢刑。

耏詳見漢刑。

髡鉗五歲刑。

死謂棄市、斬、梟首也。

北齊刑

杖三等,自一十至三十。

鞭撾馬杖也,有五等,自四十至一百。

耏五等,自一歲至五歲。

流鞭之百,投之邊裔,重者鞭背,輕者鞭臀,有六年之刑。

死重者轘之,輕者梟首。

後周刑

杖自一十至五十。

鞭自六十至一百。

徒自一年至五年。

流自二千五百里至四千五百里。

死五等，謂罄、絞、斬、梟、裂也。

隋、唐、金、宋刑

贖銅即輸贖也。自唐宋以來，定數不等。今國家定例，每一下罰鈔一兩，其贖例有四。

聽贖謂犯罪之人情有可矜者。

罰贖謂犯公罪而贖免者。

收贖謂老幼疾病之人應收贖者。

蔭贖藉親蔭而收贖罪者，所謂藉蔭親屬也。

笞捶擊也，恥薄也。言人有小過，法須懲戒，微加捶撻以恥之。漢時則用竹，今時用楚，即荆也。隋制五等，自一十至五十，唐宋金皆相同。

杖特也，言人執特可以擊人者。古者用鞭，今時用杖。隋制五等，自六十至一百，唐宋金皆相同。

徒奴也，蓋奴辱之。《周禮》云"其奴，男子入罪隸，女子入于舂藁"，置之圜土而教之者是也。隋三等，自一年至三年。至唐增一年半、二年半，改爲五等。金增四年、五年，通爲七等。

流《書》云："流宥五刑。"謂不忍刑殺，宥而竄於邊裔，使其離别本鄉，若水流遠而去也。隋制三等，自一千里至三千里，宋改爲二千里至三千里，金相同。

死二等，隋唐宋金皆同。一曰絞，謂身首不殊，纏縛而縊者。二曰斬，謂以刀刃殺誅其身首者。

肉刑

殺戮也。神農氏殺諸侯夙沙氏。

戮殺也。黄帝擒戮蚩尤。

凸古瓦切。謂剔人置其骨也。唐安禄山反，執常山太守顔杲卿凸之。

淩遲即凸也。謂碎臠肢體，身首異處。

支解《漢紀》注："謂截其四肢也。"

醢葅其骨肉也，商紂醢九侯。

烹鼎鑊之刑也，齊哀公烹於周。

誅《釋名》曰："罪及餘曰誅。"帝堯誅三苗君。

族誅平除其族也，商紂有誅及九族之條。

赤族《漢書》注曰："流血丹其族。"顔師古曰："見誅殺者必流血，故曰赤族。"

誅夷《賦釋》曰："誅者，罪連一宗；夷者，殺及九族。"周刑。

爰及五屬謂刑及五服之親也，漢靈帝五屬黨親是也。

典没罪過也。

典五刑《漢令》曰："黥、鼻、斬趾、梟首、殖骨，曰典五刑。"秦法。

五虐蚩尤性酷毒，作五虐之刑，謂車裂等類。

車裂殺而分屍也。商鞅殘酷，秦人殺而車裂之。

分屍支解其體也，漢分王莽屍。

鑿顛謂刃鑿人腦項也，秦商鞅法。

炮烙商紂造熨斗、火坑之刑。

抽脅謂抽人脅肋之類，秦商鞅法。

梟斬首懸於木上也，漢梟彭越之首。

腰斬以刃斷腰也，秦腰斬李斯。

勦勞師誅殺也。《書》曰："大用勦絶其命。"

轘《左傳》注："車裂曰轘。"

棄市刑人於市，與衆棄之。棄市，秦法。

傌音罵。漢賈誼曰："棄市之法也。"

肆《文選》注："殺人陳其屍也。"

斫斬擊也。蜀張飛欲斫嚴顔首。

炙晉大將軍穎炙殺長沙王艾。

撲以囊盛人而殺。秦法。

脯殺人以肉爲乾。商紂脯鄂侯。

鋸以木解人也。李克用鋸孫揆。

僇音溜，戮也。秦法。

搗幾舂也。梁侯景以犯法者搗殺之。

坑陷也。秦白起詐坑趙降卒。

剭漢誅大臣於屋下，謂不露天也。

横分顔師古曰:“身首分離也。”

剄選注:“以刀割曰剄。”

格擊死也。漢祭遵格殺舍中兒。

拉摧折也，宋武帝拉殺諸葛長民。

天《睽卦》釋文:“剌鑿其額曰天。”

抵死《漢・文紀》:“細民之愚，無知抵死。”顔師古曰:“抵觸也，亦至也。”

沈命應劭曰:“沈，没也，没其沈命也。”

斧質《項籍傳》:“身伏斧質。”顔師古①曰:“質，錯也，古者斬人加於椹上而斫之也。”椹，竹本切。

首級秦法，斬首一者進爵一級，故曰首級。

殊死漢律，斬刑也。

鉗灼《江充傳》:“燒鐵鉗灼强服之。”

剥皮《後晉紀》注:“刻割也。”

瘐《漢》注:“囚以飢寒死曰瘐。”

① “古”，底本作“曰”，係手民偶誤，徑改。

纍《楊雄傳》注："諸不以罪死曰纍。"

雜刑

腐宫刑也。謂丈夫割去勢，不能復生子，猶如腐木不生實也。

三族秦文公法有三族罪，謂父母、兄弟、妻子，或曰父族、母族、妻族。

髡鉗謂去犯人髪，以鐵束項也。《周禮》注云："貨財積於隱處，使髡者守之。"

奴屬周時爲奴者，男子入于罪隸，任之以事，謂治城隍也；女子入于舂藳，謂作米也。凡有爵及年七十以上未齔者，皆不爲奴。

撻擊也。《周禮》曰："撻其怠慢。"

加杖謂犯徒役，家無兼丁者，加杖準①徒決放。

刑措措，罰具也。謂將犯法之人肆于市令衆，使人不復犯法，則刑具措置而不用，是用刑以期無刑也。

令衆即刑措也。

薫胥晉灼曰："從人得罪，相坐之刑。"若今之干連人也。

粲音蔡，流放罪人曰粲，周法也。

魑魅老物精也。王莽復井田，非其議者，投諸四裔，以禦魑魅。

籍没謂斷没家私也，隋制。

抄劄即籍没也。

鬼薪漢令：役人取薪給宗廟，三歲刑。

讁運梁徒役也。男子讁運，女子質作。

配役宋文面流刑。今帶鐐居作。

白粲漢令役人坐擇粲，使之上。三歲刑也。

---

① "準"，飛本作"唯"，誤。"加杖準徒"即"準徒加杖"，《唐律疏議》中已見。本句句意爲：應判徒刑之人，如其家中無其他男丁，折算應受的徒刑年限爲相應的杖刑杖數施刑，然後決放。

顧山錢漢婦人犯罪,當於山伐木,聽使入錢顧役也。

城旦舂漢法,旦者,男子旦起行治城;舂者,婦人舂作米也。

編管宋法,不文面而流者,謂之編管。

抵罪《漢高紀》:“傷人及盗抵罪。”服虔曰:“隨輕重制法也。”李奇曰:“傷人有曲直,盗賊有多少,罪名不可豫定,故凡言抵罪,未知抵何罪也?”顔師古曰:“抵,至也,當也。”

記罪漢尹翁歸爲東海太守,凡奸邪罪名各有記籍,吏民皆服也。

斷按打奚罪戾謂斷没罪過也。

獄名

獄犬者,狗也。《易》曰:“艮,止也。”艮爲狗,狗善警吠,止禦,故獄字從二犬也。又《釋名》曰:“确也,實确人之情僞也。”皋陶所造。

牢《釋名》言:“所在堅牢也。”顔師古曰:“係重囚之處也。”《通鑑》注:“牢,閉也,所以固有罪。”周文王曰:“幽閉牢穽。”

禁《周禮》曰:“刑禁也。”又制人之所也。

監房即禁之異名也。

夏臺又曰均臺。夏桀囚湯使於臺。

羑里又曰動止。商紂囚周文王於羑里。

囹圄《釋名》曰:“領也。圄,禦也。領録囚徒禁禦也。”周獄名,又名幽圄。

圜土周成王獄城也,築其墻,表其圜形,以教民也。又名土墻。

圜扉即圜土①也。所以拘非,故從非。

棘木《易》:“係於徽纏,置于叢棘。”《周禮》注:“樹棘者,取其赤心而外刺也。”

狴犴犴,胡犬也,爲能守,故以獄爲犴。《詩》云:“宜岸宜獄。”《家语》曰:“獄牢

① “土”,底本作“士”,顯誤,兹據飛本改。又,《漢書・司馬遷傳》:“幽於圜墻之中。”顔師古注:“圜墻,獄也,《周禮》謂之圜土。”

曰狴。"《漢序》曰:"鄉亭之獄曰犴。"

虎穴《漢・尹賞傳》曰:"地牢酷處,謂之虎穴。"

黄沙晉武帝置獄,名曰黄沙。

獄市漢曹參曰:"以獄市爲寄。"

深室《左傳》謂囚室曰深室。

隱室秦始皇隱宫徒七十餘萬人於室,又曰隱宫。

請室《漢・賈誼傳》:"造請辠之室。"

居室《漢・灌夫傳》曰:"繫居室。"

蚕室漢犯宫刑者下蚕室,謂取其温密也。

頌繫《漢書①》注:"頌者,密也。言見寬容,但處曹吏舍,而不入狴牢也。"顔師古曰:"不桎梏。"即今之監於吏舍取問者,頌,音容。

獄具

桎梏木在手曰梏,手械也,所以告天;木在足曰桎,足械也,所以質地。黄帝所置。

拲音拱。《刑統》注:"兩手同一械曰拲。"

杻即梏也,轉手貌也。宋金定制。

鐐即帶鏈鐮刀也,形象鍥而無柄,連鏈於足,以限役囚步也。遼制有鎖無鐐。金章宗始定鐐連鐶,重三斤。

鉗釱《漢・陳咸傳》:"私解脱鉗釱。"顔師古曰:"鉗在頸,釱其足,皆以鐵爲之。"鉗,其炎切。釱,音第。

械擊桎梏也。漢高帝擒韓信,械擊歸洛陽。

露車陳制:死罪將決,乘露車,著三械,加拲手。

檻車載囚之車也。又曰箯與,以板四周,無所通見。謂極刑也。漢貫高檻車送長安。

① "書",諸本作"雋",形訛,徑改。

枷較也，交木爲之。始自後魏，唐宋以來，方定三等斤重也。

桁楊《莊子》注曰："枷夾其頸曰桁楊。"

鎖漢之鐵鋃鐺也，金始制其丈尺。

錮身重縶也。始於周，宋以盤枷代之也。

鉆箝項同也。漢趙廣漢置以投書，宋添鉗鎖改爲獄具。

盜械漢法，以罪著械者，稱爲盜械。

胥靡胥，相也；靡，隨也。又曰靡縶。漢以徒囚聯縶，使相隨而服役，即今之伴鎖也。

三杖謂笞杖訊也。始於漢文，歷代大小不同，至金始定三等之制也。

箠楚杖曰箠，荆曰楚。

敲朴短杖曰敲，捶擊曰朴。

孟青唐侯思止謂決囚大杖曰孟青。

榎楚《初學記》曰："山榎曰荆，杖曰楚。"謂收罪人之威也。

縲絏又曰纍紲。黑索拘攣曰絏。顔師古曰："縲，係也；絏，長繩也。"

徽纆三股繩曰徽，二股繩曰纆。

剾刀刑人之剾也。漢虞詡曰："寧伏剾刀。"

僭指、腿夾宋嶺南用，今仍存。

腦箍、脚夾、麻棍今用拷囚。

加刑

三木頭首手足枷縶也。漢曰三木囊頭。

木人鎖伴罪人也，今禁矣。

五毒漢陸續坐獄，身被五毒，謂械、栓、梏、繩、鎖也。

反接漢樊噲受詔反接，謂反縛雙手也。

面縛謂縛手於後，而止見其面也。

係緤賈誼曰："用長繩係囚也。"

榜笞上音彭。《張耳傳》："吏榜笞數千。"謂捶擊也。

拷掠漢法，謂榜笞而問也。

跪芒宋嶺南用，今禁矣。

疻痏上音侈，下音鮪。應劭曰："以杖手擊人，皮膚腫起而無創瘢者，謂之疻痏。"

獄持宿囚唐酷吏以囚泥耳籠頭，枷研楔（先結切）轂（許角切），摺脅籤爪，懸髮薰耳，號曰獄持。節食緩問，晝夜摇撼①，使不得眠，曰宿囚。

羅織唐酷吏網羅無辜，將囚倒懸石縋，以醋灌鼻，鐵圈束首，火甕鐵籠，逼追服罪，此等之名皆曰羅織，謂本罪之外，非理淩虐也。

絣謂以繩綁縛也。

扒謂控首也。

弔謂繩束也。

拷謂掠問也。

聽訟

五聽《禮》云："民之獄訟，以情求之，其聽有五。"

辭聽謂觀其出言不直，則煩亂也。

色聽謂觀其顔色不直，則赧然赤也。

氣聽謂觀其氣息不直，則喘戰也。

耳聽謂觀其所聆不直，則惑疑也。

目聽謂觀其眸視不直，則眊然不明也。

兩造《禮》云："以兩造禁民訟，入束矢於朝。"注："百矢爲一束，必入矢者取其直也；不入矢者則自服，不達也。"

---

① "撼"，諸本作"賦"，不辭，兹據《舊唐書·索元禮傳》改。

兩劑《禮》云："以兩劑禁民獄，入鈞金然後聽。"注云："金三十斤爲鈞，必入金者，取其剛而不變也。"

三刺《禮》云：殺也。以三訊而定罪，若衆言可殺則殺，可宥則宥也。一曰訊群臣，謂先問卿大夫也；二曰訊群吏，謂次問之於府史胥徒也；三曰訊萬民，謂然後問之於萬民也。

五父

親謂生我身之父也。

養謂繼立我之父，遺抱者同。

繼謂父亡母再醮者。

義謂受恩寵結拜之類。

師謂受業之師也。

十母

親謂親生我身也。

出謂生我之身，爲父離異者。

嫁謂親母因父亡改適者。

庶謂母非正室而生我者。

嫡謂我以妾所生，故以父正室曰嫡。

繼親母已亡，父再娶者。

慈謂妾無子，及妾子之無母，而父命爲母者。

養謂出繼他人爲子者。

乳謂曾乳哺我身者。

諸謂伯叔母之類通稱。

老幼疾病

襁褓謂一歲二歲小兒衣也，又曰小兒，綳曰襁，籍曰褓。

黄悼三歲曰黄，七歲曰悼，謂憐愛其幼也。

齠齓[1]上音條，下音襯。女子八歲毁齒曰齠，男子七歲毁齒曰齓。

幼笄男子十五曰幼，年尚少也。女子十五曰笄，婦人之簪也。

稱中男子十六歲稱中。

成丁男子十七歲出幼，二十已上成丁，謂可以力役也。

弱冠男子二十歲曰弱冠，謂弱其事也。

壯强男子三十歲曰壯，有室也。四十歲曰强，而仕也。

艾耆五十曰艾，謂容顔蒼色也。六十曰耆，言至老耄不從力役也。

老耋下徒結切。七十曰老，蒿也，謂年高而言亂也。八十曰耋，鐵也，謂皮膚變色如鐵也。

稱耄《曲禮》曰："八十九十曰耄。"謂惛忘也。

期頤百歲也。期，猶要也；頤，養也。謂不知衣服食味，孝子當致養而已。

疾病終身之恙。藥石難療者謂之疾，偶有所苦曰病。

膏肓心下曰膏，鬲下曰肓。

藥石圓散曰藥，鍼砭曰石。

藥餌攻疾之物曰藥，可以服食曰餌。

診視切脈曰診，察色曰視。

平復體安曰平，還元曰復。

痊可謂病除也。

殘謂一目盲，二耳聾，手無二指，足無二指，手足無大姆指，久漏下，重大瘻腫也。

---

① "齓"，底本作"齔"，兹據下文"下音襯"及元刻本改，下同。

廢疾痴、啞、侏儒、腰脊折、一肢疾者。

篤疾啞疾、癲狂、二肢折、雙目盲之類。

五服

夫服者，象天有五星，地有五嶽，陰陽有五行，刑法有五等，故喪服有五名也。蓋服者，言死者既喪，生者制服，但貌以表心，服以表貌也。

三年實二十七個月，蓋得三年之氣一開，天道終也。有二等。

斬縗喪服，不言裁割而言斬者，謂取痛甚之義。

齊縗裳粗緝而剪裁成也。

期年實一十二個月，謂應天道之四時，如物有終始也。有二等。

杖期男子服用竹，婦人服用桐。

不杖期謂服不用杖也。

大功九月功者，治布之功，有精粗也。九月者，應天之一時之氣，如春種秋成也。

小功五月布精者也，爲服於輕，不成一時也。

緦麻三月服之輕者曰緦，謂治其布縷如絲，其服容貌可也。

袒免無服之親也。《禮》注云："謂不服布而裳袒。"謂布幘帽之狀也。

三殤

《説文》曰："未成人而死曰殤，男子已娶，女子以嫁皆不爲殤。"

長殤十九歲至十六歲，其服九月，及三月。

中殤十五歲至十二歲，其服七月，止三月。

下殤十二歲至八歲，其服五月，止三月。

服制

正服謂正先祖之體，本族之服也。

義服謂元非本族，因義共處者，如婿服妻之父母緦麻之類。

加服謂本服輕而加之於重也，如嫡孫承祖之類。

降服謂合服重而從輕也，如男出繼、女適人、母被出之類。

報服謂尊卑互相報服也。

親姻

宗族同姓曰宗，同枝曰族。

考妣《曲禮》曰："生曰父母，死曰考妣。"考者，成也，言其德，行之成也；妣之言媲也，媲於考也。

祖宗《説文》曰："始曰祖，尊曰宗。"故禮有大宗小宗，謂相繼爲主也。

昭穆《魯語》曰："明者爲昭，其次爲穆。"《書》云："父曰昭，子曰穆。"

箕裘謂承祖父之業者。《禮》云："良弓之子，必學爲箕；良治之子，必學爲裘。"

兄弟《釋名》曰："兄，況也；弟，悌也。"

諸孫内孫七等：一曰孫；二曰曾孫，謂猶重也；三曰玄孫，言親屬微昧也；四曰來孫，言猶往來也；五曰昆孫，言昆後也；六曰仍孫，謂仍重也；七曰雲孫，言其無服如浮雲輕遠也。外孫三等：一曰外孫，謂女之子也；二曰離孫，謂外甥之子也；三曰歸孫，謂女子兄弟之孫也。

妻妾《曲禮》曰："妻者，齊也，齊其夫之體者。"篇注："妾者，接也，因得接見於君子。"①謂雖接陰陽之道，終不繼祖先祭享也。

姊妹《釋名》曰："姊者，恣也；妹者，未也。"

妯娌即娣②姒也。幼婦呼長婦曰妯，長婦呼幼婦曰娌。

舅姑即公婆也。舅者，舊也；姑者，故也。謂尊稱也。

姑姨《爾雅》曰："父之姊妹曰姑，妻之姊妹同出曰姨。"同出謂已嫁也。

舅甥舅之言舊也，尊長之稱。《詩》云："我送舅氏。"《左傳》注："姊妹之子曰甥。"謂舅猶生也。

---

① 按，此注實出《禮記·内則》"聘則爲妻"、"奔則爲妾"鄭注，非出《曲禮》。

② "娣"，諸本作"姊"，不辭，形訛，徑改。

夫婦以道扶接曰夫，以禮屈服曰婦。又婦字從女從帚，謂奉箕帚洒掃也。

三從謂婦人有三從之稱也。在家幼時從父兄，出嫁則從夫，夫死則從子也。

四德謂婦人有四德也。一曰遠和鄰里，二曰近睦六親，三曰上孝舅姑，四曰下敬子孫也。

贅婿猶人身體之有肱贅也。《秦紀》："家貧子壯則出贅。"今有四等焉：一曰養老，謂終於妻家聚活者；二曰年限，謂約以年限與婦歸宗者；三曰出舍，謂與妻家析居者；四曰歸宗，謂年限已滿或妻亡，并離異歸宗者。

接脚夫謂以異姓繼寡婦者。

婚姻婦之父母曰婚，婿之父母曰姻。《説文》曰："禮：娶婦以昏時，故曰婚。"《白虎通》曰："婦人因人而成，故曰婚。"

姻亞兩婿相謂曰亞。《詩》云："瑣瑣姻亞。"言亞，謂一人取姊，一人取妹，相亞次也。

親戚《釋名》曰："父黨曰親，母黨曰戚。"

親眷服屬曰親，親屬曰眷。

親疏有服曰親，無服曰疏。又相近曰親，相遠曰疏。

瓜葛謂瓜葛藤蔓，喻親戚綿延也。

伉儷相敵曰伉，相配曰儷。

户婚

同居謂同財共居者。

異居謂各别而居者。

本生謂本枝父母也。

本宗謂無立真姓子女，後棄還其本生者。

還俗謂僧道犯罪歸宗者。

歸俗謂僧道無罪，自願歸宗也。

近親尊長謂本家親堂伯叔兄也。

本宗尊長謂同宗異居諸族之長也。

脱户率土①黔庶皆有籍書，若全家並不附籍，謂之脱户。

漏口户有數口，止報一二，規免課役，謂之漏口。

别籍異財謂祖父母、父母在堂，而子孫另居營業者。

義絶伉儷之道，義期同穴，一與之齊，終身不改，苟違正道，是名義絶。

七出婦人所犯而出之：一曰無子，謂絶世也；二曰淫泆，謂亂族也；三曰不事舅姑，謂逆德也；四曰口舌，謂亂親也；五曰盜竊，謂反義也；六曰妒忌，謂亂家也；七曰惡疾，謂不可供粢盛以祭先也。

三不去婦人雖犯七出，而有三不去之名：一曾經持舅姑之喪，二娶時賤後貴，三有所受無所歸。有此三者，難以離之。

良賤爲婚人各有偶，色類須同，良賤既殊，豈宜配合。苟有所犯，離之正之。

違律爲婚依法不許違律，其有故爲之者，是名違律爲婚。

本房謂一家之内，伯叔兄弟數房同居，除己身父母、妻、子孫及婦爲本房外。其伯叔之類皆非也。

本家謂一家之内，不分本房别房，但同居者皆是。異姓者非。

紹業謂承繼其産業也。

復業蜀先主定成都，法正諫曰："民罹兵革，田宅皆可歸還，令安居復業。"

獄訟争罪曰獄，争財曰訟。《易》注云："反争也。"言之於公也，故訟字從言從公也。

雀角鼠牙言人遭訟，謂之雀角鼠牙之撓。《毛詩·行露》注云："雀有咮而無角，鼠有齒而無牙。"故以雀言獄，鼠言訟也。

鬥毆相争曰鬥，相擊曰毆。

傷損見血曰傷，見痕曰損。

---

① "率土"，底本作"率士"，不辭，據飛本改。

罵詈惡言淩辱曰罵，穢語相訴曰詈。

争競兩强相辨曰争，兩强相逐曰競。

相訴謂互相罵詈也。

相侵謂兩共傷害也。

手足謂以手足毆傷人者，舉手足爲例，頭擊之類亦是。若撮挽鬢髮、擒領、扼喉，亦同毆例。

他物謂以杵棒、磚石之類傷損於人者，即兵不用刃亦是。若堅硬皮靴鞋踢人，及以蛇、蜂、蝎螫人者，並從他物論罪也。

湯火謂以湯火之物及銅鐵汁害於人者。

刃傷謂以金鐵無大小之限，堪以害人者。

兵刃謂以弓箭、刀捎、矛、鑽、殳戟之屬害於人者。

穢污謂以臭穢之物污人頭面，及填塞口鼻者。

拔髮稱拔髮方寸者。謂量無髮之所，縱横徑各滿寸。若方斜不等，圍繞四寸爲方寸。若不滿方寸者，止從毆法。其拔鬚鬢以致遍缺，雖不及寸，亦準拔髮方寸爲坐。

墮胎謂因驚毆墮落胎孕者。須辜肉子死，方坐此罪。若雖墮胎，子未成形，止從本毆法，别無墮胎之罪。

折肢斷而猶連，謂之折肢。謂傷折人肢骨，不堪執物者。

破骨謂毆傷破人骨節者。

眇目謂虧損其目，而猶見物者。

瞎目謂損其目，全不見物者。

髡髮謂以物割截人髮者。

内損謂毆人頭面，其血從耳目出，及毆人身體，内損而吐血者。

跌體謂傷人骨節蹉跌，失其常處者。

自傷殘害《孝經》云："身體髮膚，受之父母，不敢毁傷，孝之始也。"先王立法，不獨禁其損害於人，而自傷殘害者，亦所不容。蓋自傷有成殘疾者，有不成殘疾者，避事者，有非避事者，全在[1]用法，臨時推意以決之。

家人共犯謂一家數人共犯非違，其罪止坐尊長也。按《名例》云："諸家人共犯，止坐家長，若侵損於人，以凡人首從論。"假有父子，合家同犯，侵損於人之罪，並依凡人首從之法科斷，似難獨坐尊長。

須告乃坐律設大法，禮緣人情，蓋夫妻相毆，本出於其一時忿争，初非心懷怨惡而鬥，苟不至死，雖夫妻之父母兄弟訴之於官府，皆不坐罪。若被毆者自告，則其心有憾，而恩義亦可見矣，然後依法科之。

親聞成詈凡爲守令，聽斷雖明，不能使人無怨。有怨不能無詈，先王所謂退有後言，人情所不免者。苟詈之於耳所聞，目所親見，方合以罪科之。若或詈於他人之前，傳説而知，即與問諜僭懟無異，並宜勿論。

相須不相須相須者，謂因人所毆致傷，理合保辜也。不相須，謂雖因相毆，而下有僵仆，或恐迫而傷，此則不因毆而有傷毀損故，難令犯人保辜也。

敗陰陽[2]謂因鬥毁人陰陽，致孕嗣廢絶者。若孕嗣不絶者，非。

侵損侵謂盜竊財物，損謂鬥毆殺傷之類。

傷人要害謂傷人頭、面、胸、脇、臍、腸、虚怯去處者。

絶時而傷忿競之後，各已分散，聲不相接，去而復來，殺傷者是也。

增加罪狀謂誣搆平人，情規陷害者。

健訟《易》曰："險而健訟。"謂好争也。

稱疑謂事涉疑似，虚實難憑者。

告訐《賈誼傳》曰："面相斥罪也。"趙慶漢受吏民投書，使相告訐。

匿名謂隱匿己名，假人姓字，潛投犯狀，以告人罪者。漢曰匿名。

反坐謂告人罪而涉虚，以其罪而罪之者。

誣告謂造虚詞，情規陷害平人者。

悖逆淩犯長上曰悖，忤意曰逆。

---

① "在"，飛本作"者"。

② "敗陰陽"，元刻本作"毁敗陰陽"。

詆觸訶斥曰詆，唐突曰觸，所犯輕於詈也。

咆悖謂聲怒相抗，不順處分者。

告訊謂伸其詞理也。王莽政煩，不理告訊者多。

陳告敷告曰陳，啟訟曰告。

稱奸淫犯非理曰奸。

稱孕《素問》曰："女子二七而天癸至，月事至七七而天癸絶。"又《律義》曰："婦人五十以上不復乳育，故婦人年十四以下五十以上不得稱孕。"

保辜保辜者，即保其罪名也。謂傷損於人者，依例保辜；限内死者，各依殺人論；其在限外及雖在限内以他故死者，各依本毆傷法。

伏辜謂伏其罪也。

陳繳謂兩詞相攀也。漢劉向《別録》曰："繳紛争言。"

紊煩謂詞訟亂而不簡也。

愆犯有過曰愆，誤觸曰犯。

冤枉伸屈曰冤，以直爲曲曰枉。

結案《漢・孟嘗傳》："結竟其罪。"《鄧通傳》曰："竟結。"謂結其公案也。

償命謂以死酬報也。

決罰科斷曰決，贖罪曰罰。

歸結謂事應杜絶也。

歸斷謂事應究竟致罪者。

裁斷謂剖決也。漢將軍蘇建戰敗欲斬，衛青曰："職雖當斬，令自裁之。"

讎嫌舊有怨曰讎，事有碍曰嫌。

窒礙於條相違曰窒，於理有碍曰碍。

違礙謂事不合條也。

違犯謂背其正道，干冒禁條也。

違戾謂背正行邪，自乖其罪也。猶咈其意也。

禁斷謂明立罪賞，制人毋犯也。

禁治謂文雖有禁，罪無的條者。

懲戒設法禁止曰懲，防於未然曰戒。

約束立法拘制謂之約束。《爾雅》注謂以法圍撓束縛人也，齊田穰首申明約束。

酷法謂用刑苛虐也。《漢・袁紹傳》曰："箯楚兼并。"又曰："五毒俱至。"

他法謂因栲囚立文，本法止有訊囚荆杖，其餘悉爲他法。

折證分剖曲直曰折，指明事始曰證。

顯證謂知見争端之人也。漢曰左驗，又曰證左。《漢・楊惲傳》曰："左驗明白。"言其當時在左右，知其事也。又陳遵曰："左旁知狀，謂之見證。"

元告謂始訟人者。

被告謂爲人所訴者。

犯人謂本身被告，應合坐罪者。

罪人謂身有愆犯者。古者罪字從自從辛，秦以辠字相體皇字，故改爲罪。昔夏禹見罪人而泣问。

干犯謂相因致罪者。《漢・紀》："后曰：坐染其罪。"

干連謂無罪被累者。秦有知見連坐法，《梁商傳》曰："辭所連染也。"

家屬内曰家，親曰屬。謂同居有服之人也。

屍親謂死者之親也。宋曰血屬，今曰屍親，又曰苦主，取被害之義也。

家口父母、妻子，并子之妻，謂之家口。

鄰首鄰謂左右比鄰之家，首謂坊正主首之類。

仵作中人也。作者，偶也；作者，任事也。《爾雅》曰："偶者，合也。"陰陽相合則成偶，謂得中也。仵字從人從午，故萬物至午則中正也。又午位屬火，火明破諸幽暗，所以午作各中人也。

召保謂安養聽候也。

知在謂常川存留也。

羈管謂寄留以養也。

隨衙謂日逐守其公衙聽對也。

推鞫

鞫問推窮獄訟曰鞫,詢其情狀曰問。

推問窮究曰推。謂已有告言事類,推測而問者。

歸問指趨曰歸。謂指證所告,歸一而問者。

審問詳考是非曰審。謂結成文案,再須詳情而問者。

録問音慮,思也,疑也,審其冤滯也。謂不限文案已成未成,必須審問者。

詢問咨訪而問訪,謂兼聽也。

廉問即詢問也。昔侯生譏秦,使人廉問,盡坑之。

案問謂未有告言,理須立案而問者。秦始皇案問諸生。

考問謂加刑也。漢趙飛燕考問班婕好。

訊問謂事有疑似,理合訊究而問者。又上問其下曰訊。

追問謂事應追究而問者。

會問謂事關他司,理須取會而問者。

根問究其本末。謂雖有告言,事尚隱諱,而合問者。

磨問謂事應研窮而問者。

體問謂訪其端由而問者。

取問謂採彼事情也。

勘問謂事應推鞫者。

詰問責誚也,又究也。《左傳》曰:“子盍詰盜。”

駁問謂案節不完,執意不同,理須駁難而問者。

擗問《韻》注:“擘,開也。”即研窮磨問也。

隔問謂兩不覩面而問者。

究問謂深求其情也。

對問兩相對鞫也。古對如此,漢文以言多非誠,乃去口從土。《賦》注云:"問鞫則情易見,偏聽則辭難窮。"①

約問謂投下相關,應須相期而問者。

就問謂如甲事到官,而又問乙事者。

刻問謂推窮其罪也。《晉書》云:"問法有罪也。"

舉問謂偶有愆犯,必須呈舉而問者。

聚問謂大辟案成,長吏聚録而問者。

盤問謂再三窮詰也。

理問謂治獄審鞫通稱也。蓋事之有理,如物之有抵,循之則治,逆之則亂,故曰理也。

情狀發之於中,察而知之曰情;形之於外,見而知之曰狀。

平反謂録囚覆奏,使罪從輕也。漢戾太子録囚多平反。

詳讞推究曰詳,評議曰讞。凡諸獄疑者,雖文致於法,而人心不厭,必須申詳議其罪者。

研窮深究曰研,盡情曰窮。

鍛鍊《刑統釋文》曰:"鍛鍊成罪,由屈曲架構也。"猶精熟也。言深文之吏,入人之罪,猶工治陶鑄成熟也。

雜鞫謂窮覈其罪也。

訊掠《通鑑②》注:"笞問也"。

疑獄謂虛實之證等,是非之理均,或事涉疑似,傍無證見等類。

① 按,此"賦"指宋傅霖《刑統賦》,注文出自無名氏《别本刑統賦解》:"對鞫則情易得,偏聽則詞難明。"

② "鑑",底本誤作"監",從飛本改。

良賤孳産

貴賤身高位尊曰貴，卑下無位曰賤。《刑統賦》釋曰："貴賤之賤，君子有時居之。"

良賤名編户籍，素本齊民，謂之良；店户、倡優、官私奴婢，謂之賤。《刑統賦》釋曰："良賤之賤，小人亦耻爲之。"

人口同居親屬曰人，役使軀賤曰口。

官監户謂前代以來配隸相生，或今朝配役，隸屬諸司州縣無貫者，即今之斷按主户是也。其斷没者，良人曰監户，奴婢曰官户。

雜户謂前代以來配隸諸司課役者，並不同百姓之屬。

部曲此等幼無所歸，投身衣飯，其主以奴畜之，別無户籍，唯隨本主籍貫，若此之類，名爲部曲，及其長成，許得通娶良人。

客女謂婢經放良，并出妾者，其部曲之女亦是。

倡優伎樂曰倡，諧戲曰優，所謂伎樂歌舞之家也。

店户謂親當旅舍，及停止倡伎之類。

佃客謂治田分利之人也。

媒保媒合成婚①曰媒，相托信任曰保。

隨身斷約年月賃人指使者。古②爲隨身，即今典雇身良人也。

童僕《説文》："男子有辠曰奴，童曰僕，女曰妾。"皆從辠。僕者，給事之人也。

軀口謂被俘獲軀使之人。古者以罪没爲奴婢，故有官私奴婢之限。《荀子》云臧獲，即奴婢也。此等並同資財，故《刑統賦》曰："稱人不及於奴婢。"其所生子女，謂曰家生軀口，若軀口自買到軀口，謂之重口，蓋此流亦同財産耳。

奴婢《周禮》："男曰奴，女曰婢。"王莽時曰私屬，今通稱軀口。

---

① "媒合成婚"，飛本作"媒成婚姻"。

② "古"，底本作"名"，飛本作"多"，當爲形訛，從元刻本改。

户下户謂奴婢放良,仍隨本主籍貫,津貼差發之人。

游手《唐·李翱傳》謂不田而飽之人也①。

好閑謂不事生業之人。

惡少《通鑑》注:"閭閻無賴年少者。"又非良善之稱。

事産營業謂之事,家財謂之産。

孳畜生育乳化曰孳,積藏蕃養曰畜。

頭匹牛羊之類曰頭,駞馬之類曰匹。

蕃息孳生畜産,謂之蕃息。

蕃殖生息頭口曰蕃,滋貨種蒔曰殖。

碨磑上語鶱切,磨上轉石也。下五對切,磨下定石也。

邸店收藏物貨曰邸,賣物之處曰店。

勾稽

稽遲留滯曰稽,不速曰遲。

稽留謂合施行而停滯者。

稽程謂事有程限而不依期者。

稽緩謂事應節速,故有迁延者。

違慢事有乖戾曰違,心所怠墮曰慢。

耽誤事近而故遠曰耽,稽緩而乖謬曰誤。

失錯差謬曰失,乖誤曰錯。

差池事不相值謂之差池,謂錯謬也。又曰差池。《詩》云:"燕燕于飛,差池其羽。"

疏虞慢事曰疏,誤事曰虞。

① 按,此注不見於新、舊《唐書》,實出自唐李翱《幽懷賦》。

疏失謂不爲用心，事致差謬者。

疏陋謂房院舟楫失於修治者。

疏脱輕易敗事，謂之疏脱。

怠慢謂懶墮稽遲也。

玩慢謂欺侮官事也。

打脱謂事不幹濟，猶物自解也。

失誤應報失誤，不報曰失，妨於指準曰誤。

破説謂飾言分部也。

推調情涉窺避，謂之推調。又推者，蕩也，譬用手推開其事也。

虚調不實曰虚，飾詞曰調。

破調謂裝飾虚文也。

淹延久留曰淹，久遠曰延。

遲滯事久不報曰遲，停止不行曰滯。

稽滯謂遲留其事也。

逗遛謂稽緩不進也。

違限謂事有程限，過期不至者。

刁蹬謂事應速，而故意蹭蹬而阻滯者。

捕亡

應合殺捕逃亡之徒，罪有殊等，重者合殺，輕者合捕，故曰應合殺捕。若雖合殺而已被拘執，應合告而輒捕繫者，官有禁文，案文爲理。

許人告捕謂如謀叛、造僞、賊盗、强奸、搬販鹽酒等類，雖係傍人，皆得告捕，故曰許人告捕。

許人告發謂如人犯違禁，應須聞官追唤者，謂之許人告發。

許人捕繫謂如犯罪逃亡及應合告捕之事，相去官司遠寫，若候上聞，前人必致走逸，是以先行捉獲，然後聞官，曰許人捕繫。

逃亡避罪僻處曰逃，竄伏地境曰亡。

逃竄避罪潛匿謂之逃竄。《漢書》曰："奉頭鼠竄。"

走透人民逃脱曰走，物不能隔而泄曰透。

亡命命者，名也，謂脱其名籍而逃亡於深山迥澤者，漢陳平起於亡命。

縱逸容緩曰縱，故放曰逸。

撒放容縱而去，謂之撒放。

拒捍以力相迎，抵敵官事，謂之拒捍。

拒敵聚衆争衡，謂之相敵，猶逆命也。

拒捕集衆拒捍，不伏就擒，謂之拒捕。

抗拒上不相當，言無卑屈，謂之抗拒。

撲捉盡數追捕，謂之撲捉。《韻注》："撲者，滅也，又擊也。"

根捉追尋曰根，擒捕曰捉。

擒緝急於捕捉曰擒，繼蹤根尋曰緝。

窟拿孔穴之處曰窟，以手捉取曰拿。

追襲捕逐曰追，行不假途，掩人不備曰襲。

搜捕求索曰搜，擒捉曰捕。

追捕即擒捉也。漢光武令牧守追捕群盜。

掩捕乘其不備，覆其巢穴，謂之掩捕。

追討捕逐曰追，誅治曰討。

招收誘其來歸曰招，拒而追捕曰收。

勾攝呼唤曰勾，追取曰攝。

巡逴往來察視曰巡，廣張聲勢曰逴。

巡捕巡謂巡視，捕謂捕捉。

巡捉義同巡捕。

巡防遍歷檢視，常加備禦者。

巡邏行視曰巡，遊偵曰邏，謂探伺也。

巡警謂常切嚴戒不虞也。警，音景，謹戒也。又晝曰巡，夜曰警。

等截謂伺賊出没追捕也。

粘縱謂尋逐作過形跡也。

方略設法謂之方，施謀謂之略，即計畫也。

搜索謂求取也。

搜檢大索曰搜，尋察曰檢。謂如私藏禁物，必須搜檢之類。

敗露《列子》曰："刑①甚露。"謂破其形跡也。

孤迥謂作過之人，藏於幽遠隱僻之所也。

拘執謂已被捉獲者。

得獲凡捕而見者，謂之得獲。

得見謂見而獲者，謂之得見。

就唤就，即也；唤，呼也。

就勾義同就唤。

衷私謂情有窺避，而潛去者。

詐妄

詐欺匿行曰詐，誣行曰欺。

詐僞謂如僞造文書，見於紙筆之間者。

詐傳謂如虚傳意旨，形之於語言之間者。

詐醫謂假以神鬼，指方療病，及言人災福者。

詐陷謂知津河深濘，橋舡朽敗，誑人令渡者。

① "刑"，《列子·湯問》作"形"。

詐冒奸詭曰詐，虛假曰冒。

詐乘謂不應乘坐舡馬，設計詐乘者。

增乘謂合乘馬一匹而乘三匹者。

擅乘謂不應乘人，非設詐冒，而輒便自乘者。

令人乘謂主司無關同文書，輒因便令人乘者。

妄認事若相近，情則相遠，内欺於心，外欺於人，謂之妄；形色相類，意以爲是，謂之認。

妄冒虛詐謂之妄，假名謂之冒。

妄説發言無端者。

妄傳謂道聽途説，指以爲實者。

妄舉謂才德不稱，捏合保薦者。

訛言事傳而差，謂之訛言，謂流言惑衆者。

錯認非己物而誤取，謂之錯認。

捏合謂撰造異端，頗同真以者。

毁謗謂本無其事，輙加誣謊者。

誹謗謂撰造非議，譏訕官府者。

贋濫假僞錯雜之物，謂之贋濫。

朽濫不牢之物曰朽，不真之物曰濫。

賊盜

賊寇盜劫人財曰賊，剽掠作過曰寇。又殺人不忌曰賊，報仇之賊曰寇。又殺人曰賊，攻劫曰寇。

劇賊漢朱博云，大盜曰劇賊。謂作過之甚者也。

草賊《西羌論》曰："賊人穿竄草石。"又吴周魴曰："山栖草藏。"故名草賊也。

夙賊漢郭伋曰："舊賊謂之夙賊。"

劫盜謂强盜一色之稱也。《説文》:"私利其物曰盜。"

劫殺以力脅止曰劫,害及非罪曰殺。

劫攘非理强取曰劫,有因而盜曰攘。

剽掠攻劫曰剽,强奪曰掠。

抄掠謂劫人財物也。

虜掠浮獲曰虜,劫奪曰掠。

燒劫放火曰燒,强取曰劫。《西京雜記》曰:"兵火曰燒劫。"

搶劫争取財物曰搶,以威脅取曰劫。

作耗草賊爲亂,謂之作耗。《荀子》曰:"多而亂曰耗。"

反亂逆上曰反,争强曰亂。《漢書》曰:"靡有孑遺。"注謂地面並無良民,盡皆作亂也。

嘯聚吹聲也。《通鑑釋文》曰:"嘯咏相聚,猶言響應也。"

穿窬謂穴孔穿垣爲盜者。

掏摸擇便取物曰掏,以手揣物曰摸。

公取謂不避耳目,公然而取者。

竊取謂潛容隱而方便,而私取者。

已成盜謂珠玉寶貝之類已入手隱藏,放逸飛走之屬已專制在己者。

未成盜謂飛放之屬引之於外,未得專治;木石重器移於本處,而未馱載,俱未成盜。

首從造謀設意,專於進止曰首。聽受糾合,同犯非違曰從。又曰首謂罪首,從謂從坐。

同火同人曰火,謂相與作過,不以徒黨同異,但犯罪時合爲一火者。

同案即同起也,謂不以所犯前後事有差別,但相連及作一案者。

同黨相助匿非曰黨,謂曾經和同商量、隨從同黨者。

同謀謂一同設計作過者。

加功從而助威，共相傷害於人，謂之加功。若雖不下手，當時同共窘迫，以致前人被害者亦是。

停藏宿止曰停，隱匿曰藏。

窩藏謂隱匿作過者。《左傳》曰“保奸”，張敞曰“賊囊橐”。

知情本不同謀，唯知所犯，謂之知情。但曾預謀，謂之同情。

過致資給謂指授道途，送過險處，助其運致，資給衣糧財貨，遂使罪人籍此逃亡，潛隱他所者，謂之過致資給也。

勾引糾合人伴，共造非爲，謂之勾引。

相攙彼此共爲曰相，先後作過曰攙。

所由因緣違誤，謂之所由。

警跡警，戒也；跡，踪也。古曰景跡，謂顯人之行止也。

受分謂不同上道，止分其贓者。

容隱知有愆犯，故爲抵諱，謂之容隱。

逗引拐帶人物，謂之逗引。

上道謂犯罪者登途路也。已上道者，往而造罪也；未上道者，謀而不行①也。

左道非正之術，謂之左道，謂僻邪惑衆也。

造畜造，謂自造成蠱害人；畜，謂傳畜猫鬼之類。

蠱毒謂聚諸蛇虫於一處，使之相食，獨存物用，以害人者。

魘魅謂事邪鬼，或用人爲牲，或將人名告於邪魔，令人病死顛狂者。

妖書妖言怪異不常之書，謂之妖書；欺罔奸邪之言，謂之妖言。

幻術詭誕惑衆，謂之幻術。如吞刀、吐火、植瓜、種木、屠人、戮馬之類皆是。

妖邪四生興孽，謂之妖；神之不正，謂之邪。

奸宄《左傳》曰：“亂在外曰奸，在内曰宄。”詐也。

---

① “行”，飛本作“成”。

不軌謂不遵法度也。

誘略以利動之謂之誘，取非其道謂之略。

迫脅以威力相恐也。

脅從謂迫脅而從之者。

錢糧造作

課程征税之物曰課，額定其限曰程。

榷[1]酤謂官專其利也。漢武始榷酒酤。應劭曰："以木渡水曰榷。"[2]如水上設木渡人，示露歸一，官專其利，不容利源散漫也。

榷鹽謂禁閉其事，利總入官也，始於唐代時。

榷茶義與榷鹽同，始於唐憲時。

榷醋《魏・劉放傳》曰："官販苦酒，與百姓争錐刀之利。"其原此始。

散辦謂派令百姓辦納也。後唐天成中，令郡縣於夏秋田苗上，每畝輸錢五文，許百姓自行造酒，其錢隨税徵納，並不折色。

認辦謂自備己本，依額辦課還官也。

恢辦規畫曰恢，備具曰辦。

包辦謂依額認納官錢，私下多餘取利也。

撲買即包認辦納也。

糴買物斛之類曰糴，柴炭雜物曰買。

錢穀《禮》注："錢，泉也。"其藏曰泉，其行曰布，取各流行，無不遍也。穀者，天産五穀也。又管庫曰錢，管倉曰穀，如歷倉庫者，謂曾任錢穀也。

財賦錢幣曰財，田税曰賦。

貢賦貢，謂獻也；賦，謂地土所産方物也。《書》曰："任土作貢。"

---

① "榷"，底本作"榷"，不辭，形訛，從飛本及下文改。

② 按，此實爲韋昭注。

税賦輸上物曰税，取田租曰賦。《漢·刑法志》曰："税以足食，賦以足兵。"原於三代。

税額謂納其征税之物多寡也。

抽分即解取其物也。

兩税謂夏税秋糧也。

税期五代以前，收斂穀帛多不以時。周世宗顯德中，始定夏税以六月、秋税以十月起徵也。

包銀謂民納鈔包，以充差發，即古之庸也。

絲線亦差發，古之調也。

斡脱謂轉運官錢，散本求利之名也。

規運謂以官本營利者。《左傳》曰："規求無度也。"

権貨《字寶》曰："回易曰権。"《韻注》："権者，化也。"凡變化回易之物，皆曰権貨。

侵襯謂攙奪課利也。

犯界謂彼境之物越入本界也。

沮壞止抑其政曰沮，敗其行事曰壞。

攙奪謂攙先取其利也。

攪擾撓亂曰攪，搔動曰擾。

虧兑謂徵辦不及其額也。

侵欺謂辦多納少，益己虧官也。

失陷謂不意損壞官物也。

侵使謂已徵到官，未入倉庫而專擅用費者。

增羡加益其數曰增，額外多餘曰羡。

横收謂非額辦正課之數者。

附餘謂正數之外增益者。

出剩即附餘也。

移易遷動官物曰移，更改原數曰易。

欺隱謂藏匿課程也。

借貸以物假人曰借，從人求物曰貸。借字從人從昔，假各人道，所以不能無也。凡以官物假人，雖輒服用觀玩，而昔物尤存，故稱曰借。貸字從代從貝，凡資財貨賄之類，皆從貝者，以其所利也。假此官物利己利人，雖有還官之意，不過以他物代之，而本色已費，故稱曰貸。又從代者，謂以物替代也。

剋落謂支多給少，贏取其餘也。

冒破謂巧作緣故，縻費官物者。

冒支謂假人姓名，代給其物者也。

濫支謂不應給而給者。

盜用謂監臨主司，私貸使費者。

失收謂應失係而不收係者。

短欠謂正數不足也。

折欠謂物料虧短者。

拖欠謂延緩不及額也。

換易轉變曰換，更改曰易。

那換時暫移用曰那，變改原物曰換。

揭借舉債曰揭，假物曰借。

倍償謂填還所欠也。

質易以物易財曰質，互相轉換曰易。

結攬謂兜合錢糧，總一納官者。

飛鈔謂物不到官，虛給收附者。

輕賫謂本納糧斛，而今納鈔者。

成就謂諸事辦集也。漢黄霸力行教化，務在成就。

紕薄絲節不調曰紕，段匹不厚曰薄。

徵歛差發

追徵謂取索所欠也。

追索謂追取其物也。

放支謂以物付與也。

倚閣謂權行住徵也。

住罷止也，休也，謂事應放免也。

住支謂應支而止住聽候也。

住徵謂應徵而止住聽候也。

蠲放清洁曰蠲，除免曰放。

蠲免謂包括除放大小之名也。

賦歛征税曰賦，收拾曰歛，即科率也。

和雇兩順曰和，庸賃曰雇。

和買兩平以錢取物也。

和中謂以物料投糶於官也。

和織謂以絲覓工造作也。

和糴謂兩平買物也。

創造謂始建工役也。

横造謂額辦數外增役也。

科敷率歛曰科，散物曰敷。

齊歛謂一例科率也。

聘賣謂分派聘賣諸物也。

措置謂規畫而安置也。

借倩權時供給曰借，假人庸力曰倩。

規措轉借曰規，處置曰措。

應副謂料度支與也。

尋覓搜求曰尋，乞需曰覓。

供給謂以物輸用也。

打勘謂搜究弊倖也。

理算謂尋究計算也。

打算包刮理算打勘也。

差役謂量其力而差使當役也。

科役謂驗事力而敷派庸作也。

徭役科調曰徭，工作征戍曰役。又一身應當曰徭，全户應當曰役也。

應役謂承當其役也。

廝役謂有所使也。

職役官稱職役，謂有執掌也。

身役吏卒人等稱身役，謂任驅使也。

租調驗丁田納粟曰租，隨上輸布帛曰調。

折庸謂以役準鈔物也。

顧倩謂以物顧人代役也。

顧覓義同顧倩。

顧募謂以錢物招人應役也。

招召義同顧募。

僉補選差相應曰僉，填替缺役曰補。蓋僉者，揀也，其法財力均者取强，力均者取富，財力等者先多丁。若反此者，是名僉補不平。

消乏物力漸減曰消，家貧無財曰乏。

應當謂理合如是也。

協濟猶添助氣力也。

協力謂同心相合,與衆共事也。

答配謂驗事緊慢,分輪應當也。

椿配謂重疊科差也。

騷擾攪動於人曰騷,捃摭煩亂曰擾。

動摇謂虚張事勢,驚憾於人者。

走弄侮慢造弊,謂之走弄。如放富差貧,那上攅下,看循恩讎,變亂獄訟之類。

扇惑生事播扬曰扇,驚遑及衆曰惑。

諸納

買納謂收買諸物納官者。

給納謂人欠少糧斛,却有未支官錢,可給糴納者。

填納謂失陷官物,勒令依數補納者。

回納謂支用官物,銷用不盡回納者。

理納謂雖有侵欺,而情弊未見,必須理算納者。

催納謂拖欠官物,必须催納者。

送納謂包括供輸之名者。

附納謂以少附多,因便送納者。

卸納謂綱運於倉卸納者。

變納謂以物變轉他物納官者。

糴納謂收糴糧斛納官者。

起納謂空閑房地,情願起賃納課者。

陪納謂主守官物而有去失,着落陪納者。

備納謂納官物毁壞,勒令依樣備納者。

代納謂甲有所欠而事故,却令乙與代納者。

輸納謂令人户供輸納入官者。

發納謂官司起發而納者。

進納謂以稀罕等物貢於上者。

自納謂犯贓而首納者。

支納謂主司支出納入也。

科納謂科敷人户出納者。

閉納謂拖欠錢糧,預令官吏揭借納足者。

剋納謂如倉庫短欠正糧,就剋合支分例納官者。

拘納謂應收官物而散在外,合拘入官者。

兑納謂本非原物,而以别物那移入官者。

均納謂欠官物而於同財或有干碍之人名下納徵者。

受納謂收貯官司,兩平交收者。

獻納謂以出産錢糧,呈官輸納者。

增納謂增加原數而納者。

中納謂以諸物投賣於官者。

折納謂闕本色而以别物折納者。

估納謂欠官物,估計欠人財産納官者。

帶納謂如帶糧納收,鼠耗分例之類。

投納謂本無拘制,而人自來投者。

撥納謂欠他司錢,却有此司錢,可以就撥納官者。

償納謂自欠少而令填納者。

貼納謂正物不足,貼納其餘者。

賣納謂以物易鈔納者。

包納謂包納一處錢糧納官者。

對納謂兩相對剥納官者。

出納謂令人户納備者。

追納謂如應支八分而支十分,合追二分還官之類。

没納違禁之物及不合給主錢糧,並曰没納。

入納謂入此出彼者,如入鈔支鹽引之類。

截納謂本應赴遠而截於近處納者。

攤納謂拖欠官錢,攤及諸人揍納者。

繳納謂船馬劄子、茶鹽路引之類,用畢繳納者。

折納謂船隻損壞,房舍倒塌,拆納還官者。

交納謂兩和交割者。

出納有違謂重受輕出及當出陳而出新,應給上物而受下物者。

寄納謂將納官之物權寄收貯者。①

體量②

收頓謂安放如法也。

收貯謂積藏如法也。

收受謂兩平交納也。

寄收謂附留之物也。

附收謂未作止數之類。

稽攷計較曰稽,檢察曰攷。

考較謂稽察其不等也。

比附以物相並曰比,依憑爲則曰附。

比較謂相並計算也。

比對謂③相對並也。

---

① 該條元刻本未收。

② "體量"内容元刻本未收。

③ "謂",底本作"两",誤,據上下文例及飛本改。

會計謂總合而籌之也。

檢視謂看視强弱也。

檢量謂度量畝步也。

檢察謂察辨是非也。

檢踏謂親歷田疇也。

檢覈謂體究虚實也。

估計謂估紐價直,計其數目也。

計料謂量度工料也。

分揀謂辨别好弱也。

相視謂逐一檢覷也。

體覆謂究覆虚實也。

發落謂明白散付也。

禁制

私造謂兵器之類,無故私造者。

私有謂兵器禁書之類,舊有而蓄之者。

賭撲謂博以取財,起盗之原也。

禁書謂天文圖讖之類。

鍾禁《刑統》云:"閉門鼓後,開門鼓前,謂之犯夜。"唐韋永貽詩曰:"三條燭後鍾初動。"如此則唐已有鍾禁矣。

屠宰殺物曰屠,烹物曰宰。

漏泄謂走透事情也。

雜類[1]

沿革承襲曰沿，改變曰革。

昧爽《禮記》云："昧爽而朝。"謂辨色之時也。今侵早之前，五鼓是也。

深文拘刻也。漢張湯等定律令，深文以拘人。

刑餘罪人輕賤之名也。齊威王使孫臏爲將，辭以刑餘之人。

計搆謂巧計罪人也。王莽謂文致其罪。

始終事初曰始，盡絶曰終，猶四時至冬盡也。

首尾首者始也，尾者終也。

經手謂曾掌管其事者，不限遠近，俱曰經手。

鄭重《王莽傳》："非皇天所以鄭重降符之意。"注："鄭重，猶頻煩也。"

枝梧謂不能主敧傾之義也。項羽斬宋義，諸將莫敢枝梧。

無狀人有愆犯，無可寄語者。

掣肘謂事有牽制也。

鹵莽謂處事輕脱也。

覬覦謂心懷希望者。《左傳》："民服事其上，下無覬覦。"

曳倒挽仆也，唐憲宗命曳倒聖德寺碑。

把持謂操權主事衆畏者。《國語》曰："把持諸侯之權。"

强横兇暴不良曰强，行不以理曰横。

摭拾謂摭人之過也。

體面凡大臣必加容貌以敬之，故曰面貌。人稱體面者，謂改貌從面也。又體勢亦曰體面。

放鵰俗語訐人私者，謂之放鵰。按《埤雅》曰："鵰性刻制，其毛能食，諸鳥羽如

---

① 按，《居家必用事類全集》辛集《吏學指南》未收元刻本卷八，其内容主要包括"諸箴"、"諸説"、"律己"、"仁恕"、"慘刻"與《馬進傳》。

群錯，草中有鶥毛，則衆鳥毛羽自落。”蓋鶥性害衆，故以訐人私者比之也。又俗云放鶥把雁者，譬獵者藉此以捕飛走，猶利己害物也。又蘇文曰：“吕惠卿彫王安石。”用此彫字，謂刻也。今人以鶥、彫爲刁，未審孰是，宜伺識者。

爲政九要[①]

爲政九要自箴序

四體百骸乃周乎一身，百揆萬務而成乎一國。爲政之道不一也，有政乎人才者，有政乎農畯者，有政乎禮樂者，有政乎刑法者，有政乎百工者，然殊塗而同歸，萬慮而一致。予童時於先大人賜號“歸明陽子”篋笥中，見一書曰《自箴》，觀之數百條，聊記其節目，不知始末誰作也。近爲天家創制垂統，撫治萬民，因書强記者數十條，庶俾後進者之爲政云。特賜恒山皇極道院虚白處士河中心庵趙素才卿書。

因書第一

三皇聖紀，盤古氏之君，生而知之，神而化之，身心形體行踐，不教而從，不言而化。爲政治民者，使民巢居穴處，隱避其風雨也；茹毛飲血，養其飢渴也。此爲政民之本也。

古者包犧氏之王天下也，仰觀俯察，觀鳥獸之文，畫卦造書，以生文籍也；儷皮爲衣，以待寒暑；以佃以漁，以待庖廚也；上棟下宇，以待風雨也，治民飽暖是也。

神農氏斲木爲耜，揉木爲耒，日中爲市，貨財交易，皇親耕，

① 《爲政九要》係元趙素著述。趙素，元代河中人，字才卿，號心庵，全真教道士，元初賜號虚白居士，以醫名。

后親織，以化天下，使民不飢不寒，是治[①]民之本也。

黄帝治五氣，藝五種，撫萬民，安四方，平四海，克九黎，教萬民鑿井耕田，教農桑，以爲治天下之大本也。

帝堯之時，洪水横流，氾濫於天下，草木暢茂，禽獸繁殖，五穀不登，堯獨憂之，舉舜而敷治焉。一民饑，曰我饑之；一民寒，曰我寒之。洪水九年，民無菜色，土階三尺，茅茨不剪，恐勞民也。知饑，知寒，知人，是知天下也。

帝舜耕歷山，人讓畔；漁雷澤，人讓居。一年成聚，二年成邑，三年成都，教民農桑，始成其孝悌忠信。管子曰："禮義生於富足，盜賊起於貧窮。"

禹薄飲食，惡衣服，膚毛不生，惟水是治，是愛民[②]也。湯剪爪爲牲，惟雨是祈。二王之聖德，不出乎救民于水火之中也。

后稷教民稼穡，樹藝五穀，五穀熟而人民育，農業茂而萬姓按堵也。

周文王問太公曰："何爲之寶？"公曰："農桑爲大寶，王次之。"心庵曰："三冬無衣而亡，七日不食而死，農桑非寶而何？"

唐明宗問民苦樂，馮道引聶夷中詩對曰："二月賣新絲，五月糶新穀。醫得眼前瘡，剜却心頭肉。"是有愛民之心也。

周世宗留意于農民，刻木爲農夫蚕婦，置於殿前，晝夜不忘小人之艱難，漢唐以來，一人而已。

正心第二

天無心，以天子爲心；天子無心，以百姓心爲心；百姓者，公、侯、

① "治"，飛本作"以"。

② "民"，飛本作"用"。

伯、子、男。百姓亦無心，以萬民心爲心也。得民心者，可民爲官；失民心者，何足道哉。

高不可欺者，天也；尊不可欺者，父也；上不可欺者，君也；下不可欺者，民也。欺天、欺父、欺君、欺民，是名濫官污吏也。

公侯之職，在上不驕。驕者倨傲，官吏賢善去矣，不知君使臣以禮焉。敬者，敬重民也。高而不危，危者奪人妻女，併人名位，侵人田宅，探人異物，禍必危矣。滿而不溢，溢者遺逸政事，沉湎酒色，盤遊飛放，奢侈宅園，職必流矣，富貴去矣，身必賤矣，悔必及矣。

京府州縣安寧，公事不可增損更改，動之必亂，反受其殃。見前政之能善，加而遷之，見前政之不善，舒緩而更之，此公侯之體也，民心易摇而難安故也。

公侯之職，當求公正，大忌求異政，沽名釣譽，敗衆成己也。要忠名者，好訐告；要高名者，好詐僞；要廉名者，好聚斂；要清名者，好怪異。不知重己身者，不仁也；好自大者，不義也；貪名譽者，不智也，是以君子不求異政也。

正内第三

官府、衙院、宅司，三姑六婆，往來出入，勾引廳角關節，搬挑奸淫，沮壞男女。三姑者，卦姑、尼姑、道姑；六婆者，媒婆、牙婆、鉗婆、藥婆、師婆、穩婆。斯名三刑六害之物也，近之爲災，遠之爲福，净宅之法也。犯之勿恕，風化自興焉。

官府宅司，但用諸般物色，金銀器皿，珠玉犀象，綾錦羅綵，食用物料，招行人對面商量，立支價錢，永無詞訟。勿令夫人娘子親面買賣，倒换物色，其受贓不可測也。

公侯縣司宅院，子弟郎君，女婿孫侄，常令入學，勿使非時出入市肆，飛放田野，或欺騙良人，或密受饋獻，抵撞貴官，勾引關節，惹莫大之禍，主人無緣得知，糊突汙濫，因此失矣。

州府司縣同。正官大要和睦，但干不繫利害，小事上從下順，尊主愛民，自然成合。若邊關、錢穀、刑名、公事違錯，於無人處款慢諫導，陳其利害，反復咨稟，再三陳説，必自從政，不失公私，更得和美，此大事也。既得和從，不可賣功。不得，不可激惡。

正婚第四

民間但有繼母小妻，前婚後嫁，多係不良之人，每每謀害正妻子孫，若告抵觸生分者，不得便行受理，密行體察得實，别作施行。正妻害婢子孫，亦同。

民間父子兄弟不和，多因婢妾後婚，并妯娌先後，相争家財。令封禁，延遲日月，勿斷，日久自和，不傷親義。

民間多招女婿，其夫懦弱者，女多奸淫，父母反索休離，送官告説五逆浮浪。抵斷完聚，並不許分離。及將寫休書人，磨勘治罪，永除此弊。

民間夫婦不和，婦尋出路，往往誣誤，許媒翁伯大人如淫之事，大害風俗。夫婦封禁，連月勿問，暗行體察，教唆之人，必是奸夫，得實别作施行。

民間夫妻不和，背夫逃走者，女者反告翁婆，並不得受理，令捕遠限搜捉，日後自知，依法治罪。

夫妻不和，夫婿醜陋軟弱，無病卒暴而死者，令巡尉、鄉老、保司用心密察，多因奸夫謀害，毒藥厭鎮所殺，最爲急務大事也。

女有五不娶者，五逆之家、淫亂之家、犯死罪之家、嗅癘之家、亡父母之家，子故多不良，招惹詞訟也。

女有七去者，一不順父母，二無子嗣，三犯淫亂，四妒忌，五言語無定，六竊盜家財，七有惡疾體臭者。

婦人出嫁不可去者三：有所取無所歸投，不去；守翁婆三年孝服滿，不去；先貧賤後富貴，不去。此人倫之常法也。

禁捕第五

停閑、窩家、沽屠、破落户、酒肆、茶坊、浴堂、兑房、妓館、旅店、勾欄、庵舍、軍旅卒屋、水手場屋、罷役弓手、廟宇貧子、打乂窮漢，若識此徒，萬無一失，民自然安矣。

盜行時日，巡尉須知，十九、二十一、二十三、二十五、二十七、二十九、初一、初二、初三、初五、初七、冬年節日，其餘畏月明不行也。及風、陰、煙、霧、蘆葦、蒿荒、黄昏，昧爽，假此之便也。

捕盜抗拒敗走，不得手去衣領，先拿其髮，踏背立地，不得肘膝胸前，七手五把，反傷主人兵吏性命，切要防之。

司縣破落户、潑底官，往往造鹽、酒、麯，宰殺牛馬，開[illegible]兑房，窩藏盜賊，横賽神社，記散酒食，不畏國法。嚴威禁治，久而自息。

司縣約束，賭博錢物，煞歸、拔牌、打破、買鬼、雙陸、象棋、樗蒲、掘槊、開閧匱房、幫閑子弟、破壞良家，窮極爲盜也，禁之可矣。

巡尉覺察行壇、大儺、佛牙舍利，妄作光明廟宇，師巫託詐鬼神，夜聚曉散，扇惑人户，惹叛亂，生嘯聚，連累平人亦遭殺害，禁約則可。

正農第六

勸農爲政。周公曰,穀不熟爲饑,菜不熟爲饉,果不熟爲荒,牛不安農困,一夫不耕一家饑,一婦不蠶一室寒。養親祭祀,租税差役,則皆廢矣。

農家殺牛食肉,年年瘴癘疾病,牛能努力,傷坤順之氣也。殺馬食肉,歲歲蠶死桑枯,馬爲蠶父,傷天陽之氣。雞豚狗彘,羊猪鵝鴨,二社冬年,足可養老祭祀矣。

農家豪富,置買金銀頭面,招賊榜文;錦綉羅紈,差發由帖;好賽神社,非突横禍;大屋高房,官兵舘驛;輕車肥馬,藉借生冤;攀高接貴,張羅讎隙。可逐一鄉一社立耆老,教化民也。

諺云:由人而窮,窮者有十。一要貧,學燒銀;二要貧,孝空門;三要貧,好相論;四要貧,好移墳;五要貧,置寵人;六要貧,陪女門;七要貧,要宅新;八要貧,酒賭頻;九要貧,宴貴賓;十要貧,好賽神。其犯一者,未有不貧也。

又云:人有十可富。一可富,孝親族;二可富,少奴僕;三可富,省追逐;四可富,效勤苦;五可富,不高屋;六可富,長忍辱;七可富,粗衣服;八可富,養六畜;九可富,多糞土;十可富,没名目。爲之三五,無不可富足也。

公侯州郡,常切用心,罷不急之役、無名之費,及冗官繁吏民户難以養贍。可省費者,即當罷去,莫大之便,利民之要也。

公侯之職,當教文武醫卜、士農工商、道釋九流,衣服不得過越奢侈僭易。

朝儀及堂亭屋宇,横費資財,引惹盜賊,當令勤儉于家,助益豐富。諺云:萬民足,則百姓富;百姓足,則邦國富;邦國足,則天下富有。萬國咸寧，在乎斯矣。

民有五耻：不畜者，祭無牲；不耕者，祭無盛；不蠶者，身無衣；不樹者，棺無槨；不績者，喪無衰。

民爲邦本，有道之主，以逸逸民；無道之主，以樂樂身，志驕業泰，體逸農安。

急務第七

公卿伯之職，治民酷虐，治兵怯懦，治身恕己，治事冗煩，治家寒碎，治政畏上。一日臨位，必失職矣。

桀紂秦煬，破國亡家，心愛禽獸食人之食、土木衣人之衣、軍旅蹂踐田采、宫室發奪耕耨。農夫不足於飽，蠶婦不足於暖。不知王道，四體不勤，五穀不分，稼穡不識，菽麥不辨。

爲政第八

爲政妄興功役，横起事端，害州縣不過千日，害國者不過期年，害天下者不過十旬，自投坑井，取禍之道也。

爲政在上欺君，在下誑民，舞文弄法，諭假像真，因公私惠，仗勢行權，辭辛憚苦，口是心非，明退暗進，何爲政邪。

爲政，好名者立異危身，務名者殺身，要名者害身，賣名者敗身，彰名者凶身。若盡公幹事立政，不召名而名自至矣。

爲政，功名、官爵、貨利、聲色，皆謂之私欲，人情也。然知足不貪，知節不淫，不需名，不弔利，人若不知，必享天爵，而子孫亦昌盛也。

司縣到任，體察奸細，盜賊陰私、謀害不明，公事密問，三姑六婆，茶坊、酒肆、妓館、食店、櫃房、馬牙、解庫、銀鋪、旅店，各立行老，察知物色名目，多必得情，密切告報，無不知也。

時利第九

教農民栽接園林，廣種蔬菜，拆洗涼衣，多作鞋脚，挂備繩索、農器、鎌擔、車仗，飽飼牛畜，趁時布種，不致荒閑田地。

保庇農民，禁止諸色雜人遊樂甘閑，乞覓投散，提繩把索，三教九流，師巫樂戲，排揚兵卒官吏，不得聚歛搔擾誘説，不惟吞食民財，大誤國家徭役，利害甚大。

二麥三青一黄，催督火速收斂，般載上埸，不分晝夜，打碾子粒，曝曬入倉，方屬民物。山東、吴不知熟麥青釤，自然子粒圓實，幽燕但過焦，雨水頓放多，十去其三四矣。

夏麥薄收，火速勸諭多種蕎麥、黍、穀、豆、晚田蔬菜、果木、苜蓿、野菜、㽷豆、蓬子、稊稗，可備春首饑荒，加力鋤鉋三五次，亦能倍收。

十月收打蕎麥、黍、豆，積垛草稭，以備官草牛食，不致風雨損壞。

勸諭豪富贍賑鰥寡孤獨、老弱殘患，不致凍餒餓莩。不爾中官存恤，勸率寺觀德行僧道安養，使用兩便，是補不足而損有餘也。

三冬人閑，收斂乾桑葉，搭苫積聚，以備蚕傷。桑葉飼蚕，亦成救歛，其方亦得絲錦，大救生民蚕桑也。

神農形瘁，堯癯瘦黧黑，禹胼胝，伊尹負鼎而干湯，吕望鼓刀而入周，百里奚傳賣，管夷吾束縛，孔子無暖席，墨子無黔突，非貪禄，將起民之利，除民之害也。自天子至於庶人，四體不勤，思慮不困，於是求贍者，未之有也。

修身正家，然後可以治人；居家理，然後可以長官。民之所以生活，衣與食也，事於衣食即有功，不周於衣食即無功。帝王富其民，霸王富其地，危國富其吏。治國若不足，亡國困倉虛。故曰上無事而民自富，得民力也。

古有言：冬飽則身温，夏飽則身涼，温涼時適，人無疾殃。

凡加賦斂，妄興徭役。織女農夫，晝夜苦楚。集草爲舍，容膝庇足。夜寒無眠，風霜砭骨。數米而炊，併日而食。無廬可居，無田可耕。燒地而眠，炙體而睡。絲不期身，穀不期腹。深山曠野，穹簷敗屋。楮絮不温，茅次不足。罔有measured衣，寒饑空腹。

三王順民情固本。民情欲壽，生之而不傷；民情欲富，厚之而不困；民情欲安，扶之而不危；民情欲逸，節力而不盡。

居家必用事類全集壬集目録

居家必用事類全集壬集

衛生

養老奉親書

養老食治序

昔聖人詮置藥石，療諸疾病者，以其五臟本於五行，五行有相生勝之理。榮衛本於陰陽，陰陽有逆順之理也。故萬物皆禀陰陽五行而生，有五色焉，有五味焉，有寒熱焉，有良毒焉。聖人取其色味冷熱良毒之性，歸之五行，處以爲藥，以治諸疾。順五行之氣者，以相生之物爲藥以養之；逆五行之氣者，以相勝之物爲藥以攻之。或瀉母以利子，或益子以補母[①]，此用藥之奇法也。《經》[②]曰："天地，萬物之盜。""人，萬物之盜。"人所以盜萬物爲資養之法，其水陸之物爲飲食者，不啻千品，其五色、五味、冷熱、補瀉之性，亦皆禀於陰陽五行，與藥無殊。大體用藥之法，以冷治熱，以熱治冷。實則瀉之，虛則補之，此用藥之大要也。人若能知其食性，調而用之，則倍勝於藥也。緣老人之性，皆厭於藥而喜於食，治疾之宜用於患者。況是老人之疾，慎於吐痢，尤宜用食以治之。凡老人有患，宜先以食治，食治未愈，然後命藥，此養老人之大法也。是以善治病者，不知善慎疾；善治藥者，不如善

---

① "母"，底本作"毋"，兹據前文"瀉母以利子"改。余本前後皆作"毋"，非。

② 按，此指《陰符經》。

治食。今以《食醫心鏡》、《食療本草》、《詮食要法》、《諸家法饌》、洎是注《太平聖惠方》食治諸法，類成《養老食治方》。各開門目，用治諸疾，具列于左。爲人子者，宜留意焉。承奉郎前守泰州興化縣令陳直述。

食治養老益氣方第一

法製猪肚方

治老人補虚羸乏氣力。

獖猪肚二枚，洗如食法　人參半兩，去蘆

乾薑二錢，炮裂剉　椒二錢，去目不開口者，微炒

葱白七莖，去鬚，切　糯米二合

右件擣爲末。入米合和相得，入猪肚内，縫合，勿令洩氣。以水五升於鐺内，微火煮令爛熟。空心服，放温服之，次暖酒一中盞飲之。

益氣牛乳方

牛乳最宜老人。性平，補血脈，益心，長肌肉，令人身體康强潤澤，面目光悦，志不衰。故爲人子者，常須供之，以爲常食。或爲乳餅，或作斷乳等，恒使恣意充足爲度，此物勝肉遠矣。

枸杞煎方

治老人頻遭病，虚羸不可平復，最宜服之。

生枸杞根細剉，一斗以水五斗，煮取一斗五升，澄清

白羊脊骨一具，剉碎

右件藥，以微火煎取五升，去滓，取入瓷合中。每服一合，與酒一少盞，合暖，每於食前温服。

法煮羊頭方

治老人五勞、七傷、虚損。

白羊頭蹄一副，草火燒令黄色，刮去灰塵

胡椒半兩　　蓽茇

乾薑各半兩　　葱白切

豆豉各半升

右件藥，先以水煮羊頭蹄半熟，内藥更煮令爛，去骨。空腹適性食之。日食一具，滿七具即止。禁生、冷、醋、滑、五辛、陳臭、猪、雞等七日。

煎猪肪方

治老人大虚羸困極，宜服。

猪肪未中水者，半斤

右入葱白一莖於鐺内，煎令葱黄即止。候冷暖如身體，空腹頓服之令盡，暖蓋覆卧，至日晡後，乃白粥調糜。過三日後，宜服羊肝羹。

羊肝羹方

羊肝一具，去筋膜，細切　　羊脊𦟛肉二條，細切

枸杞根五斤，剉，以水一斗五升，煮取四升，去滓

麴末半兩

右用枸杞汁煮前羊肝等令爛。入豉一小盞，葱白七莖，切以

五味調和作羹，空腹飽食之。後三日，慎食如上法。

油麪餺飥方

治老人補虚勞。

生胡麻油一斤　　折粳米泔清一斤

右二味，以微火煎。盡泔清乃止，出貯之。取合鹽湯二合，將和麪作餺飥，煮令熟，入五味食之。

治眼目方第二

補肝猪肝羹方

治老人肝藏虚弱、遠視無力。

猪肝一具，細切，去筋膜　　葱白一握，去鬚，切

雞子二枚

右以豉汁中煮作羹。臨熟，打破雞子投在内，食之。

又方：青羊肝一具，細切，水煮熟，漉酒乾，以鹽、醋調和食之。

又方：葱子半升，炒熟爲末，每用一匙，以水二大盞煎取一盞，去滓，下米，煮粥食之。

馬齒實方

治老人青白翳，明目，除邪氣，利大腸，去寒熱。

馬齒實一斤

右爲末。每服一匙，煮葱豉[1]粥，和攪食之。馬齒菜作羹[2]粥喫，並明目，極佳。

烏雞肝粥方

治老人肝藏氣虚、眼暗。

烏雞肝一具，細切

右以豉中和米，作羹粥食之。

蒼耳子粥方

治老人目暗不明。

蒼耳半兩　　　　粳米半升

右件擣蒼耳子爛。以水二升，絞濾取汁，和米煮粥食之。或作散，煎服亦佳。

蓮實粥方

治老人益耳目聰明，補中强志。

蓮實半兩，去皮　　　　糯米三合

右先以水煮蓮實令熟，漉出。次入糯米煮粥，候熟，入蓮實攪令匀，熱食之。

竹葉粥方

治老人膈上風熱、頭目赤痛、目視䀮䀮。

① "豉"，飛本作"頭"，非。按，該方最早見於宋陳直《壽親養老新書》卷二"食治老人眼目方"、宋唐慎微《經史證類備用本草》卷二十九，均作"葱豉"。

② "羹"，飛本作"煮"。

竹葉五十片，净洗　　石膏三兩

沙糖一兩　　折粳米三合

右以水三大盞，煎石膏等二味，取二盞。去滓，澄清用，煮粥熟，入沙糖食之。

食治耳聾耳鳴諸方第三

磁石猪腎羹方

治老人久患耳聾，養腎藏，强骨氣。

磁石一斤，杵碎，水淘去赤汁，綿裹

猪腎一對，去脂膜，細切

右以水五升，煮磁石，取二升。去磁石，投腎調和。以葱豉、薑、椒作羹，空腹食之。作粥及入酒並得。磁石常用。

鹿腎粥方

治老人腎氣虚損、耳聾。

鹿腎一對，去脂膜，切　　粳米三合

右以豉汁中相和，煮作粥。入五味，如法調和，空腹食之。作羹及入酒皆可。

鯉魚腦髓粥方

治老人耳聾不瘥。

鯉魚腦髓　　粳米三合

右煮粥，以五味調和，空腹食之。

猪腎粥方

治老人腎臓氣憊、耳聾。

猪腎一對，去膜，細切　　葱白二莖，去鬚，切

人參一分，去蘆爲末　　防風一分，去蘆爲末

粳米二合　　薤白七莖，去鬚，切

右件藥末，并米、葱、薤白，着水下鍋中煮。候粥臨熟，入開中心，下腎，莫攪動，慢火更煮良久。入五味，空腹服之。

食治五勞七傷諸方第四

暖腰壯陽道藥餅子方

治老人五勞七傷、下焦虚冷、小便遺精，宜食之。

附子二兩，炮裂，去皮臍　　神麴三兩

桂心一兩　　五味子一兩

乾薑二兩，炮裂，剉　　羊髓一兩

大棗二十枚，煮，去皮核　　酥二兩

蜜四兩　　白麪一升　　黄牛乳一升半

肉蓯蓉一兩半，酒浸宿，刮去皺皮，炙乾

兔絲子一兩，酒浸三日，曝乾爲末

漢椒半兩，去目及閉口者，微炒，去汗

右爲末。入麪，以酥、蜜、髓、乳相和，入棗瓤，熟，搜於盤中，蓋覆，勿令通風，半日久即將出。更搜令熟，擀作胡餅大面，上以箸子琢之。即入爐㸐中，上下以火煿令熟。每日空腹食一所，一方入酵和更佳。

雌鷄粥方

治老人五勞七傷，益下元，壯氣海。服經月餘，肌肉充盛。老成年少，並宜服食。

黄雌鷄一隻，去毛臟腹　　生薯蕷一兩，切

阿魏少許，煉過　　粳米一合，淘入

肉蓯蓉一兩，酒浸一宿，刮去皺皮，切

右以上，先將鷄爛煮，擘骨，取汁，下米及鷄肉、蓯蓉等，都煮粥。入五味，空心食之。

羊腎蓯蓉羹方

治五勞七傷、陽氣衰弱，腰脚無力，宜食。

羊腎一對，去筋膜脂，細切

肉蓯蓉一兩，酒浸二宿，刮去皺皮，細切

右件藥和作羹，着葱白、鹽、五味末，一如常法，空腹服之。

食治老人虚損羸瘦方第五

雀兒粥方

治老人臟腑虚損、羸瘦、陽氣乏弱。

雀兒五隻，治如食法，細切　　粟米一合

葱白三莖，切

右先將雀兒炒肉，次入酒一合，煮少時，入水一大盞半，下米煮作粥，欲熟，下葱白五味等。候熟，空心服之。

骨汁煮餅方

治老人虚損羸瘦、下焦久冷、眼昏耳聾。

大羊尾骨一條，以水五盞煮，取汁二大盞五分

葱白五莖，去鬚切　　陳皮一兩，湯浸，去白

荆芥一握　　麪三兩　　羊肉四兩，細切

右件藥都用骨汁煮五七沸，去滓。用汁少許，後搜麪作索餅，却於汁中與羊肉煮。入五味，空腹服之。

羊肉粥方

治老人虚損羸瘦，助陽，壯筋骨。

羊肉二斤　　黄耆一兩，生剉

人參一兩，去蘆頭①　　白茯苓一兩

棗五枚　　粳米二合

右件藥，先將肉去脂皮，取精者肉，留四兩細切。餘一斤十二兩，以水五大盞并黄耆等煎，取汁三盞，去滓。入米煮粥，臨熟，下切了生肉，更煮，入五味調和，空心食之。

雞子索餅方

治老人虚損羸瘦，令人肥白光澤。

白麪四兩　　雞子四兩

白羊肉四兩，炒作臛

① “頭”，飛本無，非。按，陈直《壽親養老新書・食治老人虚損羸瘦諸方》正作“蘆頭”。

右件以雞子清搜麪作索餅，於豉汁中煮令熟。入五味和臛，空腹食之。

石英水煮粥方

治老人腎氣損、陰萎、固痺、風濕、肢節痛不可持物。

白石英二十兩　　磁石三十兩，並搥碎

右件藥以水二斗，器中浸，於露地安置。夜則揭蓋，令得星月氣。每日取水作羹粥及煎茶湯喫，皆用之。用却一升，即添一升。服經年，諸風並瘥，氣力强盛，顏如童子。

食治老人脾胃氣弱方第六

羊肉索餅方

治老人脾胃虚弱、不多食、四肢困乏、黄瘦。

白羊肉四兩　　白麪六兩　　生姜汁一合

右以薑汁搜麪，肉切作臛頭，下五味椒葱，煮熟。空心食之，日一服，如常作益準。

藿菜羹方

治老人脾胃氣弱、飲食不多、羸乏少力。

藿菜四兩，切之　　鯽魚肉五兩

右煮作羹，下五味椒姜，并調少麪。空心食之，常以三五日服，極補益。

釀猪肚方

治老人脾胃氣弱、不能飲食、多困無力。

猪肚一枚,肥者,净洗之　　人參末半兩

橘皮末半兩　　猪脾一枚,細切

飯半碗　　葱白半握

右總内猪肚中,相和以椒醬五味訖,縫口合,蒸之令爛熟,切。空心漸食之,能作三兩劑,兼補勞。

雞子餺飥方

治老人脾胃氣弱、不多進食、行步無力、黄瘦氣微、見食即欲吐。

雞子三枚　　白麪五兩

白羊肉五兩,作臛頭

右件以雞子白搜麪,如常法作之,以五味煮熟。空心食之,日一服,常作極補虛。

麯末索餅子方

治老人脾胃氣[①]弱、食不消化、羸瘦、舉動無力、多卧。

麯末二兩,搗如麵　　白麪五兩

生薑汁三兩　　白羊肉二兩,作臛頭

右以薑汁搜麪末和麪作之,加羊肉臛頭及下醬椒五味,煮熟。空心食之,日一服,常服尤益。

羊脊骨粥方

治老人脾胃氣弱、勞損、不下食。

① "氣",飛本作"虚",非。按宋陈直《壽親養老新書·食治老人脾胃氣弱方》正作"氣"。

大羊脊骨一具,肥者,搥碎　　青粱米四合,淘净

右以水五升,煎取二升汁,下米煮作粥。空心食之,可下五味常服,其功難及,甚效。

粟米粥方

治老人脾胃虚弱、嘔吐、不下食,漸加羸瘦。

粟米四合,净淘　　白麪四兩

右以粟米拌麪,令匀,煮作粥。空心食之。一日二服,極養腎氣和胃。

黄雌雞餛飩方

治老人脾胃氣弱、不多食、痿瘦。

黄雌雞肉五兩　　白麪七兩

葱白二合,切細

右以切肉作餛飩,下醬椒五味調和煮熟。空心食之,日一服,皆益臟腑,悦澤顔色。

食治老人瀉痢諸方第七

魚熟膾方

治老人脾胃氣冷、痢白濃涕、腰脊疼痛、瘦弱無力,宜食。

鯽魚肉九兩,切作鱠　　豉汁七合

乾姜末半兩　　橘皮末半兩

右以椒醬五味,調和豉汁,沸即下鱠魚,煮熟,下二味。空心食之,日一服,其效尤益。

赤石脂餺飥方

治老人腸胃冷氣、痢下不止。

赤石脂五兩,碎篩如麪　　白麪六兩

右以赤石脂末和麪搜作餅,煮熟,下葱醬五味、臛頭。空心食之,三四服皆愈。

黄雌雞炙方

治老人脾胃氣冷、腸數痢。

黄雌雞一隻,如常法

右五味椒醬刷,炙之令熟。空心漸食之,亦甚補益臟腑。

甘草湯方

治老人冷熱不調、下痢赤白、腹痛不止。

甘草一兩,切熬　　生姜一兩,刮去皮,切

烏豈一合

右以水[illegible]升,煎取七合,去滓。空心服之,不過二兩服愈。

薤白粥方

治老人腸胃虚冷、泄痢水穀不止。

薤白一升,細切　　粳米四合

葱白三合,細切

右相和作羹,下五味椒醬姜。空心食,常服之,效。

麯末粥方

治老人脾虚氣弱、食不消化、泄痢無定。

神麯二兩，炙，搗羅爲末　　青粱米四合，浄淘

右相和煮作粥。空心食之，常三五服。温中，極愈。

車前子飲

治老人赤白痢日夜無度、煩熱不止。

車前子五合，綿裹，用水二升，煎取一升半汁

青粱米三合

右取前汁煮作飲。空心食之，日二服，最除熱毒。

食治老人煩渴熱諸方第八

枸杞飲方

治老人煩渴口乾、骨節煩熱。

枸杞根白皮一升　　小麥一升，浄淘

粳米三合，研

右以水一斗，煮二味，取七升汁，下米作飲。渴即[①]漸服之，極愈。

大麥湯方

老人煩渴不止、飲水不定，轉渴舌捲乾焦。

寒食殘大麥一升　　赤餳二合

① "即"，飛本無。

右以水七升，煎取五升，去滓，下餳調之。渴即服，愈。

黄雌雞羹方

治老人煩渴、小便黄色、無力。

黄雌雞一隻，如常法　　粳米二合，淘折

葱白一握

右切雞和煮作羹，下五味，少着鹽。空心食之，漸進常效。

猪肚方

治老人消渴熱中、飲水不止、小便無度、煩熱。

猪肚一具，肥者，净洗之　　葱白一握

豉五合，綿裹

右煮令爛熟，下五味調和。空心切漸食之，渴即飲汁，亦治勞熱。

兔頭飲方

治老人煩渴、飲水不足、日漸羸瘦困弱。

兔頭一枚，净洗之　　豉心五合，綿裹

右以水七升，煮取五升汁。渴即漸飲之，最效。

青豆湯

治老人消渴熱中、飲水無度、常若不足。

青豆二斤，净淘

右煮令爛熟。空心食之，渴即飲汁，或作粥食，任性益佳。

冬瓜羹方

治老人消渴煩熱、心神狂亂、躁悶不安。

冬瓜二斤，去皮　　豉心二合，綿裹　　葱白半握

右以和煮作羹，下五味調和。空心食之，常作粥尤佳。

鹿頭方

治老人消渴，諸藥不瘥，黄瘦力弱。

鹿頭一枚，炮去毛，净洗之

右煮令爛熟，切。空心日以五味食之，並服汁極妙。

食治老人水氣諸方第九

鯉魚臛方

治老人水氣病，身體腫，悶滿氣急，不能食，皮膚欲裂，四肢常疼，不可屈伸。

鯉魚肉十兩　　葱白一握

麻子一升，熬，細研

右以水濾麻子汁，和煮作臛，下五味椒姜調和。空心時漸漸食之，常服尤佳。

水牛肉方

治老人水氣病，四肢腫悶沉重，喘息不安。

水牛肉一斤，鮮肥者

右蒸令極熟。空心，切以姜醋五味漸食之，任性爲益。

麻子粥方

治老人水氣腫滿，身體疼痛，不能食。

冬麻子一升，熬研，攄取汁　鯉魚肉一兩，切

右取麻子汁，下米四合，和魚煮作粥。以五味葱椒空心食，日一服，頻作皆愈。

赤豆方

治老人水氣脹悶，手足煩痺，氣急煩懣。

赤小豆三升，淘净　樟柳根白者，切，一升

右和豆煮爛熟。空心常食豆，渴即飲汁，勿別雜食，服三二服立效。

郁李仁粥方

治老人水氣，面腫腹脹，喘乏不安，轉動不安，手足不仁，身體重困或疼痛。

郁李仁二兩，研，以水濾取汁　薏苡仁五合，淘

右以煎汁作粥。空心食之，日二服，常服極效。

赤[1]白皮飲

治老人水氣，面目虛腫，足趺脹滿風急。

桑白皮切一升以煎，取三升[2]半乾

---

① “赤”，陈直《壽親養老新書·食治老人水氣諸方》作“桑”。

② “升”，飛本作“以”。

青粱米四合,研

右以桑汁煮作飲。空心漸食,常服尤佳。

大豆方

治老人水氣腫滿,手足俱脹,心煩,滿悶無力。

大豆二升　　白术二兩　　鯉魚肉一斤

右以水和煮,令豆爛熟。空心常食之魚、豆,飲其汁尤佳。

食治喘嗽諸方第十

猪頤酒方

治老人上氣急,喘息不得,坐卧不安。

猪頤三具,細切　　青州棗三十枚

右以酒三升浸之,若秋冬三五日,春夏一二日,密封頭,以布絞去滓。空心温任性漸服之,極驗,忌鹹熱。

棗煎

治老人上氣氣急,胸膈逆滿,食飲不下。

青州棗三十枚,大者去核　　土蘇三兩

餳二合

右相和微火温,令消即下棗攪之;相和以微火煎,令蘇、餳泣盡即止。每食上即嗷一二枚,漸漸咽汁爲佳,忌鹹熱炙肉。

薑糖煎方

治老人上氣咳嗽,喘息氣急,煩熱不下食,食即吐,逆腹脹滿。

生姜汁五兩　　　　沙糖四兩

右相和，微火温之，一二十沸即止。每度含半匙，漸漸下汁。

桃仁煎方

治老人上氣熱，咳嗽，引心腹痛，滿悶。

桃仁二兩，去皮尖，熬末　　　　赤餳四合

右相和，微煎三五沸即止。空心，每度含少許，漸漸咽汁尤益。

食治脚氣諸方第十一

猪肚生方

治老人脚氣，煩熱脚腫，入膝滿悶。

猪肚一枚，細切，作生，肥者

右以水洗，布絞令乾，以蒜醋椒醬五味。空心常食之，亦治熱勞，補益效。

鯉魚臛方

治老人脚氣逆，心悶煩燥，心神狂誤。

鯉魚一斤，取肉　　　　蓴菜四兩

粳米二合，研

右切以葱白一握，相和煮臛，下五味椒姜調和。空心食之，常服佳，亦治水氣。

麻子粥方

治老人脚氣煩悶，或吐逆不下食，痺弱。

麻子一升，熬研，水濾取汁　　粳米四合，净淘

右以麻子汁作粥。空心食之，日一服，尤益，亦中治冷氣。

烏雞羹方

治老人脚氣攻心，煩滿，胸腹脹滿。

烏雞一隻，治如常法　　葱白一握，細切

米二合，研

右煮令熟。空心，切，作五味作羹，常食之爲佳。

猪腎粥

治老人脚氣煩痺，緩弱不隨，行履不能。

猪腎一雙，去膜，細切　　粳米四合

葱白半握

右和煮作粥，下五味椒姜。空心食之，日一服最驗。

豉心酒方

治老人脚氣痺弱，五緩六急，煩躁不安。

豉心一升，九蒸九曬爲佳　　酒五升

右以酒浸一二日。空心，任性温服三盞，極效。

食治諸淋方第十二

青豆方

治老人淋，煩熱，小便莖中痛澀，少不快利。

青豆二升　　橘皮二兩

麻子汁一升

右煮豆臨熟,即下麻子汁。空心漸食之,併服其汁,皆驗。

小麥湯方

治老人五淋久不止,身體壯熱,小便滿悶。

小麥一升　通草二兩

右以水煮取三升,去滓。漸漸食之,須臾即瘥。

酥蜜煎方

治老人淋病,小便長澀不利,痛悶極。

藕汁五合　白蜜五合

生地黄汁一升

右相和,微火煎之令如餳。空心含半匙,漸漸下汁,食了亦服,忌熱食炙肉。

蘇粥方

治老人五淋燥痛,小便不多,秘澀不通。

土蘇二兩　青粱米四合,淘净

漿水二升

右煮作粥,臨熟,下蘇攪之。空心食之,日一服,尤佳。

車前子飲

治老人淋病,小便下血,身體熱盛。

車前子五合,綿裹,水煮取汁　青粱米四合,淘研

右煮煎汁作飲。空心食之,常服亦明目、去熱毒。

食治噎塞諸方第十三

羊肉索餅方

治老人胸膈妨塞，食飲不下，漸黄瘦，行無力，劣弱。

羊肉白者四兩，切，作臛頭　白麪六兩

橘皮末一分

右搗薑汁、搜麪作之，如常肉，下五味葱椒橘皮末等，炒煮熟。空心食之，日一服，極肥健，温臟腑。

黄雌鷄餺飥方

治老人噎病，食不通，胸脇滿悶。

黄雌鷄四兩，切①作臛頭　白麪六兩

茯苓末二兩②

右和茯苓末、搜麪作之，豉汁中煮。空心食之，常作三五服，極除冷氣噎。

蘇蜜煎方

治老人噎病氣塞，食不通，吐逆。

土蘇二兩　白蜜五合　生薑汁五合

右相和，微火煎之令調。空心服半匙，細細下汁尤效。

① “切”，飛本無。

② “二两”，飛本無。

食治冷氣諸方第十四

桃仁粥方

治老人冷氣，心痛無時，往往發動，不能食。

桃仁二兩，去皮尖，研，水淘取 青粱米四合，淘淅

右以桃仁汁煮作粥。空心食之，常服，除冷温中。

茱萸飲方

治老人冷氣，心痛不止，腹脹滿悶，坐卧不得。

茱萸末二分　　青粱米一合，研細

右以水二升，煎茱萸末，取一升，便下米煮作飲。空心食之，一二服尤佳。

椒麪餺飥方

治老人冷氣心痛，嘔不多，下食頓悶。

蜀椒一兩，去目及閉口者，焙乾爲末，篩

白麪五兩　　葱白三莖，切

右以椒末和麪搜作之，水煮，下五味調和食之。常三五服，極效尤佳。

食治諸痔方第十五

鯉魚鱠方

治老人痔下血久不瘥，漸加黄瘦無力。

鯉魚肉十兩，切作膾，如常法

右以蒜、醋、五味。空心恒食之，日一服極瘥，忌鮓、甜食。

野猪肉羹方

治老人五痔久不愈，生瘡疼。

野猪肉一斤，細切　　葱白二握　　米二合，細研

右煮作羹，下五味調和椒姜。空心漸食之，常作極效。

鮎魚方

治老人五痔，血下無瘥，肛門腫痛，漸瘦。

鮎魚肉一斤　　葱白半把

右以白水煮令熟。空心以蒜醋五味漸漸食之，常作尤佳。

食治諸風方第十六

麻子飲方

治老人中風汗出，四肢煩痺，言語不利。

麻子五合，熬，細研，水淹取汁　粳米四合，净淘，研之

煮飲食之。

大豆酒方

治老人卒中風，口噤，身體反張，不語。

大豆二斤，熬之　　清酒二升

右熬豆令聲絶，即下酒投之，煮一二沸，去滓，頓服之，覆卧

取汗[1]差。口禁，拗灌之。

陰證、急傷寒，服此神效。

白羊頭方

治老人中風，心神昏昧，行即欲倒、嘔吐。

白羊頭一具，治如常法

右以空心、用姜醋漸食之，爲佳。

烏雞臛方

治老人中風煩熱，言語澀悶，手足熱。

烏雞半斤，細切　　麻子汁五合　　葱白一把

右煮作臛，次下麻汁、五味、姜、椒，令熟。空心食之，補益。

蒜煎

治老人中風邪毒，臟腑擁塞，手足緩弱。

大蒜一斤，去皮，細切　　大豆黄炒二斤

右以水一升和二味，微火煎之，似稠即止。空心每服食，嗽三二匙，亦補腎氣。

補腎地黄酒

治老人風濕痺，筋攣骨痛，潤皮毛，益氣力，補虚乏，止毒，除面皯，宜服。

① “汗”，飛本作“汁”，非。按陈直《壽親養老新書・食治老人諸風方》作“汗出”。“汗差”爲醫家常用語，指病人服藥或護理後發汗，即獲痊可。

生地黄一升①，切　　大豆二升，熬之

生牛蒡根一升，切

右以絹袋盛之，以酒一斗，浸之五六日。任性空心温服，常服三二盞，恒作之，尤佳。

雁脂酒方

治老人風攣拘急，偏枯，不通利。

雁脂五兩，消之，令散

右每日空心，温酒一盞，下脂半合許調，頓服之，常益。

巨勝酒方

治老人風虚痺弱，四肢無力，腰膝疼痛。

巨勝二斤，熬　　薏苡仁二升

乾地黄半升，切

右以絹袋貯，無灰酒一斗漬之，勿令洩氣，滿五六日。任性空心温服一二盞，尤益。

蒼耳茶方

治老人風冷痺，筋脈緩急。

蒼耳子一升，熬，搗爲末

右每日煎服之，代茶常服，極治風熱，明目。

槐茶方

治老人熱風下血，明目益氣，除邪，治齒疼，利臟腑氣，宜食之。

---

① "升"，飛本作"斤"。

槐葉嫩者五斤，蒸令熟，爲片，曬乾作茶，擣羅爲末

右每日煎如茶法，服之恒益，除風尤佳。

養老奉親甘旨終。

治諸病經驗方並用秦氏所載

諸風證

加減青州白圓子

治痰嗽諸風，張良甫左丞常服。

齊州半夏　　南星去浮皮

川烏去皮臍，三隻　　天麻

全蝎去毒，各二兩

右前件將二味水浸軟，切作片子用。生絹袋盛，水盤浸之，春六夏二秋七冬十，每日一換水。白日曝，夜露搭了曝乾。同天麻、全蝎爲末，用糯米粥清爲丸，桐子大。每服或十丸十五丸，生姜湯下，食後臨卧服。

八味順氣散

白朮　　白茯苓去皮　　青皮去穰

香白芷　　陳皮去白　　天台烏藥

人參各一兩　　甘草炙，半兩

右爲細末，每服三錢水一大盞。煎至七分，温服，不拘時候。仍以酒化蘇合香圓[①]間服，有風者先服此，次進風藥。

---

① “圓”，飛本作“丸”。又，元朱震亨等《丹溪先生心法》亦作“丸”。

烏藥順氣散

治風氣不順，手足偏枯，流注經絡，并濕毒進襲，腿膝攣痺，筋骨疼痛。

烏藥去木　麻黄去節　橘皮各一兩
甘草炙　枳殼麩炒，去穰　川芎
桔梗　白芷各一兩　白薑炮，半兩
白殭蚕炒，去絲

右爲末，每服二錢七分水一盞，姜三片，薄苛七葉，煎七分，空心服。治氣，去薄苛，用棗子二枚同煎。

傷寒證諸方

和解散

不問四時，傷寒陰陽，表裏虚實，纔覺有病，連進三服，得汗即愈。

邵前胡去蘆，净　川升麻　京芍藥
赤芍藥　白术　熟蒼术
川獨活　羌活　川芎
藁本　桔梗　防風
熟半夏　甘草　人參去蘆
藿香各一兩　粉葛二兩，去皮

右㕮咀，每服四錢水一盞半，煎至七分，常用薑五片煎。

增寒壯熱，發渴頭痛①，四肢酸疼、强直，加去節蔴黄一錢半，

① “痛”，飛本作“疼”。

姜葱連鬚。

身熱，頭疼煩燥，小便赤，衄血，加麥門冬去心。

疹子欲出未出，熱煩，加當歸、黄芪、紫草各半錢。

感風頭目不清，加北細辛半錢、茶芽少許。

陰濕，脚痛，大便秘，小便赤，加煨熟大黄半錢、檳榔半錢。

氣虚，頭疼，目眩，加生川芎半錢。

中風，口眼喎斜，角弓反張，潮涎昏悶，不省人事，加附子、川芎、南星各半錢，姜葱煎。

下血，加槐花半錢。

血痢，加烏梅、燈心。

熱嗽，加桑白皮、薄苛同煎。

老人、孕婦及自汗自痢者，宜詳證，不可服。

中暑證諸方

香薷散

治臟腑冷熱不調，飲食不節，或食腥鱠生冷過度，起居不節，露卧濕地。

當風取涼而風涼之氣歸於三焦，傳於脾胃，脾胃得冷，不能消化水穀，致令真邪相干，腸胃虚弱。因飲食變亂於腸胃之間，便致吐痢[①]、心腹疼痛、霍亂氣逆，有心痛而先吐者，腹痛而先痢者，心腹痛而吐痢俱發者，發熱、頭痛、體疼，而復吐痢虚煩者，轉筋拘急疼痛者，但嘔而無物出者，四肢逆冷而脈欲絶者，煩悶昏

① “痢”，飛本作“血”，非。按，後文有“心腹痛而吐痢俱發者”、“而復吐痢虚煩者”，知本條病證主謂吐痢，非吐血。

塞而欲死者，此物悉能治之。

白匾豆微炒，半斤　　香薷去土净，三斤

厚朴去粗皮，薑①汁炙熟，半斤

右粗末，每三錢水一盏，入酒一分，煎七分，去滓，水中沉冷，連喫二服，不拘時候。

活人書方

不用白匾豆，加黄連四兩，剉碎，以生薑汁同研匀，炒令黄色，名曰黄連香薷散，此藥功效甚，不可盡述。

治暑證諸藥不救者

硃砂研細，水調灌下，立瘥。

治暑暍

逡巡悶絶不救者。此方在徐州沛縣城門上板書揭之，不知何人所施。

道上熱土　　大蒜

右略等分，爛研，冷水和，去滓脚，飲之即瘥。仍掬道上熱土熨臍腹妙。

出陸須知云

凡行役之人，只可食蒜，飲水解渴，勿服暑藥。直至臍下，久成痼疾，爲害非輕。歇定服暑藥則可。

① “薑”，飛本作“生薑”。

積聚證諸方

開結枳實圓

宣導凝結，消化痰飲，升降滯氣，通行三焦，滋榮心肺，灌溉肝腎，補助脾胃，轉行百脈。專主中痞，痰逆惡心，嘔噦肺實，酒食停積，脇脹喘悶，咽嗌不利，悉皆治之。

枳實麸炒	白术
半夏湯泡，七次	天南星炮
苦葶藶隔紙炒	白礬枯
大黄各半兩	黑牽牛頭末二兩
皂角去皮子，炒黄	旋覆花各一兩
青皮去白	木香各半兩

右爲細末，入牽牛末令匀，取生薑自然汁煮，糊爲丸，如桐子[①]大。

如單腹脹，上喘涎多，四肢腫滿。生薑湯下三四十丸，食後以微利爲度。

婦人乾血氣，隔實腫滿，或産後有傷，面目浮腫，小便不利，生薑葱白湯下。

酒痺病，温酒下。

老人祕澀、小便不利者，二三十丸温湯下。

① “桐子”，底本作“相子”，不辭，且上下文“如桐子大”語例頻出，應係字形相近訛誤，茲據飛本改。

導氣枳殼圓[①]

治氣結不散，心胸痞痛，逆氣上攻。分氣逐風，功不可述。

枳殼去穰[②]，麸炒　　木通剉[③]，炒

青皮去白　　陳皮去白

黑牽牛炒　　桑白皮剉，炒

蘿蔔子微炒　　白牽牛炒

莪茂煨　　茴香炒

荆三稜煨，各等分

右爲末，生薑汁打麪糊爲丸，如桐子大，每服二十丸，煎橘皮湯下。

通仙散

男子取積，婦人取敗血，不動真氣。

蕎麥麪二錢半　　大黄末一錢半

右二味酒調，臨卧服。

化鐵丹

治遠年近日沉積，及内傷冷物，心腹疼痛。

胡椒四十八粒　　烏梅八個，不去核

青皮不去穰　　陳皮不去白，各半兩

巴豆十六個，不去皮油

① “圓”，飛本作“丸”。

② “去穰”，飛本無。

③ “剉”，飛本無。

右爲細末,醋糊爲丸,如菉豆大,每服五七丸,生薑湯下。

萬病無憂散

治風疾、瘡腫、疥癬,或臟腑積冷、壅滯、氣結、風勞,膀胱宿冷,臟腑虚衰,面色痿黄,内有癥癖氣,并常有疳蟲、蚘蟲攻,心腹俱痛。忽中傷寒,頭痛[①]不忍狀。若山嵐時氣,瘟疫之疾,並宜急服此藥,宣通三五行立瘥。或中風口喎,語多蹇澀,睡後口中涎出,不限時節,不問男子、女人,但五日一服,不過三服永瘥。久患腰膝疼痛,脚氣腫滿,運動艱難,飲食無味,并小兒疳痢脱肛者,量大小與服,一二五行自瘥。大人久瀉氣痢狀,若休息痢止,有時但一服,取下冷濃一二升,當日見效。藥無四時冷熱,老幼、衰弱、病患者悉除之,任服他藥無妨。若服常時,蓋緣搜出臟腑中積滯蟲膿故也。無孕婦人,久患血虚氣弱、痿黄無力者,亦宜依方服,宣通氣候,殊不困倦,無妨此藥。凡有百病,並皆治之,不可俱載。有孕婦人,或遇陰晦時節,不可服;天道晴明,可進。若雖復疾而未愈者,再服妙。

黄芪　　木通　　桑白皮

陳皮各一兩　　胡椒　　白术

木香各半兩　　黑牽牛四兩,頭末另研

右七味爲細末,每服一錢,牽牛頭末一錢,生薑二錢,切作大片,煎湯調藥。候温五更服,再用薑湯送下,平明可行三五次,快利無妨,以白粥補之,痊矣。

① "痛",飛本作"疼"。

千金圓

治證同前。

大黄一兩　　木香一兩

右爲細末，醋糊爲丸，每服三十丸，温水送下。

水腫證諸方

治氣虛水腫浮脹方

昔公使西庫攢司陳通患此一病，垂死，醫者已不下藥。偶一婦人傳此方，云是道人所授，服之，病自小便而下幾數桶，遂愈。乙巳年事，余時宰清流云。

大蒜一個，爛研，以蛤粉和，無分兩，可丸即止，如梧桐子大。每服十丸，白湯下。若氣不升降，即以大蒜一頭，每瓣切開，逐瓣内入茴香七粒，用濕紙裹煨香熟，爛嚼，白湯送下，不拘多少。若臟腑不止，即以丁香如茴香法煨服，每瓣用三粒。

神應散

治十種水氣：五蠱、水蠱、血蠱、酒蠱、氣蠱、四肢浮腫、腹脹、小便不通、大便澀黄、蘊不思飲食，並皆治之。

廣木香三錢　　澤瀉

檳榔　　椒目各半兩

大黄兩半　　黑牽牛一兩①

① "一两"，飛本無。

黑附子一隻,重一兩者佳,半隻,濕紙裹,炮裂

右爲細末,每服五錢,樟柳根自然汁、蜜一大匙,將前附子同擂碎,取汁放温。五更同藥調,面東服,忌鹽、醬、蜜、腥、膩、房事一年。

痰飲證諸方

滌痰圓

治三焦氣澀,痰飲不利,胸膈痞滿,咳唾稠濁,面目熱赤,肢體倦怠,不思飲食。常服升降滯氣,清膈化痰。

木香　　檳榔

青皮　　陳皮去白

京三稜煨,炮裂　　枳殼麩炒,去穰

大黄濕紙裹煨,令香熟　　半夏湯洗七次,各一兩

黑牽牛微炒,二兩

右爲細末,麪糊爲丸,如梧桐子大,每服四五十丸,用薑湯下。

化痰鐵刷圓

治男子婦人風痰、酒痰、茶痰、食痰、氣痰一切痰逆,嘔吐,痰厥,頭痛,頭目昏眩,肺痿喀膿,聲如拽鋸,並皆治之,此藥化痰止嗽定喘。

白附子炮　　南星炮

半夏湯洗　　白礬生用,各半兩

寒水石兩半　　乾生薑七錢半

磠砂　　輕粉一分

皂角一兩,去皮子

右爲細末，麪糊爲丸，如桐子大，食後一二十丸，薑湯下。

咳嗽諸證方

單方

治勞喘嗽一切肺疾久不愈者，及經打傷損肺。用白芨煮稀米粥服之。

昔有人平生遭人打傷，每服此輒愈。後因犯辟，臨刑以此方傳人，且令人俟其死，割腹驗之。後驗之於肺上數處，皆白芨所補。

化痰圓

治咳嗽涎喘，日進三服。

天南星　　生薑各一兩

半夏　　枯礬各一兩半

右爲末，水糊爲丸，桐子大，每二十丸，食後温虀汁送下。

勞瘵證諸方

炙法

治諸勞瘵已深難治者，以癸亥日二更盡入三更，令病人平眠，以箸於兩腰眼點兩穴，各炙七壯。本無穴，然累試已驗，絶妙。

青蒿飲

治傳尸勞瘵，不問遠年近日，皆可治之，妙不可言。

阿魏一分，小便先洗　　桃枝一大握

梹榔一兩　　青蒿各一兩

甘草三寸　　葱白三寸

右件六味，以童子小便二升，浸桃枝、蒿、葱、甘草四味，煎取六合許，然後入阿魏，更煎二三沸，作二服。臨服時，入梹榔末半兩同服。如覺惡心，必吐，吐後人心安時，再服一服，其癆虫定出。送藥人勿與患人對立，恐虫傷人。若男患，以女人煎藥；若女患，以男子煎藥；忌雞犬等物觸之。患者冬則三服，一年内五服，其病自盡，去其根。

單方

鰻、鱺魚或煮或煎，淡食常服即愈，此物殺諸虫故也。

黄芪劫癆散

治心腎俱虚，癆嗽時復三兩聲。無疾遇夜發熱，熱過即冷，時有盜汗，四肢倦怠，體劣黄瘦，飲食减少，夜卧恍惚，神氣不寧，睡多異夢。此藥能治嗽，嗽有唾，唾中有紅線，名曰肺痿，若上件疾不治，即成羸劣之疾矣。

白芍藥純白者，洗净，焙乾，稱八兩重

綿黄芪直者洗净，去蘆劈開，蜜湯浸，慢火炙

粉草堅實大者，削皮，去蘆劈開，慢火炙，平

人參新羅者，去蘆，洗净，焙乾，秤

白茯苓堅實者，去皮，焙乾，秤

五味子北方者，去枝梗，净，秤

乾熟地黄洗去土，酒浸二次，蒸二次，焙乾

川當歸水洗土净，去蘆頭，酒浸一宿，焙乾，秤

半夏揀大者，沸湯洗七次或五次，焙乾，秤，研爲末。另研生姜自然汁，和作餅子，焙乾，再秤

阿膠揀明净好者，剉成小塊，以蛤粉先入鍋炒熱，却下阿膠急攪轉，候膠成珠，傾篩内去粉，不用

已上九味，各净重三兩，與前白芍藥，共十味。

右件藥比前數分兩須是多買，逐一製度了，焙乾，方秤，不然恐分兩有走作。㕮咀每服約六錢重，用水盞半，入帶皮生姜一十二片，棗兒三枚，去核，慢火煎，勿攪動，煎至八分，去滓。温服，日進二貼，作五盞煎服，不拘時候，不可一日斷缺，須使藥力連接爲妙。每早服一貼，食後服滓，午前服一貼，食後服滓，將二段滓，臨卧亦煎服之。此藥須志誠修合，服者志誠，則取效驗。

治翻胃證諸方

翻胃平胃散

平胃散多加硇砂、姜爲末，沸湯點服，當吐出惡物一塊，黑色如石，屢驗。

又方：大附子一枚，去蓋刳中，使净，納丁香四十九粒，仍以蓋覆之，以綿拴繫放銀石器。以生姜自然汁約一盞，慢火熬令乾，研爲細末。每服一錢，匕摻舌上，漱津下。若煩渴，可徐食粥糜，忌油、膩、生。

又方：治翻逆吐食，只一服取效。

五靈脂不拘多少，狗膽和圓，如小栗子大。每服一丸，用好酒一大盞，入乾姜末二錢，煎數沸，用一半姜湯浸藥一丸，蓋定，候化開，再與鍋内湯一同煎三二沸。先準備稀白粥一盞用，一人

過藥，一人供粥，並要十分滚熱，先食藥一口，速食粥一口，又喫藥一口，粥一口，乘熱速喫，燒唇蕩口爲度。

陰毒證諸方

更生餅子

治陰毒亦能發汗。

露蜂房三錢，燒灰存性，生葱白五寸，同研爲丸。男左女右，着手中握陰莖，卧汗出愈。

奪命坐丹

亦名白虎圜，治男子婦人陰毒。

寒水石不拘多少，爲細末。右用兩餾飯和成劑，搗千餘下，丸如栗子大，日乾。每用一丸，臨時於炭火内燒紅，乘熱研細，滚酒一盞調服，後葱醋湯投，汗出愈。

吐法

治陰毒危急者，大黑豆不拘多少，燒鍋乾炒，投無灰酒浸之，去豆。乘熱大碗飲或灌下，即吐復飲，汗出爲度。

諸瘧證諸方

常山飲

治諸瘧，先寒後熱，或先熱後寒，或寒熱獨作，或連日併發，或間日一發。頭疼惡心，煩渴引飲，氣息喘急，口苦咽乾，諸藥不效。

川常山　　知母

甘草炙　　草果不去皮，各二兩

烏梅一兩

右爲㕮散，每服四錢，水盞半，棗五枚，良姜一兩半，同煎七分，去滓。温服，未發前進三服。

八味順氣散

方見諸風證。

瘧疾，無痰不發故也，服此愈。

頭風證諸方

八味順氣散

方同前。

頭風，無痰不發故也，服此愈。

珍珠散

治偏正頭疼，眼疼、牙疼，並皆治之。

米珠一字　　桂府滑石二兩

没藥半兩　　乳香半兩

馬牙盤礠一兩　　麝香

腦子各少許

右爲極細末，每用一字，噙水鼻中吹之。婦人，童子吹；男子，女兒吹。

眼目證諸方

重明散

治一切風熱，内外障氣眼。

川獨活	川羌活
川芎	吴射干
井泉石	仙靈皮
防風	甘草
蒼术各半兩	白术
丹參	石決明
草決明各三分	

右爲末，每服二錢，水盞半，煎至一盞。温服，日進三服，食後。

沃眼法

每夜臨卧，鹽嗽畢，温熱漿水口漱、沃眼目、洗面。早晨亦然，最能明目、散血、去風、光澤面顔，尤治刺皯，每日不可闕此。

龍腦金水膏

治風熱上壅，赤目翳障，兩眼筋膜，努肉攀睛，迎風多淚，視物昏花，倒睫拳毛，熱淚不止。常點亦妙，驅風涼血，明目通神。

蕤仁十個，紙裹，研去油，如霜，極細末

硃砂二錢，光明者，另研，極細

乾胭脂一錢，好者

硇砂一錢，光净者，另研，極細

麝香半錢，真者，另研，極細

龍腦二錢，片子者，另研，極細

右件六味，各依製度，極細末，用好蜜六兩，重羅或重紗濾過，將六味藥乳鉢中同研，漸漸下蜜四兩匀，用磁器封合，用度點之。

咽喉證諸方

治喉閉

鯖魚膽一枚，臘月收入白礬末少許，懸西北屋簷下，陰乾爲末，備急。用蘆筒吹入咽喉，立瘥。

點眼起翳膜。

失音不語

新槐花不拘多少，瓦上慢火炒焦，置懷袖中。時將二三粒口中咀嚼咽之，使喉中常有味，久久聲自出。

鼻衄證諸方

龍骨散

治時氣，鼻衄三升已上，恐多，宜此藥止。

右以龍骨爲細末，用少許吹入鼻中。九竅出血，皆用此吹。

三奇散

治衄血不止。

亂頭髮一錢　　　　人中白一錢

麝香一字

右爲細末，鼻内嗃少許，立止。

風癇證方

三聖散

治風癇搐搦，心志發狂，棄衣而走，登高而歌，或數日不愈，逾垣上屋，妄言罵詈，不避親疏，妄見鬼神，一切潮熱，及風中厥逆，失音，牙關緊急，並可吐之。

防風三兩，去蘆　　　　瓜蒂二兩，炒

藜蘆去苗，加減用，或一兩，或半兩，或二兩

右爲粗末，每服半兩，用虀二盞煎三沸，濾於大碗中，再用虀一盞，煎滓三沸。却入先煎藥，同熬三沸，澄清，候温徐徐投之，不必盡劑，吐。吐多者，煎葱白湯咽三五口立解。如不吐，再加服之，常於喉中箸探引之。如服藥多，不吐，出涎，再飲薤汁、鹽湯各一兩盞，投之或不出，再以光釵喉中探引，即出矣。须用白盆一隻，黑盆不見涎形狀，吐下青黄涎沫二三升爲效。吐罷之後，喫微温白粥一兩，頓此三聖散。汗、下、吐三法俱行，防風發汗、瓜蒂下泄、藜蘆湧吐。凡用法則禁忌：

證候小者勿服

病久者雖合吐勿服

吐血虚人勿服

心先懼怕勿服

主病不正勿服

衆口不能正者勿服。

用吐法：先證病人心神，居净室中，善侍病者一二人，温克和柔，善誘患人，則妙矣。隄防吐眩暈，揉撲呼叫病人，諸狂必損。吐瀉罷，可與冰水及新水，降心火，勿食熱物，恐不得故也。

瀉痢證諸方

通草散

錢宅治因服暑下血如久痢方。其序云："余崇寧二年，自太府出爲發運，由夏及秋，患痢兩月。一日一夜，三四十次，然血多白少，名醫皆曰此痢也。聞泗洲青陽鎮李中和助教善醫，即遣人召之。中和至，看脈，即曰：'此非痢也。'始甚恕[①]之，徐叩之，李曰：'血多白少，小便澀少，即非痢。'其言中余之病，心已神之，乃是舊因伏暑，小便傳導入大腑，由心經而過，遂化爲血，由大腑而下，故其狀似痢而非痢也。但令大小便各歸本臟即安。"

木通　　通草各半兩

澤瀉一分　　竹茹二錢，少用，老人減半

右件剉如大米粒，或爲細末。既剉時，即每服秤三錢，水一盞，煎至七分。温服，若細末，即每服抄二錢，依前法煎。食後日中夜卧，一服便住。

三神圓

光圓草烏頭不光并尖長者不用。以三個爲一料内，一個火燒存性，一個火炮裂，一個生用

① "恕"，飛本作"怒"。

右並爲細末，麪糊丸如梧子大。大人服十丸或十五丸，小兒三丸或五丸。

白瀉，冷水下。

赤痢，煎甘草湯，候冷下。

白痢，煎乾薑湯，候冷下。

赤白相鬥，煎乾薑、甘草湯下，並空心食前服。忌熱物、熱湯，須候冷方可食，仍忌魚鮓、雞肉、腥膩等物。

小腸氣諸方

祛痛圓

治小腸氣、膀胱氣，痛不忍者。

脚氣，橘皮湯下。

破故紙碾細，炒　　黑牽牛頭末，各等分

右件，先用釅米醋煮蒜瓣熟，研爛，入前藥三味，搜成劑丸如桐子大。每服二三十丸，空心，淡醋送下。

如神散

專治小腸氣。

木通二兩　　黄芩二兩

甘草一兩

右件，㕮咀，每服五錢，水二大盞，煎至一盞。冷服，不拘時。

灸法

治小腸氣痛，灸足底、中指中紋，七壯立效。

脚氣證諸方

木瓜散

專治脚氣，不問遠年近日，陰陽二證，痛不可忍者。

木瓜　紫蘇

木香　羌活各二錢半

甘草一錢　檳榔二隻，一圓一尖者

氣實加大黄

右㕮咀，每三錢水一盞，煎至七分，去滓，温服。

神效膏

治風濕，脚氣腫痛，及瘡瘍腫毒，遇腫處敷貼，以紙花蓋之。

皂角一斤，肥大不蛀者，去皮、弦，火微焙，木槌槌碎，不犯鐵器

乳香一兩，别研

右件，用釅米醋一大碗挼皂角，取濃汁，帛濾去皮滓，銀石器中慢火熬成膏子，次入乳香末攪匀，磁罐收貯。

治脚氣服藥不痊者

於地上掘作盆子，深五六寸，可容脚。用炭火燒赤，然後噴釅醋遍地，鋪净葱，不去皮根。具小床坐定，用脚伸地盆内蒸，候汗出如膠，拭去。忌房事，不兩三次必愈，神效。

七宣散

治風氣結聚，宿食不消，如砂石淋，皮毛脱落，腹中積年，腰脚痛冷如水石，脚氣衝心，腹脹悶滿，胸膈閉塞，流毒腫氣，運及

頭面，大便秘，小便澀，脾胃氣痞，不能飲食，及轉筋疼痛，兩手急，心神恍惚，眠寢不服。

大黄十五兩，麫裹煨　柴胡去苗

木香　枳實炒

呵子各五兩　甘草四兩

桃仁三兩

右爲末，煉蜜爲丸，如桐子大，每服二十丸，米飲湯送下，食後少增，至七八十丸，取大小便利爲度。不問男子、婦人、老幼，並可服之，量虛實加減。

痔漏證諸方

榼藤子圓

治腸風瀉血，濕熱内甚，因爲諸痔，久而不治，乃變成瘻。

黄芪　枳殼

槐花　荆芥穗

風眼草各一兩　榼藤子一對，炙

皂子三百個，炙

右爲細末，麫糊丸如桐子大，每服二三十丸，空心酒下，米飲亦得。忌油膩、冷、猪、魚、臭、血等物。

洗痔方

葳靈仙粗末，水煎，通手洗之。

薰痔方

乾鰻、鰈魚燒烟薰痔瘻，屢驗。

沃法

治腸風，下血如注，久不瘥者。

右唯用市河水，每遇更衣罷，便冷沃之，久沃爲佳，有效。

單方

治腸風下血，諸藥不效，危急者不過三服。

石榴皮擂爛，乾者亦可

右用茄根煎湯調服。

虚弱證諸方

淋渫藥山茱萸散

治腎氣虚弱，陰囊多汗或冷，腫痛不消，或捽引小腹，時發疼痛，並皆治之。

山茱萸	吴茱萸	硇砂
紫稍花	木通	零陵香
藿香葉	丁香皮各半兩	木鼈子
細辛	續斷	遠志
蛇床子	天仙子各二錢半	

右爲粗末，用一匙，水一碗，煎五七沸，先以熱氣薰，然後浴，宜蓋覆避風。

淋浴九仙散

助陽退陰，令堅硬，急疾陰委，陽事不舉。

附子炮裂，去皮宿　　蛇床子去土
石菖蒲　　紫稍花
遠志去心　　雄蚕蛾各一兩
浮萍草二兩　　丁香半兩
韶腦半兩，另研

右爲粗末，每用水兩碗，藥末一兩，葱白二莖，細切，煎至一碗半。乘熱淋洗，拭乾，仍避冷。十年委者，十次見效。

乾荷散

治陰囊腫痛，濕潤瘙痒，及陰痿弱。

牡礪燒　　蛇床子
乾荷葉　　浮萍草等分

右篩粗末，每用兩匙，水一大碗，煎三五沸，去滓，淋渫洗。

瘡腫證諸方

雞清散

治癰疽發背，丹毒惡腫時行，熱毒發作，赤色瘭癧。初發，吹㚣腫痛，急敷此藥，並皆内消，更不成膿。

赤小豆　　黄藥子
盆硝　　大黄
皂角去皮弦，酥炙　　木鱉子各等分

右爲細末，用雞卵清調，鵝翎蘸藥敷之，立效。

拔毒散

治丹腫。

寒水石四兩　　石膏二兩

黄蘗　　甘草各一兩

右爲細末，每用新汲水調如膏，攤紙花上，貼腫赤處。

内補十宣散

治一切癰疽瘡癤。未成者速散，已成者速潰，敗膿自出，勿用手擠，惡肉自去，不犯刀杖，疼痛頓減如神。

黄芪綿上者寸截搥碎，絲擘，鹽湯潤一炊時，焙

人參新羅者，去蘆　　防風擇新者，洗净，焙

芎藭川中者　　桂心卷薄者

桔梗　　甘草生用

厚朴梓州者，肉厚，色紫，去粗皮，薑汁罯一宿，焙

當歸川中者，如馬尾狀，滋潤净洗，薄切，焙

白芷各一兩

右件取净，焙曬乾方秤，除桂心外，擣羅爲細末，入桂心令勻。每服三錢，加至五六錢，熱酒調下，日夜各數服，以多爲妙。服至瘡口合，更服尤佳。性平，老人、小兒、婦女皆可服。

藿香托裏散

治諸惡瘡、腫痛，已發未發皆可服。

藿香　　連翹　　升麻

葛根　　甘草　　梔子

木通　　當歸　　牛蒡子

白殭蠶各二錢半　　黄芪

茵蔯　　大黄煨，各五錢

右爲粗末，分作四服，每服水一大碗，煎至七分，入酒一盞，去滓，臨卧温服。故宋東京寶梵院專貨，每服千錢。

婦人諸方

滋補暖宫圓

暖血海，實衝任，治婦人子宫虚弱，風寒客滞，因而斷續不成孕育，及帶下赤白，漏下五色，頭目虚暈，惙惙少氣，胸膈苦滿，心中煩悸，臍腹刺痛，連引腰背，下血過多，肋脇牽急，嘔逆不食，面色青黄，肌體羸瘦，寢汗自出，舉動乏竭，並能治之。常服，温補胞室，和養血氣，光悦顔容，逐散風冷，退除萬病，足成育，胎氣安固。

當歸三兩　　續斷
藁本去土　　吴茱萸去核，湯炮，七次
人參　　金釵石斛
白术　　白茯苓
黄芪密湯浸焙　　川芎
白芷　　縮砂仁
乾薑　　萆薢酒浸
乾地黄　　牡礪炒
香附子炒，去毛　　山藥
白龍骨　　兔絲子酒浸，焙乾
羌活各二兩　　山茱萸去穰
玄胡索　　茴香
川椒各半兩

右爲細末，煉蜜爲丸，如梧桐子。每服五七十丸，温酒下，淡醋湯亦可，日進二服，空心食前送下。

麝香圓

治婦人陰中久冷，或成白帶，淋瀝不斷，久無子者。

零陵香　藿香各二錢　蛇床子半兩
吴茱萸　枯白礬　木香各三錢
麝香二錢半　丁香　韶腦各錢半
不灰木　白芷各二錢半　龍骨五錢

右爲細末，煉蜜爲丸，每兩作四十丸，每丸綿裹，内陰中。

逍遥散

治血虚勞倦，五心煩熱，肢體疼痛，頭目昏重，心忪頬赤，口燥咽乾，發熱盜汗，減食嗜卧，及血熱相博，月水不調，臍腹脹，寒熱如瘧。又療室女血弱陰虚，榮衛不和，痰嗽潮熱，肌體羸瘦，漸成骨蒸。

甘草微炙，赤，半兩　當歸去苗，剉，微炒
茯苓去皮，白者　白芍藥
白术　柴胡去苗，各一兩

右爲粗末，每服二錢，水一大盞，燒生薑一塊切破，薄荷少許，同煎至七分，去滓。熱服，不拘時候。

四物湯

治婦人經血不調，或多或少，常服調榮滋血，及治腹痛、崩漏、血瘕，胎動不安，血下不止，産後乘虚，風寒内搏，惡露不下，結成瘕聚，小腹堅痛，時作寒熱。

當歸去蘆,酒浸,炒　　熟地黄酒浸,蒸

白芍藥　　川芎各等分

春加防風倍川芎,夏加黄芩倍芍藥。

秋加天門冬倍地黄,冬加桂枝倍當歸。

右爲粗末,每服半兩,水一盞半,煎至八分,去滓。熱服,空心食前,如胎動,血下不止,加膠艾煎服。

乾血氣

獨活、羌活、當歸、川芎、熟地黄各一兩。右爲細末,用紅花酒煎一盞半,入黑鯉鬐尾燒灰爲末,旋入少許。服藥後如醉,微汗出爲效。

滋血氣

先服黑神散一貼,然後此藥。

川藥煎兩半　　槐花一兩,炒　　牡礪一兩,固齊

赤石脂木賊緑礬一兩飛

右爲細末,醋糊爲丸,桐子大。每服五十丸,空心温酒下。

救自縊方

救自縊法

凡此等下手未久,心頭尚温,則用兩人捧起,放寬其索,未可便解下,切不可用刀割斷其繩。急將小竹管子吹氣,與他相接活。却用降氣湯、三和湯、蘇合香丸灌之。溺水未久者,亦可依此治之。

疥癬證方

風瘡癬方

專治遍身風瘡，遠年頑癬，久不效者。依法食之，不過二三服，大風證者常服，久而必愈。用烏鯉魚一個，俗云黑火頭，去腸肚，蒼耳填腹内，鍋中先鋪蒼耳，或根葉亦可，頓魚在上，仍用蒼耳罨之。少着水，慢火煼熟，去骨皮，淡食。慎勿與鹽、醬同食，功效不可盡述。

諸傷折方

治杖瘡

以防風、閼芥、大黄、黄連、黄栢用水煮，却以油紙裹乳香、没藥，線扎定，置所煮藥水中，再煮，久之取出。却洗下油紙，中二藥在藥汁中，用藥汁洗瘡，油紙貼瘡，一日一次。

鬼代丹

治打着不痛。

無名異研　　自然銅醋淬，研

没藥研　　乳香研

地龍去土　　木鱉子去殼，各等分

右爲細末，煉蜜爲丸，如彈子大，温酒下一丸，打不痛。

開花仙家接骨藥

無名異一兩　　甜瓜子一兩

乳香　　　　　　　　没藥各一二錢許

右爲細末,每服五錢,熱酒調通口服,小兒三錢。服藥訖,以紙攤黄米粥於上,糁左顧牡礪[1]末裹傷處,竹篦夾之。

一捻金散

治刀斧傷,止血,定痛,生肌。

降真香剉碎,炒見油　　　　五倍子各等分

右件同研爲末,貼之立效。

刀箭藥

此藥不得犯婦人手。

牛膽　　　　　　　　大灰不拘多少

乳香少許　　　　　　血竭少許

白芨

右用新牛膽内盛藥物,窨乾爲末,每用少許,乾貼。

湯火瘡方

治湯火燒蕩方

用蛤蠣燒赤,放冷,研如粉,每用油調塗之。

又方:臘月鼠浸香油,搽之立效。

又方:黄葵花收入瓶,不犯手者,搽之立效。

---

① 按,"左顧牡礪"是牡蠣之别名。清凌奂《本草害利・左顧牡蠣》:"故體用皆陰,爲肝腎血分之藥,用左者以平肝也。"

脚手諸瘡方

治臁瘡方

不問遠年近日，悉皆治之。

敗舡底灰服，鍛紅爲末。

輕粉五分。

右件和匀，用麻油調，鵝翎掃上，用茶篩内箬葉覆之，紗帛縛定，濕者乾付，歇七日勿動。開看未愈，依上再付上，終身不發，忌食一切毒物。

又方：用茶篩中箬葉，再用濃茶汁煮數沸，漉出拭乾。量瘡之大小，剪一片，攤上黑膏藥，勿論何處來者，上面又用一片箬葉蓋之，紗帛縛在瘡上，三日後，將外面箬葉番過，着瘡再縛住，即愈矣，其效如神。如有膿水，先熬羌活湯洗净，然後用藥。

治脚氣皴裂成瘡

用敗荷葉梗燒灰，微存性，合頭垢煎，桐油熟和爲稠膏，捺成一片。臨用時切作小條，塞在裂縫中，如糝雪。此又用五倍子末、牛髓和付。

治惡指欲成瘡

疼痛不可忍者，用生黑豆，口嚼爛罨上，紗帛縛住，痛即止便愈，屢試神效。

治風狗咬方

初時，用斑猫五個，去頭足翅，研爲細末，温酒半盞送下。小便下肉塊如狗兒樣者十數個爲效。如無更服，加至七個；再不效，加九個，直見小便下肉魂爲驗。後用益元散一兩，水一小碗，煎至一半，去滓，温服，解之神效。

治蛇傷

細辛　白芷各等分　雄黄

麝香各錢

右爲細末，温酒，空心，調三錢重。

凡初被傷，用針略挑起咬處皮，輕輕剪去，捻上，出少血即愈。仍先劄縛，勿令毒氣攻内，若慮微痛，每待腫作用藥，則痛尤甚矣。慎勿妄用雄黄付瘡，恐毒氣不出攻内，其害不淺。

又方：用白芷、膽礬各等分，滴水丸如彈子大，每一丸綿裹水化，服之，仍以滓付患所。促急無藥，可徑往圊中浸傷處。

治蜈蚣傷

用雞冠血調雞糞擦傷處，立效。

治桃生毒

初覺者，五更以菉豆嚼試，若香甘不腥即是，即以川升麻爲細末，取冷熟水調服二大錢，洞下爲度。然後服平胃散，食白粥數日。

凡食魚肉、瓜果、湯茶皆可防。初中毒，覺胸腹稍痛，明日漸加，攪刺滿十日，則物生能動騰，上即胸痛沉，下即腹痛積，以疲悴即其候也。在上鬲則取之，其法：用熱茶末一甌，投膽礬半錢於中，候礬化盡，通口呷服，良久以雞翎探喉中，即吐出毒物。在鬲則瀉，瀉之以滾米湯，下欝金末二錢，毒即瀉下。乃碾人參、白术末各半兩，同無灰酒半升，納瓶内，慢火熬半日許，度酒熟，取出。温服之，日一杯，五日乃止。然後飲食復常。

救荒辟穀方

辟穀方

永寧二年二月十七日，黄門侍郎劉景先表言："臣遇太白山隱士，傳得此方。臣聞京師米糧大貴，宜以此濟之，令人不肌，耳目聰明，顔色光澤。如有誑妄，臣一家甘受刑戮。四季用黑豆五升，净洗後，蒸三遍，曬乾去皮。又用大火麻子三升，湯浸一宿，漉出曬乾，膠水拌曬，去皮，淘净，蒸三遍，碓搗。次下豆黄，共爲細末，用糯米粥合和成團，如拳大，入甑蒸，從夜至子住火，至寅取出，於磁器内盛蓋，不令風乾。每服一二塊，但飽爲度，不得食一切物，第一頓七日不食，第二頓七七日不食，第三頓三百日不食，容貌佳勝，更不憔悴，渴即研大麻子漿飲，更滋潤臟腑。若要重喫物，用葵子三合，杵碎煎湯飲，開導胃脘，以待冲和無損。"

休糧方西巖傳鄧覺非方

縮砂　貫衆　白芷

藿香　茯苓　甘草

右爲細末，煮豆熟以藥末拌，却就鍋，以黄蠟一兩薄切，摻在豆上，令匀，取豆，焦乾爲度，以數粒通松釵中節食之，令人不肌。

千金麨周廉訪方

蜜一斤　白麨六斤　香油二斤

茯苓四兩　　甘草二兩　　生薑四兩，去皮

乾薑二兩，炮

右爲細末，拌匀，搗爲塊，甑内蒸熟，陰乾爲末。每服一匙，冷水調下，可待百日，其麪於絹袋盛之，可留十年。

又方：生服松栢葉。茯苓、骨碎補、杏仁、甘草，搗羅爲末，取生葉蘸水衮藥末同服，香美。

諸雜方法

烏髭方

旱蓮花　　没石子

荷葉　　活猪鬃

右件等分，先將鬃入銅銚内炒，次入餘藥並炒，令焦黑，存性爲灰。以柳枝自然汁調少許，拔白即蘸入藥，以柳枝蘸藥，妙不可傳。

倒流油

雞頭皮　　柿子皮

胡桃皮　　石榴皮

百藥煎　　五倍子

右件等分爲末，於磁器内盛之，馬糞埋四十九日，入金絲礬少許，以猪膽裹，指蘸撚鬚髮。

撚鬚膏

酸石榴未結成時，就枝上開一竅，置水銀於中，却將元皮封之，以麻皮纏定，用牛糞泥封了。候經霜摘下，傾出，以猪膽裹，蘸撚。

染髭藥

牛膝骨一條，連髓用。椎開一頭，以活水蛭六七枚，膽礬一錢，青鹽半錢，硇砂少許，各爲末，同入骨内，以紙封。候水蛭成水，再入針砂一錢，拌匀，入骨，再用油單紙封裹，懸净處七日，或一十七日尤佳。開，水黑色，膽包，指頭蘸藥染髭稍，藥行入髭，熱湯净洗拭乾。七日再作，三遍。永不退，仍不焦脱。

摘白髮

華山處士巨踪涷，凡男女平年髮白者，依法年辰時，面東摘之。

正月初四，十七　　二月初八，二十

三月初八，初十，十二　　四月初三，十六，十八，十九

五月十六，二十一　　六月初四，十一，十四

七月初三，初四，十八　　八月十五，十九，二十

九月初二，初四，十五　　十月初七，十二，二十二

十一月十五，十七，二十　　十二月初七，十六，三十

掠鬢膏

白歛　白牽牛　白芨

白芷　青黛　甘松

右件等分爲細[①]末，水調搽之。

除頭上白屑方

側栢葉三片　　胡桃七個　　好梨一個

訶子五個

右件並搗爛，以井花水浸片時搽頭，永不生白屑。

洗頭仙方

胡餅　　菖蒲頭末　槵子皮末

右件各一兩，和皂角、搥漿水爲丸，如毬子大。每用一丸擦洗，去風，清頭目。

擦牙烏髭藥

補腎、明目、白牙。

熟地黄二兩，焙乾　　破故紙一兩

青鹽半兩

右件炒爲細末，刷牙凈，然後以此擦牙，良久咽之。

烏髭治牙痛方

更能明目、補乏。

當歸半兩　　川芎半兩

細辛二錢　　青鹽二錢

右件爲細末，擦令透，咽之。

① "細"，飛本無。

御用牙藥

蒺藜一兩，炒，去尖　　細辛　　川芎各少許

右件爲細末，早起及臨卧刷牙，少停，咽之。

仙方更白髮

地黄三月收　　蓮心七月收

槐角八月收

右件各一兩重，不見日陰乾，入無灰酒内一瓶，量力飲多時，七日一醉，見效。恐不信時，將蒸餅酒瓶内浸七日，喂雞，七日變烏雞。

金主牙藥方

真膽礬另研　　金絲礬一兩，另研

縮砂仁二錢半　　川芎一錢半

膩滑石一兩　　華細辛二錢半，净

右件爲細末，入好江茶三錢，和勾，早晚刷牙，少待嗽口。

治蛀牙方

但將古壁上石灰，搗爛成末，用蜜調爲丸，如梧桐子大，火中鍛過，再用蜜潤，搐蛀孔中，立效，不可具述。

經進牙藥

史丞相方。

訶子一兩半　　没石子二兩

百藥煎半兩	細辛二錢
五陪子三錢，燒	苓苓香一錢
甘松一錢	畢撥一錢
真膽礬三錢	貫芎半兩
白檀二錢	麝少許
酸榴皮三錢，微炒	緑礬一兩，枯
金絲丸半兩	防風二錢
橡斗子二個減	

右件十七味，除礬、麝、檀三味另研燒者，三味存性，同爲細末後，入前三味和匀。臨卧先用温水刷牙净，後用藥半錢刷牙，漿水漱二三百度。

齒藥還丹散

史越王[①]方：陳月觀不用香附子，用蒲公英，時俗名孛鴣丁黄花，每根一朵，摘之有白汁，遍野有之，春末盛開，秋末亦有放花，若帶採之，三四月開花時，採根花葉，净洗，日曬去水。每斤[②]用解鹽一兩、香附子半兩，拌罨三二宿。每斤作二十團，用厚皮紙裹，線劄之，焙乾。次用六一泥固訖，慢火焙一日，候微乾，密室炭火鍛之通紅，去火，隔一宿摘去土并紙，研細。早晚擦牙，其藥無毒，津唾嗽咽，或吐之亦得，湯水灌嗽。久服髭髮白者黑，至老不衰。忌蘿蔔、葱白。凡男子未滿八二，皆能返少，其效如神。六一泥，俗名蚰蟾屎。

① 按此即南宋史浩，封越王，事跡詳載於《宋史・史浩傳》。
② “斤”，飛本作“个”，非。後句作“每斤作二十團”，顯然承上而發。

治石瘾肉刺方

莨菪根上汁，塗痛處，立止。

治雞眼肉刺方

黄丹　　枯白礬　　梢硝

右件等分爲末，搽之，待一日後，浴三二次，即愈。

治鬮甲方

用胡桃皮燒灰貼。

又方：乳香末糝之，血竭尤妙。

治白癜風方

生姜蘸硫黄，於上擦之即愈。

除蛾虱綿帶方

菖蒲　　神麯　　白礬各半兩

焰硝五分　　鉛一兩

右先將鉛於净器内鎔化，入硝礬炒，研作粉。却入麯末、菖蒲末，入水銚煮，綿帶子不拘條數，一飯間曬乾，每帶一條，入水銀一錢，同盛於净器内，入唾煞不見，用新綿子縛住，繫於肉次，蟣虱永不生。

又方：只將茶煞了永和大楓油内，令匀，浴後遍身搽之，或只和入磨風膏内，遍身搽亦可。

巾笠令蚊蠅不作穢

取蟾酥一蜆殼許，用新汲水化開，净刷牙蘸水，於巾笠帽上遍刷過，候乾，蚊蠅自然不敢落於上作穢。

取蟾酥法

捉大癩蝦蟇，先洗净，用繩縛住，以小杖鞭眉上兩道高處，須臾有白膏自出，便刮在净器内收貯，此乃是真蟾酥也。

辟婆臭虫法

三月初二日鷄鳴時，以隔宿冷炊湯，燒洗瓶口及飯甑、飯蘿一應廚物，則永無百虫遊走爲害。

去蜱虱法

於十二月臘内，取肪脂，方二寸[①]許四片，每片用油紙包包，再箬葉重包，以索繫於卧床四脚橫桄上，次年再换新者。如此二年後，永絶不復再生。

辟蚊子

蒼朮四兩　　木鱉仁二十個

雄黄二錢半，另研

右爲細末，煉蜜爲丸，雞頭大，捏作餅子，急火焚之。

① “二寸”，飛本作“寸二”。

辟蠅子

於十二月臘内，用瓶器盛猪肪脂四五兩，緊封劄瓶口，懸堂上、房室、中廚内，及東司内，各懸一瓶，蠅子雖有，十去七八矣。

又法：臘月内收楝子，濃煎汁，澄清，泥封起，要用取出些，先將拭布洗净，浸入楝汁内，扭乾，抹什物，蠅子永不敢坐。

辟撲燈蛾及諸虫方

於二月初二日，或清明日五更，不語，採薺菜梗，陰乾，作點燈處踢燈杖，諸虫永不敢入燈盞内。

除虱燻衣法

百部　　　　　秦艽

右合擣爲末，依焚香樣，着燻籠蓋，放衣在上燻之，虱自落。若用二味煮湯洗衣，尤妙。

除頭虱法

百部　　　　　黎蘆

右同擣爲細末，摻在頭髮内，搓揉動，虛縮起，待三二時篦去，其虱皆死矣。

塞虫鼠等穴

用正月上辰日，并逐月庚寅日、壬辰日并滿日，塞鼠穴。又三月庚午日，斬鼠尾，取血塗[1]屋梁，可永辟鼠[2]。又云：清明日取戌方上土，剪狗毛作泥，塗房户内孔穴，則蛇鼠諸虫永不敢入也。

① "血"後"塗"前，飛本有"如"。

② "可永辟鼠"，飛本作"可未辟"，於上下文意不符，非。

居家必用事類全集癸集目録

① “嵇”，底本作“稽”，誤，徑改。《養生論》係嵇康作，是我國古代養生論著中較早的名篇，收於《嵇中散集》卷三、《文選》卷五十三。又，正文標題處亦作“稽”，徑改，不復出注。

范文正公義田記
竇諫議陰德記
活蟻魁天下
黄承事儲穀濟人
修爲果報
壽禪師放生得壽
五戒之首
受用隨分説
仁壽必鑑
東平爲善
楊寶黄雀
毛寶白龜
子瞻以己論雞
受贓枉法罪無所容
爲官貪饕陰有罪戾
剽竊公帑必無遠大
仁心活人造物必厚
歸罪於己以活人
二將立功用心相遠
教唆詞狀者有報
希賞害人可不知戒
夷塚廣園宅有禍
享用大侈有饑報
裴度還帶
麗妾不動心嫁之吉報
試官任私有惡報
殺生者陰削福壽
不禁宰牛而獲牛之罪
婢妮耗物幽冥陰戮
財物去留不常
缺陷世界
讚人爲惡
平日過惡打得過否
不葬父母子豈無罪
省心雜言①

① “省心雜言”，飛本作“雜言”。

居家必用事類全集癸集

謹身

三元參贊延壽之書①

凡人壽，天元六十，地元六十，人元六十，共一百八十歲。精氣不固，則天元之壽減矣；謀爲過當，則地元之壽減矣；飲食不節，則人元之壽減矣。當寶嗇而不知所愛，當禁忌而不知所避，神日以耗，病日以來，而壽日以促矣。

天元之壽，精氣不耗者得之

欲不可絶

黄帝曰："一陰一陽之謂道，偏陰偏陽之謂疾。"又曰："兩者不和，若春無秋，若冬無夏，因而和之，是謂聖度。"聖人不絶和合之道，但貴於閉密，以守天真也。

素女曰："人年二十者，四日一泄；三十者，八日一泄；四十者，十六日一泄；五十者，二十日一泄；弱者亦須禁止之，可依此施泄。人年六十者，當閉精勿泄。若氣力尚壯盛者，亦不可强忍，久而不泄，致生癰疾。"

---

① 此篇節録元李鵬飛所著《三元延壽參贊書》前三卷。李氏原書收《人元之壽》、《天元之壽》、《地元之壽》、《神仙救世》、《神仙警世》計五卷，現存明洪武元年(1368)胡文焕刻本、明正統道藏本。本篇以李鵬飛《三元延壽參贊書》作參校本，簡稱李本。

名醫論曰："思欲無窮，所願不得，意淫於外，爲白淫而下。因是入房太甚，宗筋縱弛。"

書云："男子以精爲主，女子以血爲主。"故精盛則思室，血盛則懷胎。若孤陽絶陰，獨陰無陽，欲心熾而不遂，則陰陽交争，乍寒乍熱，久而爲勞。唐靖瘡發于陰，壞爛。周守真曰："病得之欲泄而不可泄也。"《史記》韓女病腰背痛，寒熱，倉公曰"病得之欲男而不可得也"。

欲不可早

齊太夫褚澄曰："羸女則養血，宜及時而嫁；弱男則節色，宜待壯而婚。"

書云："男破陽太早，則傷其精氣；女破陰太早，則傷其血脈。"

欲不可縱

彭祖曰："美色妖麗，嬌妾盈房，以致虚損之禍。"知此可以長生。《陰符經》曰："淫聲美色，破骨之斧鋸也。"世之人若不能秉靈燭以照迷情，持慧劍以割愛欲，則流浪生死之海，害生於恩也。《莊子》曰："嗜欲深，則天機淺。"

欲不可强

《素問》曰："因而强力，腎氣乃傷，膏骨乃壞。"註云："强力入房也。强力入房則精耗，精耗則腎傷，腎傷則髓氣内枯，腰痛[①]不能俯仰。"

① "痛"，飛本作"病"。

書云:“陰痿不能快欲,强服丹石以助陽,腎水枯竭,心火如焚,五臟乾燥,消渴立至。”近訥曰:少水成爲,不能成盛火,瘡傷。① “强勉房勞者,成精極、髓瘦、尪羸、驚悸、夢泄、遺瀝、便濁、陰痿、小腹裹急、面黑耳聾。”真人曰:“養性之道,莫强所不思之,力不勝强能甚爾。”《抱朴子》曰:才不逮强。② 本夫飲食,所以舉之,傷世甚矣。强之一字,真戕生伐壽之不疾,以害其身,況欲乎。欲而强,養生者也。然使醉而强酒、飽而强食,未有元精去、元神離、元氣散,戒之。

欲有所忌

書云:“飽食過度,房室勞損,血氣流溢,滲入大腸,時便清血、腹痛,病名腸澼。”

大醉入房,氣竭肝傷,丈夫則精液衰少,陰痿不起;女子則月事衰微,惡血淹留,生惡瘡。忿怒中盡力房事,精虚氣節,發爲癰疽。恐懼中入房,陰陽偏虚,發厥,自汗,盜汗,積而成勞。

遠行疲乏入房,爲五勞虚損。

月事未絶而交接,生白駁。又冷氣入内,身面痿黄不産。

金瘡未瘥而交會,動於血氣,令瘡敗壞。

忍小便入房者,得淋莖中痛,面失血色,或致胞轉臍下,急痛死。

服腦麝入房者,關竅開通,真氣走散。重則虚眩,輕則腦瀉。入房汗出,中風爲勞風。

---

① “少水成爲,不能成盛火,瘡傷”,李本作“少水不能滅盛火,或爲瘡瘍”。

② “《抱朴子》曰:才不逮强”,李本作“《抱朴子》曰:才不逮强思之力、不勝强舉之傷也”。按,《抱朴子内篇》卷十三《極言》原作“且又才所不逮,而困思之傷也。力所不勝,而强舉之傷也”。

赤目當房忌事,免内障。時病未復犯者,舌[1]出數寸死。

欲有所避

孫真人曰:“大寒與大熱,且莫貪色欲。”

書云:“凡大風、大雨、大霧、雷電霹靂、日月薄蝕、虹霓地動、天地昏冥、日月星辰之下、神廟寺觀之中、井竈圊廁之側、塚墓屍柩之傍,皆所不可。若犯,女則損人神。若此時受胎,非止百倍損於父母,生子不仁、不孝、多疾、不壽。唐魏證令人勿犯長命及諸神降日。犯淫者促壽。及《保命訣》所載:

朔日減一紀。

望日減十年,晦日減一年。

初八上弦。

二十三下弦。

三元減五年。

二分、二至、二社各減四年。

庚申、甲子、本命減二年。

正月初二萬神都會。

十四、十六,三官降。

二月二日萬神會。

三月初九日牛鬼神降,犯者百日中惡。

四月初四萬佛善會,犯之失瘖。

初八日夜善惡童子降,犯者血死。

五月三個五日、六日、七日爲九毒日,犯者不過三年。

① “舌”,飛本作“古”,於上下文意不合,非。

十月初十夜，西天王降，犯之一年死。

十一月二十五日，掠剩大夫降，犯之短命。

十二月初七夜犯之，惡病死。

二十日天師相交行道，犯之促壽。

每月二十八，人神在陰。

四月、十月陰陽純用事。

已上日辰，犯淫且不可，況婚姻乎。按《庚申論》曰：古人多盡天數，今人不終天年，何則？以其罔知避慎，肆精恣色，暗犯禁忌，陰司減其齡算，能及百歲者，幾何人哉。蜀王孟昶納張麗華於觀側，一夕迅雷電火，張氏殞①。道士李巷中②，於上元夜，見殿上有朱履衣冠之士，面北而立，廊③下羅列罪人，有女子甚苦，白其師："事何？"④師⑤曰："此張麗華也，昔寵幸於此，褻瀆高真⑥致。"以是觀之，天地間禁忌不可犯也。

嗣續有方

建平孝王妃姬等皆麗，無子，擇良家未笄女入内，又無子。問褚澄曰："求男有道乎？"澄曰："合男女必當其年，男雖十六而精通，必三十而娶；女雖十四而天癸至，必二十而嫁。皆須陰陽完實，然后交合，合而孕，孕而育，育而子壯強壽。今也不然，此王之所以無子也。"王曰："善。"未再期生六男。

書云："丈夫勞傷過度，腎經不暖。精青如水，精冷如冰，精泄聚而不射，皆令無子。近納曰：此精氣殤敗。女人勞傷血氣，或月候

① "殞"，底本、飛本作"須"，兹據李本改。

② "巷中"，李本作"苦沖"。

③ "廊"，底本、飛本作"節"，據上下文意及李本改。

④ "白其師事何"，李本作"白其師唐沿卿"。

⑤ "師"，底本、飛本作"鄉"，據上下文意及李本改。

⑥ "高真"後，李本有"所"。

愆期，或赤白帶下，致陰陽之氣不和。又將理失宜，食飲不節，乘風取冷，風冷之氣，乘其經血，結於子臟，皆令無子。”

月候一日至三日，子門開，交則有子。過四日，則閉而無子。又經後一日、三日、五日受胎者，皆男；二日、四日、六日受胎者，皆女。過六日胎不成。

淩霄花，凡居忌種此，婦人聞其氣不孕。

妊娠所忌

產書云：“一月足厥陰，肝養血，不可縱怒，疲極筋力，冒觸邪風；二月足少陽，膽合於肝，不可驚動；三月手心主右，腎養精，不可縱欲悲哀，觸冒寒冷；四月手少陽，三焦合腎，不可勞逸；五月足太陰，脾養肉，不可妄思飢飽，觸冒卑濕；六月足陽明，胃合脾，不可雜食；七月手太陰，肺養皮毛，不可憂欝叫呼；八月手陽明，大腸合肺以養氣，勿食燥物；九月足少陰，腎養骨，不可懷恐、房勞，觸冒生冷；十月足太陽，膀胱合腎，以太陽爲諸陽主氣，使兒脈縷皆成，六腑調暢，與母分氣，神氣各全，俟時而生。”所以不説心者，以心爲五臟主，如帝王不可有爲也。若將理得宜，無傷胎臟。又每月不可針灸真經。如或惡食，但以所思物與之食，必愈。所忌之物，見食物門中。《天[①]公胎教》云：“母常居净室，多聽笑言，講論詩書，陳説禮樂，不聽惡言，不視惡事，不起邪念。令生男女福壽敦厚，忠孝兩全。”演山翁云：“成胎後，父母不能禁欲，已爲不可。又臨產行淫，致其子頭戴白被而出，病夭之端也。”

---

① “天”，李本作“太”。

嬰兒所忌

書云:“兒未能行,毋更有娠。兒飲妊乳,必作魃病,黄瘦骨立,發熱髪落。”

小兒多因缺乳,喫物太早,又母喜嚼食喂之,致生腑病。羸瘦腹大,髪竪萎困。

《養子直訣》云:喫熱莫喫冷,喫軟莫喫硬,喫少莫喫多。真妙訣也。

書云:“母淚勿墮子目中,令目破生翳。”

《瑣碎録》云:“小兒勿令指月,生月蝕瘡。勿令就瓢及瓶中飲水,令語訥。又衣服不可夜露。”

地元之壽,起居有常者得之

喜樂

《淮南子》曰:“大喜墜陽。”唐柳公度年八十餘,步履輕健,盛求其術,曰:“吾無術,但未常以元氣佐喜怒,氣海常温耳。”

忿怒

《淮南子》曰:“大怒破陰。”昔賢詩曰:“怒氣劇炎火,焚和徒自傷。觸來勿與競,事過心清涼。”書云:大怒傷目,令人目暗。多怒百脈不定,鬢髪憔焦,筋萎爲勞,藥力不及。苟能改心易志,可以得生。當食暴嗔,令人神驚,夜夢飛揚。

悲哀

書云:悲哀太甚則胞絡絶,而陽氣内動。發則心下潰,溲數血也。

悲哀動中則傷魂，魂傷則狂妄不精，久而陰縮、拘攣，兩脇痛不舉。

思慮

彭祖曰："凡人不能無思，當漸漸除之。"人身虚無，但有遊氣，氣息得理，百病不生。道不在煩，但能不思衣食，不思聲色，不思勝負，不思得失，不思榮辱。心不勞，神不極，但爾可得延年。謀爲過當，飲食不節，養生大患也。

憂愁

書云："憂傷，肺氣閉塞而不行。"

遇事而憂不止，遂成肺勞，胸膈逆滿，氣從胸達背，隱痛不已。

女人憂思哭泣，令陰陽氣結，月水時少時多，内熱苦渴，色惡，肌枯黑。

驚恐

《淮南子》曰："大怖生狂。"書云："驚則心無所倚，神無所歸，慮無所定，氣乃亂矣。"大恐傷腎，恐不除，則志傷，恍惚不樂，非長生之道。臨危冒險則魂飛，戲狂禽異獸則神恐。

驚恐憂思，内傷臟腑，氣逆於上，則吐血也。

憎愛

《淮南子》曰："好憎者，使人心勞。弗疾去，其志氣日耗，所以不能終其壽。"

憎愛損性傷神。心有所憎，不用深憎，常運心於物平等。心有所愛，不用深愛。如覺偏頗，尋即改正，不然損性傷神。

視聽

孫真人曰："極目遠視，夜讀註疏，久居煙火，博奕不休，飲酒不已，熱飧麪食，抄寫多年，雕鏤細巧，房室不節，泣淚過多，刺頭出血，迎風追獸，喪明之由。"書云："心之神發乎目，久視則傷心；腎之精發乎耳，久聽則傷腎。"

疑惑

《國史補》云："李蟠常疑遇毒，鎖井而飲。"心，靈府也，爲外物所中，終身不痊。多疑惑，病之本也。昔有飲廣客酒者，壁有雕弓，影落杯中，客疑蛇也，歸而疾作。後飲其地，始知弓也，遂愈。又僧人入暗室，踏破生茄，疑爲物命，念念不釋，夜有扣門索命者，僧約明日薦拔，天明視之，茄也。疑之爲害如此。

談笑

書云："談笑以惜精氣爲本，多笑則腎轉腰痛。"

多笑則神傷，神傷則悒悒不樂，恍惚不寧。

多笑則臟傷，臟傷則臍腹痛，久爲氣損。

行語令人失氣，語多須住乃語。

陰謀[①]

盧多遜貶朱崖，李符白趙普曰："朱崖雖在海外，水土不甚

① 按，李本無"陰謀"、"嘲誚"、"津唾"三條。

惡。春州近在内地，至者無生還。宜以多遜改竄春州，外示台座寬貸，而實置之必死之地。”普不答。後符坐事貶出，上再欲貶嶺外，普遂白上，以符知春州，到任而卒。

嘲誚

王景亮與鄰里仕族浮薄子數人，結爲一社，純事嘲誚，士大夫無問賢否，一經諸人之目，無有不被不雅之名者，當時號其里曰“豬觜關”。元祐間，吕惠卿察訪東京，吕天資清瘦，每說話，輒以雙手指劃，社人目爲“説法馬留”。時邵箎以上殿泄氣，出知東平，邵高鼻鬈髯，社人目爲“泄氣獅子”。景亮又湊爲七字對曰：“説法馬留爲察使，泄氣獅子作知州。”惠卿大銜之，因諷部使者，發以他事，舉社虀粉矣。

稽謔

劉貢父博學有俊才，而滑稽善謔，多所忤犯，人嫉之，貢父乃以自誇也。臺官馬默，常劾其輕薄，不當置在文舘，貢父聞之，遽言曰：“既是馬默，豈合驢鳴。”其所以口給者，類如此。晚年得惡疾，鬚眉墜落，鼻梁斷壞，苦不可言。一日與東坡會飲，各引古人一聯相戲，子瞻遽言曰：“大風起兮眉飛揚，安得猛士兮守鼻梁。”坐中大噱，貢父但感愴而已。

津唾

書云：“唾者，溢爲醴泉聚，流爲華池府，散爲津液，降爲甘露，溉臟潤身，宣通百脈，化養萬神，肢節毛髮，堅固長春。”

人骨節中有涎，所以轉動滑利。中風則涎上潮，咽喉衮響，以藥壓下,俾歸骨節可也。若吐其涎,時間快意,枯人手足,縱活亦爲廢人。小兒驚風,亦不可吐涎。風涎急塞,則不拘此。

起居

書云:“起居不節,用力過度,則絡脈傷。傷陽則衄,傷陰則下。”

甚勞則喘息汗出,損血耗氣。

行立

書云:“久行傷筋,勞於肝;久立傷骨,損於腎。”

《養生》云:“行不疾步,立不至疲,立不背日。”

真人云:“夜行常啄齒,殺鬼邪。”

書云:“行汗勿跂床懸脚,久成血痺,足痛腰疼。”

大霧不宜遠行,行宜飲少酒,從禦障。

坐卧

書云:“久坐傷肉,久卧傷氣。坐勿背日,勿當風濕,成勞。坐卧於塚墓之傍,精神自散。”

寢不得言語。五臟如懸磬,不懸,不可發聲。

卧不可戲將筆墨畫其面,魂不歸體。

卧魘不語,是魂魄外遊,爲邪所執。宜暗喚,忌以火照,則神魂不入,乃至死於燈前。魘者本由明出,不忌火,不宜近喚及急喚,亦喜失神魂也。隱居云:“卧處須當傍爐欹,烘焙衣衾常損人。”

沐浴洗面

書云:"新沐髮勿令當風,勿濕縈髻,勿濕頭卧。令人頭風、眩悶[①]及生白屑,髮秃、面黑、齒痛、耳聾。"

女人月事來,不可洗頭,或因感疾,終不可治。

炊湯經宿,洗體成癬[②]。洗面無光,作甑哇瘡。

《閑覽》云:"目疾切忌浴,令人目盲。"白彦良壯歲常患赤目,道士曰:"但能不浴頭,一生不病此。"彦良記之,七十餘更無復[③]病。

櫛髮

真人曰:"髮多櫛,去風、明目,不死之道也。"又曰:"頭髮梳百度。"

安樂詩云:"髮是血之餘,一日一次梳,通血脈,散風濕。"

大小腑

書云:"忍尿不便,成五淋,膝冷成痺。忍大便成五痔。"

努小便,足膝冷呼氣;努大便,腰疼目澀。

衣着

書云:"春冰未泮,衣欲下厚上薄,養陽收陰,繼世長生。"

大汗偏脱衣,得偏風,半身不遂。

---

① "悶",李本作"眼"。

② "洗體成癬",飛本作"洗頭成癬",李本作"洗體成廯",皆誤。按"洗體成癬"最早見於唐孫思邈《千金要方》卷八十一《養性》:凡炊湯經宿,洗體成癬,洗面無光,洗脚即疼痛,作甑畦瘡。

③ "復",李本作"眼"。

醉酒汗出，脱衣靴鞋，當風取凉，成脚氣。

《瑣碎録》云："若要安樂，不脱不着。"

天時避忌

《内經》云："陽出則出，陽入則入，無擾筋骨，無見霧露。違此三時，形乃困薄。"

真人曰："在家在外，忽逢大風、暴雨、震雷、昏霧，皆是諸龍鬼神經過，宜入室燒香静坐以避之，過後方出，吉。不爾殺人。"

書忌云："朔不可哭，晦不可歌，招凶。"

四時調攝

《内經》云："春爲痿厥，奉生者少。春三月，此謂發陳，夜卧早起，生而勿殺，逆之則傷肝。夏爲寒變，奉長者少。夏四月，此謂審[①]秀，夜卧早起，使志無怒，使氣得泄，逆之則傷心。秋爲痎瘧，奉壯[②]者少。秋三月，此謂容平，早卧早起，使志安寧，逆之則傷肺。冬爲飧泄，奉藏者少。冬三月，此謂閉藏，水冰地拆[③]，無擾乎陽，早卧晚起，必待日光，去寒就温，毋泄皮膚，逆之則傷腎。"

旦暮避忌

書云："早出含煨生薑少許，避瘴開胃。"又旦起空腹，不宜[④]

① "審"，《黄帝内經素問》作"蕃"。

② "壯"，《黄帝内經素問》作"收"。

③ "拆"，《黄帝内經素問》作"坼"。

④ "宜"，底本、飛本作"用"，據上下文意，依李本改。

見屍,臭氣入鼻,舌白起口臭,欲見,宜飲少酒。

真人曰:"平明欲起時,下床先左脚。一日無災咎,去邪兼辟惡。如能七星步,令人長壽樂。"

旦無嗔恚,暮無大醉,勿遠行。

書云:"夜行用手掠髮,則精邪不敢近。常啄齒,殺鬼邪。"

夜卧二足伸屈不並,無夢泄。有教入廣者曰:"朝不可虛,暮不可實。"今氣候不齊,不獨入廣也。

雜忌書云

遇神廟無輕入,入必恭謹,不宜恣視,吉。

忽見光怪變異之物,强抑勿怪,吉。伊川官廨多妖,有報曰:"鬼使扇。"曰:"他熱故爾。"又報曰:"鬼打鼓。"曰:"以槌與之。"范文正讀書府學,夜有大面之怪近之,范以筆書其面曰:"汝面非常大,難欺范仲淹。"二公之見怪自滅,可爲法,不以怪處。①脂油燃燈,人神不安,在血光之下。

凡刀刃所傷,切勿飲水,令血不止而死。若血不止,急以布蘸熱湯盦之,或冷水浸之,嚼茶葉止血,妙。

人元之壽,飲食有度者得之

五味

《淮南子》曰:"五味亂口,使口爽,傷。"滅也。

陶隱居士②云:五味偏多,不益人,恐隨臟腑成殃咎。五味稍

① "二公之見怪自滅,可爲法,不以怪處",李本作"二公不以怪處之,而怪自滅,可爲法"。

② "陶隱居士",本集出現凡三次,李本均作"陶隱居"。

薄，令人神爽，若稍偏多，損傷臟腑，此五行自然之理。初則不覺，久當爲患也。酸多傷脾，肉膒而唇揭，故春七十二日，省酸增甘，以養脾氣。曲直作酸，屬木，脾主肉，屬土，木克土也。鹹多傷心，血凝泣而變色，故冬七十二日，省鹹增苦，以養心氣。潤下作鹹，屬水，心主血，屬火，水克火也。甘多損腎，骨痛而齒落，故季月各十八日，省甘增鹹，以養腎氣。稼穡作甘，屬土，腎主骨，屬水，土克水也。苦多傷肺，皮槁而毛落，故夏七十二日，省苦增辛，以養肺氣。炎上作苦，屬火，則主皮毛，屬金，火克金也。辛多傷肝，筋急而爪枯，故秋七十二日，省辛增酸，以養肝氣。從革作辛，屬金，肝主金，屬木，金克木也。

飲食

書云："善養性者，先渴而飲，飲不過多，多則損氣，渴則傷血；先飢而食，食不過飽，飽則傷神，飢則傷胃。"

飲食務取益人者，仍節儉爲佳，若過多，覺膨亨短氣，便成疾。

飲食於露天，飛絲墮其中，食之咽喉生泡。飲食收器中，宜下小而上大，若覆之不密，虫鼠欲盜食而不可，環器墮涎，食者得黄病，通身如蟎，針藥不療。

飲食以銅器蓋之，汗若入内，食者發惡瘡肉疽。

空心茶，宜戒；卯時酒、申後飯，宜少。

太宗謂宰相曰："朕每日所爲，自有常節，飲食不過度，行之已久，甚覺有力。老子云：'我命在我不在天。'全在人之調適。卿等亦當加意，毋自輕攝養也。"

陶隱居士云："何必飡霞服大藥，妄意延年等龜鶴。但於飲食嗜欲中，去其甚者將安樂。"

漿水，按《本草》：味甘酸，微温，無毒。調中引氣，開胃止渴，强力通關，治霍亂洩痢。消宿食，解煩去睡，調理臟腑，治嘔噦，白人肌膚如繒帛。爲人常用，故不齒其功。

《本草》云："酒飲之體軟神昏，是其有毒也，損益兼行。"

扁鵲云："久飲常過，腐腸爛胃，潰髓蒸筋，傷神損壽。"有客訪周顗，顗出美酒二石，顗飲石二，客飲八斗。天明，顗無所苦，酒量慣也，客已死矣。視之，客腸已出，脇已穿，豈非量過而犯扁鵲之戒歟[①]。飲白酒，食牛肉，生虫。酒漿，照人無影，不可飲，不可合乳汁飲，令人氣結。祭酒自耗者殺人。酒後食芥辣物多，則緩人筋骨。卧黍穰，食猪肉，患大風。凡中藥毒及一切毒，從酒得者難治。酒性行血脈，流遍身體也。

書云："飲酒，醉未醒，大渴飲冷水，又飲茶，被酒引入腎臟，爲停毒之水。腰脚重膇，膀胱冷氣，兼患水腫，消渴攣痺。"

酒醉當風，以扇扇之，惡風成紫癜。又醉酒吐罷便飲水，作消渴。

《本草》：茶飲者，宜熱，宜少，不飲尤佳。久食去人脂，令人瘦，下焦虚冷，惟飽食後一二盞，不妨消渴也。飢則尤不宜，令人不眠。仝韭食，身重。書云："將鹽點茶，引賊入家。"恐傷腎也。

飲水勿急咽，久成氣病。

粥後飲白湯，爲淋爲停濕。

陶隱居士云："食戒欲粗并欲速，寧可少餐相接續。莫教一飽頓充腸，損氣傷心非爾福。"

《養生》云："美食須熱[②]嚼，生肉不須吞。"

食炙煿，宜待冷，不然傷血脈，損齒。

---

① "歟"，底本作"飲"，形訛。據前文扁鵲語並李本改。

② "熱"，飛本作"宜"；李本作"熟"，義勝。

書云："人汗入肉，食之作丁瘡。"

食諸獸自死肉，生丁瘡。

隱居云："生冷粘膩筋韌物，自死牲牢皆勿食。饅頭閉氣莫過多，生膾偏招脾胃疾。酢醬胎卵皆油膩，陳臭淹藏盡陰類。老人朝暮更餐之，是借寇兵無以異。"《瑣碎録》云："饅頭閉氣，梅血湯以破之。包子包氣，醋以破之。"

書云："夜半之食宜戒，申酉前晚食爲宜。"

食物

物之無益而有損，常人猶不可多食，況病人當避忌者乎？此書所載，凡物之有益而無損者不書；或損益相半者，則書其損，而不書其益。

果食

生棗損脾，動臟腑；生荔枝，煩渴衄血；乳柑[①]冷脾，發痼疾；杏子雙仁者，殺人；桃花六出者，雙仁；噉李子，勿食雀肉，李子不沉者，有毒；金瘡人、産婦勿食梨、林檎，多食者牛瘡瘤；水氣人勿食栗子、螃蟹、蒲萄酒，過昏人眼。

甜瓜沉水者，殺人，雙蒂者亦然。

食未成果，發癰癤。

米穀

生米戲食爲米瘕。

① "柑"，底本、飛本作"相"，據上下文意並李本改。又，乳柑係柑之良種，《新唐書》載爲台州臨海郡土貢。

蕎麥久食動風氣，和猪肉食脱眉鬚。

食白粥，勿食杏仁。

食陳米，令人泄瀉。

赤小豆，燥津液，體重。

青小豆，勿以鮓食。

合醬當用黑豆腐，多食動風氣。

菜蔬

茄子損胃發痼疾，芋頭多食發百病，生葱與蜜食下痢，薤肥人食引涕唾，四月八月勿食蒜。

食萱草動風如醉，五月五日勿食菜，芥菜同兔肉食成惡病，生青菜病瘥後食手足青腫，萵苣久食昏人目，黄瓜患脚氣勿食，瓠子發氣疾，葫蘆令人吐，水芹赤色者害人，蓴菜性滑發痔瘡。

飛禽

雞肉過宿藏不密，蜈蚣必集，不再煮而食，爲害非輕。野鴨勿與胡桃、木耳同食。鴛鴦肉食之，患大風。鵓鴿雖益，減藥力。凡禽自死口不閉，勿食。

走獸

猪腎，虚腎氣、少子。

豬脂作燈暗人目。

膏忌烏梅。

豬腦，傷陽事、不舉。

豬肉用薑發大風。

羊不醬，同食生癩。

桑柴炙羊肉，食生寸白虫。

羊肝生椒傷五臟。

馬肉自死者殺人。

馬肉同倉米食發病。

馬肉忌鹿膳同食。

驢肉動風，脂尤甚。

兔合雞肉發虛黄。

祭肉無故自動者，煮不熟者，自死無傷者，皆殺人。

諸心損心。

諸血損血。

鱗介

鱉肉與莧菜同食，生鱉疽。

鱉肉與雞子同食，惡病死。

鱉目陷三足者，有王字者，殺人。

鱉腹下有蛇紋者勿食。

魚膾乳酪患息痢，鯽魚麥醬咽喉瘡。

白魚泥心，瘡癧人不可食；魚子與芥菜同食，水腫。

魚子合豬肝食，惡病。

黄顙魚合荆芥食，吐血，犯者以地漿解。

鮎魚赤目赤鬚者殺人。鮓[①]，丹石人不可食。

① 按，據李本，此"鮓"非鮎魚鮓，爲鱘魚鮓。因鱘魚可發諸藥毒，故後云"丹石之人不可食"。此處誤録，不當在一條同出。

鮓有頭髮誤食，殺人。

鮓合乾筍食，癱瘓。

河豚修治不如法，殺人。烏賊魚久食，主無子。

黑魚，水厭焚修者忌之。

鰻鱺雖毒而治勞。魚油燈烟盲人眼，無鰓發癲，全鰓發癰。蟹未被霜者有毒。

蝦發風動氣瘡癬。

螺大寒不可常食，蜆子多食令口乾，蜆發嗽冷氣消腎。

鱓天行後不可食，龜黑者常噉蛇不可食。

昆蟲

蜜，七月勿食，發霍亂。

白花蛇，用之去頭尾，换酒浸三日，棄酒不用，火炙，仍令去皮骨，此物毒甚，不可不防。

蛇不可以刀斷，頭必回傷人，名曰蛇箭。

蛤蚧，其毒在眼，其功在尾，尾全爲佳。

水蛭乾者，冬月豬脂煎令黄，乃堪用。腹有子，去之。此物極難死，火炙經年，得水猶活。

石蛭頭尖腹大，不可藥[1]用，誤用令人目中生烟不已，漸致枯損，不可不辨[2]。

蚕沙煮酒，色清味美，能療疾。

---

① “藥”，底本、飛本作“樂”，顯誤，兹據李本改。

② “辨”，底本、飛本作“下”，不辭，兹據李本改。

孕婦食忌[①]

食兔肉,令子缺唇。

食雞子,令子多瘡。

食膳魚,令子胎疾。

食鱉肉,令子項短。

食田雞,令兒倒出。

食乾魚,令兒多病。

食螃蟹,令兒横生。

食蛀鮝,令兒胎蛆。

食雀肉飲酒,令兒心淫情亂。

《三元參贊延壽之書》畢

修養秘論

雲笈七籤經載

總叙

夫人稟二儀之氣,成四大之形。愚智貴賤則别,好養貪生不異。貧迫者力微而不達,富貴者侮傲而難持。性愚者未悟於全生,識智者或先於名利。自非至真之士,何能保養生之理哉!其有輕薄之倫,亦有矯情冒俗,口誦其事,行已違之。不能行者,不逾晦朔,即希長壽,此亦難矣。是以達人知富貴之驕傲,故屈跡

① 按,此條李本無。

而下人；知名利之敗身，故割情而去欲；知酒色之傷命，故量事而撙節；知喜怒之損情性，故割情以寬心；知思慮之銷神，故損情而内守；知語煩之侵氣，故閉口而忘言；知哀樂之損壽，故抑之而不有；知情欲之竊命，故忍之而不爲。若加之寒温適時，起居有節，滋味無爽，調息有方。精氣補於泥丸，魂魄守藏，和神保氣，吐故納新。嗜欲無以干其心，邪淫不能惑其性。此則持身之上品，安有不延年者。

東坡先生曰

軟蒸飯，爛煮肉。温羹湯，厚氈褥。少飲酒，惺惺宿。緩緩行，雙拳曲。虚其心，實其腹。喪其耳，忘其目。久久行，金丹熟。

杜景昇服玉泉法

去三尸，堅髮齒，除百病，玉泉者，舌下兩脈津液是也。每旦起坐，瞑目絶慮，叩齒二七遍，嗽令滿口，乃吞之，以意送至臍下氣海一七遍，經久自然如流水瀝瀝下坎澗之聲。若此，則百脈和暢，故《黄庭經》云"玉池清水灌雲根"是也。

修養大略云

乾坤澄静，子後午前，閉目平坐，握固冥然。握固是先屈大指，以二、三、四指握之。叩齒集神，合眸固關，冥心放體，任意往還。

百日耳中有金鍾聲，二百日夜間眼有光，或見如日月金花之類，三百日腦中有霹靂聲。如此則心珠將成，切勿驚亂，密之養之。見此景象，却急尋師商確，要歇火出丹故也。仍依火候，每晦朔弦望，及望及晦前朔後，各凝神調息，絶不飲食。

常以手按眉後小孔三九過，又以手心及指摩兩目下顴上，以手提耳四十過，摩令微熱，又以手逆乘額三九過，從眉中殆上行入髮際，口中咽津無數也。如此常行，目即清明，一年可夜書，行之不已，所益不可言也。

五臟論云

譙國華佗善養性。弟子廣陵吴普、彭城樊阿授術於佗，佗常語普曰："人體欲得勞動，但不當使極耳。人身常摇動，則穀氣消，血脈流通，病不生，譬猶户樞不朽是也。"

保聖纂要云

我命在我，不在於天，但愚人不能知此道爲生命之要。所以致百病風邪者，皆由恣意極情，不知自惜，故虚損生也。譬如枯朽之木，遇風即折，將崩之岸，值水先頽。今若不能服藥，但知愛精節情，亦得延壽也。

莊子

聖人休休焉，則平易矣，平易則恬惔矣，平易恬惔，則憂患不能入，邪氣不能襲，故其德全而神不虧。

真誥

眼者，身之鏡；耳者，體之牖。視多則鏡昏，聽多則牖閉。面者，神之庭；髮者，腦之華。心悲則面焦，腦減則髮素。所以精元内喪，丹津損竭也。精者，體之神明身之寶，勞多則精散，營竟則明消。所以老隨氣落，耄已及之。

耄智餘書

學道之人，聊且均調喜怒之情。雖有喜，勿至蕩動湛然之性；雖有怒，勿至結滯浩然之氣。

嵇康養生論

世人不察，唯五穀嗜，聲色是耽，目惑玄黄，耳務淫哇。滋味煎其臟腑，醴醪煮其腸胃，香芬腐其骨髓，喜怒悖其正氣，思慮消其精神，哀樂殃其平粹。人以蕞爾之軀，攻之者非一途；易竭之身，而内外受敵。身非木石，其能久乎？

晦庵調息箴云

鼻端有白，我其觀之。隨時隨處，容與猗移。静極而嘘，如春沼魚。動已而吸，如百蟲蟄。氤氲開闔，其妙無窮。孰其尸之，不宰之功。雲外天行，非予敢議。守一處和，千二百歲。

三茆真君訣曰

神養於氣，氣會於神，神氣不散，是謂修真。氣清則神暢，氣濁則神昏，氣亂則神勞，氣衰則神去。人以氣爲道，道以氣爲主。凡人一日一夜，一萬三千五百二十息，未嘗休息也，減之一息則寒，加之一息則熱。臟腑不和，諸疾生焉，故元氣在保養，穀神在守護。

常默元氣不傷，少思慧燭内光，不怒百神安暢，不惱心地清涼。

一面之上，常欲兩手摩之，高下皆熱，令人面有光澤，行之至五年，色如處子，所謂山林氣常盈也。

漢武帝内傳

上元夫人謂漢武帝曰："汝好道乎？勤而不獲，實有由也。汝胎性暴，胎性淫，胎性奢，胎性酷，胎性賊。暴則使氣奔而攻神，是故擾而氣竭；淫則使精漏而魂疲，是故精竭而魂消；奔則使真雜而魄穢，是故命逝而靈臭；酷則使喪仁而攻目，是故失仁而眼亂；賊則使心鬥而口乾，内戰而外絶。此五事皆是截身之刀鋸，刳命之斧斤，雖復志好長生，不能遣兹五難，亦何爲損性而自勞乎？去諸淫，養汝神，放諸奢，处至儉，勤齊戒，節飲食，絶五穀，去臭腥，鳴天皷，飲玉漿，蕩華池，叩金梁，按而行之，當有冀耳。"

警心

太上感應篇

虚靖天師頌曰：

人之一性　湛然圓寂　涉境對動

種種皆妄　一念失正　即是地獄

敬誦斯文　髮立汗下　煨燼心火

馴服氣焉　既以自鏡　且告迷者

太上曰："禍福無門，惟人自召。善惡之報，如影隨形。"是以天地有司過之神，依人所犯輕重，以奪人算。算減則貧耗，多逢憂患，人皆惡之，刑禍隨之，吉慶避之，惡星災之，算盡則死。又有三台北斗神君，在人頭上，録人罪惡，奪其紀算。又有三尸神在人身中，每到庚申日，輙上詣天曹，言人罪過。月晦之日，竈神亦然，凡人有過，大則奪紀，小則奪算，其過大小，有數百事。欲求長生者，先須避之，是道則進，非道則退。不履邪徑，不欺暗室。積德累功，慈心於物。忠孝友悌，正己化人。矜孤恤寡，敬老懷幼。昆蟲草木，猶不可傷。宜憫人之凶，樂人之善，濟人之急，救人之危。見人之得，如己之得；見人之失，如己之失。不彰人短，不衒己長。遏惡揚善，推多取多，推少取少。受辱不怨，受寵若驚。施恩不求報，與人不追悔。所謂善人，人皆敬之，天道祐之，福禄隨之，衆邪遠之，神靈衛之，所作必成，神仙可冀。若求天仙者，立一千三百善，欲求地仙者，當立三百善。苟或非義而動，背理而行。以惡爲能，忍作殘害。陰賊良善，暗悔君親。慢其先生，叛其所事。誑諸無識，謗諸同學。虚誣詐僞，攻訐宗親。剛强不仁，狼戾自用。是非不當，向背乖宜。虐下取功，諂上希旨。受恩不感，念怨不休。輕蔑天民，擾亂國政。賞及非義，刑及無辜。殺人取財，傾人取位。誅降戮服，貶正排賢。淩孤逼寡，棄法受賂。以直爲曲，以曲爲直。入輕爲重，見殺加怒。知過不改，知善不爲。自罪引他，壅塞方術。訕謗賢聖，侵淩道德。射飛逐走，發蟄驚棲。填穴覆巢，傷胎破卵。願人有失，毁人成功。危人自安，減人自益。以惡易好，以私廢公。竊人之能，蔽人之善。形人之醜，訐人之私。耗人貨財，離人骨肉。侵人所愛，取人爲非。逞志作威，辱人求勝。敗人苗稼，破人婚姻。苟富而驕，苟免無耻。認恩推過，嫁禍賣惡。沽買虚譽，包佇險心。挫人所長，護己所短。乘威迫脇，縱暴殺傷。無故剪裁，非禮烹宰。撒棄五穀，勞擾衆生。破人之家，取其財寶。决水放火,以害居民。紊亂規模,以敗人功。損人器物,以窮人用。見他榮貴,願他流貶。見他富有,願他破散。見他色美,起心私之。負他損財,願他身死。干求不遂,便即咒恨。見他失便,便説他過。見他體相不具而笑之,見他才能可稱而抑之。埋蠱厭人,用藥殺樹。恚怒師傅,抵觸父兄。强取强求,好侵好奪。虜掠至富,巧詐求遷。賞罰不平,逸樂過節。苛虐其下,恐嚇於他。怨天尤人,訶風罵雨。鬥合争訟,妄逐朋黨。用妻妾語,違父母訓。得新忘故,口是心非。貪冒於財,欺罔其上。造作惡語,讒毁平人。毁人稱直,罵神稱正。棄順效逆,背親向疏。指天地以證鄙懷,引神明而鑑猥事。施與後悔,假借不還。分外營求,力上施設。淫欲過度,心毒貌慈。穢食餧人,左道惑衆。短天狹度,輕稱小升。以僞雜真,採取奸利。厭良爲賤,謾蓦愚人。貪婪無厭,咒詛求直。嗜酒悖亂,骨肉忿争。男不忠良,女不柔順。不和其室,不敬其夫。每好矜誇,常行妒忌。無行於妻子,失禮於舅姑。輕慢先靈,違逆上命。作爲無益,懷挾外心。自咒咒他,偏邪憎愛。越井越竈,跳食跳人。損子墮胎,行多隱僻。晦臘歌舞,朔旦號怒。對北涕唾及溺,對竈吟咏及哭。又以竈火燒香,穢柴作食。夜起裸露,八節行刑。唾流星,指虹霓。輙指三光,久視日月。春月燎獵,對北惡罵。無故殺龜打蛇。如是等罪,司命隨其輕重,奪其紀算,算盡則死,死有餘責,乃殃及子孫。又諸横取人財者,乃計其妻子家口以當之,漸至死喪;若不死喪,則有水火盜賊、遺亡器物、疾病、口舌諸事,以當妄取之直。又狂殺人者,是易刀兵而相殺也。取非義之財,譬如漏脯救飢,鴆酒止渴,非不暫飽,死亦及之。夫心起於善,善雖未爲而吉神已隨之。或心起於惡,惡雖未爲而凶神已隨之。其有曾行惡事,後自改悔,諸惡莫作,衆善奉行,久久必獲吉慶,所謂轉禍爲福也。故吉人語善、視善、行善,一日有三善,三年天必降之福;凶人語惡、視惡、行惡,一日有三惡,三年天必降之禍,胡不勉而行之?

御題

諸惡莫作　　　衆善奉行

靈驗記

昔峨眉令奉議郎王湘,紹興辛巳歲,因觀此篇,焚香誓行數十事。後氣疾昏悶殊絶,更衣而卧,男女環泣。覺身在半空,聞哭聲微如蜂蠅,少頃有人云:"王湘方欲行《感應篇》,真樂善者,且速放還。"已而遂甦。

遂寧府周篪因獲此篇,日逐觀閲,又好與人演説。紹興二十一年二月二十一日暴死,經日還魂,謂妻曰:"有人追在陰司,見庭下皆立藍縷人,各有力士執州府旗號管押。篪被驅立本旗下,顧盼左右,半是鄉里餓死者,心甚恐怖。俄頃呼至殿下,瞻殿上坐者,如人間畫星官像,呼篪諭曰:'汝本在饑饉籍中,以汝欽奉《太上感應篇》,爲人演説,汝雖欲行,未及一二。然聞而回心爲善者多,亦有行持而證仙果者。因汝之功,今一概追至,已改注壽禄籍訖。放還之後,堅固善心,可證大道,不復來此矣。'"

勸善録淮海秦氏集

人與物同

貪生畏死,人與物同也;愛戀親處,人與物同也;當殺戮而痛苦，人與物同也。所以不同者，人有智，物則無知；人能言，物則不能言；人之力强，物之力則微弱。人以其無智不能自蔽其身，以其不能言而不能告訴，以其力之微弱不能勝我，因謂物之受生，與我輕重不等，遂殺而食之。凡一飲一食，不得肉則不美，至於辦一食，又不止殺一物也。食鳩鴿鶉雀者，殺十餘命，方得一羹；食蚌蛤蝦蜆者，殺百餘命，方得一羹。又有好美味，求適意者，則不止據現在之物，順平常之理，殺而食之。或驅役奴隸，遠致異品；或畜養雞魚犬彘，擇肥而旋殺。生蟹投糟，欲其味入；鯾魚造膾，欲有經紋。聚炭燒蚌，環火逼羊，開腹取胎，刺喉瀝血；作計烹煎，巧意鬭飣。食之既飽，則揚揚自得；少不如意，則怒駡庖者。嗟乎！染習成俗，見聞久慣，以爲飲食合當如此，而不以爲怪。深思痛念，良可驚懼。縣令俞偉撰。

衆生愛戀性命

經云："一切畏刀杖，無不愛壽命。"故王克殺羊，羊奔客而告訴；鄒文立殺鹿，鹿跪而流淚。驚禽投案，請命於魏君；窮獸入廬，求生於區氏。近者，沈遘內翰通判江寧府，時廚中殺羊，屢失其刀，窺之，乃見羊銜刀而藏之墻下。周豫學士嘗煮鱔，見有鞠身向上，而以首尾就湯者，剖之，見腹中有子，乃知鞠身避湯者，以愛子之故。楊傑提刑遊明州育王山，因晝卧，夢有婦女十數人，執紙若有所訴，密遣人往視行廚，果得蛤蜊十數枚，訴者乃蛤蜊求生也。有生愛戀，其情如此，當其被擒執時，前見刀杖，乞生無由，旁見親聚，欲戀不得，抱苦就終，銜悲向盡。既受屠割，復入鼎鑊，種種痛苦，徹入骨髓。當此之時，彼心如何？今人或爲湯火所傷，或爲針刀誤傷手足，痛已難忍，必號叫求救。至暫時頭昏腹痛，或小可疾病，便須呼醫買藥，百端救療。於我自身愛惜如此，至於殺物，則恣意屠宰，不生憐憫。未論佛法，明有戒勸；未論天理，明有報應。若不仁不恕，惟知愛身，不知愛物，亦非君子長者之所當爲也。諦觀物情，當念衆生，不可不戒，不可不戒。知縣俞偉撰。

范文正公義田記

范文正公，蘇人也，平生好施與，擇其親而貧、疏而賢者，咸施之。方貴顯時，於其里中買負郭常稔之田千畝，號曰“義田”，以養群族之人。日有食，歲有衣，嫁娶、凶葬皆有贍。擇族之長而賢者一人，主其計，而時其出納焉。日食人米一升，歲衣人二縑，嫁女者錢五十千，娶婦者錢二十千；再嫁者錢三十千，再娶者十五千；葬者如再嫁之數，葬幼者十千。族之聚者九十口，歲入粳稻八百斛。以其所出，給其所聚，霈然有餘而無窮。仕而家居俟代者預焉，仕而之官者罷其給。此其大較也。初，公之未貴顯也，嘗有志於是矣，而力之未逮者二十年。既而西帥，以至於參大政，於是始有禄賜之入終其志。公既没，後世子孫至今修其業，承其志，如公存也。公雖位充禄厚，而貧終其身。既没之日，身無以爲斂，子無以爲喪，惟以施貧活族之仁遺其子而已。公之忠義滿朝廷，事業滿邊鄙，功名滿天下。後必有良史者書之，予無可書也，獨書其義田以警於世云。公諱仲淹，字希文。嘉祐四年八月十日，晉陵錢公輔記。

竇諫議陰德記

竇禹鈞，范陽人，生五子：儀、儼、侃、偁、僖。儀禮部尚書，儼禮部侍郎，皆爲翰林學士。侃左補闕，偁左諫議大夫、參知政事，僖起居郎。初，禹鈞家豐厚，年三十無子，夜夢祖考謂曰："爾早修行，緣爾無子，又壽不永。"禹鈞爲諾。禹鈞爲人素長者，先有家僮恥用房錢二百千，慮事覺，有女年十二三，自寫券繫女臂云："永賣此女與本宅，償所負錢。"自是遠遁。禹鈞見而憐之，即焚其券，以其女囑妻曰："善撫養之。"既笄，復以二百千擇良配，得所歸。後僕聞之，乃歸，感泣，訴以前罪，禹鈞不問。由是父子圖禹鈞像，晨興祝壽。同宗外姻有喪不能舉，公爲出錢葬之，因公而葬者凡二十七喪。凡女貧不能嫁者，公爲出錢嫁之，因公而嫁者，凡二十八人。故舊相知，雖與公有一日之雅，遇其窘困，必擇其子弟可委以財者，隨多寡貸以金帛，俾之興販，由公活者數十家。四方賢士賴公舉者，不可勝數。公每歲量所入，除伏臘供給外，皆以濟人之急，家惟儉素，器無金玉之飾，室無衣帛之妾。於宅南建書院四十間，聚書數千卷，禮文行之儒，延致師席。凡四方孤寒之士，無供須者，公咸爲出之，無問識不識。有志爲學者，聽其自至。故其子見聞益博，由公之門登貴仕者，前後接踵，來拜公之門，必命左右扶公坐受。及公之亡，蒙恩深者，有持心喪三年以報遺德。公之祖考既夢以告無子壽促，後十年復夢告之曰："汝三十年前，實無子且壽促，我嘗告汝，汝今數年以來，名掛天曹，陰府以汝有陰德，特延壽三紀，賜五子各榮顯，仍以福而終，後當留洞天充真人位。"言訖復謂曰："陰陽之理，大抵不易。善惡之應，或發於見世，或報於來生。"天網恢恢，疏而不漏，此無疑也。公愈積陰功，年八十二，别親戚，談笑而盡。世稱教子者，必曰燕山竇十郎云。仲淹祖與之爲故人，實書其事于册，以示子孫。惜乎不傳于天下，故録以示好善者，庶見陰陽報應之理，使惡者知所戒焉。馮瀛王道贈公詩云:"燕山竇十郎,教子有義方。靈椿一株老,丹桂五枝芳。"參政范仲淹記。

活蟻魁天下

二宋,少時同在黌舍,有胡僧相之曰:"小宋他日魁天下,大宋亦不失甲科。"後十年胡僧復至,執大宋手而驚曰:"公陰德文見於面,如活數百萬人命者。"大宋笑曰:"寒儒豈能活人命?"僧曰:"不然,蠢動之物皆命也。"大宋沉吟久之曰:"旬日前,堂下有蟻穴,爲暴雨所侵,群蟻繚繞穴傍,戲編竹橋以渡之。"僧曰:"是也。小宋今歲當首捷,然公不出小宋之下。"比唱名弟,小宋果中魁選,章憲太后臨朝,謂弟不可先兄,乃以大宋郊爲第一,小宋祁爲第十。

黄承事儲穀濟人

尚書張詠,守成都,嘗夜夢詣紫府真君,繼請到西門黄承事真君,降階接之,其禮甚恭。揖張尚書坐承事之下,夢覺,莫知所謂。明日問左右:"西門有黄承事否?"左右云有,命召之,戒令具常服來。既至,果如夢中見者。即以所夢告之,問:"平生有何陰德,真君禮遇如此?又坐吾上?"再三叩之。不獲已,承事云:"别無他長,惟每歲收成之時,隨意出錢收糴米糧,候至來年新陳未接之際,糶與細民,價例不增,升斗如故。"尚書嘆曰:"此宜居我之上也。"使兩吏掖之而拜。世傳紫府真君主天下神仙籍,如張尚書、黄承事亦皆在籍中,而黄承事又居其上,其子孫青紫不絶,非賑濟陰德之大者所致然耶?承事諱兼濟。

修爲果報

儒家言施報，佛家言布施果報，其實一也。佛言欲得穀食，當勤耕種；欲得智慧，當勤學問；欲得長壽，當勤戒殺；欲得富貴，當勤布施。布施有四：一曰財施，二曰法施，三曰無畏施，四曰心施。財施者，以財惠人；法施者，以善道教人；無畏施者，謂人及衆生當恐懼時，吾安慰之使無畏，或教以脱離恐懼，使無畏；心施者，心雖不能濟物，常存濟物之心。佛以孝養父母，亦爲布施。是凡施於外者，皆爲布施，故爲下而忠誠事上，爲長而仁慈安衆，爲師而謹於教導，爲友而誠於琢磨。一言一語之間必期有益；一動一止之際必欲無傷。種種方便利物，勿使有所損害，皆布施也。所爲如此，存心又如此，後世豈得不獲富貴之報。

壽禪師放生得壽

禪師名延壽，丹陽人。初爲餘杭縣衙吏，虧欠庫中錢幾半，有司鞠之，止是買放生用過，不意虧耗遽如許也。其罪當死，臨刑顔色愉愉，顧謂獄吏曰："我在生，放活萬萬生命。今死去徑歸西方，豈不樂哉？"錢王聞而奇之，亟釋其罪，遂爲僧。夜夢觀音，以甘露灌其口，慧性日明，著《萬善同歸集》數百卷，住持雪竇永明，壽至九十八歲，合掌坐化而終，瘞于塔下。有僧每日繞塔禮拜，人問其故，答曰："我撫州僧也，因病至陰府，命未盡放還，見殿角有僧畫像一軸，閻王自來頂禮。余問之一吏，云：此杭州永明寺壽禪師也，凡人死者皆經此處，唯壽禪師不經此處，已在西方極樂世界上品上生。王敬其人，圖畫於此供養。"以此見好放生者，徑生西方，又爲陰府所重也如此。

五戒之首

佛言五戒，以殺戒爲首；佛言十業，以殺業爲首。《楞伽經》云："若一切人不食肉者，亦無有人殺害衆生。"由人食肉，故屠者殺以販賣。若能意捨不食，是真修行，堪受一切人天供養。若於食肉未能盡斷，願且以漸次方便，除去殺心。或者不食四等肉：一者，曾見殺則不食；二者，曾聞殺則不食；三者，人專爲我殺則不食；四者，家所自殺則不食。如是而戒，既不廢常食，且於衆生無殺害意。至於蚤虱蚊蚋，形雖微小，其遭殺受痛，亦與牛羊一等，勿謂微小，便輕殺之。至於蛇蝮蜂蝎，偶然現前，未曾傷人，謂螫毒便輕殺之。至於籠養飛鳥，縶閉走獸，爲其音聲形狀，可以悦吾耳目，爲我玩樂，令彼憂愁，又何不仁也！若放之山林，使得自在，何異罪囚得脱牢獄。今日自戒矣，遂生慈心，慈心既堅，當世世無殺物之意。一身自戒，則一家必不殺；一家不殺，則一鄉必漸效之。其爲功利，不可稱量。佛語無虚，理又明白，仁人君子，幸垂聽而無忽也。縣令俞偉撰。

受用隨分説

佛言受即是空，受謂受苦受樂，及一切受用也。如食列數味，放箸即空。出多騶從，既到即空。終日遊觀，既歸即空。又如爲善事既畢，其勤勞即空，而善業具在。爲惡事既畢，其快意即空，而惡業具在。若深悟此理，則食可菲薄，無過用殺害之寃債。出可隨分，無勞心苦人之煩惱。遊觀可息，無放蕩廢事之愆尤。善可勉爲，無懈怠因循之失。惡可力戒，無恣縱怨仇之罪。余喜得此理，願欲與人共之。龍舒王日休撰。

仁壽必鑑

《大藏經》云:“人不殺得長命報,如愛護物命,及放生施食,皆得長壽。”

《神農本草》云:“凡禽鳥飛投於人,其口體内必有物中傷,當與除其害而放之,大獲吉利,必享高年。”

《仙經》云:“人能一生起不殺心,一切衆生見之,不生恐怖。”

老人云:“小兒嬉戲殺蝶蠅蟻蟲之類,宜禁之。非唯傷生,亦熾其殺心,長大不知仁恕。”

里諺云:“畜雞害物命甚衆,日食活虫五百,主分半罪。”此説雖鄙俗,然亦誡殺之一端也。

老人云:“凡人於行住坐卧之間,見一切衆生投身死地,如蛾赴燭、如虫墮網、如鳥雀被傷、如螻蟻被踏之類,方便救護,使獲生全,此皆福壽長者之所當爲也。”

蘇東坡云:“余少不喜殺生,然未斷也。近年始能不殺猪羊,然性嗜蟹蛤,故不免殺。自去年得罪下獄,始意不免,既而得脱。遂自此不復殺一物,有見餉蟹蛤者,皆放之江中。雖無活理,然猶庶幾萬一;便使不活,亦愈於烹煎也。非有所求覬,但己親經患難,不異雞鴨之在庖廚。不復以口腹之故,使有生之類,受無量怖苦爾,猶恨未能忘味食自死物也。今日從者買一鯉,長尺有咫,雖困,尚能微動,乃置水甕中,須其死食,生即放之。”

東平爲善

後漢東平憲王蒼,顯宗母弟也。上問處家何等最樂,對曰:“爲善最樂。”及薨,肅宗東巡幸其宫,追感謂其子曰:“思其人,至其鄉,其處在,其人亡。"肅宗大慟。

楊寶黄雀

後漢楊寶,華陰人,年七歲。因行至華山,見一黄雀被傷墜地,爲螻蟻所困。寶見而憐之,因收於巾箱中,採黄花葉飼之。經旬日瘡愈,旦去暮來。忽一朝變爲黄衣年少,見寶下拜,持玉環一雙贈之曰:"俾爾壽年九十三而終,俾爾子孫,四世爲三公。"寶生震,明帝時爲太尉。震生乘,和帝時爲太尉。乘生賜,安帝時爲司徒。賜生彪,靈帝時爲司空。

毛寶白龜

晉毛寶,時年十二歲,戲行於江口。見漁人釣一白龜,寶以錢贖之,放之江中。後二十餘年,寶守邾城,與石虎將軍交戰,戰敗投江,脚如踏石,渡寶至岸。回首視之,乃昔時所放白龜也,長四尺餘,廻至中流,猶反顧有不忍去之意。

子瞻以己論雞

蘇子瞻在元豐間,赴詔下獄,囑其長子邁,送食惟菜與肉,設有不測,當送以魚,以此爲候。邁謹守逾月,後委親戚代送,誤以作鮓送之,子瞻大駭,憂不免於死,乃就獄中作二詩,有"魂飛湯火命如雞"之句。神宗聞而憐之,事從寬釋。既而南行,子瞻猶有慊意,乃以阿彌陀佛一軸隨行。人問其故,答曰:"此余投西方,見佛公據也。"及赦罪放免還家,每見庖廚有活物,即令人放之。嘗有言曰:"吾得罪處囹圄,何異雞鴨之在庖廚,我今豈忍復殺彼之生命耶!"

受贓枉法罪無所容

徐鉉竄邠州，遂死，其家挈喪以歸。道出一邑，時索湘爲邑宰，忽一官自稱江南放叟徐鉉，來謁曰："僕有少懇，僕在江南爲學士時，常爲人以一寶帶，投執政變一獄，雖事不枉法，然不免以贓名污身。今旅魂過海帝廟下，恐不爲帝所容，君爲邑宰，廟籍鄉版皆隸於君。君爲吾謝之，帝必難拒。"言訖不見。湘感其誠，乃爲禱謝，柩舟果無纖瀾虞。薄暮，鉉復來謝，含喜欻然而去。以此知受贓枉法者，無所容於天地之間。

爲官貪饕陰有罪戾

有二官員，以前程求夢於京師二相廟，一人夢持簿者以簿示之，云："此乃公同行前程也。"視之，自小官排至宰相，仍有以朱勾之者。問曰："勾之者何也？"曰："這人愛財，陽間不義取一項，此間即勾項，若急改過，尚可至監司。"其人聞之，更不妄取，後果作監司。

剽竊公帑必無遠大

劉承勳，事江南爲德昌官[①]使。李氏金帛多在德昌，文簿淆亂不可鈎考。劉既專宫事，乃盜用無算，侍妾數百，富於一時。及李氏歸朝，劉失職破敗，晚年乞食街中，凍餒而死。方富貴時，安知有今日事？大抵食君之禄，而又剽竊公帑，宜無遠大，故死有餘責而殃及子孫者多矣。

① "官"，疑誤，據後文"既專宫事"例，當作"宫"。

仁心活人造物必厚

有臨南海太守，見配崖州人，例以三百爲率，過其數，則推先到者於海。乃奏白於朝云："所以不殺而宥之遠方，欲生之也。今推之於海，是復殺之矣。不若量移先到者入内地，以彰朝廷不殺之德。"上亦感悟，遂可其奏。此太守無子，一日忽設香案作拜，以手於案上，若取物置於懷中狀，凡五次。人問之，曰："天帝以我活人，以五小盤盛五男子賜我。"後果生五男，皆登第。以此知仁人之言其利溥，而造物厚其報。

歸罪於己以活人

周世宗性慘急，果於殺戮。有忤旨者，魏仁溥皆歸罪於己以營救之。賴以全活者，十七八人。淮南之役所獲敗卒，凡千人，仁溥從容白以隸軍，鋒刃之下無横死者。魏雖起自刀筆，終能致位丞相。與夫歸罪於人以逃責者，豈不相遠，其貴顯宜哉！

二將立功用心相遠

曹彬攻金陵，與諸將焚香爲誓曰："克城之日，幸無妄殺一人。"明日城下，按堵如故。曹翰克江州，忿其城不下，屠之。而彬之子至今貴盛，翰死未三十年，子孫有乞丐於海上者。夫二將成功雖一，然用心相遠，故其報亦異。

教唆詞狀者有報

文光讚父，自少至老無歲無獄訟事，以宿因問曇相禪師，師曰："汝父前生本寫詞狀人，故今反受其報。"光讚懇求赦免，師教以紙糊竹簞爲桎梏，令自囚二日，然後爲作懺悔。姑録之，以爲教唆者戒。

希賞害人可不知戒

程仁霸，攝本州録参。眉山有盜蘆菔根者，所持刀誤傷主人，尉幸賞以劫聞，獄掾受賕掠成之。公知其冤，謂盜曰："盍訴冤，吾爲直之。"盜果稱冤。遂移獄，公直其事，而尉掾争不已。復移獄，竟論殺盜。公因罷歸。掾尉皆暴死。後三十餘年，晝日見盜拜庭下，曰："尉掾未伏，待公而決，前此地府欲召公暫對，我叩頭争之曰：'不可以我故驚公。'今公壽已盡，我爲公荷擔而往，暫時即生人天，子孫壽禄，朱紫滿門矣。"公沐浴衣冠，就寢而卒。東坡幼時聞此言，已而其外祖父壽九十，舅氏貴顯，壽八十五，曾孫皆仕有聲，同時爲監司者三人，元孫宦學益盛；而尉掾之子孫微矣。或謂盜德公之深，不忍煩公暫對則可矣，而獄久不決，豈主者惡之，亦因以苦尉掾歟。希賞而害人者不可不戒。

夷塚廣園宅有禍

王清化修西太一宫，有古塚在其北，欲毁之。一道士再三乞不毁，清化遂止。是夕，其道士感一大官召謝之，不數日遂賜紫。人有平夷塚墓以廣園宅者，豈獨無禍？

享用大侈有饑報

孫承祐，吴越王妃之兄，貴近用事。每一小飲，殺命數萬，取鯉魚腮肉爲臛，坐客數十皆足。圈鹿數百，庖人不暇斷喉，旋割取鮮腴以供饌。一飧羹凡二十品，設十銀鑊構火，以次薦之。王常以大片生龍腦十斤賜承祐，承祐對使者索大銀爐，作一聚焚之，曰："聊以祝王壽。"及歸朝爲節度使，俸入有節，無復向之豪侈。然卧内每夕焚燭二炬，燃龍腦二兩。征范陽，頓城下，鱠魚召諸帥食，水陸咸備。性嗜魚，作二黑漆大木斛，貯水養魚，令役夫擔負以從，但取恣口腹，不計其費。死不數年，子孫皆乞丐，多餓死者。楊文公手記其事，因録出以爲豪侈者戒。

裴度還帶

裴度屢黜場屋，相者謂曰："公形神稍異，若不貴，必餓死。"公一日遊香山寺，見一婦人致緹緡於僧伽欄楯之上，祈禱良久，不取而去。公知其忘，追之不及，待亦不至，公携以歸還。明復往候之，其婦人果來，公問其故，婦人曰："父以罪被繫，昨告人得一玉帶、二犀帶，以賂津要，不幸失去。不測之禍，父無所逃矣。"公遂還其物，婦人願留半，公亦不受。後數年相者見之，大驚曰："公陰德及物，前程萬里，非吾術之所能知也。"向使貪者得之，必有歉然不滿之意，詎肯舉而還之耶！誠亦人所罕能者。

麗妾不動心嫁之吉報

劉湛家大富，相者謂曰："更三年，子大期至矣。"劉湛恐。後因嫁女，求從嫁，得一妾。極姝麗，名蘭孫，語其家世，乃洛人，父官淮西，以吴寇家被俘掠。劉太息曰："是忍置於使令之列耶?"先其女嫁之。是夜夢一緑衣槐簡者，謝曰："予蘭孫父也，荷德無以報，聞公短壽，當爲力請于帝。"數日復夢曰："予不佞，帝口許與公延二十五年壽，富及三世。"後果如言。蓋男女之有室家者，人之大倫，劉能不以姝麗動意，捐財嫁之，世之富民，肯如是乎！

試官任私有惡報

孫覺作諸科考試官，誤落一尚書學究對，“八通”誤作“粗通”。既落之後，其人陳詞考試官，及將議申覆，果誤落也。遂別出難題，時科十二人皆不能對，乃俱落之。後裴湘病絶而復蘇，曾魯公往省之，湘曰：“此至陰司，見孫覺相揖云，爲誤落舉人見追，尚未對定。”魯公怪之，不數日孫覺果卒。此可爲後來試官莽鹵訛謬，任私意而不行公道者戒。蓋朝廷取士，容可私耶！

殺生者陰削福壽

李紀好殺生，善彈射。其父知巴州日，紀設網於廨圃，登樓伺之，忽見群鵶觸網，紀喜不及履，徒跣赴之，忽爲巨刺所傷，坐此遂死。已而復生，謂家人曰：“我至陰司，主者責我曰：‘衆生於汝何負，而汝殺之？汝本厚禄遐壽，以殺生多，今皆削盡矣，當歷諸苦。’”人謂殺生無害可乎！

不禁宰牛而獲牛之罪

景世庠至陰司，見囚徒甚衆，一沙門地坐，前列簿書，斥世庠曰：“汝本應富壽，坐殺牛三百，七啖犬肉，今當貧夭。”世庠曰：“食犬有之，而牛實未嘗殺。”沙門曰：“汝爲里正，里中殺牛，而汝不禁，與汝殺何異？姑還警世。”越明年復卒。嗚呼！以不禁殺牛而坐殺牛之罪，有官君子，其可不知。好與人判牛狀者，亦不可不戒。

婢妮好物幽冥陰戮

李氏家老妮子秋婆，久病無生意，一日殊絶復蘇。自言至一處，有兩隻大缸，皆滿盛遺棄之物、不潔之水，一鬼在傍，逼令呷之，且曰："此汝平生所耗之物，豈容不呷?"秋婆不得已强呷，不數口，已覺腹滿。驚悸復蘇，言訖而斃。世之婢妮，耗費人物，豈顧死後幽冥之戮耶!

財物去留不常

劉伯龍以家貧，將營什一之利。忽一鬼在傍，撫掌大笑，劉曰："貧窮豈有命耶? 不然何以爲鬼所笑也。"蓋世間財物，去留不常。命當有之，身自不勞苦，分合貧薄，則終無所成。若分外營求，皆是妄念，安得不爲鬼物窺笑。

缺陷世界

李丞相沆，厭營利，世務罕以嬰心，所居陋甚，不以屑意。堂前藥欄壞，亦不問。其夫人戒守者勿葺，以試沆，沆終不以言。夫人曰："藥欄壞亦不問，何也?"沆笑曰："安可以此動吾一念哉。"又請治第，沆曰："身食厚禄，時有横賜，固可營辦。但佛家以此爲缺陷世界，我安得皆圓滿如意，必求稱足耶?"終不聽。臨終沐浴就卧而化，時大暑，七日方殮，絶無腐氣，此可見公履踐。然今士夫鮮有不以外物動其念者。

譖人爲惡者

丹陽縣令楊開，性暴横，果於決責。與門下客楊詢最相得，每事必以訪詢。詢明知其非，不敢有所忤意，但一切讚嘆盛美而已。開一日乘怒，盛暑中杖公吏及囚繫者四十餘人，二人死；詢猶盛稱其快。後詢夢至一處，金紫者譴之曰："成楊開之惡者，汝也。楊開之罪，當坐於汝，無所逃也。"不數日，果中惡疾而斃。此佛書所以讚嘆人爲惡者也。

平日過惡打得過否

王韶晚年頗悔取熙河時事。嘗遊金山寺，以因果問衆長老，皆言："以王法殺人，如舟行壓殺螺蚌，自是無心。"韶猶疑之。時有刁景純者，比韶爲前輩，亦學佛，多在金山。忽一日與韶邂逅于長老坐間，韶復舉前話以問衆，答如初。刁獨無語，韶曰："十八丈以爲如何？"刁曰："但打過得賢心下否？"韶曰："不知十八丈以爲打得過否？"刁曰："以某所見，賢打過不得。"曰："何以知之？"曰："若打得過，自不問也。"韶亦不自安。後數歲發背，終日闔眼，醫者告之曰："看病亦當看眼色，樞密試開眼看。"韶曰："安敢開眼？斬頭截脚人，有許多在前。"月餘病劇，遂卒。韶未發背前，涇原知縣王直温，一夕已就寢矣。中夜有人叩衙門甚急，曰："請知縣斷遣一公事。"直温起，燃燭坐廳，明見一吏抱文案升，見數卒領一罪人至，白直温曰："奉天勑令，知縣斷此王韶公事。"直温熟視罪人，頗殼肥矬矮，其吏宣判將王韶決脊杖，配洪州。斷訖，直温復歸，忽驚覺，問其妻曰："我曾起否？"妻曰："爾睡甚快，不曾出。"直温曰："豈乃夢耶？"悟不復道。明日以韶名字問人，或曰："今樞密使乃王韶，亦殼肥矬矮，外無有者。"直温異之。未幾，果聞王韶罷樞密，謫官洪州，發背而卒。異哉。

不葬父母子豈無罪

羅鞏，大觀間，遊太學。有神祠甚靈，鞏每以前程祈禱。一夕夢神告之曰："子已得罪於冥司，亟歸。"鞏曰："某生平無大過惡，願聞獲罪之由。"神曰："子無他過，惟父母久不葬。"鞏曰："某尚有兄，何獨獲罪？"神曰："子爲儒者，明知禮義。子兄碌碌，不足責也。"夢覺大恐，是年果卒。如此則葬可緩乎？蓋送死，人之大事，停喪不葬，子之罪也，豈得安哉！勸善録畢。

省心雜言

草廬吴先生曰：是編可以警悟人心，可以扶樹世教，藹然君子之言也。書無作者姓名，遡其所自，謂和靖處士林逋君復之書也。繼後恬庵何氏選旨意相類者，兼附之云。

度用不節，財何以豐；民不蘇，國何以安。

飽藜藿者鄙膏粱，樂貧賤者薄富貴，安義命者輕死生，遠是非者忘藏否。

不欺闇室者，肯欺心乎？不愧屋漏者，肯愧於人乎？不欺其心，無愧於人，庶幾君子矣。

飽肥甘，衣輕暖，不知節者損福；廣積聚，驕富貴，不知止者殺身。

人以巧勝天，天以直勝人。

小人詐而巧，似是而非，故人悦之者衆；君子誠而拙，似迂而直，故人知之者寡。

少不勤苦，老必艱辛；少能服勞，老必安逸。

憂國者不顧其身，愛民者不罔其上。

人有過失，己必知之；己有過失，豈不自知。喜是非者檢人，畏憂患者檢身。

誠無悔，恕無怨，和無仇，忍無辱。

爲子孫作富貴計者，十敗其九；爲人作善方便者，其後受惠。

以愛妻子之心事親，則無往不孝；以保富貴之心事君，則無往不忠；以責人之心責己，則寡过；以恕己之心恕人，則全交。

張飽帆於大江，驟駿馬於平陸；天下之至快，反思則憂。處不净之地，乘獨後之馬；人或我嗤，樂莫大焉。

以德遺後者昌，以禍遺後者亡。謙柔卑遜者德之餘，强忍奸詐者禍之始。

利心專，則背道；私意確，則滅公。

家不和，然後見孝子；國不亂，無以見忠臣。如是，孝子、忠臣不容見於治世也，僕切疑之。有人能克諧六親，欽順父母，家不使不和，莫大之孝也。有人能引君當道，將順正救，國不使之亂，莫大之忠也。

婦人悍者必淫，醜者必妒。士大夫繆者忌，險者疑，必然之理也。

費千金爲一瞬之樂，孰若散凍餒幾千百人；處眇軀以廣廈，何如庇寒士於一席之地乎！

知足者貧賤亦樂，不知足者富貴亦憂。

寶貨用之有盡，忠孝享之無窮。

好名則立異，立異則身危，故聖人以名爲戒。

内睦者家道昌，外睦者人事濟。不護人短，不周人急，非仁義也。

心不清，則無以見道；志不確，則無以見功。

結怨於人，謂之種禍；捨善不爲，謂之自賊。輕諾者信必寡，面譽者背必非。孝於親則子孝，欽於人則衆欽。聲色者，敗德之具；思慮者，殘生之本。

廣積聚者，遺子孫以禍害；多聲色者，殘性命以斤斧。欲去病則正本，本固則病可攻，藥石可以效；欲齊家則正身，身端則家可理，號令可以行。固其本，端其身，非一朝一夕之事也。立身之道，内剛外柔；肥家之道，上遜下順。不和不可以接物，不公不可以馭下。

壽夭在天，安危在人。知天理者夭或可壽，忽人事者雖安必危。

口腹不節，致疾之因；念慮不正，殺身之本。驕富貴者憾憾，安貧賤者休休。所以景公千駟，不如顔子一瓢也。

外事無大小，中欲無淺深。有斷則生，無斷則死，大丈夫以斷爲先。

勢不可使盡，福不可享盡，事不可做盡，言不可道盡。

人非賢莫交，物非義莫取，忿非善莫舉，事非見莫説。

謹則無憂，忍則無辱。静則常安，儉則常足。

道行則功濟天下，道不行則獨善一身。修身莫若敬，避强莫若順。

誡酒後語，忍食時嗔，忍難忍事，順自强人。

不肖之子，志在遊蕩。身在屋下，心在屋上。

僞賈亂廛，惰農欺田，讒夫撓邦，害馬污群。

拙製傷錦，妄用破家。

優遊之所勿久戀，得意之所勿再往。

鞠躬便辟，不足爲恭；悲號涕流，不足爲哀；弊衣糲食，不足爲儉。

欺人者不放蹬，人必知之；感人者益久，人益信之。

稠人中不可議人短長，恐有其親厚者。

盛喜中勿許人物，盛怒中勿開人簡。

欲成家，置兩犁；欲破家，置兩妻。

人用財試，金用火試。

小人做債似拾得，還債似着賊。

看經未爲善，作福未爲願。莫若當權時，與人行方便。

見事莫說，問事不知，閑事莫管，無事早歸。

飲卯時酒，一日不快活。多置寵，一生不快活。

至樂莫如讀書，至要莫如教子。

至富莫蓋屋，至窮莫賣田。

子孝雙親樂，家和萬事成。

不作皺眉事，應無切齒人。

惜智不談。

坐久主勞。

隣里欲高墻，親情欲遠方。

城門失火，禍及池魚。

人將語探，水將杖探。

勤儉常豐，至老不窮。

晚食當肉，緩步當車，無罪當貴，無災當福。

知足常足，終身不辱；知止常止，終身不恥。

大廈千間，夜卧八尺；良田萬頃，日食二升。

家欲成，看後生。

讒臣亂國，妒婦亂家。

欲要寬，先了官。

孝順田，五逆園。

富因忔惜許，貧爲不争多。

人可欺，天不可欺。人可瞞，天不可瞞。

逢人只説三分話，未可全抛一片心。

門内有君子，門外君子至；門内有小人，門外小人至。

憫人之凶，樂人之善，濟人之急，救人之危。

詈人而不答，必有所容。

守口如瓶，防意如城。

信者行之基，行者人之主。人非行無以成，行非信無以立。

人間私語，天聞若雷；暗室欺心，神目如電。

貪利者害己，嗜欲者戕生，肆傲者納侮，諱過者長惡。

言而無益，不若勿言。

附　録

《居家必用事類全集》四庫總目提要

不著撰人名氏族。載歷代名賢格訓及居家日用事宜，以十干分集，體例頗爲簡潔。辛集中有大德五年吴郡徐元瑞《吏學指南序》，"聖朝"字俱跳行。又《永樂大典》屢引用之，其爲元人書無疑。黄虞稷《千頃堂書目》云"或謂熊宗立撰"，恐未必然也。

丁丙跋文（《善本藏書室藏書志》清光緒間刻本）

居家必用事類全集十卷，明刊本。此書不見諸藏書家著録，惟東瀛《經籍訪古志》著録有元槧壬、癸二卷，每半版十三行，行二十二字，卷中標目併二行大書。又明刊本云每集首有目録，無序跋，每卷首題"居家必用事類全集"，次行題某集，每半版九行，行十六字，卷中標目，白文模出。考版式，當嘉靖間刊，此帙考之悉合。

飛來山人序（明隆慶二年飛來山人刻本）

人生日用間，大則惇倫涖政之節，訓育交際之規，養生送死之禮；小則器什食用之制，陰陽占候之術，農圃技藝之方，無一事之可缺，亦無一事之可苟也。予少時嘗欲博採古今，考訂得失，集爲一書，俾事有成□，人知取裁。然有志而未逮焉。既乃得

《居家必用》觀之，其□□載科條甚詳，巨細畢□。展卷而格物、修身、齊家、治國之具，罔□□[①]備，誠先得□心者。第莫知作者之名□，疑其引用多宋元事，爲元人所輯，殆近□。□[②]有病其言多鄙俚、事屬瑣屑，宜無足取者，殊不知灑掃應對可達天德，而四世元老亦必克勤小物。則是籍也，固士君子之所不可無也。往年梓于吾杭洪氏，今則廢置矣。予深惜之，於是捐貲收集，重加校正，補刻遺闕，使永其傳，以公于同志云。隆慶二年秋九月，飛來山人書。

① 底版漫漶，據殘字疑當作“不悉”。

② 底版漫漶，據殘字疑當作“人”。

後　記

早在2012年，我們便開始了《中華禮藏·家訓卷》的整理工作。《顏氏家訓（外十一種）》、《居家必用事類全集》這兩部書稿的整理編輯工作由我總負責，友生陸睿博士和金玲博士分期負責。

書稿選目緣由已見本書總論，此不贅述。書目選定之後，截至2014年多由陸睿統稿，陸睿從碩士起便專攻家禮家訓類文獻研究，目録和文本收集、版本題解等都由他具體負責，其中文本收集也得到了友生楚豔芳、姚紅和許菊芳三位博士的鼎力幫助；在此過程中，四位也就各書的主要版本作出了初步的文字校勘。2014年秋至2017年冬，北京大學金玲博士來到古籍所從事博士後研究，這兩部書稿的進一步整理完善便是期間與她合作的一個成果。金玲是董洪利先生的高足，其博士論文《程瑶田〈儀禮喪服文足征記〉再研究》也已出版。文字校勘、語詞釋義雖不是她的專項，但專攻禮學研究，熟悉古代禮制文化、術語，這正是整理這兩部書稿所需要的，也是我不太擅長的，所以我希望能够與她合作。確定好書稿的校勘工作後，我們便往返討論，許多標點、校記的初稿都是在她出手後我再略作完善。無論是改標點、核版本，還是寫校記、下按語等，她都付出了大量心血；博士生胡彥、劉芳也於2016年在金玲的指導下提供了資料搜集、校記修改等許多幫助。2018年初書稿交付出版社後,金玲、胡彥、劉芳和研究生陸海燕一起參與了部分書稿的審核校閱,胡彥還承擔了與出版社協調溝通的任務。所以,整個書稿是一個集體合作的項目。

此外,出版社的責任編輯宋旭華先生及其團隊不僅督促書稿早日完成,對書稿的很多細節也都用心斟酌、耐心溝通。

在此謹向書稿的合作整理者、審稿者、編輯等致以衷心的感謝!

衆人拾薪,披校删改,八易春秋,實屬不易。即便如此,書稿仍然難免紕漏,敬祈廣大讀者不吝賜教。

王雲路

2020年3月19日

圖書在版編目(CIP)數據

居家必用事類全集 /（元）佚名撰；王雲路等點校．--杭州：浙江大學出版社，2020.6(2024.3 重印)
（中華禮藏）
ISBN 978-7-308-20029-5

Ⅰ.①居… Ⅱ.①佚… ②王… Ⅲ.①禮儀—中國—古代 Ⅳ.①K892.9

中國版本圖書館 CIP 數據核字(2020)第 025803 號

居家必用事類全集

[元]佚名 撰　王雲路 等　點校

出 品 人　褚超孚
總 編 輯　袁亞春
項目策劃　黄寶忠　張　琛
項目統籌　宋旭華
責任編輯　吕倩嵐
責任校對　吴　慶
封面設計　周　靈
出版發行　浙江大學出版社
　　　　　（杭州市天目山路 148 號　郵政編碼 310007）
　　　　　（網址：http://www.zjupress.com）
排　　版　杭州隆盛圖文製作有限公司
印　　刷　浙江新華數碼印務有限公司
開　　本　710mm×1000mm　1/16
印　　張　43
字　　數　464 千
版 印 次　2020 年 6 月第 1 版　2024 年 3 月第 2 次印刷
書　　號　ISBN 978-7-308-20029-5
定　　價　198.00 元

浙江大學出版社市場運營中心聯繫方式：(0571)88925591；http://zjdxcbs.tmall.com